T4T

스티브 스미스 · 잉 카이 지음

이명희 옮김

요단

T4T
A Discipleship *Re*-Revolution

2012년 6월 15일 · 제1판 1쇄 발행
2017년 10월 25일 · 제1판 6쇄 발행

지은이 | 스티브 스미스 · 잉 카이
옮긴이 | 이명희
펴낸이 | 이요섭
펴낸데 | 요단출판사
         07238 서울특별시 영등포구 국회대로 76길 10
기 획 | (02)2643-9155
영 업 | (02)2643-7290~1   Fax (02)2643-1877
등 록 | 1973. 8. 23. 제13-10호

ⓒ 요단출판사 2012

값 17,000원
ISBN 978-89-350-1422-4 03230

이 책의 성경 구절은 개역개정을 인용하였습니다.

이 책의 한국어판 저작권은 요단출판사가 소유하고 있습니다.
출판사의 사전 승인 없이 책의 내용이나 표지 등을 복제 · 인용할 수 없습니다.

T4T: A Discipleship Re-Revolution
Copyright ⓒ 2011 by WIGTake Resources
All rights reserved. No part of this publication may be
reproduced in any form without the prior written permission
of WIGTake Resources, except in the case of brief quotations
for review or critical articles.

요단인터넷서점 www.jordanbook.com

T4T
A Discipleship *Re*-Revolution

by Steve Smith With Ying Kai

목 차

- 추천의 글   *6*
- 감사의 글   *10*
- 서문   *12*
- 역자서문   *14*

Part 1 T4T의 기초
1장 하나님 나라의 임재   *17*
2장 제자도 재혁명   *29*
3장 T4T 이야기   *51*
4장 왜 T4T는 잘 되나요?   *79*

Part 2 T4T의 과정
5장 T4T 시작-첫 모임   *109*
6장 20%를 통해 일어나는 운동   *137*
7장 세 부분 과정   *159*
8장 필수적인 항목   *183*
9장 새로운 세대를 시작하라   *195*
10장 T4T를 위한 멘토링   *215*

Part 3 T4T의 적용

11장 비전 제시 *233*
12장 복음의 다리 놓기 *257*
13장 복음 제시 *273*
14장 제자훈련 *283*
15장 침(세)례 *299*
16장 교회 세우기 *315*
17장 지도자 재생산 *329*
18장 조정 가능한 것과 불가능한 것 *361*
19장 교회적인 또는 후기교회 문화에서의 T4T *373*
20장 죽음: CPM을 위해 지불해야 할 대가 *389*
21장 선례와 약속 *409*

추천의 글

T4T Training For Trainers: A Discipleship *Re*-Revolution
Smith와 Kai의 T4T: A Discipleship *Re*-Revolution에 대한 평들

"성경적인 원리와 인간적인 경험이 배합된 훌륭한 읽을거리. 이 책에 제시된 원리를 적용하여 전 세계에서 교회개척사역을 변화시켰고, 아프리카에서 많은 그리스도인들은 하나님이 일하심을 경험했고, 그들은 단 2년만에 아프리카에서 4,000개의 교회를 새로 세웠다. 이 책을 찬찬히 깊이 있게 읽어보기를 강력히 추천한다."
| 레이몬드 벨필드 목사(Rev. Raymond Belfield). 영국 Assemblies of God World Ministries Council 명예 이사, 싱가포르 빅토리 패밀리 센터(Victory Family Center Singapore) 총 감독

"T4T는 가장 기본적인 내용을 말하고 있지만, 교회개척운동CPM, Church Planting Movement에서 제자를 훈련하는 사역자의 활동을 종종 빠뜨리고 있기도 하다. 이 책은 집약적이고 초점이 잘 맞추어져 있으며, 지속적으로 제자를 훈련하게 한다. 하나님께서 많은 사람들을 통해서 놀라운 방법으로 역사하시는 것을 보고 싶어하는 사람들이라면 이 책을 꼭 읽기를 추천한다."
| 리처드 슐리트(Richard Schlitt). 국제 OMF 디렉터

"모든 교회개척운동CPM 관계자들과 선교를 꿈꾸는 사람들이라면 반드시 읽어야 할 필독서! T4T: 제자도 재혁명A Discipleship Re-Revolution은 대단히 실제적이면서 성경적이어서 오늘날 불가능한 일들에 오직 하나님만 신뢰하게 하고, 교회개척운동CPM도 하나님에게서만 지원을 받도록 영감을 준다."
| 알빈 A. 헐(Alvin A. Hull). 동남아 및 태평양 지역 개척자, New Ministries 디렉터

"21세기가 더 깊어짐에 따라 하나님께서는 세계선교를 이루시기 위해 놀라운 방식으로 일하고 계신다. 그분의 거룩한 권세와 섭리 가운데 '훈련자를 위한 훈련' Training for Trainers이라 불리는 재생산 방법을 통해 선교지의 성도가 증가하고, 교회가 기하급수적으로 늘어나고 있다. 스티브 스미스와 잉 카이는 전도와 교회 개척에 대해 철저하게 성경적이고 효율적인 접근을 실제로 주도해본 실무경험자의 시각에서 이 현상을 설명해준다."

| 제리 랜킨 박사(Dr. Jerry Rankin), 미국 남침례회 해외선교부 명예회장

"T4T는 개척선교를 가장 잘 할 수 있는 훈련방법을 담고 있다. 그것은 혁명적으로 단순화했고, 그리스도께로 인도받은 사람이 또 다른 사람을 그리스도께로 인도할 수 있도록 헌신하는 데 초점을 맞추었다. 만일 선교사를 위한 '탑건' Top Gun이 있다면, T4T와 교회개척운동CPM이 바로 그 교육 과정일 것이다. 하지만, 단지 최고의 사람만을 교육하는 것이라면, T4T의 핵심을 놓치게 될 것이다. T4T는 모든 그리스도인들이 자신이 아는 모든 사람들에게 전도하는 것을 도울 수 있다. 당신 자신부터 도전해보라! 친구들과 나누라! 나는 이 책을 즉시 사용하기를 원한다."

| 밥 개럿 박사(Dr. Bob Garrett), 댈러스 침례대학교 글로벌 리더십 석사 과정 디렉터

"베드로후서 3장 9절에 하나님께서는 모든 사람이 멸망하지 않고 회개하기를 바라고 계신다고 말씀한다. 그분은 우리가 다른 사람들을 그분에게로 인도하는 도구로 섬길 수 있는 복을 주셨다. 스티브와 잉은 우리를 위해 하나님께서 그분이 교회개척운동CPM을 이루어 가실 때 효과적으로 사용될 수 있도록 올바른 일들을 수행하는 것에 이르는 놀랍도록 실제적이고도 온전한 성경적 지침을 기록해주었다. 이 책은 당신이 다른 사람들에게 순종적이고 효과적으로 다가가고,

또 그들이 다른 사람들을 훈련시킬 수 있다는 것을 깨닫게 함으로써, 당신에게 지식과 용기와 영감을 주고, 우리의 전능한 하나님께서 장차 하실 것을 보게 할 것이다."
│클라이드 미돌 박사(Dr. Clyde Meador), 미국 남침례회 해외선교회 임시총재 겸 수석부회장

"이 책의 내용은 명쾌하고 실제적이며 증명된 것이다. 더 중요한 것은 저자들이 신실하게 열매 맺는 사람들이다. 그들은 자신들의 삶 속에서 이를 실천했고, 다음 세대에게도 그것을 전해주고자 했다. 많은 사람이 교회개척운동CPM의 원리를 듣지만 어떻게 시작해야 할지 혼란스러워 한다. T4T는 CPM의 많은 원리들을 구체적으로 실제화 하는 유용한 도구이며, 그 원리들을 어떻게 적용할 것인지에 대한 단계적 지침을 제공한다. 스티브와 잉이 CPM 훈련을 할 때부터 나는 그들을 알아왔고, 아주 특별한 섬김의 리더로 그들을 당신에게 강력히 추천한다. '경험은 좋은 교사이나 성공은 위대한 스승이다' 라는 말이 있다. 이런 면에서 이 둘을 스승으로 삼으라!"
│커티스 서전 박사(Dr. Curtis Sergeant), e3 파트너사역 글로벌전략 부총재

"무슬림 세계에서도 가장 어려운 지역에서 사역하면서 우리는 T4T를 통해 얻은 실제적인 통찰력을 발견하였는데, 이것은 성령이 주도하시는 교회 배가를 어떻게 경험할 수 있을지에 대한 기도 응답이었다. 스티브와 잉은 매우 저항이 심한 사람들 속에서도 효과를 발휘하는 교회 배가의 선물을 우리에게도 나누어주었다. 한 가지 주의할 점은 이 책을 읽는 것만으로는 충분치 않다는 것이다. T4T에서 발견한 원리들을 실행에 옮길 때 당신은 그 선물을 발견하게 될 것이다. 주님이 이 두 사람들을 통해서 우리에게 가르치시는 바를 놓치지 말라!"
│존(John), 미국 남침례회 해외선교회 북아프리카 및 중동 지역 전략 리더

"이 책에 소개된 원리들은 건전하고 성경적이며 재생 가능하고 쉽게 적용할 수 있으며 또한 그 적용이 포괄적이다. 하나님은 다음 세대들을 위해서 우리가 배우고 또 논의해야 할 무언가를 준비하고 계신다. 이 책은 하나님이 무엇을 하시려 하는지를 엿볼 수 있게 할 것이다. 주의할 점은 이 책을 읽고 난 뒤 하나님이 오늘날 이 세상에서 하고 계시는 일에 동참하지 않기는 어렵다. 이점을 감수하고 읽어야 할 것이다."

| 닐 콜(Neil Cole), 교회 배가연합 설립자 겸 디렉터, 「유기적 교회」,
「하나님을 위한 삶 경작하기」, 「의미를 향한 여정」의 저자

"내부로부터 우러난 교회개척운동을 이해하고 있는 두 사람에 의해 만들어진 탁월한 책. 제자훈련에 열정을 가진 모든 사람에게 영감과 교훈을 줄 것이다."

| 스티브 애디슨(Steve Addison), 「세상을 변화시키는 운동들」의 저자

"스티브 스미스는 성경적 권위로 글을 쓸 뿐 아니라 깊은 삶의 경험으로 글을 쓴다. 세계 각지에서 내가 관여하고 있는 모든 교회들이 스티브의 리더십과 가르침, 그리고 삶에 변화를 경험해왔다. 나는 이 책이 당신의 마음을 움직일 뿐 아니라 세상을 변화시킬 힘을 주기를 기도한다. 스티브, 삶을 변화시킬 증험된 성경의 진리들을 나누어 주어서 감사하다."

| 지미 세이버트(Dr. Jimmy Seibert), 안디옥교회 담임목사, 안디옥 국제선교회 회장

감사의 글

이 책에 가치가 있다고 평가받을 수 있는 모든 것들은 전적으로 주 예수님의 덕분이며 잘못된 모든 부분에 대한 책임은 전적으로 내게 있다! 주님께서는 이 책에 대한 생각을 수년간 내 마음에 품게 하셨고 나는 마침내 그분의 말씀과 역사하심을 통해 배운 통찰을 써내려갈 수 있게 된 것이다.

나의 소중한 아내 로라Laura의 변함없는 지원이 없었으면 이 책은 절대 만들어질 수 없었을 것이다. 그녀는 예수님 다음으로 가장 뛰어난 나의 조언자이자 지지자이다. 우리가 삶과 신앙, 그리고 선교에 관해 나눈 수많은 일상의 대화들이 이 책 곳곳에 담겨 있다.

나는 또한 이 프로젝트를 믿고 실제로 책으로 펴내기까지 수고를 아끼지 않은 데이비드 개리슨David Garrison에게도 감사를 표하고 싶다.

잉 카이Ying Kai는 기꺼이 이 책의 집필을 도와주었고 우리가 함께 한 훈련의 녹취록을 통해 많은 내용을 제공해주었다.

빌 스미스Bill Smith, 스탠 파크스Stan Parks, 빌 퍼지Bill Fudge, 할 커닝햄Hal

Cunnyham, 알렌 제임스Allen James, 닐 밈스Neill Mims, 데이비드 개리슨David Garrison 등은 CPM과 T4T에 관한 방대한 지식을 바탕으로 모든 글을 꼼꼼하게 읽고 교정해주었으며 영감을 주신 분들이다. 스탠 파크스와 그의 두 아들 갈렙과 세스Kaleb and Seth는 잉 카이의 교육 녹취록을 만드는 데 오랜 시간을 할애해주었으며 이 책이 만들어지기까지 많은 복잡한 작업을 맡아 주었다. 이 책의 디자인과 그래픽 작업을 훌륭하게 해 준 마이크 미라벨라Mike Mirabella와 매건 채드윅Megan Chadwick에게도 감사드린다. 영어교수이신 어머니 진 스미스Jean Smith께서 모든 단어들을 꼼꼼하게 점검하시며 잘못된 문맥을 잡아주셨다.

다른 많은 분들이 이 책에 담긴 아이디어, 사례연구와 예화들을 제공해주었다. 나는 사정이 허락하는 한 이들을 언급하려고 노력했다. 이 책에 많은 영감을 준 톰 울프 박사Dr. Thom Wolf와 캐롤 데이비스Carol Davis의 도움에 대해서는 아무리 감사를 드려도 모자랄 것이다.

나의 세 아들 크리스Cris, 조쉬Josh, 데이비드David에게, 그리고 우리가 한때 동참했던 '이나Ina 부족' 교회개척운동CPM 팀과 지역 동역자들과 리더들에게도 특별한 감사를 드린다. 그들과 함께 우리는 사도행전의 역사를 다시 성취했다.

서문

나는 지금까지 새로 출판하는 책을 보고 흥분을 감추지 못한 적이 거의 없었다. 지난 20년 동안 나는 교회개척운동CPM의 세계에 빠져 살았는데, 이는 도시나 사람들의 모임 사이에서 새로운 교회를 급속도로 증가시키는 활동이었다. 이 운동을 연구하기 위해서 글자 그대로 전 세계의 구석구석을 샅샅이 뒤지고 다녔다. 하지만 내가 조사한 많은 활동 중에서 폐쇄적이고 엄청나게 많은 인구가 빽빽하게 모여 사는 아시아 국가에서 터져 나온 '훈련자를 위한 훈련' Training for Trainers 혹은 T4T라는 이름의 이 인상적인 운동만큼 'CPM 최고의 활동'이라는 이름에 걸맞은 사례를 본적이 없다.

2001년 처음 시작된 이래, 이 운동은 15만 개가 넘는 새 교회를 개척했고, 170만 명 이상에게 침(세)례를 베풀었다. 사실 우리는 이제까지 이처럼 광범위하게 전 세계적으로 다른 선교 활동에까지 영향력을 미치고 있는 이와 같은 운동을 본 적이 없었다.

스티브 스미스Steve Smith 덕분에 우리는 사상 최초로 이 운동이 왜, 그리고 어떻게 그토록 급속도로 성장하고 있는지를 내부인의 시각에서 바라볼 수 있게 되었다. 스티브는 미국 남침례회 해외선교부IMB에서 가장 뛰어난 교회개척운동

CPM 훈련자 중의 한 사람이라는 명성을 얻은 인물이다. 이 통찰력 있는 책 속에서 스티브는 T4T 운동의 아버지인 잉 카이Ying Kai와 팀을 이루어 이 비범한 운동을 통해 하나님께서 어떻게 일하시는가에 대해 우리에게 영적으로 깊이 있고, 성경적으로 기초가 견고하고, 지극히 실제적인 안목을 보여준다.

T4TTraining For Trainers: 제자도의 재혁명T4T, A Discipleship Re-Revolution은 하나님이 그리스도와 믿음의 공동체 안에서 새로 믿는 자를 배가하게 하시는 방법에 빛을 비추어줄 것을 약속해주지만, 그것보다 더 많은 것이 있다. 이 책은 어디에서든 적용이 가능하고, 전 세계의 선교활동을 변화시키고 있는 생명과 사역 훈련을 보장해준다.

나는 이 책을 만드는 일에 함께할 수 있었다는 것을 영광으로 생각하며, 하나님께서 이를 통해 당신이 사역하는 현장에 하나님의 나라를 넓혀주시고, 더 풍성히 만들어주시길 기도한다.

데이비드 개리슨 박사PH. D, David Garrison
「교회개척운동Church Planting Movement」의 저자

역자 서문

　복음전도와 교회개척은 부활하시고 승천하신 주 예수님께서 제자들에게 남기신 지상명령으로서, 예수님 다시 오실 때까지 모든 성도와 교회들이 힘써 성취해야 할 사명이다. 한국교회는 복음을 받은 교회로서 복음을 나누어주는 일에 더욱 헌신해야 할 책임이 있다. 이러한 전도적이고 선교적인 사역을 위한 많은 연구와 노력이 실행되고 있는 가운데 우리가 붙잡아야 할 원리와 실천 방안이 더욱 분명하게 제시되어야 하겠다.

　T4T는 지난 10여 년간 주로 아시아 지역과 아프리카 지역에서 검증된 교회개척운동CPM의 전략적이고 전술적인 프로그램이다. 이 책은 많은 사람들에 의해 언급되면서도 그 정확한 개념과 의미가 제대로 이해되지 못하고 있는 주제에 대하여 포괄적으로 소개하면서 그 중심축을 잘 정돈하여 제시해준 역작이다. 단순한 이론이 아니라 직접 체험하고 경험에서 우러난 원리라는 면에서 가치가 돋보인다.

　역자는 지난 20년 이상 복음전도에 관하여 신학교에서 강의해온 사람으로서 그리고 두 차례 교회를 개척한 교회개척자로서 이 책을 번역하게 된 것을 무척 영광스럽게 생각한다. 원 저자인 스티브 스미스와 잉 카이는 우리에게 그들의 삶으로 증언한다. "훈련자를 훈련함으로 교회를 개척하고 하나님 나라의 임재를 경험하라!"

이 책을 번역하는 내내 감탄과 감사, 그리고 부끄러움과 두려움, 동시에 다짐과 각오가 끊임없이 나의 마음을 두드렸다. 이 책은 모든 복음전도자들과 선교사들, 목회자들과 신학생들, 그리고 진심으로 하나님 나라의 임재를 열망하는 모든 성도들에게 읽혀질 필요가 있다.

이 책의 가치를 먼저 알고 번역하도록 추천해준 미국 남침례회 한국선교부 부대인 선교사님께 깊이 감사하며, 선뜻 출판 계획을 세워주신 기독교한국침례회 교회진흥원 안병창 원장님께도 감사드린다. 항상 최선의 책을 출판하기 위해 애쓰는 교회진흥원 교육출판본부 김용성 본부장님과 출판 팀원들께도 감사드린다. 아울러 번역 초고를 위해 함께 수고해준 이상욱, 박삼종 형제에게도 고마움을 표한다. 모든 영광을 주 하나님께 돌린다.

2012년 봄, 주님께서 지상명령을 주시던 시즌에
역자 이명희

Part 1 **T4T[1]의 기초**

1장 하나님 나라의 임재

"CPM[2] 계획을 다 달성했습니다. 다음엔 뭘 하죠?"

21세기가 밝아오던 여명기에 하나님께서는 인구밀도가 높은 아시아의 한 구석에서 당신의 왕국을 넓히는 놀라운 이야기를 펼치기 시작하셨다. 카이kai 부부(잉Ying과 그레이스Grace)는 1만 명에서 10만 명 사이의 노동자들이 빽빽하게 들어

---

1) T4T는 '훈련자를 위한 훈련'의 뜻을 가진 Training For Trainer의 약자이고, 이후에는 주로 T4T를 사용한다.
2) CPM은 '교회개척운동'의 뜻을 가진 Church Planting Movement의 약자이고, 이후에는 '교회개척운동'이라는 용어를 주로 CPM으로 사용한다.

찬 공장이 모여 있는 도시 외곽에서 사역하고 있었는데 그곳은 고등교육을 받은 대학 졸업자들과 겨우 문맹 수준을 면한 채 농촌을 떠나 공장 지역으로 흘러 들어온 이주민들이 마구 뒤섞여 있는 지역이었다.

도착한 지 몇 주 지나지 않아 잉은 우리가 상상조차 할 수 없었던 결과를 보기 시작했다. 하나님께서는 카이 부부가 사역하고 있는 지역에서 성도의 수가 믿기지 않을 정도로 폭발적인 성장을 보이도록 역사하고 계셨던 것이다.

수년 동안 우리 조직은 성령님의 도우심으로 세대를 이어가며 교회와 성도들을 급속도로 늘려가는 교회개척운동CPM을 경험하기 위해 하나님과 어떻게 동역해야 하는가에 관해 선교사들과 교회지도자들을 훈련시켜 왔다. 훈련의 마지막 단계에서 각 참가자들은 자기 나름의 CPM 계획을 세우게 된다. 그들의 계획은 교회개척을 향한 하나님의 비전과 함께 시작하지만, 선교현장에서 실제로 각 사역의 단계 속에서 그 고귀한 비전을 향해 끊임없이 전진해 나가야 할 필요가 있다.

오랜 세월을 거치면서 우리는 선교사들과 교회지도자들이 하나님께서 그들을 부르신 그 선교현장에서 대단한 진전을 이루고 괄목할만한 돌파구를 마련하는 것을 지켜보아 왔다. 하지만 이들의 훈련을 담당하는 동안, 단 한 명의 선교사나 교회지도자도 자신이 설정한 CPM 계획의 목표나 비전을 완벽하게 달성하는 것을 본 적이 없었다. 비전의 목적은 너무나도 하나님의 격에 걸맞게 큰 것이어서 선교사와 그들의 동역자들이 오랜 세월 노력해야 하는 것이었다. 비전을 통해 이루려는 목표는 오직 믿음으로만 가능한 것이었기에 믿음이 없이는 도전할 엄두도 내지 못할 것이었다.

자신의 CPM 계획에 착수한 지 3개월이 지났을 때, 잉은 우리 선교조직의 지역담당 책임자에게 전화를 걸었다.

그는 이렇게 말했다. "빌, 내 CPM 계획을 다 끝냈어. 다음엔 뭘 하죠?"

당황스럽고 놀라서 벌어졌던 입을 다물고 정신을 차린 빌은 "그냥 계속 해야죠!"라고 대답했다.

잉의 CPM 계획은 비전의 마지막 단계에 200개의 교회를 세우는 것이었다.

그런데 잉이 자신의 계획을 달성하는 데까지 단 3개월 밖에 걸리지 않았던 것이다!

이 일은 우리 모두의 시선을 사로잡았고 주의를 기울이게 만들었다. 몇 달이 흐르는 동안 수백 개의 교회는 수천 개로 불어났고[3], 그들 대부분은 집과 식당, 공원과 공장에서 집회를 가졌다. 수만 명의 사람들이 신앙을 가지게 되었고, 이를 다른 사람에게 전달했다. 마치 사도행전에서 제자의 폭발적인 확장을 이룬 것과 같았다.

운동은 매일 성장해 나갔다. 카이 부부는 매달 다양한 교회개척운동 네트워크에서 많은 새 리더들이 세워지는 것과 관련해 그들에게 전해지는 보고를 꼼꼼하게 기록했다. 이 통계들은 성실하게 등록되었고 가장 전통적인 방식으로 기록되었다(모순이 있는 듯한 기록은 삭제하는 방식). 2005년 한 조사팀이 급속도로 팽창하고 있던 교회개척운동의 본질을 좀더 잘 이해하기 위해 성도의 여러 그룹과 리더그룹을 방문했다. 이들은 교회개척활동의 정확성을 인정하게 되었을 뿐 아니라, 잉과 그레이스에게 보고된 숫자는 그저 이 운동의 한 단면에 불과하다는 사

[3] 이 책에서 자주 교회를 언급할 것이다. 나중에 더 상세히 정의하겠지만 이들은 사도행전 2장에서 볼 수 있는 교회 유형이고, 기본적인 연약과 함께 가정이나 혹은 특정한 건물에서 모였던 사도행전 2장에 나오는 공동체의 특징을 보여준다. 대개의 경우 가정교회나 혹은 더 큰 예배공동체 내에서 교회와 같은 작은 그룹을 의미한다.

실을 깨달았다. 숫자는 그 지역에서 하나님 나라가 성장하고 확장되어 가는 것을 다 보여주기에는 많이 부족했다. 아무리 중대한 운동이라고 하더라도, 성도 혹은 교회의 세대간 만남은 불가능한 것이었다.

하지만 조사 팀이 만난 한 샘플그룹에는 4~5년 주기를 통해, 그리스도에게 돌아온 총 18세대의 성도들이 있었다. 이는 1세대가 그다음 2세대의 믿음과 제자훈련에 대한 책임을 담당하고 있음을 의미했다. 그런 식으로 그 그룹은 18세대의 제자들을 만들어낼 수 있었고, 18번째 세대의 제자들이 함께 모여 간증을 나누는 교회를 세웠다. 18번째 세대의 성도가 간증하는 것을 들으면서 그의 복음과 제자훈련 패턴이 1세대에게 전해진 가르침과 얼마나 흡사한지를 알고 놀라지 않을 수 없었다.

카이 부부의 사역은 아마도 최근 역사에서 가장 빨리 성장한 교회개척운동으로 여겨질 것이다. 아래는 이 활동의 지도자들로부터 온 월간 보고를 모은 것이다. 아래의 숫자들은 이 운동의 최종 결과를 충실히 추적하고 있다. 교회개척이 시작된 지 몇 개월 이내에 12,000명 이상이 침(세)례를 받았고, 908개의 소형교회가 세워졌다.

	침(세)례받은 자의 수	개척교회의 수
첫해	53,430	3,535
2년	104,542	9,320
3년	90,648	9,307
4년	121,859	12,548
5년	153,625	15,193
6년	204,055	18,194
7년	210,951	19,921
8년	313,598	28,602
9년	279,231	24,005
10년 9개월	206,204	18,368
총 계	1,738,143	158,993

오늘날 이 운동은 일종의 슈퍼super 교회개척운동의 일종이라고 설명하는 것이 가장 적합할지도 모른다. 이는 너무나 커져서 어떤 일들이 발생하고 있는지를 모두 파악하는 것이 불가능할 정도다. 하지만 아시아 전역이 하나님의 나라로 들어차게 되었고, 그 잔잔한 여파는 이제 다른 나라와 다른 대륙의 사람들에게까지 미치고 있다는 점만큼은 분명한 사실이다.

성도들이 순종하는 제자가 되어 예수님을 충성스럽게 따랐고, 그들은 다른 사람이 예수님을 믿도록 복음과 제자도를 충실히 전했다. 그러던 동안 제자도 혁명이 일어났다. 잉은 이를 '훈련자를 위한 훈련' T4T, Training for Trainers이라 불렀는데, 그는 모든 제자들이 다음 세대 성도들을 훈련시키게 되기를 기대했기 때문이었다. 이 같은 제자도 혁명은 사도행전을 읽어본 사람들에게는 대단히 친숙하게 느껴질 것이다. 이는 예수님께서 그의 제자들이 자신보다 더 위대한 일을 행할 것이라고 했던 예언을 되돌아보게 한다.

> 내가 진실로 진실로 너희에게 이르노니 나를 믿는 자는 내가 하는 일을 그도 할 것이요 또한 그보다 큰 일도 하리니 이는 내가 아버지께로 감이라 (요 14:12).

예수님에 대한 사랑의 마음으로 초대 사도들은 새로운 성도들이 성령으로 충만해져서 전심으로 예수님을 따르고, 사람을 낚는 어부가 될 것이라는 기대를 품고 최초의 제자도 혁명에 불을 지폈다. 그들은 하나님의 통치를 로마 제국과 그 너머로까지 확산시키기 위해 구약을 초월하여 역사하는 제자도 혁명을 촉발시켰다. 실제로 이것은 하나님의 통치를 더 멀리 전파한 더 큰 일이었던 것이다!

잉의 사역에서 대두된 CPM은 오늘날 제자훈련과 교회개척에 대한 일반적인 기대에 도전이 되었다. 이는 사도행전의 제자도 혁명을 되돌아보게 만들었고, 그

혁명으로 회귀하는 재혁명이었다!

카이 부부의 슈퍼 CPM과 때를 같이 해서 하나님의 또 다른 사역이 바야흐로 펼쳐지고 있었는데, 이것은 우리의 사역 가운데서 일어났다.

3년 반 동안에!

우리가 '이나' Ina[4]라고 부르는 오지의 부족들 가운데서 선교사역이 마침내 본격적으로 시작될 즈음이었다. 억압받는 아시아의 이 나라에서 우리는 5년간 갖은 노력을 다한 끝에 이 시점에까지 이를 수 있었다. 이나Ina 부족은 그 나라에서도 가장 가난한 사람들이었고, 그들 대다수는 교육을 받지 못해 글자를 읽지 못했으며, 가장 인구가 많은 중심지로부터 며칠을 가야하는 외진 지역에 살았다. 5천 개에 달하는 그들의 마을은 눈길이 미치는 끝까지 안개에 덮인 에메랄드 빛 숲만 보이는 산속 곳곳에 흩어져 있었다.

우리는 애니미즘을 신봉하고 악령에 대한 두려움에 사로잡힌 이들과의 벽을 허물고 하나님 나라를 확장하고자 간절히 원했지만 그들이 있는 곳까지 가는 것조차 쉬운 일이 아니었다.

나는 복음을 전하기 위해서 이나Ina 부족 마을에 숨어들어 가려고 시도했다. 코트의 깃을 추켜세우고, 모자를 눌러쓰고, 선글라스를 끼고는 해질 무렵 들어갔다 동틀 때 빠져나왔다. 나와 우리 팀은 가정에서 탁한 차와 꿀벌의 애벌레를 먹으며 은밀하게 복음을 나눴다. 그러나 우리가 빠져 나온 직후에 경찰이 마을을 급습했고, 그동안 우리가 쌓아놓은 모든 것들을 허물어 버리곤 했다. 우리는 철저한 무력감에 빠져버렸다. 그래서 나는 기도했다. "아버지, 그들이 믿음을 가진

[4] 이나(Ina)라는 이름은 이 책에서만 사용하는 가명이고, 선교가 제한된 나라에서 선교하고는 있지만 아직 복음이 전해지지 않은 사람들을 일컫는 말이다. 이 책에서는 보안상의 이유로 많은 가명들이 등장한다.

다고 해도 탄압이 심하니 어떻게 하면 탄압을 받기 전에 신앙의 뿌리를 내릴 기회를 가질 수 있겠습니까?"

마태복음 10장과 누가복음 10장, 그리고 사도행전을 반복해서 읽는 중에 하나님은 우리를 지금까지와는 다른 전략으로 인도하셨다. 만일 이나Ina 부족처럼 보이는 다른 아시아인이 따로 이나Ina 부족 마을에 들어가 복음을 전하고 그들을 훈련시킨다면 아마 당국에서도 얼마동안은 알아차리지 못하리라는 것이었다. 그리고 만일 새롭게 성도가 된 이나Ina 부족 사람들이 복음증거와 제자훈련, 교회개척을 담당하여 그들 스스로 다른 마을에 전한다면 이들은 우리나 다른 아시아인들이 갈 수 없는 곳까지도 갈 수 있을 것 같았다. 그리고 또 만일 새롭게 복음의 증인으로 거듭난 순종적인 제자들이 하나님 나라에 대한 열망을 품고, 교회를 세우는 교회가 되도록 실행한다면 이 운동은 각처에 심겨진 겨자씨처럼 싹을 틔우기 시작해 그 어떤 것도 막지 못할 것이라는 희망이 생겼던 것이다.

그래서 우리는 이나Ina 부족이 살고 있는 오지 산간마을까지 걸어 들어갈 아시아 파트너들을 동원해서 그들을 훈련시켰다. 이들 파트너 중 많은 사람들이 체포되어 투옥되고 고문을 당했지만 이들은 이나Ina 부족 가운데 복음을 전하고 새 성도들을 훈련시키며 교회를 세웠다.

2년이라는 결코 길지 않은 시간이 흐른 뒤에 이들은 이나Ina 부족에서 하나님 나라 운동을 시작할 첫 번째 교회를 세웠다! 외부로부터 온 아시아 동역자들이 몇몇 교회를 세웠지만 무엇보다도 가장 흥분되는 일은 제자도 혁명이 이나Ina 부족 안에서 스스로 싹트기 시작했다는 것이었다. 새로 세워지는 교회의 대다수는 새롭게 주님을 영접하고 하나님에 대한 그들의 사랑을 다른 마을로 전하고 싶어 하는 이나Ina 부족 성도들에 의해 세워지고 있었다.

나는 신이 났다. 하지만 여전히 내 마음을 누르는 무언가가 있었다. "주님, 이것만으로는 부족합니다! 이제 80개 마을에 복음이 들어갔지만 아직 복음이 전해지지 않은 4,900개가 넘는 마을이 남아있습니다! 저희가 눈앞의 열매에 만족하고 5,000개 가까이 되는 마을 모두에 복음을 전하기 위해 꼭 해야 할 일을 간과하지 않게 해주세요!"

나는 은밀한 장소에 마련된 작은 방에 12명의 새 이나Ina 부족 리더들과 3명의 외국인 동역자들을 마주하고 앉았다. 이들 이나Ina 부족 리더들은 우리의 첫 제자훈련으로 세워진 80개의 새 교회를 대표하여 버스를 타고 위험한 산길을 헤치고 온 사람들이었다. 1주일 동안 우리는 그들이 대표하는 교회로 가지고 갈 기본적인 리더십 트레이닝 프로그램을 그들에게 전해주었다. 우리는 그 한 주 동안 그 은신처의 작은 방에서 결혼, 제자훈련, 잘 인도하는 법, 잘 사랑하는 법, 박해를 견디는 것, 성경을 제대로 이해하는 것 등 많은 주제에 관해 토론했다.

하지만 우리 대다수는 사도행전 시대 이후에 나라에서 나라로, 민족에서 민족으로 퍼져나간 하나님 나라 운동 혁명에 관해 이야기를 나누었다. 이제는 하나님께서 이나Ina 부족에게 손을 뻗치시고 모든 열방에 하나님 나라를 전파하기 위해 쉬지 않으시는 하나님의 계획 가운데 이나Ina 부족이 자신의 역할을 담당할 때가 이른 것이었다.

비록 이 형제자매들이 새로운 교회를 시작하는데 열정적이었지만 80개 교회는 충분한 것과는 거리가 멀었다! 이들 12명의 리더들에게는 더 큰 비전이 필요했다. 5,000개의 마을에 빠짐없이 이르고 이를 넘어서 다른 부족들과 나라 전체에까지 이르게 해줄 비전이 필요했다.

나는 그 비전을 가지고 있었다.

나의 아시아 파트너들에게도 이러한 비전이 있었다.

하지만 이나Ina 부족의 교회들은 이러한 혁신적인 비전을 가지고 있었을까?

나는 많은 시간을 들여 이 그룹에게 교회개척운동에 관해 가르쳤다. 하나님께서 어떻게 이들을 사용해서 모든 부족과 그 너머까지 이를 수 있게 하시는가에 대해 가르쳤고, 어떻게 모든 순종하는 신자들이 증인이 되고 다른 이들을 훈련시키는 지에 대해 가르쳤다. 또 어떻게 모든 교회가 새로운 교회를 세울 수 있는지에 대해 가르쳤다. 그리고 어떻게 하면 몇 주, 몇 달 간격으로 새로운 세대의 제자를 훈련해 내고 교회를 시작할 수 있는지에 대해 가르쳤다.

하지만 여전히 잘 먹혀들어가지 않았다.

어느 날 아침, 나는 다시 한번 어떻게 하면 교회개척운동이 전체 5,000개 마을에 퍼질 수 있는지에 대한 비전을 보여주고자 했다. 하지만 오전 시간이 흘러가고 여전히 혼란스러운 상황은 계속되어 나는 거의 포기할 지경에 이르렀다. 나는 화가 나서 그들에게 이렇게 말했다.

"나는 점심 약속이 있어 나가봐야 합니다. 점심시간 동안 당신이 어떻게 하면 80개 교회가 5년 이내에 5,000개 마을에 복음을 전할 것인가에 대한 계획을 세우기 바랍니다! 다시 돌아와서 당신들의 의견을 들어보겠습니다."

나는 당황해 하는 그들의 눈빛을 보았지만 달리 다른 방도가 없었다. 나는 문을 열고 나왔다. 그리고 성령님께 부탁드렸다.

2시간 후 교육장으로 돌아온 나는 방 안의 분위기가 눈에 띄게 달라져 있어 놀랐다. 그들은 의기양양해 있었던 것이다! 12명의 이나Ina 부족 리더들은 흥분을 감추지 못한 채 웃음을 짓고 있었다.

방 안을 둘러보다가 그들이 칠판에 적어 놓은 다음의 숫자에 눈길이 머물렀다.

80
160
320
640
1,280
2,560
5,120

이나Ina 부족 리더 중 한 명은 흥분해 펄쩍펄쩍 뛰며 내게 달려왔다. 그가 점심 회의 결과를 설명할 대변인이었던 것이다.

"스티브 형제, 우리가 무엇을 발견했는지 믿기지 않을 거예요! [계속 뛰고 있었다.] 당신이 알다시피 우리는 80개의 이나Ina 부족 교회를 대표하고 있잖아요. [여전히 뛰었다.] 우리가 돌아가서 각 80개 교회가 6개월 이내에 새 교회를 개척하도록 훈련하는 것은 어렵지 않은 일이에요. 6개월 후, 추수철이 되기 전에 우리는 160개 교회를 가지게 된단 말입니다! [그는 계속 뛰어다녔고 나는 아무것도 모르는척했다.]

그게 다가 아니에요! 우리는 이 80개 새 교회가 다시 6개월 이내에 새 교회를 세우도록 훈련시킬 수 있어요. 그러면 6개월 후 모종을 할 계절이 오기 전에 우리는 320개 교회를 가지게 될거라구요! [그는 더 높이 뛰고 있었고 나는 충격을 받은척했다. 그러나 이제 바야흐로 진짜 충격적인 일이 시작될 터였다.]

아직 안 끝났어요! 매 6개월마다 우리는 새 교회들이 이러한 패턴을 따르도록 도울 수 있고 그러면 우리는 반년마다 숫자를 두 배로 늘려서 320에서 640으로, [숫자를 가리키며] 1,280으로, 2,560으로 그리고 마침내 5,120까지 만들 수 있다구요!"

이제 방 안에 있던 모든 이나Ina 부족 리더들은 얼굴에 미소를 띤 채 펄쩍펄쩍 뛰어다녔다. 마침내 성령님께서 이들의 마음을 여시고 교회개척운동과 그 안에서 그들이 담당해야 할 역할을 이해하도록 하셨구나라는 깨달음이 내 안에서 일어나기 시작했다. 내 마음속에는 내가 살아있는 동안 이나Ina 부족 전체에 복음이 전해지는 것을 볼 수 있을 것이라는 희망이 용솟음치기 시작했다. 그들은 이제야 진정으로 모든 새 성도들이 훈련받고 복음을 전하는 증인으로서의 삶을 살아가며, 다른 새 성도들을 훈련시킬 수 있다는 것을 이해하기 시작한 것이었다.

나는 그 대변인의 발표가 끝났다고 생각했지만 그는 내게 보여줄 것이 하나 더 남아 있다고 했다. 그는 칠판에 아주 크게 숫자를 적고 큰 목소리로 선언했다.

$3\frac{1}{2}$

"스티브 형제, 우리는 3년 반 만에 이를 끝낼 겁니다!"

그제야 나는 이 땅에 임할 하나님 나라에 대한 비전이 완전히 납득되었다는 것을 깨달았다. 그들의 영적 DNA가 하나님 나라의 DNA로 변해가고 있었다. 그들은 이해했고 자신의 것으로 만들었다. "성령님이시여!" 나는 기도했다. "이들이 이 비전을 이룰 수 있도록 능력을 주시옵소서!" 이나Ina 부족 리더들은 다른 신자를 훈련시키는 훈련자trainer가 되었고 그들은 또 다른 새 성도들을 훈련시켜 이것이 세대를 거듭해 내려가며 반복하게 되었다.

운동은 활력을 얻기 시작했다. 비록 이나Ina 부족은 3년 6개월 만에 그들의 목표를 달성하지는 못했지만 그들은 부지런히 그 비전을 향해 달려나갔다. 다시 3년이 지나자 이나Ina 부족 교회의 수는 두 배가 넘는 176개로 늘어났다. 그 후 몇 년이 지나는 동안 많은 어려움과 장애를 극복해온 이나Ina 부족 성도들은 계속 새 교회를 개척하고 있으며 최근에는 첫 번째 해외 장기 선교사를 파송하기도 했다. 한 사람이 외국선교에 대한 비전을 품고 시작한 것이 이제는 수백 명의 이나Ina 부족 크리스천들의 비전이 되었고, 나의 선교 감독관은 내게 "스티브, 이건 마치 사도행전을 보는 것 같아요!"라고 말할 지경에 이르렀다.

사실 그랬다. 이것은 진정한 "나라가 임하시오며" 하나님 나라의 임재였다. 그리고 초대교회의 제자도 혁명으로 되돌아 온 제자도 재혁명이었던 것이다.

들어와 발견하라

카이 부부의 T4T 운동, 그리고 우리가 이나Ina 부족 가운데서 경험한 CPM을 통해서 하나님께서 우리에게 가르치신 영적 원리는 이제 다른 CPM 선교사들과 전 세계 교회지도자들에게 알려져 그들의 사역을 강화시켜주고 있다. 하나님께서는 CPM, 즉 제자도 재혁명을 통해 우리를 가르치실 수 있는 깊이 있는 원리와 방법을 많이 가지고 계신다. 우리는 그것들을 공동체에 적용할 수 있다.

잉과 나는 당신이 이 책에서 이들 원리들과 실행 방안이 무엇인지 발견할 수 있도록 초청한다.

Part 1 **T4T의 기초**

2장 제자도 재혁명

그 말을 받은 사람들은 침(세)례를 받으매 이 날에 신도의 수가 삼천이나 더하더라(행 2:41).

하나님을 찬미하며 또 온 백성에게 칭송을 받으니 주께서 구원 받는 사람을 날마다 더하게 하시니라(행 2:47).

말씀을 들은 사람 중에 믿는 자가 많으니 남자의 수가 약 오천이나 되었더라 (행 4:4).

믿고 주께로 나아오는 자가 더 많으니 남녀의 큰 무리더라(행 5:14).

그 때에 제자가 더 많아졌는데 헬라파 유대인들이 자기의 과부들이 매일의 구제에 빠지므로 히브리파 사람을 원망하니(행 6:1).

하나님의 말씀이 점점 왕성하여 예루살렘에 있는 제자의 수가 더 심히 많아지고 허다한 제사장의 무리도 이 도에 복종하니라(행 6:7).

그리하여 온 유대와 갈릴리와 사마리아 교회가 평안하여 든든히 서 가고 주를 경외함과 성령의 위로로 진행하여 수가 더 많아지니라(행 9:31).

주의 손이 그들과 함께 하시매 수많은 사람들이 믿고 주께 돌아오더라(행 11:21).

주의 말씀이 그 지방에 두루 퍼지니라(행 13:49).

복음을 그 성에서 전하여 많은 사람을 제자로 삼고 루스드라와 이고니온과 안디옥으로 돌아가서(행 14:21).

이에 여러 교회가 믿음이 더 굳건해지고 수가 날마다 늘어가니라(행 16:5).

바울이 회당에 들어가 석 달 동안 담대히 하나님 나라에 관하여 강론하며 권면하되 어떤 사람들은 마음이 굳어 순종하지 않고 무리 앞에서 이 도를 비방하거늘 바울이 그들을 떠나 제자들을 따로 세우고 두란노 서원에서 날마다 강론하니라 두 해 동안 이같이 하니 아시아에 사는 자는 유대인이나 헬라인이나 다 주의 말씀을 듣더라(행 19:8-10).

이 바울이 에베소뿐 아니라 거의 전 아시아를 통하여 수많은 사람을 권유하여 말하되 사람의 손으로 만든 것들은 신이 아니라 하니 이는 그대들도 보고 들은 것이라(행 19:26).

바울이 온 이태를 자기 셋집에 머물면서 자기에게 오는 사람을 다 영접하고 하나님의 나라를 전파하며 주 예수 그리스도에 관한 모든 것을 담대하게 거침없이 가르치더라(행 28:30-31).

제자도 혁명

사도행전에서 누가는 사도들을 통해 성령님이 역사하시는 이야기를 하면서 이전까지 복음이 전해지지 않았던 지역에 파고드는 하나님 나라의 능력을 기쁨으로 전하고 있다. 사도행전은 로마 제국의 각 지방, 도시와 마을에서 마주쳤던 모든 역경을 극복한 하나님의 나라가 승리한 드라마다. 앞에서 소개한 성경구절들을 읽고 단 20년 만에 성도들과 교회가 놀라울 정도로 성장한 이야기를 묵상해보자. 누가가 사도행전에서 선포한 이야기의 가장 마지막에 사용한 헬라어는 '거침없이' 다!

사도행전을 연구한 학자들은 다음의 사실에 의견을 같이 한다. 이 운동은 사도들과 먼저 믿은 성도들에 의해 훈련을 받은 예수 그리스도를 영접한 지 몇 개월, 심지어 몇 주 밖에 안 된 새 성도들을 통한 성령님의 능력 안에서 이루어졌다. 제자도 혁명은 복음에 대한 열정과 헌신적인 순종이라는 후폭풍을 가져왔고, 이는 당시 알려져 있던 세계의 가장 외딴 곳까지 하나님 나라를 전하는 원동력이 되었다. 그것도 몇 세기가 아니라 불과 몇 년에서 수십 년 사이에 말이다!

약 50년 후 소아시아 북부 변경인 비두니아의 총독 플리니Pliny는 트라얀Trajan

황제에게 보낸 편지에서 다음과 같이 썼다.

"그러므로 나는 [그리스도인들에 대한] 수사를 연기하고 서둘러 폐하와 상의를 하려고 한다. 내가 폐하와 상의를 해야겠다는 생각을 하게 만든 것은 특히 이들의 수효와 관련된 문제다. 연령대, 신분의 고하, 그리고 성별의 구분을 막론한 모든 사람들이 위험에 처하게 될 것이기 때문이다. 또 이 미신의 전염력은 도시뿐 아니라 마을과 농장에까지 영향력을 미치고 있기 때문입니다[서기 111년 경 비두니아의 총독 플리니가 트라얀 황제에게]."

플리니는 후에 많은 이교도들의 신전이 거의 황폐해졌다고 썼다. 제자도 혁명은 제국의 근간을 뒤흔들었고 부자와 가난한 사람, 젊은이와 늙은이, 도시와 농촌 할 것 없이 사회의 모든 틈새에 스며들었다.

서기 197년 경 기독교 변증가인 터툴리안Tertullian은 제자들의 증가에 관해 로마의 통치자들에게 이렇게 썼다.

"우리는 과거의 존재들이지만 당신에게 속한 모든 곳을 채웠다. 도시, 섬, 항구, 동네, 가게, 군사기지, 온 부족들, 마을의 의회, 궁전, 원로원, 시장. 이제 당신들의 사원만 남아 있을 뿐입니다(터툴리안 충성의 탄원 A.2)."

사도행전 19장에는 에베소에서 있었던 제자도 혁명이 놀랍게 묘사되어 있다.

- **바울이 몇 명을 얻다.** 바울은 몇 명을 복음으로 인도하고 그들을 가르치기 시작했다(행 19:1-9). 그는 3개월 동안 주로 복음 전도에 힘썼다.

- **바울이 그들을 훈련하다.** 반감이 증가하면서 바울은 극심한 박해를 야기하지 않으면서 제자훈련을 잘 실시할 수 있는 곳으로 자리를 옮겼다. 그는 그들을 정기적으로 훈련시켰고 아마 그중 몇 명은 매일 가르쳤을 것이다(행 19:9).

- **새 성도들에 의해 운동이 확산되다.** 예수 그리스도에 대한 사랑이 뜨거워지고 성령으로 충만해진 제자들은 약 2년여에 걸쳐 로마 제국에 속한 소아시아(현대의 터키 남부 지역) 지방의 모든 도시와 마을에 복음을 전하여 모든 사람들이 주님의 말씀을 들을 수 있게 했다.

두 해 동안 이같이 하니 아시아에 사는 자는 유대인이나 헬라인이나 다 주의 말씀을 듣더라(행 19:10).

- **하나님 나라 확장을 위한 훈련 본부.** 바울은 3년 동안 에베소를 자신의 훈련캠프로 활용(처음 2년간 그리고 후에 1년)하면서 새 성도들을 파송했다. 그들이 하나님 나라 확장의 선봉이 되었다. 이것은 신앙을 가진지 얼마 되지 않은 새 성도들을 성령님께서 인도하시리라는 믿음이 바울에게 있었다는 증거다. 그러나 1차 전도여행 이후 그는 새 성도들이 신앙생활의 초기단계에서부터 성령님의 능력 안에서 봉사하고 사역을 담당하도록 허용하는 방식을 허용했다(행 14:23).

- **다른 종교의 중심지로부터.** 이 같은 하나님 나라의 확장은 개종한 유대인들을 통해서 일어난 것이 아니었다. 새롭게 그리스도를 영접한 제자들의 절대 다수는 아데미 여신의 우상을 숭배하던 이교도들이었고(행 19:27), 마술을 행하던 사람들이었다(행 19:18-19). 하나님께서는 거짓된 가르침, 높은 문맹률, 그리고 죄악으로 가득한 삶의 본거지라는 높은 장벽을 지닌 사람들 사이에서 이 같은 제자훈련의 기적을 만들어내신 것이다. 그곳은 결코 '쉬운' 싸움터가 아니었던 것이다!

- **믿음을 가지게 된 수많은 사람들의 절대 다수는 신앙을 가진 지 얼마 되지 않았지만 자신이 새롭게 발견한 신앙에 감격한 새 성도의 복음 증거를 통

해 그리스도께로 인도되었다. 이렇게 새로운 성도들을 만들어내고 다른 이들에게 복음을 증언하도록 그들을 훈련시키고, 또 그들로부터 복음을 전해 들은 사람들이 믿고 다시 또 다른 사람들에게 복음을 증언하는 과정을 거쳐 로마 제국의 변방에 이르기까지 많은 수확을 거둔 것이다.

신앙을 가지게 된 지 정말 얼마 되지 않은, 그러나 빠른 시간 안에 성숙해진 그리스도인들은 1) 예수 그리스도를 따르고 2) 사람을 낚는 어부의 모델을 통해 다른 사람들에게 접근했다. 바울은 그의 스승인 예수님께서 가르치신 바를 그대로 답습했던 것이다. 그는 새 성도들을 훈련시켜 다른 이들에게 복음을 전하도록 했고, 그렇게 훈련된 새 성도들이 또 다른 사람들에게 복음을 전하고 훈련시켰으며, 그렇게 복음을 전해 받은 사람들은 또 다른 사람들에게 복음을 전하고 훈련시키는 과정이 세대에서 세대로 전해 내려가며 반복적으로 이루어졌다. 이러한 과정 속에서 이들은 새로운 교회를 세우기 위한 목적으로 새 성도들을 모았다. 사도행전에서 제자들은 그들이 배운 것을 그저 받기만 한 것이 아니라 자신들이 배운 것을 또한 전했던 것이다. 그들은 다른 사람들을 훈련시키는 훈련자가 되었다. 그다음 세대의 새 성도들도 역시 다른 사람들을 훈련시켰다. 이는 예수 그리스도에 대한 그들의 열정과 지상사명을 비롯한 그분의 모든 명령에 따르고자 하는 열망에 뿌리를 둔 것이었다.

예수님에 의해 인도된 사도들과 평범한 성도들의 손길을 통해서 사도행전에서 이루어진 것은 제자도 혁명이었다. 이것은 하나님께서 평범한 성도들을 통해 무엇을 하실 수 있는지에 대한 우리의 고정관념을 깨뜨리는 것이다. 역사를 통해서 이 혁명은 수 없이 반복되었다. 오늘날 우리는 이 같은 제자도 혁명을 교회개척운동CPM이라 부른다. 전 세계에 걸쳐 성령님께서는 끊임없이 제자도 혁명의 불씨를 당기고 있다. 하지만 이 모든 것이 사도행전에서 있었던 최초의 혁명의 연장임을 감안한다면 이를 '재혁명'이라고 부르는 것이 더 정확한 표현일 것이다. 점점 더 많은 선교사와 목회자, 그리고 평신도들이 성경이 가르치는 하나님 나라 확장의 원리에 맞추어 자신이 어떤 역할을 담당해야 하는가를 알아감에 따라, 재혁명은 우리가 생각해 낼 수 있는 거의 모든 상황 속에서 꾸준히 반복되고 있다.

제자도 재혁명

T4T 운동: 170만 명의 성도들

앞 장에서 설명한 T4T 운동의 불을 당기기 위해 하나님께서는 잉 카이로 하여금 자신이 알고 있고 또 편하게 생각하는 방법과는 전혀 다른 형태의 제자훈련과 교회개척 모델이 필요하다는 사실을 깨닫게 하셨다.

대만 출신인 잉 카이의 아버지 역시 교회를 개척하신 목회자였다. 2000년에 그는 이미 홍콩에서 성공적으로 교회를 개척하여 선교사로서의 자질을 입증해보였다. 잉과 그의 아내 그레이스는 힘을 합쳐 매년 새로운 교회를 하나씩 세워나갔는데, 홍콩 같은 지역에서는 꽤나 성공적인 성과라 할 수 있었다.

그러나 이제 하나님께서는 카이 부부에게 새로운 소명을 주셨다. 이주 노동자와 고향을 등진 농부, 혼잡한 공장과 부유한 자본가 등 2천만 명의 잃어버린 영혼이 밀집한 아시아의 도시들로 그들을 보내신 것이다. 이들 부부는 평소 같으면 한 해에 60~80명을 개인적으로 전도할 수 있었겠지만, 길 잃은 영혼이 수백만에 달하는 이 지역에서 이것이 얼마나 도움이 될 것인지 고민하지 않을 수 없었다. 그들의 새 임무는 너무나도 엄청나서 일반적인 사역으로 충분한 성과를 거둔다는 것은 불가능해 보였다. 어떻게 해야 이 지역으로 물밀듯이 밀어닥치는 수백만 명에게 복음을 전할 수 있을까?

2000년 10월 CPM 훈련센터에 앉아있던 잉의 마음과 시선은 벽에 붙어 있던 한 장의 포스터에 고정되어 있었다. "오늘 내 백성 중 몇 명이 복음을 전해들을 것인가?" 그가 이전까지 행해 왔던 사역방식으로는 자신에게 새롭게 맡겨진 이 수백만 명의 영혼을 주 앞으로 이끌어오기에 부족하다는 사실을 절감했다. 어떤 식으로든 변화가 필요했다.

그가 기도하고 묵상하는 중에 하나님께서는 지상명령의 말씀을 그의 마음에 떠올려 주셨다.

그러므로 너희는 가서 모든 민족을 제자로 삼아 아버지와 아들과 성령의 이름으로 침(세)례를 베풀고 내가 너희에게 분부한 모든 것을 가르쳐 지키게 하라 볼지어다 내가 세상 끝날 까지 너희와 항상 함께 있으리라 하시니라 (마 28:19-20).

주님께서 잉에게 주신 통찰력

- **오지 말고 가라.** 지상명령은 우리에게 가라고 하셨지, 사람들을 우리에게 오도록 초청하라고 하지 않는다. 우리가 잃어버린 영혼이 있는 곳으로 가야하고, 새 성도들을 훈련시켜 그들을 또 다른 길 잃은 영혼이 있는 곳에 보내야 하는 것이다. 이것이야말로 공장과 가정, 상점, 그리고 이웃에게 끊임없이 복음을 전하는 방법이 될 것이다.

- **몇 명이 아닌 모두에게.** 성경 말씀은 단지 몇 명이 아니라 모든 민족을 제자로 삼으라고 하신다. 일반적으로 우리는 복음을 나누고자 하는 사람을 고른다. 우리는 복음을 받아들일 만한 사람을 미리 알아내려고 노력한다. 그러나 하나님께서는 모든 사람들에게 복음을 전하라고 하셨다. 우리는 누가 복음을 받아들일지, 그리고 하나님께서 누구를 사용하여 하나님 나라를

확장시키실지 알지 못한다.

- **교회 성도가 아니라 훈련자(제자)를 만들어라.** 우리는 종종 누군가가 신앙을 갖고 교회의 일원이 되면 만족하곤 한다. 하지만 예수님께서 우리에게 주신 사명은 이보다 훨씬 큰 것이다. 예수님은 새 성도들이 진정한 제자가 되기를 원하신다. 그러면 제자는 무슨 일을 하는가? 모든 제자들은 예수님의 명령에 복종하는 법을 배워야 한다. 그 명령은 다른 사람들에게 복음을 증거 하고 새로운 성도들을 훈련시켜 이 과정을 반복하게 하는 것을 포함한다. 모든 제자들은 훈련자가 되어야만 한다.

카이 부부는 비록 이전의 사역도 훌륭했지만 그것이 하나님께서 그들을 보내려고 하시는 사람들에게는 오히려 해가 될 수 있음을 깨닫기 시작했다.

카이 부부는 새 임무에 착수하면서 가장 먼저 사람들을 두 부류—즉, 믿지 않는 사람들 혹은 구원받은 사람들—로 나누고 그 부류에 따라 사람들을 만나기로 결정했다. 만일 누군가가 믿지 않는 사람이라면, 카이 부부는 그 사람에게 복음을 전했고, 누군가가 구원받은 사람이라면 그 사람을 훈련시켰다. 기존의 성도들을 만나면서 이들 부부는 매주, 혹은 2주에 한 번씩 만나 훈련을 할 수 있도록 일정을 짜기 시작했다. 잉은 자신의 모든 가르침을 통해서 제자들이 수많은 사람들에게 복음을 전하고, 또 믿는 사람들을 훈련시켜 제자를 늘려나가게 되기를 기대했다.

잉은 이러한 제자 생산 과정을 훈련자를 위한 훈련T4T이라고 불렀다. T4T는 성도들로 하여금 믿지 않는 사람에게 복음을 전하고, 그들을 훈련시켜 제자 재생산 방식을 통해 몇 세대에 걸쳐 열매를 거두도록 훈련시킨다. 훈련자와 제자들은 함께 믿지 않는 사람들에게 복음을 전하고 얻은 새로운 성도들을 훈련시키도록 했다. 그리고 그 훈련받은 새 성도들로 하여금 제자를 만들어내는 공동체를 구성하도록 하고 단시간 내에 영적으로 성장한 지도자를 세워 인도하게 하여 세대를 이어나가도록 훈련하는 것이다. T4T는 훈련자를 훈련하는, 훈련자를 훈련하기 위한, 훈련자를 훈련하는 것이다.

카이 부부는 오랜 시간에 걸쳐 성도들을 오전, 오후, 저녁 반으로 나누어 훈련시켰다. 평균적으로 카이 부부는 1주일에 20에서 30개의 그룹을 배출했다. 그룹의 수가 증가함에 따라 카이 부부는 각 그룹을 2주일에 한 번씩 만났다. 이렇게 함으로써 그들은 훈련 주기에 따라 2주일마다 20에서 30개의 그룹들을 더할 수 있게 되었다.

카이 부부는 이 성도들이 훈련자를 훈련하는 훈련자가 되도록 훈련하면서 그들 중 많은 사람들이 복음 전하는 사람으로, 다른 이들은 새 그룹을 만드는 사람으로, 그리고 소수의 사람들이 그들의 새 그룹원들을 훈련시켜, 이런 과정이 반복적으로 이어지도록 성장해 가는 것을 지켜볼 수 있었다. 이렇게 다른 사람들을 훈련시키는 훈련자로 성도들을 훈련시키는 영적인 원리를 따라 살아감으로써 이들은 수백 명을 훈련시키고, 그들이 다시 다음의 성경 말씀과 같이 수천 명을 믿음의 가족으로 인도하기 시작했다.

또 네가 많은 증인 앞에서 내게 들은 바를 충성된 사람들에게 부탁하라 그들이 또 다른 사람들을 가르칠 수 있으리라(딤후 2:2).

1장에서 언급했던 것처럼, 170만 명이 넘는 제자들이 침(세)례를 받았고 15만 개가 넘는 교회가 세워졌다. 카이 부부가 사역하는 지역의 사람들이 일하는 공장, 도심의 고층건물, 그리고 마을에서 매달 약 2,000개의 새로운 교회와 소그룹들이 생겨나고 있다.

T4T는 12~18개월에 걸친 훈련 과정을 통해 믿지 않는 사람들에게 복음을 전하고 새 성도들을 훈련시켜 세대를 이어가며 제자를 만들어내는 제자공동체를 구성하도록 사람들을 훈련시키는 모든 과정을 포함한다. T4T는 진정한 의미의 제자도 재혁명이며 신약성경에서 나타난 최초의 제자도 혁명으로 돌아가는 것이다.

10년이 채 지나지 않아 카이 부부의 T4T 훈련으로부터 파생된 사역과 통찰력은 전 세계 수천 명의 사역 동역자들에게 영향을 미쳤다. 당신이 이 책에서 보게 되는 많은 사역모델과 도구들은 그들의 험난한 사역 현장에서 만들어진 것들이다.

이나Ina 부족 속으로

나와 내 가족이 외딴 곳에 사는 문맹의 이나Ina 부족을 찾아가야 하는 난관에 봉착하게 되자, 나는 사도행전을 읽고 또 읽으면서 본 장의 서두에 소개한 구절들을 깊이 묵상하기 시작했고, 내가 섬기는 하나님은 어제나 오늘이나 언제나 동일하신 분이라는 사실을 알게 되었다. 나는 그분을 위해 5,000개 마을 전부에 복음을 전할 길이 분명히 있다는 것, 그리고 그것은 미국 로스앤젤레스에 교회를 세우는 것과는 아주 다른 방법이 될 것이라는 것을 깨달았을 뿐이었다.

애초에 나는 복음이 들어가지 않았던 지역에 하나님께서 CPM을 일으키신 것(나보다 앞선 잉의 교회개척운동CPM)에 대하여 들었다. 이는 사도행전의 내용과 너무도 흡사하게 들렸고, 곧 내 마음속에도 이것이 우리의 전도사역의 모범이 되어야 한다는 확신이 생겼다. 말씀은 이미 선포되었는데, 나는 이제서야 이런 일이 어떻게 다시 일어날 수 있는지에 대한 실제 모델을 듣게 되었던 것이다.

아시아에서 일어난 이 제자도 혁명은 내게 강한 영감을 불러 일으켰다. 그때까지 나는 LA에서 비교적 성공적인 사역 성과를 거두어 왔다. 그러나 내게 이미 더 없이 편하고 익숙했던 사역방식은 새로운 부족들을 향한 임무를 수행하는 데 꼭 필요한 것들의 대적자가 되어 있었다. 내가 수행해야 할 사역의 모습이 우리가 노력하여 성취하게 되는 마지막 예상목표에 의해 결정되어져야 하는 것이지, 우리가 즐기는 방식이나 혹은 개인적 성취감을 가져다주는 것에 의해 좌우되어서는 안 된다는 사실을 터득하고 있었다.

나와 나의 팀원들은 이나Ina 부족 지역에서 3년 반 동안 노력했지만, 오직 1~2명의 새 성도들을 만들었을 뿐 새 교회 하나 시작하지 못했고, 거의 결실을 거두지 못하고 있었다. 그래도 우리는 성경적인 CPM 과정을 계속 적용해나갔다. 우리는 그 나라 동역자들을 동원하고 훈련시켜 이나Ina 부족을 예수 그리스도 앞으로 인도하도록 했다. 우리는 어떻게 하면 보통의 새 성도들이 다른 그 어떤 것보다 우선하여 하나님을 사랑하고 다른 사람들을 자신의 몸과 같이 사랑하며 예수님을 따르고 사람을 낚는 어부가 되는 진정한 제자도에 대해 열심을 갖도록 도울 수 있는지를 배웠다. 우리는 단지 그들이 자신들의 마을에서 교회를 시작하는 데 그치지 않고 새로운 마을과 골짜기까지 그들이 배운 것을 재생산하도록 하기 위해 그들을 훈련시켰다. 그들이 인도한 새 성도들도 그와 똑같은 과정을 반복해나가도록 했다.

그러자 단 한 개의 교회도 세우지 못한 채 3년 반의 시간을 보낸 우리는 아주 외딴 곳에 있는 마을에 25개의 새로운 교회가 세워지는 돌파구를 마련할 수 있었다. 이듬해에는 숫자가 늘어나 80개 가까운 새 교회가 세워졌다. 그다음 해에는 교회를 파괴하는 무시무시한 탄압에도 불구하고 그 수는 176개로 늘었다. 그들의 예수님께 대한 사랑은 사람에 대한 두려움보다 강력했던 것이다.

우리는 사도행전 최초의 혁명에서 나타난 하나님 나라의 원리를 발견한 제자도 재혁명을 목격하고 있었다. 우리가 배우고 있던 영적인 과정을 무엇이라 불러야 할지 알지 못했지만, 잉의 운동과 동시에 일어나고 있었기 때문에 TRTTraining Rural Trainers (농촌 지역 T4T)로 알려지게 되었다. 모든 지역의 성도들은 1) 예수 그리스도를 따르고 2) 사람을 낚는 어부가 되는 훈련을 받았고, 그런 후 다음 세대의 성도들도 그런 방식으로 살아가게 훈련하도록 훈련받았다. 여러 세대를 이어가면서 말이다.

9개 도시의 교회개척운동

지난 몇 년간 많은 사람들이 제자도 재혁명의 T4T 과정[5]을 모방해왔다. 그들이 그 과정을 이해하고 이것을 자신들의 상황에 적용했을 때, 종종 자신들의 사역에 있어 괄목할만한 성장을 경험하곤 했다. 성도들이 과정을 이해하지 못하거나 적절히 적용하지 못하고 방법만을 그대로 답습했을 경우, 성공과 실패의 비율이 비슷하게 나타나거나 심지어 실망스러운 결과가 나오기도 했다. 성도들이 T4T의 하나님 나라 원리를 각자가 처한 문화적 상황에 맞게 활용할 수 있으려면 반드시 제자훈련 과정을 정확히 이해하고 이를 적절하게 적용해야만 했다.

2009년에 우리는 9개 도시의 CPM을 진행하는 사역자들의 회의를 소집했다. 이 회의에 참석하기 위한 조건은 도시에서 최소 3세대 이상을 거치면서 적어도 100개의 교회를 개척한 사역자이어야 한다는 것이었다. 3세대라 함은 외부인(선교사)이 첫 교회(1세대)를 시작하고, 이들을 훈련시켜 새로운 교회(2세대)를 개척하고, 그들이 다시 새 교회(3세대)를 시작하는 것이다.

아시아의 9개 도시에서 교회를 개척하는 선교사들이 한 자리에 모였다. 그들은 결코 적지 않은 수의 개종과 침(세)례, 그리고 새 교회 개척을 경험하고 있었다. 그들은 새 성도들을 단시간 내에 제자로 만들었고, 이들이 복음을 전하도록

---

5) 전 세계에서 많은 이름의 제자훈련이 시도되었지만, 이 책에서는 제자훈련 과정을 단순히 T4T라 부르기로 한다.

훈련했고, 그런 다음 이들이 전도한 사람들을 훈련하게끔 하는 프로그램을 적절히 운영하고 있었다. 이런 과정을 통해 그들이 훈련하는 새 성도들로 하여금 새로운 교회를 시작하도록 했다.

그들은 성공적으로 사역하는 데 공헌한 많은 공통점을 보고했다. 그러나 그 중 가장 두드러진 것은 이들 모두가 T4T에 대해 배웠다는 것, 그리고 그것을 자신들의 상황에 맞게 적용시키고 T4T 훈련을 활용해서 성도들을 훈련시키고 있다는 점이었다.

T4T는 우리에게 교회를 세우게 해주는 비밀병기가 아니다. 오직 성령의 역사하심만이 CPM을 시작하게 해준다. 하지만 정확히 이해되고 적절하게 적용될 때 훈련의 원리와 도구는 하나님께서 기쁘게 사용하시는 하나님 나라의 원리대로 사역할 수 있도록 해준다.

이 9명의 선교사들이 성취한 사역은 에베소와 고린도, 빌립보에서 있었던 1세기의 위대한 도시전도를 재생산한 제자도 재혁명이었다.

전 세계 각지에서

중동

2005년 말 이슬람 지역에서 일하고 있는 용감한 선교사 가족이 나와 내 동료인 빌 스미스가 주최하는 훈련 프로그램에 참석했다. 그들은 중동의 한 가운데, 지구상에서 가장 어둡고 가장 힘든 지역 중 한 곳에서 하나님의 사역을 감당하고 있었다. 6년간의 노력 끝에 이들은 이슬람 문화권의 성도들 가운데서 6개의 작은 지하교회와 가정교회를 세웠다. 보안상의 이유로 각 교회의 구성원은 대다수한 가족으로 이루어져 있었다. 그곳은 선교사와 성도들이 순교를 당했던 나라다.

훈련을 받으면서 이 부부는 그들의 사역에 변화를 가져오려면 무엇이 필요한가에 대해 고심했다. 어느 누가 보더라도 이들은 이미 대단히 훌륭한 사역을 해 온 터였다. 하지만 그들은 자신들의 사역이 장애가 될 수 있다는 사실을 깨달았다. 특히 모든 사람이 복음을 전해 듣고 반응할 기회를 가져야 한다는 계획을 세운 경우는 더욱 그러했다. 그들이 무슬림 사이에서 일을 하는 데 있어 새롭게 적용할 수 있는 많은 교훈들이 있었다.

그들이 배운 핵심적인 내용은 새로운 성도들을 무장시킬 훈련 프로그램이 필요하다는 것이었다. 훈련받은 성도들이 제자훈련을 통해 성장하고 사랑을 담아 다른 사람에게 복음을 전하고, 새로운 교회를 개척할 때 그런 과정을 반복하여 재생산될 수 있도록 새 성도들을 훈련시키는 프로그램이 필요했다. 그들은 T4T 과정을 선택했고, 그들의 상황에 적합한 복음과 제자훈련 시스템을 만들었다.

실제적이고 문화적으로 적절한 도구로 무장하고, 사람들에게 평화를 주고자 하는 천국의 원리를 무장하고, 전략적인 기도와 새롭게 바뀐 비전으로 무장한 후에, 이 부부는 다시 자신들의 사역지로 돌아갔다. 그리고는 폭발적인 제자도 재혁명이 일어났다. 그 후 8개월 동안 그들은 무슬림 배경을 지닌 새로운 성도들 가운데 50개의 새로운 교회가 세워지는 것을 보았다. 단 한 제자를 통해 5세대까지 내려가며 새로운 성도가 만들어지는 것을 목격할 수 있었던 것이었다!

남아시아

아시아 남부에서 활동하는 선교사들이 T4T에 대해 배우기 시작하면서, 그들은 이것이 힌두교도들과 이슬람교도들 사이에서도 효과를 볼 수 있을지 궁금해 했다. 여기서도 역시 그 과정을 이해하고 나자 이를 자신들의 문화적 정황에 맞추어 적용하기 시작했다. 그들은 쓰나미가 휩쓸고 간 해안지방에서부터 히말라야 산맥에 이르기까지, T4T 훈련 과정이 수백 개의 새로운 교회를 일구어낸 주춧돌이 되었음을 알게 되었다.

예전에 이 지역에서 미국 남침례교 해외선교사로 활동을 주도했던 데이비드 개리슨David Garrison은 사도행전을 연상시키는 교회개척운동을 시작하기를 원하는 모든 실무자들에게 그가 권장하는 기본 훈련 과정에 T4T를 포함시켰다.

기타 지역

지난 10년간 T4T는 사실상 모든 대륙에서 훈련되어왔다. 일본의 한 선교사는 일본 기독교인이 다른 일본인을 주님께로 인도하는 것을 본적이 한 번도 없었다고 말했다. 그러나 바로 그다음 날 그의 동료 한 사람이 자신의 간증을 들려주었다. 그는 자신의 공동체에 T4T를 적용해왔고, 일본 사람들이 수 세대에 걸쳐 가족과 친구들을 그리스도에게로 인도해오고 있다는 것이었다!

심지어 미국에서도 같은 일이 일어나고 있었다! 미국의 많은 교단과 교회에서 일어나고 있는 교인수의 감소는 우려할 만한 수준에 이르고 있다. 교회들은 이전에 비해 점점 더 적은 침(세)례자 수를 보고하고 있으며, 새로 시작하는 교회의 수도 줄어들고 있다. 그러나 전국 각지에서 재혁명이 무르익고 있다는 징후가 보인다.

미국 텍사스 주 와코Waco에 있는 한 역동적인 교회는 세계적인 돌풍을 일으키기 위해서 하나님께 사용되고 있다. 그 교회는 바로 안디옥교회이고, 안디옥교회는 미국에서도 많은 교회를 개척하고 있으며, 안디옥 국제선교회AMI, Antioch Ministries International를 통해서 전 세계에서 200명이 넘는 선교사를 후원하고 있으며 교회개척을 지원하고 있다. 어느 누구의 기준으로 보아도, 안디옥 국제선교회AMI는 신실한 기도와 예배, 전적인 순종을 통한 제자도, 열정적인 복음 전도, 그리고 대단히 어려운 환경 속에서 가장 앞장서서 교회를 개척하고 선교한다는 점에서 '성공적'인 단체다. 하지만 안디옥 국제선교회AMI는 그들의 성공한 사역이 그들을 쉽게 안심시켜, 세계복음화라는 임무를 완수하는 데 반드시 필요한 무엇인가를 놓칠 수 있게 한다는 사실을 우려하기 시작했다. 최근 3년 동안 안디옥 국제선교회AMI는 이 책에서 소개하는 T4T 원리를 와코의 가정과 미국 전역, 그리고 해외에서 활동 중인 팀들에 적용하도록 개편작업을 수행해왔다.

그들은 전 세계에서 대단히 긍정적인 결과를 얻어내고 있다. 개편작업 이후 첫 해에 그들은 와코에서만 300명이 넘는 사람들이 구원을 얻는 것을 지켜보았다. 더더욱 큰 힘을 얻을 수 있었던 것은 T4T의 적용으로 인해 2, 3세대의 성도와 그룹, 제자들이 나오기 시작했다는 사실이었다(9장을 보라).

이 책이 출간되기까지 12개월 동안 T4T 접근방법을 활용한 또 다른 운동이 미국 노스캐롤라이나North Carolina 주에서 일어났다. 이 지역에서 교회개척운동을 시작한 핵심인사가 아시아에서 있었던 T4T 과정에 관해 배운 바를, 소위 말하는 미국 보수 기독교인 지역Bible Belt에서 적용하고 있는 것이다. 글자 그대로 빈손에서 시작한 운동은 12개월 만에 3세대를 내려오며 거의 40개의 T4T그룹을 만들어 냈다. 이들 그룹을 이루는 성도들의 대다수는 이전까지 종교를 갖지 않았거나 교회에 한 번도 나온 적이 없던 사람들이었다(20장을 보라).

이제 함께 여행을 떠나자

예수님은 제자들에게 단순히 침(세)례를 베푸는 것뿐 아니라 "내가 너희에게 분부한 모든 것을 가르쳐 지키게 하라"(마 28:20)고 가르치셨다. 이 지상명령에 순종하기 위해 우리는 반드시 복음을 증거하고, 제자를 삼고, 소그룹이나 교회를 세우고, 리더들을 양육함으로 다른 성도들을 동원해서 같은 일을 반복하도록 하는 원리를 따라야 한다. 그렇지 않으면 우리의 사역은 그저 일시적으로 유행하다가 말거나, 가끔 도구로 활용되는 이론에 불과하게 되고 말 것이다. T4T가 만능 해결사는 아니다. 그러나 너무나 자주 경시되는 하나님 나라의 원리를 효과적으로 적용하기에 적합한 과정을 우리에게 분명히 제공하는 것도 사실이다. T4T가 활용하는 신약의 하나님 나라 원리는 다음과 같은 일을 해낸다.

- 하나님의 소명에 따라 살도록 기존 그리스도인을 동원한다.

- 성도들이 삶 속에서 제대로 된 증인의 역할을 담당하도록 가르친다.

- 성도들이 그리스도께 순종하며 진실로 사랑의 관계를 쌓아가도록 훈련한다.

- 새로운 소그룹이나 교회(대개의 경우 둘 다)를 세운다.

- 빠른 속도로 성숙한 리더들을 만들어 낸다.

- 제자와 교회/그룹이 몇 세대 이상 내려가며 많은 열매를 거두도록 한다.

- 선교사와 교회개척자들이 사역의 템포를 적절히 조절하도록 해주고, 일단 제자훈련 과정이 뿌리를 내린 이후에는 모든 활동이 오직 성령님의 인도하심 가운데 올바로 설 수 있도록 돕는다.

이러한 과정을 적용해가는 훈련을 이 책에서는 훈련자를 위한 훈련T4T이라 부른다. 잉 카이와 다른 많은 T4T 담당자들은 특히 '제자' disciple라는 말 대신

'훈련자' trainer라는 단어를 사용하는데, 이는 '제자' disciple라는 단어와 관련된 수많은 고정관념과 오해가 성경적인 의미에 대한 우리의 이해를 방해하기 때문이다.

'디사이플' disciple이라는 단어에 대한 신약의 헬라어는 마세테스 μαθητης인데, 이는 단순히 '배우는 사람' 혹은 마스터의 학생을 의미한다. 그러나 예수님은 이 단어를 자신의 가르침과 그의 본을 따라 사는 사람을 묘사하는 데까지 의미를 확장시키셨다.

> 제자가 그 선생보다, 또는 종이 그 상전보다 높지 못하나니 제자가 그 선생 같고 종이 그 상전 같으면 족하도다 집 주인을 바알세불이라 하였거든 하물며 그 집 사람들이랴(마 10:24-25).

우리는 성경에 사용된 히브리어와 헬라어의 참 뜻을 설명하기 위해서 좋은 단어를 다 활용해야 한다. 이 경우에 우리는 예수님을 따르는 사람들은 반드시 주님을 닮아가야 하며 모든 면에서 그분을 본받아야 한다는 것을 나타내기 위해 '제자'라는 말 대신 '훈련자'라는 단어를 사용한다. '제자' 혹은 '제자화'라는 말은 주는 것이 아닌 받는 것을 의미한다고 우리는 종종 이해해왔다. 그러나 주님께서는 그를 따르는 무리에게 그들이 받은 모든 것을 주라고 하셨다.

> 너희가 거저 받았으니 거저 주라(마 10:8).

'훈련자'라는 말이 '제자'라는 말보다 더 원래의 의미를 잘 전달해주기를 바라는 것이다. 그러므로 다른 사람에게서 복음을 들어 믿게 되고, 훈련을 받아 예수님 안에서 성장한 사람들이, 그 복음을 다른 사람에게 전하여 믿게 하고 훈련하여 성장하게 하는 사람들을 가리켜 '훈련자'라는 말을 사용할 것이다.

잉 카이가 설명했듯이, 이것이 바로 '가르침' teaching과 '훈련' training이 다른 점이다. 가르침은 지식의 전달을 의미하지만 훈련은 행동의 변화를 의미한다.

너희는 말씀을 행하는 자가 되고 듣기만 하여 자신을 속이는 자가 되지 말라 (약 1:22).

제자도 재혁명을 주도하는 쪽은 바로 말씀을 행하는 사람이다.

모든 것을 포함하는 과정

우리 중에 많은 사람들은 전도의 특별한 방법, 제자훈련의 다른 프로그램, 교회개척의 한 프로그램, 새 성도 훈련 프로그램, 사역자 훈련 프로그램 등을 가지고 있을 것이다. 이런 방법은 모두 좋다. 하지만 T4T는 위에서 열거한 모든 사역을 모두 달성할 수 있는 올일원all-in-one 과정이 될 수 있다는 것이다. T4T는 일관된 교회개척운동을 구축하면서 모든 것들을 균형 있게 진행할 수 있도록 도와준다. 이는 사람들이 복음을 듣겠다고 결심하고, 예수 그리스도를 따르겠다고 결심하고, 침(세)례를 받겠다고 결심하고, 교회의 멤버가 되겠다고 결심하고, 다른 사람들에게 복음을 전하겠다고 결심하는 등과 같이 각각의 단계에서 "예"라고 대답할 때 먼저 믿은 성도들이 무엇을 해야 하는가를 알게 해준다.

T4T는 수업 과정을 포함하고 있지만 일련의 수업은 아니다. T4T는 전도를 포함하고 있지만 6주간의 전도활동이 아니다. T4T는 12~18개월간에 거쳐서 훈련된 사람들로 하여금 믿지 않은 사람에게 복음을 전하고, 새 성도들을 훈련시켜 세대를 이어가며, 제자를 양성하는 공동체를 형성하도록 하는 복합적인 훈련 과정이다. 한 세대가 만들어질 때마다 새 성도들은 제자훈련을 받고, 새 그룹이나

교회가 세워지며, 리더들이 양성되는 것이다. T4T는 신약성경에서 있었던 최초의 제자도 혁명으로 돌아가는 제자도 재혁명인 것이다.

어쩌면 당신은 다음 장의 주제인 하나님 나라의 확장으로 넘어가기 전, 약간의 적응이 필요할지도 모른다. T4T는 하나님이 부흥운동을 불붙이기 위해 사용하실 10~20%의 촉발제로 제공할 수도 있고, 당신에게 필요한 완전품을 제공할 수도 있다! 당신이 촉발제와 완전품 사이의 어디쯤 서 있든지 T4T가 도움이 될 수 있다. 수 년, 수십 년, 심지어 수 세기를 내려오는 동안 하나님 나라의 DNA가 얼마나 흐릿해졌고, 진정한 하나님 나라를 기대하는 우리의 갈망이 얼마나 퇴색되었나! 우리에게 필요한 것은 최초의 혁명으로 돌아가는 제자도 재혁명 뿐이다!

우리가 이를 이루면서 살아가는 방법을 함께 훈련하자. 잉의 이야기를 듣고 싶다면 다음 장을 읽으라.

듣기만 하지 말고 행하는 자가 되라!

T4T는 당신을 단순히 말씀을 듣기만 하는 사람뿐만 아니라, 그 이상이 되라고 촉구할 것이다. 잠시 시간을 내서 아래 여백에 하나님께서 당신에게 무엇이라 말씀하셨는지, 그리고 그 말씀에 순종하기 위해 당신에게 필요한 것은 무엇인지를 적어보라.

Part 1 **T4T의 기초**

3장 T4T 이야기

잉 카이

[이 장은 원래 잉 카이가 그의 모국어로 쓴 글이다. 그는 중국어로 썼기 때문에 약간만 편집하여 영어로 다시 썼다. 스티브]

개인 이야기

제 이름은 잉 카이입니다. 저의 가족은 중국에서 대만Taiwan으로 이사 와서,

타이완에서 자랐습니다. 아버지는 28년간 목사로 일하셨는데, 이 기간 동안 28개 교회를 개척하여 예배드렸습니다. 저는 아버지에게서 많은 것을 배웠습니다. 그리고 아버지의 사역이 아주 좋은 모델이라고 생각했습니다.

아버지처럼 저도 하나님의 종이 되고자 타이완의 신학교에 진학했습니다. 1978년에는 미국으로 이민 가서, 텍사스의 한 마을에서 살았습니다. 그런데 그 마을에는 중국인 교회가 없어서 저는 중국인 교회를 개척하여 그곳에서 목회를 했습니다. 첫 해에는 성도가 한 명도 없었으나 100명으로 아주 빠르게 늘어났습니다. 이듬해에는 200명을 넘어섰습니다. 저는 아주 신이 났습니다. 3년째가 되었을 때, 저는 성도들에게 이렇게 말했습니다. "매년 우리는 365일을 보냅니다. 이것은 우리에게 그만큼 많은 기회가 주어진다는 것입니다. 금년에는 여러분 각자가 한 명씩을 교회로 인도해오시길 바랍니다. 올해 말이 되면 우리 교회는 두 배로 성장할 것입니다." 0에서 200까지는 정말 쉬웠는데, 200부터가 너무 힘들었습니다. 그 해에 25~30명의 성도가 우리 교회에 새로 들어왔습니다. 하지만 다른 20명이 교회를 떠났습니다. 몇 명은 새 직장을 얻어 이사 갔고, 다른 몇 명은 그저 목사가 싫다고 했습니다! 저는 우리 교회가 성장하지 못하는 것이 너무나 슬펐습니다.

해외에서의 사역

1994년이 끝나갈 무렵, 저는 홍콩에 선교사로 파송되었습니다. 그곳에서 광둥어를 배우기 위해 첫 해를 보냈습니다. 대만에서 출생했고, 모국어는 표준 중국어였기 때문에 광둥어는 저에게 너무나 어려웠습니다. 광둥어를 공부해서 사역에서 사용하기는 했지만, 광둥어를 그리 잘하지는 못했습니다.

홍콩에 머무를 당시 모든 선교사들은 최소한 매 5년마다 새로운 교회를 개척해야 한다고 배웠습니다. 1996년 저는 첫 교회를 개척했고, 이듬해에 두 번째 교회를 세웠습니다. 그리고 1998년 세 번째 교회를 시작했습니다. 저는 매년 새로운 교회를 세웠습니다. 이 기간 내내 아주 좋은 기록을 유지했습니다. 저는 제 아내 그레이스와 함께 매년 새 교회를 개척하여 40~60명의 사람들을 하나님께로 인도했다는 사실을 발견했습니다. 기분이 좋았습니다. 선교본부에서는 "매 5년마다 교회를 하나씩 세워라"고 말했지만 저희는 매년마다 새로운 교회를 세우고 있었던 것입니다.

1999년 저희는 1년간의 휴가를 가졌습니다. 저희가 휴가에서 돌아왔을 때, 저희의 선교본부는 이미 모든 것이 변해있었습니다. 지역담당관도 바뀌었습니다. 그는 "홍콩에는 147개 침례교회가 있다. 그리고 이들은 이미 다른 나라로 선교사를 파송하고 있다. 당신은 더이상 홍콩에 있을 필요가 없다. 당신들을 훨씬 더 절실히 필요로 하는 지역이 아시아에 있다"라고 말했습니다.

그는 선교활동에 대단히 적대적인 한 나라[6]를 우리에게 제시했습니다. 하지만 그때까지만 해도, 많은 이유로 인하여 그곳에서 사역하고 싶지 않았습니다.

새로운 부담

그래서 저는 홍콩에 남았습니다. 2000년 첫 주일에 미국에서 돌아와 저희가 세운 교회에 갔습니다. 그런데 교회 성도 중 한 사람이 바로 그 나라의 이름을 대며 그곳에 가서 복음을 전하는 것을 한 번 생각해보라고 권하는 것이었습니다.

[6] 보안상의 이유로 이 나라의 이름은 밝히지 않겠다. 이 지역은 혹독한 박해를 겪고 있으므로 국가명을 밝히는 것은 박해를 더욱 증가시킬 우려가 있기 때문이다.

그는 그 지역에 공장을 가지고 있는 사업가였습니다.

"아니요, 가기 싫습니다."

"왜 싫어요?"

"저는 그곳 정부의 탄압이 걱정스럽습니다."

"이제는 많이 달라졌어요. 원하신다면 제가 당신과 함께 가겠습니다. 일단 한 번 가보면 하나님께서 당신에게 뭔가 말씀하시는 것이 있을 겁니다."

비자를 받은 후, 그 사업가는 자신의 공장이 있는 도시로 저희를 데려갔습니다. 저희가 탄 기차는 많은 공장들을 지나쳤습니다. 그는 우리가 지나치는 모든 공장에 대해 이야기해주었습니다. 한 공장을 지날 때, 그는 "이 공장에는 3,000명의 직원이 있어요. 그 사장을 잘 알고 있지요. 그는 누군가 와서 복음을 전해주길 바라고 있지만 우리는 그럴만한 사람을 찾을 수가 없습니다"라고 말하고, 다음 공장을 지날 때 다시 "이곳에는 1만 명의 직원이 일하고 있습니다"라고 말했습니다. 우리가 지나친 공장 가운데 가장 큰 곳의 종업원은 7만 명에 달했습니다. 저희가 그 공장들 속에 있는 잃어버린 영혼을 보았을 때 하나님께서는 저희의 눈과 마음을 여셨습니다. "이 사람들에게 복음이 필요하구나"라는 생각이 저의 마음에 차오르기 시작했습니다. 그래서 홍콩으로 돌아온 저희는 기도하기 시작했습니다. 2주가 지난 후, 지역담당관을 만나 말했습니다. "우리는 그 나라로 사역지를 옮기는 것을 고려중입니다." 그는 말했습니다. "예, 잘됐어요. 우리는 아주 오랫동안 이것을 기다려왔습니다."

몇 사람이 들을까?

그때까지 저는 그 나라에 대해 아는 것이 전혀 없었습니다. 사람들은 내게

"공장이 대단히 많은 지역이 있어요. 공장 근로자들은 전국 각지에서 몰려들지요. 그 지역에는 서로 가까이 붙어서 빠른 속도로 성장하는 도시가 몇 개 있습니다"라고 말해주었다. 그래서 우리는 이 세 도시를 관장하는 전략조정가SC, Strategy Coordinator가 되어 달라는 요청을 받았습니다. 전략조정가는 사람의 집단이나 도시에 접근하기 위한 교회개척운동의 전략을 관리하는 사람을 뜻합니다. 이 도시들에는 580만 명의 토착민들에다 그 나라의 다른 지역에서 온 1,500만 명의 이주 공장 근로자를 합해 총 2천만 명이 살고 있었습니다.

사역을 시작하면서, 저희는 4주 일정의 CPM 훈련 프로그램에 참여했습니다. 훈련장의 벽에는 다음과 같은 포스터가 붙어 있었습니다. "오늘 내 백성 중 몇 명이 복음을 전해들을 것인가?"

이전의 사역에서, 그레이스와 저는 매년 40~60명의 사람들을 크리스천으로 만들었습니다. 이제는 2천만 명을 눈앞에 두고 있었습니다. 어떻게 하면 이들 전부에게 복음을 전할 수 있을 것인가? 나는 어떻게 CPM 계획을 세워야 할지 알지 못했습니다. 그때는 모든 것이 너무 어려웠습니다. 훈련이 영어로 진행되었는데, 저희의 영어 실력은 한계가 있어서 대단히 초조했습니다. 저희는 어떻게 해야 할지 몰랐기 때문에 매일 밤 그저 기도하고 기도하고 또 기도했습니다. 다른 사람들은 모두 호텔로 돌아가는 밤에도 우리는 남아서 사역을 위하여 기도하고 고민했습니다. 우리는 항상 자정이 되어서야 자리에서 일어났습니다. "오늘 내 백성 중 몇 명이 복음을 전해들을 것인가?"라는 표어를 보고, 어떻게 해야 우리가 맡은 지역의 사람들이 복음을 들을 수 있게 할지에 대해 하나님께 수없이 기도했습니다.

예수님의 지상명령

그러므로 너희는 가서 모든 민족을 제자로 삼아 아버지와 아들과 성령의 이름으로 침(세)례를 베풀고 내가 너희에게 분부한 모든 것을 가르쳐 지키게 하라 볼지어다 내가 세상 끝 날까지 너희와 항상 함께 있으리라 하시니라 (마 28:19-20).

'오라'가 아니라 '가라'

우리는 성경에 나오는 예수님의 지상명령을 읽고, 예수님께서는 이미 우리를 위한 전투 계획을 수립해 놓으셨음을 발견했습니다. 우리에게는 다른 전략이 필요치 않았습니다. 주님께서 이미 전략을 만들어주셨기 때문이었습니다. 그분은 "가라!"고 하셨습니다. 제 마음속에 무엇인가가 꿈틀거리는 것을 느꼈습니다. 전에 제가 교회에서 목회할 때, 우리는 사람들에게 "환영합니다. 잘 오셨습니다. 우리의 문은 활짝 열려있습니다"라고 말했습니다. 우리는 사람들이 오게 해달라고 기도했습니다. 그러나 예수님께서는 "가라!"고 하신 것입니다.

사람들을 오라고 초청하는 것은 매우 어려운 일입니다. 그들은 당신의 교회가 무엇을 하는 곳인지 모르고 당신에 대해서도 알지 못합니다. 그들은 아무것도 모릅니다. 따라서 사람들을 오게 만드는 것은 정말 힘든 일인 것입니다. 그런데 예수님께서는 "가라!"고 하셨습니다. 제가 틀렸던 것입니다. 사람들더러 오라고 초청하는 대신, 제가 가서 사람들을 찾고, 그들과 만나고, 그들과 이야기해야 하는 것이었습니다. 저는 첫 번째 키워드가 '오라'가 아닌 '가라!'라고 생각합니다.

'몇 사람'이 아니라 '모든 사람'

예수님께서 하신 말씀이 무엇인가요? 그분은 모든 민족에게 가라고 하셨습니다. 이는 모든 사람을 의미합니다. 하지만 전에는 우리가 사람을 골랐습니다. 우리는 "이 사람은 너무 추해. 그에겐 아무것도 주지 말자. 하지만 이 사람은 좋은 사람 같아"라고 생각하곤 했습니다. 우리는 복음에 반응할 만한 사람을 스스로 선택하는 경향이 있습니다.

예수님께서는 "선택한 몇 사람이 아니라 모든 사람들에게 가라"고 말씀하셨습니다. 예수님은 씨 뿌리는 농부의 비유에서 예를 보여주셨습니다. 그는 농부이므로 어떤 땅이 좋고 나쁜지를 잘 압니다. 그러나 이 농부는 대단히 이상합니다. 그는 모든 땅에 씨를 뿌립니다. 어떤 땅은 매우 얕고, 어떤 땅은 너무나 단단하며, 어떤 땅은 잡초가 무성합니다. 그러나 어떤 땅은 토양이 좋아서 하나님께서는 30배, 60배, 100배의 열매를 거두십니다. 씨를 뿌리는 것은 우리의 책임입니다. 오직 성령님만이 싹을 틔울 수 있습니다. 그러므로 어떤 기회도 놓치면 안 됩니다. 어떤 사람도 놓쳐서는 안 됩니다. 지금 당장에는 땅이 좋지 않을 수 있습니다. 그러나 언젠가 하나님께서는 그 땅을 바꾸실 수 있습니다. 우리는 어떤 기회도 놓쳐서는 안 됩니다. 두 번째 키워드는 '단지 몇 사람'이 아니라 '모든 사람'입니다.

'교인'이 아니라 '훈련자'를 삼으라

셋째로 예수님께서는 자신을 따르는 사람들에게 어떤 사람이 되라고 초청하셨나요? 제자입니다. 단순히 교회에 출석하는 교인이 아닙니다. 제자는 그의 스승이 가르친 모든 것을 배워야 하는 사람입니다. 그리고 그 가르침을 따르고 또 다른 사람들에게 그것을 가르쳐야 할 필요가 있습니다. 제가 지금까지 했던 것은 이와는 다른 것이었습니다. 목사로서 저는 교인이 2배 규모로 성장하기를 바랬지만, 이것은 예수님께서 명령하신 바가 아니었습니다. 만일 교회에 많은 성도가 있다면 그들 중에 몇몇은 1년에 한 번밖에 보지 못할 것입니다. 만일 환난 가운데 처해있는 성도가 많을 경우 이들은 당신을 열심히 찾겠지만, 당신이 그들과 직접적으로 접촉할 수 있는 기회는 극히 제한적일 수밖에 없을 것입니다.

하지만 이것은 예수님께서 생각하시는 방식이 아닙니다. 그분은 모든 사람이 당신의 제자가 되기 원하십니다. 그러므로 가서 모든 사람들에게 복음을 전하고 그들이 제자가 되게끔 인도해야 합니다. 예수님께서는 "너희는 내가 너희들에게 가르친 것을 그들에게 가르치고 그들이 이에 순종하도록 해야 한다"고 말씀하셨습니다. 예수님께서는 우리에게 순종하도록 가르치십니다. 그리고 우리가 다른 제자들로 하여금 순종하도록 가르치라고 말씀하셨습니다. 그들은 지상명령을 포함해 모든 명령에 순종해야만 하는 것입니다. 그리고 예수님께서는 말씀하셨습니다. "내가 세상 끝날까지 너희와 항상 함께 있으리라." 이것은 약속입니다. 만일 우리가 하나님의 약속을 원한다면 우리는 먼저 예수님의 지상명령에 복종해야 할 필요가 있습니다. 제자는 다른 사람을 가르치는 훈련자가 되어야 합니다. 그래서 세 번째 키워드는 단순한 '교인'이 아닌 '훈련자'입니다.

이것은 제 마음속의 무엇인가를 뒤흔들었고 나의 CPM 계획 역시 흔들어 놓았습니다. 저는 이렇게 썼습니다. "모든 그리스도인이나 새 성도들이 훈련자가 되도록 훈련시키기를 원합니다." 비록 저와 제 아내는 매년 겨우 40~60명을 믿음으로 인도할 수 있었지만, 우리가 그 사람들을 훈련한다면, 그들은 다시 매년 40~60명을 믿음으로 인도할 수 있는 것입니다. 그러면 이들 중 절반만 성공한다고 해도 여전히 많은 사람들을 전도하는 셈이 될 것입니다. 그래서 제 CPM 3년 계획의 주요 계획을 다음과 같이 정했습니다. "우리는 200개의 새로운 교회가 세워지고 18,000명이 믿음으로 인도되는 것을 보기 원합니다."

첫 번째 T4T그룹

2000년 11월 1일, 저에게 배정된 선교 지역으로 갔지만 그곳에 아는 사람이 단 한 명도 없었습니다. 그러나 이웃나라에서 온 그리스도인 한 명이 내 담당 지역에 있는 도시의 정부 등록교회의 목회자에게 저를 소개시켜 주었습니다. 그는 자기의 교회 교인들을 훈련시켜줄 목회자를 찾고 있었습니다. 제가 그의 교회를 방문했더니, 그는 제게 "우리에게 무엇을 가르치실 작정이십니까?"라고 물었습니다.

당시 저는 교회개척운동에 대해서는 말을 할 수 없었는데, 이는 자칫 정부의 부정적인 반응을 불러올 수 있는 문제였기 때문이었습니다. 그래서 "복음을 빨리 전할 수 있는 방법을 알려 드리겠습니다"라고 말했습니다.

그는 "오, 좋아요"라고 대답했습니다.

저는 제 CPM 계획에 대해 생각하고 있던 터라 "이 도시의 인구가 몇 명이나 됩니까?"라고 물었습니다. 그는 총 인구가 618,000명이라고 알려주었습니다. 저는 다시 "구역은 어떻게 나눠져 있습니까?"라고 물었습니다.

"총 22개 구역이고, 각 구역에는 100에서 200개의 마을이 있습니다. 작은 마을에는 30~40가구가 살고, 큰 마을은 100가구가 넘어요."

저는 다시 물었습니다. "어디서 복음을 전할 수 있습니까?"

"아, 우리는 지상명령에 순종합니다. 그러니 어디서든 복음을 전할 수 있는 거죠."

저는 "좋습니다. 그러면 복음을 어떻게 전합니까?"라고 물었습니다.

그는 대답했다. "교회는 많은 접촉점을 가지고 있고 모든 교인들은 자신의 집에 가정성경공부 그룹을 가지고 있습니다."

"정말요?"

그는 말했습니다. "그럼요! 안 될 게 뭐 있겠습니까? 우리는 집에서 성경을 배울 수 있어요."

저는 말했습니다. "좋습니다." 그의 대답을 들었을 때, 저는 대단히 행복했습니다. 저는 "우리는 목표를 정해야 합니다. 최종 목표요. 저는 3년 안에 모든 마을에서 가정성경공부(예를 들어 3,000개가 넘는 가정성경공부)가 진행되기를 원합니다"라고 했습니다. 그와 다른 교회의 직분자들은 마치 '그건 불가능하다'라고 말하는 듯이 저를 쳐다보았습니다. 저는 많은 토론과 논쟁을 거친 후에 입을 열었습니다. "만일 당신들이 시도해보고자 한다면 나는 당신들에게 복음을 전할 수 있는 빠른 길을 보여주겠습니다."

하지만 그날 우리는 어떤 해결방안도 찾아내지 못했고 결국 목사님은 "좋아요, 당신은 집으로 돌아가세요. 저는 사람들이 당신의 훈련 프로그램에 등록할 수 있도록 하겠습니다. 만일 충분한 사람들이 모이게 되면 당신에게 연락해 이곳에 오도록 하지요"라고 말했습니다.

저는 그리 큰 기대를 품지 못한 채 집으로 돌아갔습니다. 하지만 이틀 후 그는 제게 전화를 걸었습니다. "현재 거의 30명 가량이 당신의 강의를 듣고 싶어합니다. 이번 주말에 오실 수 있으시겠어요?"

저는 대답했습니다. "예, 물론이지요. 그러고 싶습니다." 그래서 그 주 금요일 밤, 우리 부부는 그곳에 갔습니다. 때는 11월 중순이었습니다. 우리가 도착했을 때 한 사람이 교회 밖에 나와 기다리고 있었습니다. 그는 "이 교회에서 하는 게 아닙니다. 우리는 여기서 한 시간 정도 모터사이클을 타고 다른 교회로 갈 겁니다." 우리 부부는 그와 함께 한 대의 모터사이클을 탔습니다. 세 명이 한 대의 모터사이클을 타고 한 시간을 갔습니다. 정말 비좁았습니다!

60명의 성도가 있는 그 교회는 정말 작아서 다른 교회의 절반 크기에 불과했습니다. 우리가 거기 도착했을 때는 저녁 6시가 다 된 시간이었는데, 단 한 명이 교회 밖에서 우리를 기다리고 있었습니다. 그는 "모두가 다 밭일을 끝내지 못했습니다. 그 사람들을 기다려야 해요. 몇 명은 자전거를 타고 몇 명은 모터사이클을 타고 몇몇은 걸어올 것입니다. 아마 1시간 반쯤 기다려야 할 겁니다"라고 알려주었습니다.

그리스도인들은 왜 전도를 하지 않는가?

우리 부부는 밤 8시까지 기다리며 함께 기도했습니다. 마침내 30명이 모였습니다. 그들은 모두 농부였고, 대단히 흥분해 있었습니다. 그들 중 많은 사람들은 저녁식사를 못했고, 우리도 못했습니다. 30명의 사람이 다 모였으므로 저는 그들과 함께 교제를 시작했습니다. 저는 그들에게 말했습니다. "오늘날 모든 그리스도인들이 다 복음을 전하지는 못합니다. 그 이유는 세 가지입니다. 첫 번째 이유는 '왜' 즉 전도해야 하는 이유를 모르기 때문입니다." 저는 왜 기존의 그리스도인이 복음을 전해야 하는가를 설명하기 시작했습니다. 그리고 예수님의 지상명령(위의 글 참고) 내용을 사용해서 그들에게 비전을 소개했습니다. "예수님께서는 우리에게 복음을 전하라고 명령하셨습니다." 모든 사람들이 내 말에 동의했습니다. 하나님께서 복음의 증인으로 만드시기 위해 이들의 마음을 열고 계셨던 것입니다.

"두 번째 이유는 우리가 누구에게 복음을 전해야 할지 모르기 때문입니다. 우리의 가정 안팎에 많은 사람들이 있지만 우리는 누구에게 복음을 전하기 시작할 수 있을지 모릅니다." 그래서 저는 모두에게 종이를 나눠주고 말했습니다. "눈을 감고 여러분 주변에 있는 사람들을 생각해보세요. 여러분의 가족, 이웃, 친척, 친구, 여러분이 알고 있는 사람 중 그리스도인이 아닌 모두를 생각해보세요. 그리고 그들의 이름을 적어보세요." 저는 그들에게 15분을 주고 이름을 적도록 했습니다. 대다수의 사람들이 20명, 30명, 또는 40명의 이름을 적었습니다. 한 명은 80명이 넘는 사람의 이름을 적었습니다. 그래서 모든 사람들이 가족, 친구, 이웃, 동료들 가운데 예수님을 모르거나 하나님과 함께 동행 하지 않는 사람들의 명단을 가지게 되었습니다.

그리고 말했습니다. "그 명단을 보고 기도하세요. 하나님께서는 여러분이 모든 사람들에게 복음을 전하기 원하시고, 여러분은 어떻게 전도를 시작할지 알아야 합니다. 기도를 하고 난 뒤, 여러분이 즉시 복음을 전하기를 원하는 5명의 이름을 고르세요. 그들을 제1그룹에 넣으세요. 그리고 제2그룹을 위해 다른 이름 5개를 고르세요. 그리고 또 다른 이름 5개를 골라 제3그룹을 만드세요. 이제 당신에게는 목표그룹이 생겼습니다. 당신은 그들을 위해서 기도하고, 성령님께 그들을 준비시켜달라고 부탁드리고, 그들에게 갈급한 마음을 달라고 기도할 수 있습니다. 그러면 여러분이 그들에게 복음을 전할 때 그들이 여러분의 말을 듣고 예수 그리스도를 영접할 수 있을 겁니다."

"세 번째 문제는 우리가 어떻게 복음을 전해야 할지 모르기 때문입니다." 저는 그들에게 말했습니다. "여러분은 어떻게 복음을 전해야 할지 모를 겁니다. 하지만 이것은 아주 쉽습니다. 여러분 자신의 이야기로 시작하시면 됩니다." 저는 그들에게 다시 종이를 한 장씩 나눠주고 저의 예를 들려주었습니다. "여러분의 이야기는 대단히 쉽습니다. 세 부분으로 구성되어 있습니다. 첫 부분은 그리스도를 만나기 전, 당신의 삶이 어땠는가 하는 것입니다. 그리스도인이 되기 전, 당신의 생활은 어땠습니까? 어려움을 많이 겪거나 매우 분노에 차 있었습니까? 주님을 만나기 전, 당신의 삶이 어떠했었는지를 써 내려가면 됩니다. 두 번째 부분은 당신이 어떻게 그리스도인이 되었는가입니다. 그리고 마지막은 당신이 그리스도인이 된 다음 당신의 삶에 어떤 일이 생겼는가입니다. 당신의 삶이 즐거워졌나요? 아니면 평화로운 삶을 살고 계신가요? 너무 길게 쓰지 말고 오직 한 장 분량으로 쓰세요. 너무 길어지면 사람들은 인내심을 가지고 끝까지 듣지 않을 수도 있습니다. 그리고 되도록 재미있게 써야 합니다."

저는 그들에게 15분을 주고 글을 써내려가도록 했습니다. 그들이 쓰기를 마친 다음, 저는 말했습니다. "모두 일어나서 각자의 간증을 보세요. 다른 사람의 말은 듣지 마시고, 소리 내서 다섯 번씩 읽으세요." 모두가 글을 쓸 수는 있지만 모든 사람들이 다른 사람에게 말을 할 때 유연하게 말 할 수 있는 것은 아닙니다. 그래서 그들에게 말했습니다. "큰 소리로 말하세요. 이것은 아주 중요합니다. 만일 큰 소리로 다섯 번씩 읽는다면 외울 수 있을 겁니다. 굳이 당신이 가진 종이를 들여다볼 필요가 없을 겁니다. 그저 써내려가는 것으로 그치지 말고 그것을 외워야 합니다. 당신이 그냥 읽어내려 가는 방식으로는 다른 사람들의 마음을 움직일 수 없습니다."

그러자 30명이 일어서서 큰 소리로 자신들의 간증을 다섯 번씩 읽었습니다. 그들이 읽기를 마친 후, 나는 "이제, 두 명씩 한 조를 이루어 서로에게 말하세요. 그리고 상대의 말을 들을 때에 파트너에게 어떤 부분이 이해되지 않는지 말해주고 만일 더욱 재미있게 만들 수 있는 부분이 있다면 수정해주세요. 함께 이야기하세요"라고 주문했습니다.

상대방에게 소리 내어 말하기를 끝냈을 때, 그들은 대단히 들떠있었다. 거의 밤 10시가 다 되었을 때, 저는 그들에게 말했습니다. "여러분의 간증은 다른 사람들의 마음을 움직일 수 있습니다. 사람들이 여러분의 간증을 듣는다면 몇몇은 '오, 아주 좋은데요. 나도 당신과 같은 경험을 하고 싶군요'라고 할 겁니다. 하지만 그들은 여전히 진실을 이해하지 못할 수도 있고, 구원을 이해하지 못할 수도 있습니다. 그러면 당신은 그 즉시 복음이 무엇인지 가르쳐주어야 합니다. 이렇게 하는 것만이 그들로 하여금 진정으로 구원에 대한 확신을 가질 수 있도록 해줄 것입니다." 저는 계속해서 말했습니다. "아주 쉬운 6가지 가르침을 드리겠습니다. 당신이 자신의 간증을 들려준 다음에는 즉시 그들에게 첫 번째 가르침을 전해주어야 합니다. 첫 번째 가르침은 바로 복음입니다."

시간이 이미 밤 10시가 되었기 때문에 저는 그들에게 물었습니다. "계속할까요? 아니면 내일 다시 오시겠습니까?"

그들은 "아니요, 계속해주세요! 우린 지금 가슴이 뛰고 있어요! 외지 사람이 우리를 가르치기 위해 이 먼 곳까지 온 적이 없었어요." 그래서 우리는 계속 진행했습니다.

저는 모든 사람들에게 첫 번째 가르침을 전해주었습니다. 단 두 페이지로 된 것이었습니다. 첫 부분은 믿지 않는 사람들에게 어떻게 예수님을 통해 영생을 얻을 수 있는지를 명확하게 가르치는 것에 관한 것이었습니다. 이것은 대단히 중요했습니다. 만일 간증만을 들려준다면 이것은 그냥 이야기에 불과하기 때문입니다. 그들이 최종적으로 결정을 하기 위해서는 복음을 들을 필요가 있습니다.

그래서 저는 그들에게 가르침의 첫 부분을 아주 천천히 가르쳤습니다. "제가 여러분에게 가르친 모든 문장을 하나도 빠짐없이 종이에 적으세요. 제가 예를 든 것은 그것까지 모두 다 적으세요. 하나도 빠짐없이 다 적으신 다음, 저는 당신이 이번 주에 다른 사람을 가르치게 되기를 원합니다." 저는 이들이 아주 단순한 방법을 사용하도록 가르치려고 애썼습니다.

제가 그들을 가르친 다음, 저는 그들에게 지금까지 배운 것을 서로에게 가르치는 연습을 해보라고 요구했습니다. 그들이 연습을 마친 후, 저는 그들 모두가 다른 사람들을 가르칠 수 있다는 확신을 가질 수 있도록 했습니다. 그런 다음, 너는 그들에게 첫 번째 가르침을 적은 종이를 다섯 부씩 나눠주었습니다. "여러분이 집으로 돌아가면, 여러분이 직접 작성한 명단의 첫 그룹 사람들 5명을 집에서든, 들판에서든, 나무 밑에서든, 식당에서든, 어디서든 그들과 만날 수 있을 것입니다. 그들에게 여러분의 간증을 들려주세요. 간증을 전했으면 즉시 그들에게 첫 번째 가르침(복음)이 담긴 종이를 전해주시고, 그것을 그들에게 가르쳐주세요." 그런 다음 다시 말을 이었습니다. "이때 한 가지 아주 중요한 것이 있습니다. 당신의 간증을 들려주기로 결정했다면 상대의 허락을 구하지 마십시오. 그냥 여러분의 이야기를 시작하세요." 왜 그래야 할까요? 저는 그들에게 나의 경험을 이야기해주었습니다.

계란 하나? 아니면 둘?

저는 미국과 홍콩에 있을 때, 20년 넘게 병원에서 원목으로 일했습니다. 환자들을 방문할 때마다 그들은 침대에 누워있었습니다. 각 환자를 방문할 때면, 저는 "오늘은 어떠세요? 좀 나아지셨나요?"라고 물으며 "저는 이 병원의 목사입니다. 당신에게 복음을 전하고 싶습니다"라고 말했습니다. 그렇지 않을 경우에는 "예수 그리스도를 아세요?"라고 물었습니다. 저는 아주 정중하게 말했습니다.

제가 방문했던 환자들 대다수는 아주 좋은 사람들이었습니다. 그러나 제가 복음이나 예수님을 언급할 때면 그때마다 그들은 "아니요, 저는 지금 많이 피곤하군요"라고 하거나 "아니, 듣고 싶지 않습니다"라고 대답했습니다. 그러면 저는 더이상 아무 말도 할 수 없었습니다. 그저 병실 밖으로 나오면서 제 심방전도 기록에 '거절함' 이라고 적어야 했습니다. 평균적으로 15명의 환자를 만났을 때, 1~2명만이 저의 간증을 들어주었습니다. 나머지 사람들은 아예 들으려 하지 않았습니다. 저는 기회도 잡지 못했던 것입니다. 그들이 듣지 않는다면 어떻게 복음을 듣고 영접할 기회가 그들에게 주어질 수 있겠습니까?

한번은 대만을 방문한 적이 있었습니다. 보통 저는 아침식사로 두유 한 컵에 중국 도넛을 사먹었습니다. 그들은 언제나 "계란을 넣어드릴까요?"라고 물었습니다. 하지만 계란은 10대만달러나 했기 때문에 저는 원치 않았습니다. 저는 돈을 쓰는 데 아주 신중해야 했기 때문입니다.

그런데 어느 날 저는 다른 식당에 갔습니다. 제가 주문을 했을 때 몹시 바빴던 식당 주인은 내게 "계란 하나요? 아니면 둘이요?"라고 물었습니다.

저는 "한 개만요"라고 말했습니다.

제가 두유컵을 가지고 테이블로 돌아왔을 때 그레이스는 "오늘은 웬일로 계란까지 샀어요?"라고 물었습니다.

저는 "오늘은 '예, 아니요' 라고 묻지 않고, '하나요? 둘이요?' 이라고 물었어. 그래서 나는 얼떨결에 '하나' 라고 대답했지"라고 말했습니다.

그래서 저는 그 사람을 지켜보았습니다. 그는 사람들에게 언제나 "계란 하나요? 둘이요?"라고 물었습니다. 어느 누구도 그에게 "아니요"라고 말하지 않았습니다. 그는 정말 현명한 사람이었습니다! 갑자기 하나님께서 저의 마음을 열어주셨고, 저는 생각했습니다. '그래. 나는 복음을 전하는 사람이고 이것은 아주 좋은 일이야. 그런데 다른 사람의 허락을 반드시 구해야 할 필요가 있을까? 그냥 다른 사람들한테 전하기만 하면 되는 것 아닌가?'

예수님께서는 100마리의 양 중 한 마리를 잃어버린 목자에 관해서 가르치셨습니다. 그는 99마리를 놔둔 채 그 한 마리를 찾아 나섰습니다. 그 잃어버린 한 마리도 그의 것이지 않겠습니까? 그래서 그 한 마리를 찾았을 때, 그는 뭐라고 했을까요? "어린 양아, 집에 가고 싶니? 내 소개를 할까? 나는 목자란다." 이렇게 말할까요? 아닙니다! 그는 "이는 내 양이다. 내가 집으로 데리고 돌아가리라!"고 생각했을 것입니다. 잃었던 양을 찾은 그는 대단히 행복했고, 잔치를 열었습니다.

하지만 우리가 복음을 전할 때 우리는 문 밖에 서서 "듣기 원하십니까?" 혹은 "제가 복음을 전해드릴까요?"라고 묻습니다. 만일 그들이 대답하지 않는다면 문은 그대로 닫힙니다. 그래서는 안 됩니다! 그들을 끌어들여야 하는 것입니다! 하나님께서 그들을 창조하셨지만 그들은 길을 잃었습니다. 당신이 다른 사람과 이야기를 할 때, 바로 당신의 이야기를 하면 됩니다. 그에게 "이봐요. 당신은 나를 잘 모르겠지만 나는 예전에 아주 나쁜 사람이었답니다." 나쁜 사람의 이야기를 듣기 싫어하는 사람은 없습니다! 호기심을 자극하는 것입니다.

그래서 다시 병원으로 돌아갔을 때, 저는 환자들에게 "아, 당신은 내가 예전에 어떤 사람이었는지 모르실 거예요. 저는 아내와 매일같이 싸우던 사람이었습니다"라고 말문을 열곤 했습니다. 그때 "아, 됐어요. 별로 듣고 싶지 않군요"라고 말한 사람은 거의 없었습니다. 그들은 기꺼이 들어주었습니다. 그들은 험담gossip이나 나쁜 이야기를 듣는 것을 좋아했습니다.

그런 다음, 저는 그들에게 예수님이 제 인생을 바꾸어 주신 것과 그 후 어떠한 삶을 살고 있는가에 대해 말해주었습니다. 그리고는 즉시 그들에게 어떻게 하면 예수님을 믿음으로써 구원에 대한 확신을 얻을 수 있는지에 관한 첫 번째 가르침을 전했습니다. 제 말 듣기를 거부하는 사람은 거의 없었습니다. 저는 15명의 환자 중에 8~9명이 제 간증과 첫 번째 가르침을 끝까지 듣는 기록을 내기 시작했습니다. 그러니 더 많은 사람들이 그리스도인으로 돌아설 밖에요!

저는 30명의 농부들에게 말했습니다. "그들에게 물어보지 마세요. 그냥 당신의 이야기를 하세요. 그런 다음 그들에게 첫 번째 가르침을 주세요. 이것이 그들에게 예수님의 사랑을 들을 기회를 주는 겁니다. 이것은 아주 중요합니다."

말을 마친 후에, 저는 그들에게 "다음 주에 다시 오면, 여러분은 한 주 동안 있었던 일을 저와 다른 사람들에게 말해주셔야 합니다"라고 말했습니다.

하늘에 계신 아버지의 마음 – 비전을 제시해주는 이야기

잉 카이가 아직 대만의 어린 학생이었을 시절, 그는 아주 좋은 중학교로 진학하기 위해 열심히 공부하고 있었다. 자전거를 타면 30분이면 갈 수 있기 때문에 새 자전거를 타고 그 학교에 갈수 있게 되기를 진심으로 갈망했다. 그러나 그는 집이 가난했기 때문에 새 자전거를 얻을 수 있을 것이라는 확신을 갖지 못했다. 하지만 어느 날, 그가 부모님의 침실 앞을 지나갈 때 그의 아버지가 그를 위해 새 자전거를 구입해주겠다고 어머니에게 말씀하시는 것을 들었다. 잉은 너무나 기뻤다. 그날 밤, 그는 잠자리에 들기 전에 아버지에게 새 자전거를 사달라고 부탁했다. 그러나 그의 아버지는 "안 돼!"라고 하셨다. 잉은 어찌할 바를 몰랐지만, 아버지의 마음을 알기에 포기하지 않았다. 그가 꾸준히 애원하자, 아버지는 마침내 "알았다"고 대답했다. 그다음 날 그는 새 자전거를 받았다.

잉은 "저는 아버지의 마음을 알고 있었기 때문에 절대 포기하지 않았습니다. 만일 아버지의 마음을 몰랐다면, 아마도 포기하고 말았을 겁니다. 그러니 우리가 하늘에 계신 아버지의 마음을 안다면, 우리는 그분께서 우리에게 원하시는 일을 하는 데 있어 더 많은 자신감을 가질 것입니다"라고 털어놓았다.

성경을 통틀어 볼 때, 하나님께서는 가족 모두를 구원받게 할 사람을 고르신다. 노아, 룻, 라합, 귀신 들린 거라사인, 고넬료, 루디아와 빌립보 죄수 등. [잉은 시간적인 여유가 있었던 관계로 성경 속의 각각의 인물들에 관해 상세히 설명했다.]

하나님께서는 당신뿐 아니라 당신과 관계된 모든 이들을 구원하시기 위해서 당신을 선택하셨다. 이것이 하늘에 계시는 하나님 아버지의 마음이다. 만일 당신이 그분의 마음을 안다면, 당신의 마음속에 있는 소원을 가지고 그분에게 구하는 것을 포기하지 않을 것이다. 하나님의 마음을 나타내시게 할 책임은 당신에게 있다. 절대 포기하지 마십시오! 하나님께서는 결국 그들 중 많은 이들을 구원하실 것이다.

두 번째 주

일주일 후 11월 말에 우리 부부는 교회로 돌아왔습니다. 하나님 감사합니다! 30명 모두 다시 와 있었습니다. 모임을 시작하면서 우리는 함께 노래하고 기도했습니다. 그런 다음 저는 그들로 간증(의무적인 보고)을 나누도록 했습니다. 저는 "여러분은 지난주 복음을 전했습니까?"라고 물었습니다. 오직 11명이 "예"라고 대답했습니다. 확률적으로 볼 때 나쁘지 않았습니다. 하지만 솔직히 저는 조금 슬펐습니다. 왜냐하면 제게 있어 이는 새로운 가르침이고 새로운 경험이었기 때문이었습니다. 저는 모든 사람들이 예수님의 지상명령에 순종하리라 생각했었습니다. 그들은 기꺼이 제 가르침을 받아들였고 모두 대단히 들떠있었지만 단 11명만이 복음을 전한 것입니다. 다른 19명은 그러지 않았던 것입니다. 이것은 저의 첫 번째 CPM 교훈의 하나였습니다. 모든 사람이 다 훈련을 통과하지는 못한다는 사실입니다.

그다음 저는 그들에게 얼마나 많은 사람들에게 복음을 전했는지, 그리고 후에 얼마나 많은 사람들이 예수 그리스도를 믿게 되었는지를 물었습니다. 한 사람이 세 명에게 복음을 전했고 그 중 한 명이 믿음을 갖게 됐다고 대답했습니다. 다른 사람은 다섯 명에게 복음을 전했는데 단 한 명도 신자가 되지 않았다고 말했습니다.

한 늙은 농부는 여러 사람들에게 복음을 전했다고 했습니다. 그는 몇 명에게 복음을 전했는지는 기억나지는 않지만 그중에 11명이 그리스도인이 됐다고 했습니다! 그는 자신의 간증을 나누었습니다. 그는 "내가 그리스도인이 된 것은 20년도 넘은 일이었지만 어느 누구 하나 내게 어떻게 복음을 전해야 하는지 가르쳐주지 않았어요. 하지만 지난주 훈련을 받고 나는 정말 흥분됐어요. 그래서 우리 마을의 모든 집 문을 두드렸어요. 나는 모든 사람들에게 복음을 전했고 11명이 믿었습니다"라고 말했습니다. 그의 말은 모두에게 용기를 주었습니다.

저는 그를 통해 진실 하나를 발견했습니다. 우리가 아니라, 성령님께서 사람을 고르신다는 것입니다. 만일 제가 골랐다면 저는 그 사람을 고르지 않았을 것입니다. 심지어 훈련시키지도 않았을지 모릅니다. 그는 나이도 있었고 그리 잘생기지도 않았습니다. 그리고 그의 말은 상당히 알아듣기 힘들었습니다. 하지만 하나님께서는 그를 선택하셨습니다. 그것은 CPM과 관련된 또 하나의 깨달음이었습니다. 우리는 모든 사람을 다 훈련시켜야 합니다.

교회개척운동이 계속된 후 이 남자는 또 다른 간증을 들려주었습니다. 그는 매일 아침 5시에 일어나 성경을 읽었습니다. 그리고 매일 2시간을 따로 떼어 두었습니다. 아침 7시부터 오후 5시까지 그는 들에 나가 일을 했습니다. 5시가 되면 집으로 돌아와 샤워를 하고 아주 나이가 많은 자신의 어머니를 돌보기 위해 음식을 만들었습니다. 저녁 7시부터 자정까지 그는 매일 다른 그룹들을 인도했습니다. 나중에 2001년 한 해 동안 그는 110개의 작은 모임을 만들었고, 이 등록 교회의 공식적인 목회자가 되었습니다. 저는 대단히 행복했습니다. 결국 그는 저의 가장 뛰어난 훈련자 중 한 명이 되었습니다. 이렇게 하나님께서는 사람을 선택하십니다. 우리는 절대 알 수 없습니다. 절대 고르지 마십시오. 모든 사람을 훈련시켜야 합니다! 그런 다음 하나님께서 선택하시도록 하는 것입니다.

두 번째 훈련 모임에서 세 부분 과정의 전반부 훈련을 하는 동안, 각자 숙제 점검시간에 보고를 하게 한 다음, 저는 그들에게 다시 한번 더 비전을 제시해주었습니다. 저는 잠시 시간을 내어 '하늘에 계신 아버지의 마음' 이라는 이야기를 통해 그들과 비전을 나누는 기회를 가졌습니다. 저는 그들에게 말했습니다. "만일 여러분들이 하늘에 계신 하나님 아버지의 마음을 안다면 당신들은 복음을 전하는 데 대해 더 자신감을 가질 수 있을 것입니다."

그런 다음 저는 우리 모임의 다음 전반부 시간동안 기도에 관한 두 번째 가르침을 훈련했습니다. 제가 그들에게 두 번째 훈련을 마친 후 저는 우리 모임의 마지막 후반부 시간을 이용해 연습을 한 다음 서로 가르쳐보도록 했습니다. 그리고는 그들에게 숙제를 내주었습니다. "만일 지난주에 세 명을 기독교인이 되도록 인도했다면 다시 그들에게 돌아가서 두 번째 가르침을 전해주세요. 첫 번째 가르침을 5부씩 다시 나눠드리겠습니다. 이것은 새로운 신자들을 위한 것입니다. 당신은 이것을 그들에게 주어서 그들로 하여금 새로 만나는 사람들에게 활용하도록 하면 됩니다. 그들에게 자신의 간증을 전해줄 사람의 명단을 작성하게 하시고 당장 복음을 전할 5명의 사람을 찾으라고 하십시오."

처음 시작했을 때에는 이것이 저의 방식이었습니다. 그러나 나중에 저는 방법을 바꿔 그들이 스스로 교안을 필요한 만큼 만들도록 했습니다. 그래야 그들이 새로운 신자들에게 첫째 모임의 내용을 훈련시키는 데 시간의 공백이 생기지 않도록 할 수 있기 때문이었습니다. 더 시간이 지나 제가 더 많은 것을 배워감에 따라 저는 저의 훈련생들에게 "당신들이 첫 번째 가르침을 교육함으로써 복음을 전할 때 즉시 그 첫 가르침의 교안을 만들어 그들에게 주도록 하세요. 그래서 그들이 다른 사람을 가르칠 수 있도록 하십시오. 기다리지 마세요. 그들이 믿기 시작한 바로 그날이 다른 사람에게 어떻게 전할 수 있는가를 배우기에 가장 좋은 날이기 때문입니다. 되도록 첫 교훈의 인쇄물을 많이 만들어서 언제라도 복음을 전할 수 있게 준비하시고 그들로 하여금 다른 사람에게 다시 증언할 수 있도록 그들을 훈련시키십시오. 자료가 모자라서 손발이 묶이는 상황에 처하면 안 됩니다"라고 말합니다.

두 번째 가르침을 연습한 후 30명의 농부들은 그들이 복음을 전하고, 그리고 훈련시킬 사람들에 대한 목표를 설정했습니다. 그런 다음 나는 그들을 위해 기도를 하고 그들을 보냈습니다.

본보기가 만들어지다

2000년 11월 우리는 30명으로 구성된 첫 번째 그룹과 함께 시작했는데, 3개월 후 그들은 27개의 작은 그룹을 이끌며 200명이 넘는 사람들을 예수께로 인도했습니다! 이것이 제 마음을 감동시켰습니다.

저는 혼자 생각했습니다. "예전에 우리 부부는 매년 40~60명의 사람들을 예수님께로 인도했습니다. 그런데 이제 지금은 3개월 만에 이 30명을 통해 이미 200명이 믿음을 갖도록 인도했습니다. 200명의 새 성도들을!" 저는 하나님께 감사드렸습니다.

2001년을 통틀어 30명으로 이루어진 그 그룹 하나가 906개의 작은 그룹을 만들어내는 촉매가 되었습니다. 그들은 17개의 마을에 복음을 전했습니다. 다 합해서 10,000명이 넘는 새 성도가 생겼습니다. 이것이 최초의 T4T그룹 단 하나에서 비롯된 것이었습니다. 이것이 저를 감동시켰습니다. 그래서 저는 생각했습니다. "만일 성령님께서 우리와 함께 계시면 우리는 기적을 경험할 수 있구나."

이 그룹은 훈련자들을 위한 훈련을 어떻게 시작해야 하는지에 대한 모델 역할을 담당해주셨습니다. 그레이스와 저는 매일 우리의 담당 구역으로 돌아가 두 종류의 사람들을 찾아 다녔습니다. 잃어버린 영혼과 구원받은 사람들을 말입니다. 만일 그들이 잃어버린 영혼이라면 그레이스와 저는 그들에게 복음을 전했습니다. 만일 그들이 구원받은 사람들(우리를 통해 막 복음을 받아들인 사람들도 포함해서)이라면 우리는 그들에게 훈련을 제안했습니다.

저는 초창기 T4T그룹들을 훈련시키기 시작했을 때 매주 모임을 가졌습니다. 농부들의 경우는 이것도 나쁘지 않았습니다. 하지만 연중 계속 바쁘게 사는 사람들에게는 이것이 그리 좋은 방법이 아닐 수 있습니다. 농부들은 1년 중 특히 두 번 아주 바쁩니다. 그러나 또 1년 중 3~4개월 동안은 할 일이 상대적으로 적습니다. 이때 그들이 가서 복음을 전하는 것은 그리 어려운 일이 아닙니다. 하지만 도시와 공장지대에서는 단 한 주 만에 그들의 복음전도 숙제를 끝낼 시간적 여유가 많지 않습니다. 그들은 너무나 바빴던 것입니다. 그래서 나는 2주마다 모임을 갖는 형태를 취하기 시작했습니다.

그렇게 하는 것이 저로 하여금 더 많은 그룹들을 훈련시킬 수 있는 시간을 만들어 주었습니다. 시간이 지나면서 저는 점점 더 많은 그룹을 가르쳤습니다. 그레이스와 저는 매일 3, 4시간씩 하루에 7개 그룹을 가르쳤습니다. 하지만 1주일 7일 동안 매일 5그룹씩 훈련시킨다면 나는 20~30개의 그룹만을 가르칠 수 있게 됩니다. 하지만 만일 제가 2주일의 간격을 두고 가르친다면 저는 제가 훈련시키는 그룹의 수를 두 배로 늘릴 수 있는 것입니다.

후에 저는 하나님께서 각각 다른 동네와 마을에 많은 성도들을 준비시켜 놓으셨음을 알게 되었습니다. 우리는 점점 진기한 간증들을 많이 접하게 되었습니다. 그해에 67세의 나이에 예수님을 영접한 할머니가 있었습니다. 그녀는 그해에 46개가 넘는 가정을 그리스도께 인도했습니다. 개개인이 아니라 가정 전체를 전도했던 것입니다!

또 다른 마을에는 26세의 청년이 있었습니다. 그가 2개월 만에 그리스도인이 되도록 인도한 가정은 20가구가 넘었습니다.

또 다른 지역에는 공장에서 일하는 여성이 있었습니다. 누군가 그녀에게 복음을 전했고 그녀는 예수님을 영접했습니다. 그러나 그다음 날 우리가 되돌아갔을 때 우리는 그녀를 찾을 수 없었습니다. 그녀는 3주 후에 다시 나타났습니다. 그레이스가 그녀에게 "그동안 어디 계셨어요?"라고 물었습니다.

그녀는 이렇게 말했습니다. "누군가 내게 복음을 전해주던 날 나는 예수님을 영접했기 때문에 밤새 울었어요. 그리고 생각했지요. '누가 내 가족에게 복음을 전할까?' 라구요." 그래서 그다음 날 돈을 빌려 비행기 티켓을 사 복음에 덜 우호적으로 보이던 그 나라의 다른 지역에 있는 도시로 날아가 3주 동안 26명을 그리스도께 인도한 것입니다.

그리스도인이 된 젊은 의사가 있었는데 그녀의 남편은 그녀의 결정을 못마땅해 했습니다. 어느 날 그녀는 탁자 위에 예수님에 관한 영화를 놓아두었습니다. 그날 남편은 그 영화를 보고 감동을 받았습니다. 그녀는 남편을 그리스도에게로 인도했습니다. 또한 3개월 후에 20명이 넘는 그녀의 가족 전체가 그리스도인이 되었습니다.

또 다른 도시에 2,000명이 넘는 직원이 일하는 공장이 있었습니다. 그 공장에는 그리스도인이 한 명 있었습니다. 저는 그를 훈련시켰고 1주일 만에 그는 1개의 그룹을 만들었습니다. 저는 그가 그토록 혁혁한 활약을 벌이리라고 생각하지 못했었습니다. 하지만 하나님께서는 우리보다 훨씬 위대한 분이셨습니다. 그것은 성령 하나님께서 하실 수 있는 일이지 우리가 하는 일이 아닌 것입니다. 저는 하나님께 감사드렸습니다.

이런 간증거리는 많습니다. 저는 예수님께서 이미 모든 곳에 하나님의 사람들을 준비해 놓으셨음을 알게 되었습니다. 하지만 우리가 모든 사람들에게 복음을 전하지 않는다면 우리는 그들을 잃어버렸을 것입니다. 왜냐하면 우리는 그들을 선택하지 않았을 것이기 때문입니다. 하나님께서 택하신 사람이 누구인지 우리가 알아낼 수 있는 방법은 없습니다.

저는 매일 일어나서 무릎을 꿇고 기도하는 시간을 더 많이 가졌습니다. 그런 다음 저의 담당 지역으로 들어가서 잃어버린 영혼들에게 복음을 전하고 구원받은 사람들을 가르쳤습니다. 저는 이 T4T 방법을 사용하고 있으며 하나님께서는 이미 제 마음을 열어주셨습니다. 저는 아직도 여전히 배우고 있지만 지금까지 터득한 것을 여러분과 나누고자 합니다. 지금 저는 아주 흥분한 상태입니다!

스티브로부터: 말씀, 역사, 그리고 새 부대

아래에 나와 있는 구절은 T4T 훈련 과정을 사용해서 CPM을 시작하는데 있어, 우리가 맡아야 할 역할이 무엇인지를 명확하게 가르쳐주는 모델을 제시한다. 다음의 내용은 잉이 활용하고 전 세계의 다른 많은 이들이 적용한 T4T 모델에서 따온 것이다. 이 가르침들은 첫 번째로 영원히 변함없는 권위를 지닌 하나님의 말씀에서 비롯된 원리들에 근거하고 있다.

> 그의 손이 하는 일은 진실과 정의이며 그의 법도는 다 확실하니 영원무궁토록 정하신 바요 진실과 정의로 행하신 바로다 여호와께서 그의 백성을 속량하시며 그의 언약을 영원히 세우셨으니 그의 이름이 거룩하고 지존하시도다 여호와를 경외함이 지혜의 근본이라 그의 계명을 지키는 자는 다 훌륭한 지각을 가진 자이니 여호와를 찬양함이 영원히 계속되리로다(시 111:7-20).

두 번째로 가르침들은 전 세계의 CPM에서 일어나는 다양한 하나님의 역사하심에서 우리가 배우는 것으로 만들어진다. 많은 CPM 사례연구의 예들을 지켜봄으로써 우리는 남녀를 막론하고 하나님의 사람들이 어떻게 자신들의 상황 속에 하나님의 나라를 접목시키는지, 그리고 하나님께서는 어떻게 열매를 거두겠다고 하신 당신의 약속을 지키시는지를 경험한다.

> 여호와께서 행하시는 일들이 크시오니 이를 즐거워하는 자들이 다 기리는도다 그의 행하시는 일이 존귀하고 엄위하며 그의 의가 영원히 서 있도다 그의 기적을 사람이 기억하게 하셨으니 여호와는 은혜로우시고 자비로우시도다 (시 111:2-4).

하나님 안에서 즐거워하는 자들을 통해서 하나님의 기적이 학습되고 기억되도록 계획하셨다. 교회개척운동을 어떤 상황에도 적용할 수 있도록, 하나님이 어떻게 일하시는지에 대한 사례들에는 깊은 원리와 실천이 있다.

마지막으로, 마태복음 9장 17절에 나오는 포도주를 담는 가죽부대(방법과 구조)에 기초하여 T4T를 효과적으로 적용할 수 있는 다양한 적용이 제안된다. 여러분은 각자의 목회에 맞추어 이들 적용 사례들을 바꾸어 활용할 필요가 있다. 그래야 여러분 공동체의 사람들은 성실하게 하나님 말씀에 순종할 수 있을 것이다.

이 책을 계속 읽어 가면서 당신의 지역에서 일으키신 하나님의 운동 가운데 당신은 어떤 일을 했는지 알아보라.

듣기만 하지 말고 행하는 자가 되라!

하나님께서 당신에게 하신 말씀과 그 말씀에 순종하게 한 것은 무엇인지를 적어보라.

Part 1 **T4T의 기초**

4장 왜 T4T는 잘 되나요?

CPM의 신학적·성경적 배경과 T4T 과정

세계 각지의 점점 더 많은 곳에서 교회개척운동CPM들이 일어나고 있다. CPM을 추구하는 최고의 실행 과정으로써 T4T는 아시아에서 아프리카에 이르기까지, 문맹자에서 고학력자에 이르기까지, 그리고 범신론자에서부터 서구문명 사회에 이르기까지 폭넓은 상황에 효과적으로 적용되어 오고 있다. 성령의 능력이 나타나는 이 운동은 급속히 보급되고 있는데, 그 배경에는 도대체 어떤 이유가 숨어 있는 것일까?

이들 CPM의 가장 근본적인 기초는 하나님이 어떻게 역사하시는지, 그리고 우리는 어떻게 그분과 동역해야 하는가와 관련된 몇 가지 성경적인 원리로 돌아갑니다. T4T의 방법론적인 문제를 살펴보기 이전에 이것이 적용되는 하나님 나라가 어떻게 이루어져 있는지를 반드시 이해하고 넘어가야 한다. 우리가 보기에는 때때로 신기하고 불가사의하게 느껴지는 이들 원리는 초대교회에 있던 당시의 분위기다. 그것은 영적인 DNA였다. 영적인 DNA는 그들의 사명을 실천하게 했고, 하나님 나라가 임할 때 일어날 일들을 보여주는 것이었다. 주님과 제자들의 말씀을 다시 한 번 들여다보자.

하나님 나라의 핵심

예수님의 모든 사역은 하나님 나라를 알리는 데 초점을 맞추고 있었다. 그분은 '하나님 나라'라는 말을 100번도 넘게 사용하신 반면, '교회'라는 말은 단 두 번 언급하셨다. 마가복음에 나타난 그분의 첫 발언 역시 하나님 나라에 관한 것이었다.

> 이르시되 때가 찼고 하나님의 나라가 가까이 왔으니 회개하고 복음을 믿으라 하시더라 (막 1:15).

회개라는 말은 우리의 사고방식 전체를 바꾸는 것을 의미한다.

예수님께서는 본질적으로 대단히 급진적인 방법으로 하나님 나라를 보여주셨기 때문에 우리는 하나님께서 우리 가운데, 그리고 우리를 통해 무엇을 하시기를 원하는지, 그리고 특히 어떻게 역사하실 것인지에 대한 개념 전체를 전반적으로 다시 정립해야 한다.

예수님께서 주신 기도의 중심도 하나님 나라에 관한 것이었다.

그러므로 너희는 이렇게 기도하라 하늘에 계신 우리 아버지여 이름이 거룩히 여김을 받으시오며 나라가 임하시오며 뜻이 하늘에서 이루어진 것 같이 땅에서도 이루어지이다(마 6:9-10).

예수님께서는 우리의 도시, 이웃, 나라, 혹은 민족이 그의 영광과 통치를 받아들이므로 마치 이 땅 위에 하나님 나라가 임한 것처럼 되게 해달라고 기도할 것을 가르치셨다. 예수님께서는 그분이 하고 싶지 않은 일을 위해서 우리에게 기도하게 하실까? 하나님께서는 모든 사람들 중에서 소수의 성도, 작은 그룹이나 교회로 만족하시는 분이 아니다. 그분의 비전은 모든 민족 가운데에서 다양한 사람들이 그분께 예배드리는 것이다.

예수님 사역의 중심은 하나님 나라였다.

이 천국 복음이 모든 민족에게 증언되기 위하여 온 세상에 전파되리니 그제야 끝이 오리라(마 24:14).

역사의 모든 것이 이 마지막 목적지를 향해 움직여 가고 있다.

사도행전에서 나오는 그분의 마지막 가르침도 하나님 나라에 관한 것이었다.

그가 고난 받으신 후에 또한 그들에게 확실한 많은 증거로 친히 살아 계심을 나타내사 사십 일 동안 그들에게 보이시며 하나님 나라의 일을 말씀하시니라(행 1:3).

예수님의 처음과 마지막 말씀이 모두 하나님의 통치에 관한 것이었다. 이것은 예수님의 일생에 걸친 사역을 요약해준다.

사도행전에 나오는 사도들의 임무도 하나님 나라에 관한 것이었다.

빌립이 하나님 나라와 및 예수 그리스도의 이름에 관하여 전도함을 그들이 믿고 남녀가 다 침(세)례를 받으니(행 8:12).

복음을 그 성에서 전하여 많은 사람을 제자로 삼고 루스드라와 이고니온과 안디옥으로 돌아가서 제자들의 마음을 굳게 하여 이 믿음에 머물러 있으라 권하고 또 우리가 하나님의 나라에 들어가려면 많은 환난을 겪어야 할 것이라 하고(행 14:21-22).

바울이 회당에 들어가 석 달 동안 담대히 하나님 나라에 관하여 강론하며 권면하되(행 19:8).

사도행전의 마지막 글도 하나님 나라에 관한 것이었다.

바울이 온 이태를 자기 셋집에 머물면서 자기에게 오는 사람을 다 영접하고 하나님의 나라를 전파하며 주 예수 그리스도에 관한 모든 것을 담대하게 거침없이 가르치더라(행 28:30-31).

예수님의 사역 시작부터 끝까지, 또한 제자들의 초점과 당신의 개인적인 초점 모두 하나님의 통치에 맞추어져 있었다.

예수님께서는 우리가 하나님의 나라, 즉 하나님의 통치에 올바르게 접근할 수 있다면 교회를 올바르게 세울 수 있을 것이라는 사실을 알고 계셨다. 그분은 주기도문을 통해 하나님의 나라가 우리 도시와 이웃, 그리고 민족들 가운데 온전하게 임해서 마치 하나님 나라처럼 되게 해 달라고 아버지께 간구할 것을 가르치셨다(마 6:9-10).

그러나 하나님 아버지의 방식은 우리가 기본적으로 가지고 있는 것과는 달리 직관적으로 이루어지는 것이 아니다. 하나님의 방식은 반직관적이다. 다시 말해서 이것은 자연적인 것이 아니라 영적인 원리이므로 우리가 자연스럽게, 혹은 직관적으로 이해할 수 있는 것이 아니다. 우리가 교회나 목회자의 통치가 아니라 진정한 하나님의 통치를 보려면 대단히 단호한 의지와 목적의식을 가져야 한다는 뜻이다.

이는 하나님께서 자신을 통해 운동을 일으키시기 위해 잉 카이에게 깨닫게 하신 놀라운 발견이었다. 그는 자신의 '성공적'인 과거의 목회 사역이 그가 담당한 지역에 사는 엄청난 수의 잃어버린 영혼에게 다가가기 위해서는 적합하지 못한 방식이라는 사실을 깨닫게 되었다. 그는 자신이 처한 상황 속에서 사도행전에서 나타나는 혁명이 반복되는 것을 보기 위해서는 자신이 하던 방식과는 달리 자신을 내려놓고 하나님과 동역하는 법을 배웠다. 이렇게 배우는 동안 내내 이것이 어떻게 진행되는가를 보고 놀라지 않을 수 없었고, 하나님의 인도하심에 그 자신을 끊임없이 맡기고 적용시켜야 했다.

이나Ina 부족 사이에서 일하고 있던 내게도 똑같은 일이 발생했다. 그곳에서 하나님의 나라가 **빠른** 속도로 확장되어가는 동안 나는 종종 성경적으로 올바른 길을 가고 있는가에 대한 의문을 갖는 자신을 발견하곤 했다. 오직 신약성경을 자주 확인함으로써, 특히 천국 비유와 사도행전을 살펴봄으로써 나는 성령님의 인도하심을 확인할 수 있었고 그분의 사역을 방해하지 않고 그분과 함께 동역할 수 있었다.

우리가 하나님 통치의 방식을 이해하지 못한다면 그 나라가 시작될 때 우리는 환영받지 못할 것이고, 그 뜨거운 불길을 감당 하지 못할 것이며, 오히려 장애가 되고 있는 우리 자신을 발견하게 될 것이다!

하나님의 방식이 반직관적이라는 사실을 알고 계셨던 예수님은 대부분의 경우 "하나님 나라는 이러하니 … "라고 시작되는 비유의 형식을 빌어 하나님 나라에 대한 많은 말씀을 나타내주셨다. 각각의 비유가 하나님 통치의 모든 비밀에 관한 진리의 핵심이다.

우리가 어린 아이들처럼 열린 마음으로 다가갈 때 하나님께서는 하나님의 나라에 관한 진리를 그 따르는 무리에게 즐겨 보여주신다는 것이 큰 축복이다.

> 예수께서 대답하여 이르시되 천국의 비밀을 아는 것이 너희에게는 허락되었으나 그들에게는 아니되었나니 … 그러나 너희 눈은 봄으로, 너희 귀는 들음으로 복이 있도다(마 13:11, 16).

비유는 외부에 있는 사람들에게는 수수께끼이지만 어린아이처럼 나오는 사람들에게 하나님께서는 하나님 나라의 신비한 본질을 드러내 보여주신다. 선입견을 버리고 하나님께서 당신에게 새롭게 말씀해주시길 간구하라.

하나님 나라의 핵심에 나타난 하나님의 통치 방식

하나님 나라에 대한 다음의 비유들을 통해 하나님 나라 확장 운동의 반직관적 본성을 곰곰이 생각해보라.

씨 뿌리는 자

> 예수께서 비유로 여러 가지를 그들에게 말씀하여 이르시되 씨를 뿌리는 자

가 뿌리러 나가서 뿌릴새 더러는 길 가에 떨어지매 새들이 와서 먹어버렸고 더러는 흙이 얕은 돌밭에 떨어지매 흙이 깊지 아니하므로 곧 싹이 나오나 해가 돋은 후에 타서 뿌리가 없으므로 말랐고 더러는 가시떨기 위에 떨어지매 가시가 자라서 기운을 막았고 더러는 좋은 땅에 떨어지매 어떤 것은 백 배, 어떤 것은 육십 배, 어떤 것은 삼십 배의 결실을 하였느니라 귀 있는 자는 들으라 하시니라(마 13:3-9).

그런즉 씨 뿌리는 비유를 들으라 아무나 천국 말씀을 듣고 깨닫지 못할 때는 악한 자가 와서 그 마음에 뿌려진 것을 빼앗나니 이는 곧 길 가에 뿌려진 자요 돌밭에 뿌려졌다는 것은 말씀을 듣고 즉시 기쁨으로 받되 그 속에 뿌리가 없어 잠시 견디다가 말씀으로 말미암아 환난이나 박해가 일어날 때에는 곧 넘어지는 자요 가시떨기에 뿌려졌다는 것은 말씀을 들으나 세상의 염려와 재물의 유혹에 말씀이 막혀 결실하지 못하는 자요 좋은 땅에 뿌려졌다는 것은 말씀을 듣고 깨닫는 자니 결실하여 어떤 것은 백 배, 어떤 것은 육십 배, 어떤 것은 삼십 배가 되느니라 하시더라(마 13:18-23).

당신이 얼마나 잘 복음의 씨앗을 뿌렸는가와 상관없이 네 가지 유형의 반응이 있게 된다. 다른 경우들도 처음에는 그럴듯한 반응이 있지만 오직 한 유형의 땅만이 좋은 땅으로서 열매를 맺다. 만일 우리가 예수님이 하시는 것보다 더 좋은 결과를 기대한다면, 스스로 속이는 것이다. 우리는 열매를 맺는 반응과 열매를 맺지 못하는 반응 모두를 대비해야만 한다. 그렇게 하는 것이 정상이다.

어디가 좋은 땅일 것인지를 예측하는 것은 불가능하다. 이는 오직 하나님만이 아시는 것이다. 우리는 오직 여러 사람들에게 복음의 씨를 뿌림으로써만 좋은 땅을 발견할 수 있을 뿐이다! 이와는 대조적으로 직관적으로 사용하는 인간적인 방식은 '누가 복음을 받아들일 것인가?'를 미리 결정하고 우리의 힘을 그곳에 집중하려고 애쓰는 것이다. 하지만 그 결과 우리는 실망하게 되는 경우가 많다. 그러나 우리가 좋은 토양을 가진 사람을 발견했을 때에는 30배, 60배, 심지어 100배로 불어나는 것을 보게 된다.

CPM에서는 어떤 방법이 이 같은 결과를 얻을까?

CPM은 좋은 토양을 가진 사람들에게서 발생한다. 우리에게 필요한 것은 우리가 많은 사람들에게 복음을 전할 수 있게 만드는 방법이지, 누가 어떻게 반응할 것인지를 미리 결정해서 열매를 맺을 수 있는 사람을 찾는 방법이 아니다. 우리는 열매를 맺지 못한 데에 반응하는 많은 사람들로 인해 괴로워해서는 안 된다.

대신에, CPM에서는 순종의 열매를 맺는 제자가 되는 훈련을 하도록 시간의 대부분을 할애해야 한다. 적은 수의 좋은 땅과 같은 사람들에게 투자하는 것만이 많은 수의 확장이 이루어질 것이다. 불행하게도 우리가 종종 활용하는 직관적인 방법은 긍정적인 반응을 보일 것 같은 사람을 미리 고른다(그래서 충분히 씨를 뿌리지 않는다). 그리고 나서, 대부분의 시간을 불순종하거나 열매를 맺지 못하는 사람들에게 허비하게 된다. 이런 '직관적'인 방법은 우리 주변에 있는 사람들의 삶 속에 역사하시기 위한 하나님과의 동역을 막는 장애물이 된다.

감추인 보화와 진주

천국은 마치 밭에 감추인 보화와 같으니 사람이 이를 발견한 후 숨겨 두고 기뻐하며 돌아가서 자기의 소유를 다 팔아 그 밭을 사느니라 또 천국은 마치 좋은 진주를 구하는 장사와 같으니 극히 값진 진주 하나를 발견하매 가서 자기의 소유를 다 팔아 그 진주를 사느니라(마 13:44-46).

만일 우리가 믿지 않는 자들이 단순히 결신하게만 하는 것이 아니라 그들로 하여금 하나님의 가치를 발견할 수 있도록 돕는다면, 우리는 그들이 예수님의 열렬한 추종자가 되도록 돕는 것이다. 우리가 하나님을 높인다면 사람들은 기꺼이 기쁨으로 모든 것을 내려놓을 것이다. 하나님 나라 운동은 예수님이 누구인지 알게 된 후 자신의 옛 방식을 버리고 완전히 돌아서서 열심히 주님을 따르는 사람들의 어깨 위에 세워진다. 이렇게 때문에 우리가 하나님의 가치를 보여주고, 또 믿는 사람들이 기쁨에 넘쳐 전적으로 주님께 헌신하도록 도울 때 폭 넓고 깊이 있는 CPM이 일어날 수 있는 것이다. 이러한 사람들은 이 세상에서 삶을 잃어버리는 것보다 하나님의 나라에 훨씬 더 큰 가치를 두기 때문에 어떠한 박해가 온다 하더라도 능히 견딜 수 있는 것이다.

CPM에서 우리는 하나님과 그분의 요구가 진정한 가치를 가지고 있음을 보여줌으로써 하나님과 그의 나라에 온전히 헌신하도록 사람들을 초청해야 한다. 오직 하나님을 높이는 것으로만 이 운동을 시작할 수 있다. 우리는 단순히 결신을 촉구할 것이 아니라, 제자훈련을 위해 열심을 다해야 한다. 이것이 바로 T4T가 추구하는 바다.

가라지 혹은 잡초

> 예수께서 그들 앞에 또 비유를 들어 이르시되 천국은 좋은 씨를 제 밭에 뿌린 사람과 같으니 사람들이 잘 때에 그 원수가 와서 곡식 가운데 가라지를 덧뿌리고 갔더니 싹이 나고 결실할 때에 가라지도 보이거늘 집 주인의 종들이 와서 말하되 주여 밭에 좋은 씨를 뿌리지 아니하였나이까 그런데 가라지가 어디서 생겼나이까 주인이 이르되 원수가 이렇게 하였구나 종들이 말하되 그러면 우리가 가서 이것을 뽑기를 원하시나이까 주인이 이르되 가만 두라 가라지를 뽑다가 곡식까지 뽑을까 염려하노라 둘 다 추수 때까지 함께 자라게 두라 추수 때에 내가 추수꾼들에게 말하기를 가라지는 먼저 거두어 불사르게 단으로 묶고 곡식은 모아 내 곳간에 넣으라 하리라(마 13:24-30).

이에 예수께서 무리를 떠나사 집에 들어가시니 제자들이 나아와 이르되 밭의 가라지의 비유를 우리에게 설명하여 주소서 대답하여 이르시되 좋은 씨를 뿌리는 이는 인자요 밭은 세상이요 좋은 씨는 천국의 아들들이요 가라지는 악한 자의 아들들이요 가라지를 뿌린 원수는 마귀요 추수 때는 세상 끝이요 추수꾼은 천사들이니 그런즉 가라지를 거두어 불에 사르는 것 같이 세상 끝에도 그러하리라 인자가 그 천사들을 보내리니 그들이 그 나라에서 모든 넘어지게 하는 것과 또 불법을 행하는 자들을 거두어 내어 풀무 불에 던져 넣으리니 거기서 울며 이를 갈게 되리라 그 때에 의인들은 자기 아버지 나라에서 해와 같이 빛나리라 귀 있는 자는 들으라(마 13:36-43).

우리가 얼마나 씨를 잘 심었는가와 상관없이 우리의 원수들은 우리를 대적해 싸우고 있다. 하나님 나라 운동에도 가짜 꽃은 고개를 들게 되어 있다. 이것은 통상적인 상황이다(예를 들어, 유다 같은 경우다). 혹시 누군가가 떨어져 나간다 하더라도 놀라지 말아야 한다. 문제가 발생한다는 사실이 우리가 좋은 씨를 뿌리고 거두는 일에 장애가 될 수는 없을 것이다!

소가 없으면 구유는 깨끗하려니와 소의 힘으로 얻는 것이 많으니라(잠 14:4).

T4T는 하나님 나라가 폭발적으로 성장할 때에 예상되는 문제를 조정할 것이다. T4T는 문제가 발생했을 때 해결할 수 있게 하고, 다시 생각해 볼 수 있게 한다.

조용히 자라는 씨앗과 겨자씨 / 누룩

또 이르시되 하나님의 나라는 사람이 씨를 땅에 뿌림과 같으니 그가 밤낮 자고 깨고 하는 중에 씨가 나서 자라되 어떻게 그리 되는지를 알지 못하느니라 땅이 스스로 열매를 맺되 처음에는 싹이요 다음에는 이삭이요 그 다음에는 이삭에 충실한 곡식이라 열매가 익으면 곧 낫을 대나니 이는 추수 때가 이르렀음이라(막 4:26-29).

> 또 비유를 들어 이르시되 천국은 마치 사람이 자기 밭에 갖다 심은 겨자씨 한 알 같으니 이는 모든 씨보다 작은 것이로되 자란 후에는 풀보다 커서 나무가 되매 공중의 새들이 와서 그 가지에 깃들이느니라 또 비유로 말씀하시되 천국은 마치 여자가 가루 서 말 속에 갖다 넣어 전부 부풀게 한 누룩과 같으니라(마 13:31-33).

큰 운동도 그 시작은 매우 작다. 만일 우리가 하나님 나라의 바른 DNA를 심었다면 하나님 나라의 성장은 필연적이다. 무엇보다 중요한 것은 올바르게 시작하는 것이다! T4T로 새로운 제자들을 처음 훈련할 때 아주 큰 기대를 하도록 초점을 맞추는 이유는 바로 이 때문이다.

예를 들어, 한 사람이 믿음을 갖게 된 직후 가장 먼저 훈련을 해야 그로 하여금 예수님을 따르는 것과 사람을 낚는 어부가 되도록 돕는 것이다. 그 훈련기간 동안에 그는 아직 믿지 않는 가족과 친구들에 대해 생각하고, 그들에게 전도하는 방법과 그들을 훈련시키는 법을 배우는 것에 대해 생각하게 한다. 그가 구원을 받는 그 순간부터, 그는 하나님 나라를 확장시키는 운동의 겨자씨가 되는 비전을 받는 것이다.

T4T가 활용되면, 그 시작은 작아 보이지만 오래되지 않아서 사람이 수고한 것보다 훨씬 더 많은 성장을 이루게 될 것이다.

두 아들

> 그러나 너희 생각에는 어떠하냐 어떤 사람에게 두 아들이 있는데 맏아들에게 가서 이르되 얘 오늘 포도원에 가서 일하라 하니 대답하여 이르되 아버지 가겠나이다 하더니 가지 아니하고 둘째 아들에게 가서 또 그와 같이 말하니 대답하여 이르되 싫소이다 했다가 그 후에 뉘우치고 갔으니 그 둘 중의 누가

> 아버지의 뜻대로 하였느냐 이르되 둘째 아들이니이다 예수께서 그들에게 이르시되 내가 진실로 너희에게 이르노니 세리들과 창녀들이 너희보다 먼저 하나님의 나라에 들어가리라 요한이 의의 도로 너희에게 왔거늘 너희는 그를 믿지 아니하였으되 세리와 창녀는 믿었으며 너희는 이것을 보고도 끝내 뉘우쳐 믿지 아니하였도다(마 21:28-32).

순종은 진정한 제자도의 표상이다. 순종하는 제자는 오직 입으로만 동의하는 것이 아니라 실제로 하나님 아버지께서 명령하시는 바대로 따른다. 이상적으로 우리는 "예"라고 '말하고' "예"라고 '행동' 하는 사람을 원한다. 하지만 최소한 우리는 "예"라고 '행동' 하는 사람을 찾는다.

T4T는 순종에 기초한 제자도 모델위에 세워졌다. 제자들은 성경에 나오는 모든 가르침에 순종하며 나아간다. 각 단계의 교훈에 대하여 "예"라고 행동하며 다음 단계로 나아간다. 구원에서 시작해서 침(세)례로, 초기 단계의 제자도로, 교회를 세우는 단계로, 리더십을 키우는 단계로, 그리고 다른 사람을 훈련시키는 단계에 이르기까지 성장하는 것이다. 사랑하는 것과 서로를 책임지는 것은 T4T 과정에서 가장 기본적인 기대사항이다.

하나님 나라의 서기관

> 예수께서 이르시되 그러므로 천국의 제자된 서기관마다 마치 새것과 옛것을 그 곳간에서 내오는 집주인과 같으니라(마 13:52).

복음서와 사도행전에서 하나님 나라를 확장시킨 여러 사람들의 경우에, 그들은 성경을 이미 알고 있었지만 예수님을 알지 못하고 하나님 나라의 기본적인 특성을 이해하지 못했던 '종교인' 들이었다. 종종 복음서에 나오는 서기관들과 바리새인들은 예수님을 비난하고 중상모략한 사람들이었다. 하지만 이들 중 몇몇은 하나님 나라를 이해했고, 하나님 나라의 확장에 아주 중요한 지원세력이 되었다.

하나님의 말씀이 점점 왕성하여 예루살렘에 있는 제자의 수가 더 심히 많아지고 허다한 제사장의 무리도 이 도에 복종하니라(행 6:7).

이와 같은 사람들이 주님과 그의 나라에 대한 진정한 본질을 이해하게 되면, 그들이 가진 성경 말씀에 대한 엄청난 지식을 새로운 시각으로 볼 수 있게 된다. 그리고 그들이 간직한 말씀에 대한 지식 덕분에 대단히 빨리 성숙하고 크나큰 자원을 제공해줄 수 있게 된다.

T4T는 완전히 아무것도 없는 빈손으로 시작해서 새로운 성도들을 끌어 모으는 것을 도울 뿐 아니라, 많은 성경 지식을 가지고 있으며 반직관적인 방식으로 살아가는 기존 성도를 동원하는 실제적인 과정을 제공한다. 이렇게 하면 그들은 하나님 나라를 확장시켜 가는 데 엄청난 힘이 될 수 있다. 온 세상에 퍼져 있는 기존 그리스도인들을 동원하고 그들을 훈련시키는 것은 CPM의 높은 장점이다.[7]

T4T 이야기에서 카이 부부가 훈련시킨 사람들 중 가장 큰 수확을 거둔 사람들도 성경적인 지식은 많지만 하나님 나라에 대해서는 아주 적은 순종만 가지고 있던 기존의 성도들이었다. 카이 부부가 사랑을 가지고 성경적인 세계관으로 도전했을 때 그 성도들은 많은 열매를 맺는 수준까지 성장했다. 가장 대표적인 예로, 잉이 최초로 훈련시킨 그룹 중에서 20년 동안 그리스도인이었지만 신앙생활이 21년째로 접어든 다음에야 CPM의 촉매가 되어 많은 사람을 예수님께로 인도한 늙은 농부를 들 수 있다. 그의 개인적인 노력과 그가 훈련시킨 새 성도들을 통

---

7) 사실상 내가 조사한 모든 CPM이 사역대상 그룹과 같은 문화권이거나 가까운 문화권에 있는 기존의 현지인 성도들을 동원하여 훈련시키는 것에 상당한 비중을 두고 있다.

해 11개의 새로운 그룹이 만들어졌다. 그들 모두를 그가 직접 만든 것이 아니라 그가 훈련시킨 훈련자들을 통해서 만든 것이다!

하나님 나라의 중심이 되는 이 작은 예들은 우리에게 왜, 그리고 어떻게 예수님을 따르는 사람들을 훈련시켜야 하는가에 대해 다시 생각하게 한다. CPM에 있어 우리를 진정한 하나님 나라의 지체로 만들어주는 신약성경의 DNA와 우리의 제자도를 결합시키는 것은 매우 중요한 일인 것이다.

공격자이자 교사이신 성령님

T4T처럼 CPM의 효과 이면에 놓인 중요한 원리는 그것들이 공격자이며 교사이신 성령님의 사역에 협조한다는 것이다. 예수 그리스도 안에 거하는 사람을 돕고, 성령님과 함께 동역하는 모든 사역 과정도 지속적으로 효과를 나타낼 수 있다.

> 내 안에 거하라 나도 너희 안에 거하리라 가지가 포도나무에 붙어 있지 아니하면 스스로 열매를 맺을 수 없음 같이 너희도 내 안에 있지 아니하면 그러하리라 … 너희가 나를 택한 것이 아니요 내가 너희를 택하여 세웠나니 이는 너희로 가서 열매를 맺게 하고 또 너희 열매가 항상 있게 하여 내 이름으로 아버지께 무엇을 구하든지 다 받게 하려 함이라(요 15:4, 16).

돛으로 움직이는 범선의 시대에는 바람이 불지 않으면 배는 어디로도 갈 수 없었다. 바람이 잦았을 때 선원이 할 수 있는 유일한 일은 돛의 마지막 한 부분까지 다 끌어내어 가능한 한 가장 넓게 펼쳐 매다는 것이었다. 그들은 바람을 만들 수는 없었지만 바람이 일어날 때를 위해 준비를 갖출 수는 있었던 것이다. 돛을 매달지 못한다는 것은 정작 바람이 불 때에도 어디로도 가지 못한다는 것을 의미한다.

요한복음 3장은 성령님을 바람으로 묘사하고 있다. 우리는 성령님이 바람을 불도록 할 수는 없다. 성령님의 바람은 그분이 원하실 때 분다. 성령님께서 움직임을 만드는 것이지 우리는 할 수 없다. 그러나 우리 자신을 그에게 맞추고 하나님 나라에 중심을 둔 사역의 돛을 올릴 수는 있다. 그래서 성령님의 바람이 실제로 불게 될 때, 우리는 앞으로 전진할 준비를 할 수 있다. T4T는 성령님의 바람이 불 때 움직일 수 있는 사역의 돛을 올리는 과정인 것이다.

성령님의 바람은 전 세계 곳곳에 불고 있다! 하나님은 우리가 그분과 함께 동행하기 위해 우리 자신을 그분에게 맞추기를 기다리고 계신다. CPM이 일어나는 것을 경험하는 비결은 성령님의 두 가지 역할을 이해하고 동역하는 것이다.

공격자

그리고 그[성령님]가 와서 죄에 대하여, 의에 대하여, 심판에 대하여 세상을 책망하시리라(요 16:8).

예수님께서는 성령님의 역할 중 하나가 죄에 대한 심판이라는 사실을 명확히 하셨다.

'책망' 이라는 말은 글자 그대로 추궁하고 따져 묻고 괴롭히거나, 심지어 공격하는 것을 의미한다. 이는 검사가 증인석에 앉은 사람이 피고인의 죄를 고백할 때까지 공격할 때 사용하는 단어다.

당신이 이 글을 읽을 때 성령님께서는 당신의 이웃, 도시, 혹은 민족의 주위에서 잃어버린 영혼들을 공격하고 계신다. 성령님은 다음의 세 가지 일을 하신다.

1. 성령님은 사람들이 자신의 죄를 보게 하신다.

2. 성령님은 다른 종류의 의에 대한 열망을 만들어 주신다.

3. 성령님은 영원한 심판인 죽음의 두려움을 회피하고자 하는 마음을 갖게 하신다.

우리가 아닌 그분이 공격수이시다. 그분은 사람들의 마음과 생각 속에 있는 거부하는 심정을 갈기갈기 찢으신다.

우리 중 많은 사람들이 전도할 때, 전도하기 위해 자신이 먼저 어떤 사람에게 다가간다고 생각하고 전도한다. 그러나 우리가 먼저 가는 것이 아니다. 성령님께서 우리보다 먼저 가신다. 우리 중 많은 사람들이, 우리가 복음을 전하기 전에 돌을 들어내야 한다고 생각한다. 우리는 돌을 들어내라는 명령을 받은 적이 없다. 사람들의 마음에 있는 장애물을 제거하는 것은 성령님께서 하시는 일이다. 우리 중 많은 사람들은 죄에 대해 책망하는 것이 우리가 할 일이라고 생각한다. 그러나 그렇지 않다. 죄를 책망하실 분은 오직 한 분뿐이시다. 하나님께서 이렇게 말씀하신다.

내가 그들에게 한 마음을 주고 그 속에 새 영을 주며 그 몸에서 돌 같은 마음을 제거하고 살처럼 부드러운 마음을 주어(겔 11:19).

우리의 임무는 공격을 하는 것도, 돌을 들어내는 것도, 죄를 책망하는 것도 아니다. 너무나도 많은 전도 방법들이 오직 하나님만이 하실 수 있는 일을 우리가 하게끔 강조하는 데 치중하고 있다! 우리의 전도가 그런 것들에 집중하게 되면, 우리는 결국 좌절하고 말 것이다. 우리가 할 일은 성령님께서 이미 공격하고 있는 사람들을 찾는 것이다.[8] 이 얼마나 쉬운 일인가?

당신은 길을 걷다가 커피 한잔 마셨으면 하는 생각을 하는 중에 커피 냄새를 맡고는 커피 냄새를 따라 커피 가게를 찾아간 적이 있는가? 이와 마찬가지로, 우리의 임무는 사람들의 마음속에 있는 장애물을 없애는 것이 아니다. 성령님이 이미 공격하고 있는 사람들을 찾아내는 것이다. 우리는 전도함을 통해 이들을 찾아낸다. 그리고 우리가 이렇게 준비된 사람들('평안을 받을 사람들' 눅 10:6)을 찾으면, 이들은 결국—대개의 경우 나중보다는 곧—믿음을 갖게 된다.

모든 사회에서 하나님의 영은 '평안을 받을 사람들'을 준비시키고 계신다. 평안을 받을 사람이란 글자 그대로 평안을 얻게 될 사람이란 뜻이다. 야고보는 '평안의 아들'이고, 요한은 '우뢰의 아들'이며, 바나바는 '격려의 아들'이었던 것과 같이 '~의 아들'이라는 말은 그 사람의 특성을 가리킨다. 성령님께서 그 사람의 마음을 준비시키고 계시기 때문에 평안의 사람은 당신과 하나님에 대해 평화로운 마음을 가진 사람이다. 마태복음 10장, 누가복음 10장, 그리고 사도행전의 가르침에서 평안을 받을 사람은 당신과 당신이 전하는 복음을 받아들이는 길 잃은 영혼이다. 그는 자신의 사회적 관계망—가족, 친구, 이웃, 동료—에서 복음의 통로가 된다. 그는 당신의 메시지를 즉각적으로 받아들이지 않을지 모르지만 이를 거부하지 않고 더 많이 알아가는 것에 열린 자세를 보인다. 그리고, 그리 오랜 시간이 지나기 전에 그는 믿음을 갖게 된다.[9]

T4T는 이런 준비된 사람들을 찾아내도록 도와준다. 많은 가족과 친구, 이웃과 심지어 타인에게도 복음을 전하도록 훈련을 통해 하나님께서 예비하신 사람을 우리가 찾을 수 있게 하신다. 우리는 그저 적은 수의 몇 사람과 관계를 형성하

---

8) 나는 이 점을 더 잘 깨닫게 해준 점에 대해 내 동료 케빈 그린(Kevin Green)에게 빚을 지고 있다. 케빈은 준비된 사람을 찾아내는 데 놀랄만한 역량을 지녔다.
9) 이 책 속에서 '평안을 받을 사람'과 '오이코스'(oikos)에 관한 내용의 대부분은 토마스 울프 박사(Dr. Thomas Wolf)에 의해 처음 발표된 것이다. 예를 들어, Thomas A. Wolf, "Oikos Evangelism: The Biblical Pattern," 110-7. Win Arn, eds. The Pastor's Church Growth Handbook. Pasadena: Church Growth Press, 1979.에서 볼 수 있다.

고, 몇 개월에서 수년이 지난 다음에야 비로소 우리가 믿는 사람이라는 것을 밝힌 후 복음을 전하기 시작하는 것이 아니다. 만일 그렇게 한다면 우리는 그토록 많은 시간을 투자하고도 실제로는 복음에 마음을 열지 않는 약간의 사람만을 찾을지도 모른다.

그러나 우리는 성령님께서 이미 공격하고 계시는 사람들을 찾으며 우리의 관계를 걸러내기 위해 복음 증거를 활용한다. 그런 다음 우리는 그들을 하나님의 나라로 인도하면서 그들과 관계를 쌓는다. 우리가 사역해야 할 사회 속에서 성령님께서 이미 만들어 놓으셨기 때문에 우리는 가장 저항이 적은 길을 따른다.

 성령님의 준비

_잉 카이

12월의 어느 날, 한 교회에서 3일간의 훈련을 마친 후 훈련을 받은 사람들에게 1월에 다시 모여 각자 간증을 하라고 요청했습니다. 그들이 다시 모였을 때 공장에서 일하던 한 소녀가 말했습니다. "내가 그리스도인이 되었을 때 나는 너무나 들떠 있었습니다. 그래서 나는 부모님께 전화를 걸어 '저는 그리스도인이 되었습니다. 저는 지금 너무 좋아요. 돌아오는 새해에 집에 갈 때, 성경이랑 예수님에 관한 영화를 가지고 갈게요'라고 말했어요."

그녀의 아버지는 너무나 화가 나서 "네가 만일 그리스도인이 되었다면 집에 오지도 마라. 나는 그런 딸은 두지 않을 것이다"라고 했답니다.

그녀는 정말 슬펐지만 12월의 훈련기간 동안 그녀는 우리의 메시지를 듣고 생각했지요. '이것은 하늘에 계신 아버지의 마음이다. 그분께서는 우리 가족을 구원하시길 원하신다.' 그래서 그녀는 부모를 위해 기도했습니다. '하나님 아버지, 이것이 만일 아버지의 마음이라면 성령님을 통해 부모님을 준비시켜 주세요. 부모님에게 복음을 전하고 싶습니다. 돌아오는 새해에는 꼭 집에 돌아가 그분들을 전도해야만 합니다.'

그녀는 자신을 집으로 보내줄 기차를 기다리는 동안, 그녀의 마음속에서 무엇인가 움직이는 것을 느꼈습니다. 그녀는 주저하지 않았습니다. 그녀는 휴대폰을 들고 그녀의 부모에게 전화를 했습니다. 다시 한번 그녀의 아버지가 전화를 받았다. 그녀는 "아버지, 저는 아직도 아버지와 얘기하고 싶어요"라고 말했습니다.

아버지는 말했어요. "나와 무슨 말을 하고 싶은 거냐? 하나님에 관해서?"

그녀는 대답했습니다. "예."

그녀의 아버지는 말했습니다. "좋다. 들어보마." 성령님께서는 이미 그녀의 아버지의 마음을 준비시키신 것이다. 그날 그녀는 자신의 아버지를 예수님께로 인도했는데, 그녀가 도착했을 때 그녀의 아버지는 그녀를 기다리고 있었습니다. 아버지는 그녀가 가족 전부에게 전도하기를 원했습니다. 이것이 하늘에 계신 아버지의 마음입니다. 그분께서는 당신 주위의 모든 사람들을 준비시키고 계신다

교사

보혜사 곧 아버지께서 내 이름으로 보내실 성령 그가 너희에게 모든 것을 가르치고 내가 너희에게 말한 모든 것을 생각나게 하리라(요 14:26).

너희는 주께 받은 바 기름 부음이 너희 안에 거하나니 아무도 너희를 가르칠 필요가 없고 오직 그의 기름 부음이 모든 것을 너희에게 가르치며 또 참되고 거짓이 없으니 너희를 가르치신 그대로 주 안에 거하라(요일 2:27).

성령님의 두 번째 역할은 돕는 자 혹은 교사이다. 불행하게도, 사람들이 사용하는 많은 제자훈련 방법이 교사, 제자훈련가, 혹은 훈련자들에게 과도하게 의존한다. 그들은 열 두 명의 제자와 오랜 시간을 함께 보내셨던 예수님의 삶을 보면서 이런 유형이 당연하다고 생각한다. 그러나 T4T의 제자훈련 모델은 바울의 제자훈련 모델에 기초하고 있다. 가슴 아프게도, 이는 많은 사람들이 오순절 이후 모델보다 오순절 이전 모델을 사용하고 있다.

예수님의 제자훈련은 제자들과 함께 한 그분의 실제적인 임재에 의존한 것이다. 이는 그들이 아직 성령님을 받지 않았기 때문이었다! 현재 우리의 제자훈련 중 많은 경우가 새로운 제자와 함께하는 우리의 지속적이고도 빈번한 만남에 과도하게 의존한다. 우리가 그 자리에 없을 때, 혹은 우리가 그 그룹을 떠나게 될 때 그들은 어려움을 겪거나 때로는 모임을 중단하기도 한다.

하지만 그런 방식은 성령님에 관한 중요한 가르침을 경시하는 것이다. 성령님께서 오신 후, 우리의 실제적인 존재는 필수불가결한 조건은 아니게 되었다. 개인적인 관계가 중요하지 않은 것은 아니다. 하지만 우리는 인간적인 개입에 대한 의존도가 상대적으로 낮은 오순절 이후의 모델과 유사한 제자훈련 과정을 필요로 한다. 이것은 새롭게 믿음을 가지게 된 사람의 삶 속에서 성령님의 임재에 의존하는 큰 부담을 감당하는 모델이다. 이는 모든 성도의 제사장 직분을 위해 필수적인 본질이다.

사도 바울은 오순절 이후의 제자훈련 모델의 좋은 예를 제공해주고 있다. 예수님께서는 오직 열두 명만 집중적으로 훈련시키셨는데, 아마도 아직 성령님이 선물로 주어지시기 전이었기 때문이었을 것이다. 하지만 오순절 이후, 새롭게 믿음을 가지게 되는 모든 사람들에게 성령님의 내주하심이 있기 때문에 제자들은 훨씬 더 빨리 성장할 수 있었고, 다른 사람에게도 이 제자도를 더 빨리 전할 수 있었다. 바울은 때로는 며칠에서 몇 주 동안 한 장소에 머물며 사역을 펼치다가 또 다른 곳으로 이동하고, 또 머물러 사역하다가 또 이동하는 식으로 사역하는 가장 명확한 예를 우리에게 보여주었다. 그는 머물다가 이동할 때면 그 지역의 지도자들에게 그룹을 성숙시키고 확장시키며 늘려가는 과제를 남겨놓았다. 왜일까? 그는 바울 자신이 아니라(혹은 게바나 아볼로가 아니라, 고전 1:12; 3:4-7) 성령님께서 그들의 교사가 되시리라는 것을 믿었던 것이다.

그렇다고 해서 바울이 성도들을 가르치지 않았다는 것을 의미하는 것이 아니다. 그는 새 성도들에게 성령님의 말씀을 듣는 법, 성경을 삶에 적용하는 법, 그리고 자신이 옆에서 늘 함께 해주지 않아도 믿음 안에서 성장하는 법 등을 가르쳤다. 바울은 그들을 돕기 위해 다시 방문하거나 편지를 쓰고 동역자를 보냈다. 결국 바울이 없었어도 그들이 빠르게 성장할 수 있었던 것은 어떤 사람이 아니라 성령님의 임재하심에 의존하는 법을 배웠기 때문이다.

이미 임재하고 계시는 성령님보다 교사에게 더 의존하는 어떠한 제자훈련 프로그램도 사람에 의해 좌우되기 때문에 더딘 성장 속도를 보일 수밖에 없다. 이와는 대조적으로 CPM은 모든 성도들로 하여금 그들의 삶 속에서 하나님의 계획과 그분의 소명을 달성하는 데 있어 성령님께 의지할 수 있도록 하는 데 초점이 맞추어져 있다. 특히 T4T는 제자들이 성령님을 그들의 교사로 의지하는 것을 돕는 프로그램이다. 당신이 그렇게 하면 그들은 당신이 생각했던 것보다 더 빨리 성숙해질 것이고, 당신이 기대했던 것보다 더 일찍 다른 이들을 이끌 수 있게 될 것이다. 사실 가장 많은 열매를 맺는 토양을 지닌 제자들은 몇 개월이나 몇 년 후보다는 몇 시간에서 며칠 내에 전도를 시작하고 다른 사람들을 위해 헌신하기 시작할 것이다.

당신이 앞 장에서 T4T 이야기를 읽은 것처럼 믿지 않은 사람들에게 복음을 전하고 구원받은 사람들을 훈련시킨 카이 부부의 사역은 하나님 나라의 본질을 정확하게 따른 것 같아 보인다. 잃어버린 영혼과 구원받은 영혼이라는 분명한 영적 이분법으로 세상을 바라봄으로써 카이 부부는 성령님의 두 가지 역할에 협조했다. 즉, 1) 많은 사람들에게 복음을 전함으로써 성령님께서 이미 공격하고 있는 사람들을 찾아내고 2) 구원받은 사람들이 성령님을 자신의 교사로 의지하도록 훈련시켜 그들로 하여금 배운 모든 것에 순종하고 다시 그것을 다른 사람에게 전하도록 한 것이다.

제자의 성숙을 머리 되신 분께 맡기는 것

그가 어떤 사람은 사도로, 어떤 사람은 선지자로, 어떤 사람은 복음 전하는 자로, 어떤 사람은 목사와 교사로 삼으셨으니 이는 성도를 온전하게 하여 봉사의 일을 하게 하며 그리스도의 몸을 세우려 하심이라 우리가 다 하나님의 아들을 믿는 것과 아는 일에 하나가 되어 온전한 사람을 이루어 그리스도의 장성한 분량이 충만한 데까지 이르리니 이는 우리가 이제부터 어린 아이가 되지 아니하여 사람의 속임수와 간사한 유혹에 빠져 온갖 교훈의 풍조에 밀려 요동하지 않게 하려 함이라 오직 사랑 안에서 참된 것을 하여 범사에 그에게까지 자랄지라 그는 머리니 곧 그리스도라 그에게서 온 몸이 각 마디를 통하여 도움을 받음으로 연결되고 결합되어 각 지체의 분량대로 역사하여 그 몸을 자라게 하며 사랑 안에서 스스로 세우느니라(엡 4:11-16).

순종에 근거를 둔 성숙과 지식에 근거를 둔 성숙

에베소서 4장 11~16절은 제자들이 어떻게 성장해가는가에 대한 이해를 머리가 되시는 분에게로 돌리고 왜 CPM이 효과를 보는가에 대한 한 가지 양상을 설명해준다. 어떤 사람들은 얼마나 많이 아는가를 기준으로 성도의 성숙도를 평가한다. 그러나 신약성경은 그가 얼마나 순종하는가에 근거해 성도의 성숙도를 평가하고 있다(요 14:15; 약 1:22-25).

당신이 듣거나 읽었던(혹은 알고 있는) 모든 설교, 성경공부, 성경구절들을 생각해보라. 그리고 당신이 꾸준히 순종하는 말씀이 과연 몇 %나 되는지 계산해보라. 조금은 당황스러울 수도 있을 것이다. 당신은 "내가 아는 모든 말씀의 30%를 꾸준히 순종하고 있다"라고 말할지도 모른다. 지식에 근거해 성숙도를 평가하는 데 있어서, 우리가 아는 모든 것의 70%를 불순종하고 있다는 사실 앞에 평안할 수 있을까? 이것이 진정한 성경적 성숙일까?

누군가 오랫동안 신앙생활을 해오고 있고 대단히 많은 지식을 가지고 있지만 동시에 아주 낮은 순종도를 보일 수도 있을 것이다. 지식에 근거한 그의 성숙도에도 불구하고 그의 불순종도는 대단히 높은 것이다!

이에 비해서, CPM에서 새 성도는 지식이 많은 성도만큼 성경을 많이 알지 못하더라도, 그가 아는 모든 것에 순종하게 한다. 그는 하나님의 말씀으로부터 그가 들은 모든 것의 90% 정도를 꾸준히 순종한다. 그의 불순종도는 겨우 10%에 불과하다.

둘 중에 누가 진정으로 더 성숙한 성도일까? CPM은 성도들이 아는 모든 것에 순종하는 것을 돕는 과정을 중시한다. 그리고 그 안에 진정한 성숙이 있다는 것을 강조한다.

성장 과정: 믿음 – 봉사 – 성숙

지식에 근거를 둔 제자도에서 우리는 새 성도들이 봉사를 하거나 다른 사람들을 인도하는 시기를 그가 아는 지식에 근거해서 뒤로 미룬다. 지식에 근거를 둔 성숙은 '믿음 – 성숙 – 봉사'의 과정을 따른다. 이 지식 근거 모델에서 사람들이 신앙을 가지게 되면, 그들에게 제자훈련을 받도록 하지만 일반적으로 많은 책임을 맡기지는 않는다. 그들의 기본적인 성숙 과정은 종종 몇 년이 걸리기도 한다. 많은 교회와 목회자들은 그들이 일정 수준까지 '성숙' 해지기 전에는 책임 있는 일을 맡기지 않다.

에베소서 4장 11~16절의 말씀은 근본적으로 다른 순서를 우리에게 보여준다. 11절에서 여러 지도자들이 교회에 주어졌다. 12절에는 그 지도자들이 성도들을 준비시킨다(그리스도를 알고 봉사를 하도록). 12절에서 성도들은 봉사의 일, 즉 사역을 한다. 12~13절에서 이 과정을 통해 그들과 몸이 성숙해진다. 그렇다면 성경적인 성숙의 과정은 무엇일까?

- '믿음 – 성숙 – 봉사' 가 아니라,
- 오히려 '믿음 – 봉사 – 성숙' 인 것이다.

신약성경에서 성도들은 봉사를 함으로써 성숙해 가고, T4T는 신약성경적 유형을 똑같이 따른다. 새 성도들이 성숙해질 때까지 봉사를 하거나 인도를 하는 것을 기다리게 하는 것이 아니라, 적절한 방식으로 봉사를 하게 하고 그들이 신실하다는 사실이 입증됨에 따라 다른 사람들을 이끌도록 함으로써 성숙해지는 것을 돕는다! 이것이 순종에 근거한 제자훈련이다. CPM에서는 기본적인 성숙 과정이 지식에 근거를 둔 모델에 비해 훨씬 빨리 진행된다.

다음 페이지에서 보겠지만, 카이 부부는 새 성도들이 하나님을 사랑하고 하나님께 봉사하도록 즉각적으로 훈련시킴으로써 그들이 사역하는 곳에서 매우 빠른 성숙 과정을 경험하고 있다. 이 운동과 긴밀한 관계를 맺고 있는 사람들은 시작된 지 얼마 되지 않은 이 운동 속에서 훌륭한 리더들이 어떻게 그토록 빨리 성장하는지에 대해 놀라워하고 있다. 이는 그들이 믿음 – 봉사 – 성숙이라는 성경의 모델을 따르기 때문이다.

내가 있는 곳에서도 T4T가 효과적일까?

아직도 당신의 마음속에서는 이런 질문이 떠나지 않고 있을지도 모른다. '하지만 내가 있는 지역에서도 이런 일이 가능할까? 우리 상황은 좀 다른데.'

만약 T4T가 소수의 비슷한 상황에서만 열매를 거두었다면, 우리는 '아니오'

라고 대답하고 싶을 것이다. 하지만 전 세계의 많은 지역에서 CPM이 일어나고 있고, T4T는 이중 많은 곳에서 대단히 중요한 역할을 담당하고 있다. 우리는 더 이상 우리 상황의 독특함을 핑계로 T4T(문화적으로 적절하게 적용된 경우에)가 우리 지역에서는 효과를 거두지 못할거라는 변명을 할 수 없다.

여기에는 신학적인 이유가 있다. 추수할 때가 되었다!

요한복음 4장에서 예수님께서는 결실로 거둘만한 사람(우물가의 여인)을 놓친 것에 대해 제자들을 꾸짖으셨다. 그들에게는 변명거리가 있었다.

너희는 넉 달이 지나야 추수할 때가 이르겠다 하지 아니하느냐 그러나 나는 너희에게 이르노니 너희 눈을 들어 밭을 보라 희어져 추수하게 되었도다 (요 4:35).

아마도 예수님께서 가리키신 밀밭은 녹색이었을 것이다. 제자들은 모두 4개월은 더 성숙해야 추수할 준비가 될 것이라는 사실을 알고 있었다. 하지만 예수님은 제자들의 마음가짐에 대해 설명하시기 위해 농사를 빗대어 사용하신 것이다. 예수님께서 여행에 지친 몸을 우물가에 앉아 잠시 쉬고 계실 때, 누가 길을 재촉해 사마리아인들의 마을까지 갔겠는가? 아마 제자들 모두가 그랬을 것이다. 그들은 우물을 향해 걸어오는 사마리아 여인을 지나쳐 갔다. 그들은 그녀를 놓쳤지만 예수님께서는 그녀를 발견하셨다. 예수님도 제자들도 모두 똑같은 상황에 처했었다. 열 두 명의 제자는 아직 여물지 않은 들판을 보았지만, 그러나 오직 예수님 한 분만이 이미 추수할 준비가 된 들판을 발견하신 것이다.

오늘날 많은 사람들이 몇 개월 후에나 혹은 몇 년이 지난 다음에야 사람들이 믿을 준비가 될 것이라고 예상하면서 사역지에 임한다. 그러나 어떤 사람들은 그 지역에 이미 준비된 영혼이 있다고 믿는다. 그들은 성령님께서 이미 그 지역에 있는 사람들 중에서 추수할 수 있도록 준비시켜 놓으신 영혼이 있음을 보는 믿음의 눈이 열린 것이다.

그렇다면 모든 들판이 다 똑같은 산출량을 보인다는 말일까? 절대 그렇지 않다! 잉 카이가 170만 명이 넘는 사람들을 믿음으로 인도한 들판의 상황은 놀라우리만치 무르익었다는 것은 의심할 나위 없는 것이다. 하지만 추수할 곳을 볼 수 있는 안목이 없는 다른 사람이었다면 이토록 많은 결실을 거둘 들판도 알아보지 못했을 것이다.

모든 들판에서 다 똑같은 추수를 거둘 수 있는 것은 아니겠지만, 모든 들판이 다 추수할 수 있는 곳이다. 당신이 처한 상황의 본질 때문이 아니라, 당신이 믿는 하나님의 본성 때문에 이 말을 굳게 믿어야 한다. 당신의 밭이 170만 명의 새 성도들을 거둘 수 있는 곳은 아닐지 몰라도, 당신이 하나님 나라의 방식대로 사역하는 이상 열매는 맺힐 것이다. 그리고 그 열매의 수 역시 불어날 것이다.

그러면 이 말은 어렵고 저항이 심한 그룹이나 상황이 없다는 것을 의미하는 것일까? 절대 그렇지 않다! 힌두교도, 무슬림, 불교도, 무신론자, 포스트모더니즘, 포스트크리스천 등 대단히 강한 저항을 보이는 그룹들은 많다. 우리가 추수할 준비가 되었다고 말할 때 이들 지역의 어려움을 과소평가하는 것일까?

예수님께서 복음을 선포하려 하실 때 아주 획기적인 발언을 하셨다.

예수께서 모든 도시와 마을에 두루 다니사 그들의 회당에서 가르치시며 천국 복음을 전파하시며 모든 병과 모든 약한 것을 고치시니라 무리를 보시고 불쌍히 여기시니 이는 그들이 목자 없는 양과 같이 고생하며 기진함이

라 이에 제자들에게 이르시되 추수할 것은 많되 일꾼이 적으니 그러므로 추수하는 주인에게 청하여 추수할 일꾼들을 보내 주소서 하라 하시니라 (마 9:35-38).

추수할 준비가 된 것뿐 아니라, 추수할 것이 많다는 것이다! 이 상황을 생각해보자. 예수님께서는 열두 제자에게 첫 번째 임무를 주어 보내셨다. 예수님께서 제자들을 누구에게 보내셨는가? 유대인들이었다.

하지만 바울은 그가 사랑하는 유대인들에게 뭐라고 했는가?

형제들아 너희가 스스로 지혜 있다 하면서 이 신비를 너희가 모르기를 내가 원하지 아니하노니 이 신비는 이방인의 충만한 수가 들어오기까지 이스라엘의 더러는 우둔하게 된 것이라(롬 11:25).

똑같은 그룹의 사람들에 대해 추수할 대상과 우둔한 사람이라는 서로 다른 두 가지로 표현되고 있다! 당신이 아주 힘들고 어려운 나라, 도시, 이웃이나 사람들 사이에서 헌신하고 있는가? 그럼에도 불구하고 그곳에 바로 지금 이 순간(지금부터 한 세대 뒤가 아니라) 당신을 기다리는 추수할 대상이 많이 있다는 것이 부인할 수 없는 사실이다.

힘들고 어려운 나라에도 추수할 사람들은 존재한다! 마음이 닫혀 있어 우둔한 사람들의 그룹들이 존재할 수 있다. 그러나 어떤 그룹 안에도 추수할 개인은 있는 법이다! 추수할 사람을 찾기 위해 더 열심히 노력해야 할지는 모르겠지만 반드시 존재한다. 어떤 곳에서는 10명이나 20명의 믿지 않는 사람 중에 한 명이 준비된 평안을 받을 사람(눅 10:6)일지 모른다. 다른 곳에서는 100명이나 1,000명당 1명이 될 수도 있다. 평안을 받을 첫 번째 사람을 찾기 위해 우리는 그저 더 열심히 일하는 수밖에 없다.

하지만 일단 성령님께서 준비하신 평안을 받을 사람을 찾은 다음에는 전도가 폭발적으로 이루어질 수 있을 것이다! 우리가 2장에서 소개했던 중동에서의 운동을 잊지 마라. 그곳 사람들도 한때 마음이 닫힌 우둔한 사람이었을지 모르지만, 지금 그곳에서는 추수가 이루어지고 있다.

T4T는 당신이 추수할 준비가 다 되었다는 하나님 나라에 대한 기대를 품고 일할 수 있도록 돕는다. T4T는 당신이 추수할 대상을 찾는 것을 도와준다.

단지 도구일 뿐

CPM이 왜 발전하고 T4T 모델이 어떻게 효과적인지에 대하여 그 배경이 되는 몇 가지 영적인 원리들을 설명했다. 다음 장에서 더 많은 것들이 공개될 것이다. T4T는 제자들이 다른 사람을 훈련시킬 수 있게 훈련하는 영적인 과정이다.

효과적이기는 하지만 이것은 단지 영적인 과정의 하나의 실천적인 적용이다. 따라서 이것을 신성시하고 절대시해서는 안 된다. 이것은 영적인 원리를 따르려고 노력하는 한 모델이다.

이 책은 당신이 하나님 나라의 원리를 이해하도록 도와줄 방법을 찾고, 또 그것을 적용시킬 실천적인 방법을 제공해준다. 우리는 당신이 이 도구를 적용하게 하고, 그러면서 하나님 나라의 원리를 거스르지 않게 한다. 우리는 당신이 문화적으로 적절한 모델을 사용하여 훈련자들을 훈련시키기에 자유로워지고, 그 결과 당신의 지역에서 하나님 나라의 확장 운동이 이루어지기를 기도한다.

다음 장에서는 당신의 상황에 맞추어 적용되는 T4T 여행을 어떻게 시작해야 할 것인가에 대한 구체적인 아이디어를 제공해줄 것이다. 다음 장에서 신비로운 주님의 방식을 발견하라! 제자들을 만들어내는 재혁명을 다시 일으키는 주인공

이 되어 보라!

듣기만 하지 말고 행하는 자가 되라!

하나님께서 당신에게 무엇이라 말씀하셨는지, 그리고 그 말씀에 순종하기 위해 당신에게 필요한 것은 무엇인지를 적어보라.

Part 2 **T4T의 과정**

5장 T4T의 시작-첫 모임

T4T는 어떻게 이루어지나?
그리고 첫 모임에서 해야 할 일은 무엇인가?

T4T는 과정이다

나를 따라 세 번만 큰 소리로 반복하라. "T4T는 과정이지 강의세트가 아니다!"
T4T가 전 세계로 퍼져 나가면서, 우리는 T4T에 관해 큰 오해가 있음을 알게

되었다. 많은 사람들이 T4T가 6시간짜리 제자훈련 프로그램으로써 어떻게든 CPM 안에서 어떤 결과를 이끌어 내려는 것이라고 생각하거나, 그런 의미로 이해하고 있다. 그들은 "나는 T4T(6차에 걸친 강의라는 의미로)를 마쳤다. 이제 뭐하죠?"라고 말한다.

T4T는 제자를 세우는 진행 과정이지, 단지 몇 주 만에 '끝내는' 프로그램이 아니다. T4T는 세대에서 세대로 이어지는 것이며, 우리가 새로운 단계에 접어들 때마다 직면하는 도전이 가득한 과정이다. T4T는 훌륭한 성경적 배경과 내용을 담고 있으며, 역동적이고, 생명과 생명이 만나고, 예수님을 따르고 사람을 낚는 사랑의 과정이다.

T4T에 관한 오해의 일정 부분은 아마도 잉의 사역과 연관된 듯하다. 누군가 그의 사역을 들여다보다가 오해한 것 같다. 우리가 그의 사역 지역에서 일어나고 있는 현상에 관해 그에게 물었을 때 몇 가지 오해의 여지가 있는 것을 발견할 수 있었다.

첫 번째 문제는 그가 제자훈련을 위해 기본적으로 6단계 교육을 하고 있다는 점이었다. 초창기에 몇몇 사람들은 오직 '6단계 교육'만을 실시함으로써 T4T를 적용하려 했고 이렇다 할 성과를 거두는 데 실패했다.

더 시간이 흐른 뒤에 잉이 새 성도들에게 1주일에 5차례 전도하도록 격려한다는 사실을 알게 되었다. 그래서 이제 T4T는 '1주일에 5명에게 복음을 전하고 6단계 교육을 실시하는 것'이 되었다. 그렇게 함으로서 초창기 T4T를 적용한 사람들 사이에서 다양한 수준의 성과를 이루도록 만들었다.

좀더 많은 시간이 흐르면서 잉이 리더들을 위한 훈련수련회를 자주 실시하는 것을 보게 되었다. 어떤 사람들은 다양한 수준의 성과를 나타낸 리더십 훈련내용과 연결시키고자 했다.

그런 후 마침내 잉은 기초적인 제자훈련을 끝낸 후 마가복음에 대한 귀납적 성경연구를 통해 장기 제자훈련을 하는 것을 알게 되었다. 그래서 많은 T4T 적용자들은 마가복음을 연구하기 시작했다.

사실상 T4T는 하나님께서 길을 잃고 헤매던 우리를 선택하셔서 성숙한 제자로 이끄시고, 새로운 그룹을 만들어 다른 사람을 훈련시키고, 그들로 하여금 다시 이 과정을 반복하여 제자를 만들어낼 수 있도록 하기 위해 사용하시는 일종의 종합 과정(모든 요소가 포함된 all-in-one 과정)이다.

하나님의 마음은 추수를 원하신다. 그리고 추수를 위해 자원하는 일꾼을 찾고 계신다.

이에 제자들에게 이르시되 추수할 것은 많되 일꾼이 적으니 그러므로 추수하는 주인에게 청하여 추수할 일꾼들을 보내 주소서 하라 하시니라(마 9:37-38).

역사를 통틀어 지금까지 하나님이 문제이셨던 적은 없었다. 하나님께서는 그의 백성에게 다가가기를 간절히 원하신다. 추수할 곡식이 문제가 아니다. 성령님께서는 아무리 마음이 완악한 사람들이라 할지라도, 그중에서 추수할 사람을 준비시키는 자신의 역할을 충실히 하고 계신다. 문제는 바로 우리 자신이다. 우리는 온 천하를 어지럽혔던 1세기의 제자도 혁명을 다시 회복해야 할 필요가 있다. 우리에게는 제자도 재혁명이 필요하다.

하나님께서는 전 세계에서 CPM이 불일 듯 일어나기를 바라신다. CPM은 하나님의 사역이다. 하지만 그분께서는 동역할 종을 기다리고 계신다. 우리가 추수하기를 원한다는 것을 하나님께 납득시켜드려야 하는 것은 아니다. 그분께서 우리를 설득시키셔야 한다. T4T 과정은 하나님의 종들이 성령님께서 역사하시는 방법에 동역하는 것을 돕는 매우 효과적인 방법이다.

T4T: CPM을 위한 종합 과정

그러나 너희 생각에는 어떠하냐 어떤 사람에게 두 아들이 있는데 맏아들에게 가서 이르되 얘 오늘 포도원에 가서 일하라 하니 대답하여 이르되 아버지 가겠나이다 하더니 가지 아니하고 둘째 아들에게 가서 또 그와 같이 말하니 대답하여 이르되 싫소이다 했다가 그 후에 뉘우치고 갔으니 그 둘 중의 누가 아버지의 뜻대로 하였느냐 이르되 둘째 아들이니이다(마 21:28-31).

2003년까지만 해도 CPM을 시행하는 많은 사람들이 다양한 수단의 분류를 통해 CPM의 기본 요소들을 달성하려고 노력했다. 우리 모두는 전도에 대한 방법, 제자훈련을 위한 다른 방법, 교회개척을 위한 다른 방법, 리더십 훈련을 위한 또 다른 방법 등을 가지고 있었다. 우리는 종종 이 모든 조각을 한데 모으려고 노력했지만, 새 성도들은 어떻게 한 단계에서 다음 단계로 넘어가야 하는지를 자연스럽게 터득하지 못했다. CPM이 한 단계에서 다음 단계로 넘어가도록 하기 위해서는 많은 지도가 요구되었던 것이다.

2004년과 2005년 T4T 보고가 점차 수면 위로 떠오르기 시작했을 때, 우리는 처음에 이것이 그저 전도를 위한 하나의 도구에 불과하다고 생각했었다. 그러나 우리는 왜 이것이 그토록 새 성도들과 교회를 급속도로 늘려가는지 이해할 수 없었다. 그런 후에 우리는 이것이 또한 제자훈련 방법이기도 하다는 사실을 알게 되었다. 이를 좀더 연구해가면서 우리는 이것이 또한 교회개척을 위한 도구이자, 리더십 훈련 방법이기도 하다는 것을 깨닫게 되었다. 사실, T4T는 CPM 계획의 모든 기본들을 훌륭히 수행했고, 새 성도들이 한 단계에서 다음 단계로 나아가도록 교육되고 훈련되어 새로운 교회를 세워 가는 데 동원될 수 있도록 이들을 성장시키고 있었던 것이다.

우리는 점차 T4T가 스위스 군용 주머니칼처럼 단순한 다용도 장비, 그 이상이라는 것을 이해하게 되었다. 이는 차라리 제자들로 하여금 "예"라고 말하는 것에서 "예"라고 행동하도록 인도하는 과정이었던 것이다. T4T 과정은 제자들이 자긍심을 가지고 한 단계에서 다음 단계로 넘어갈 수 있는 능력을 제공한다.

T4T가 많은 CPM 사역자들에게 끼친 공헌은 CPM 계획의 모든 기본적인 부분을 훌륭하게 한데 모으고 성도들로 하여금 그들이 전도, 제자훈련, 교회개척, 리더십 훈련과 이를 다음 세대에 전해 반복하게 하는 것 등을 훈련받는 과정 속에서 자연스럽게 한 단계에서 다음 단계로 넘어갈 수 있도록 해주는 것이다. 많은 곳에서 짧은 시간 안에 4세대 이상의 제자들과 새 교회가 꾸준히 세워지는 결과가 나오면 그 다음에는 일관된 교회개척운동이 발생해왔다.[10]

1장에서 읽었듯이 잉이 사역에 관해 이루어졌던 CPM 평가에서 우리는 18세대나 이어진 교회의 지도자가 있음을 발견했다! 18번째 세대의 훈련과 유형도 여전히 강하고 명백했다.

T4T는 매 단계에서 진정으로 '예'라고 대답할 뜻을 가진 성도들을 제자로 삼고 훈련시키는 과정이다. 당신이 처한 상황 속에서 당신들에게 필요한 가르침의

10) T4T가 어떻게 CPM의 기본적인 부분들을 충족시키는지에 대한 상세한 설명을 보고 싶다면 웹사이트 www.T4TOnline.org에서 'T4T Supplemental Materials'의 'The Basic CPM Plan and T4T'를 보면 된다.

내용은 많은 요소들에 따라 다양하게 나타날 수 있다. 그런 내용이야말로 T4T에서 가장 융통성 있는 부분이다.

사람들이 내게 'T4T 자료를 보내 달라'고 요청할 때면, 나는 움찔하곤 한다. 그들은 내용을 찾고 있지만, 이는 훈련자들을 훈련시키는 과정임을 완전히 간과하고 있는 것이다. 이 과정을 통해 잃어버린 영혼들을 이끌어 4세대의 성도와 교회에까지 이르도록 이어주어야만 한다. 이것은 간단한 제자훈련이 아니다. 이것은 교회개척운동으로 연계되는 제자도 재혁명인 것이다!

T4T의 목적: 세대를 이어가는 훈련자 만들기

진정한 제자들은 예수님을 따르는 자이며 동시에 사람을 낚는 어부다(막 1:17). 예수님은 자신의 모든 것을 다해 하나님을 사랑하고 다른 사람을 자기 자신만큼 사랑하며 열심을 다해 지상명령을 실행하는 제자를 원하신다. 우리가 보았듯이, 이런 유형의 제자에 가장 적합한 사람이 '훈련자'다. 왜냐하면 이들은 그들이 받은 것을 다른 사람에게 전해주어야 한다는 생각을 가지고 있기 때문이다(마 10:8).

T4T를 적용할 때 매주 정신없이 새로운 운동을 만들어가는 과정 속에서 많은 의문점들이 생겨날 것이고, 계획에 맞춰 진행되는 것이 하나도 없을지도 모른다. 왜냐하면 우리는 타락한 인간들을 상대하고 있기 때문이고, 우리를 대적하는 적들(가라지의 비유를 기억하라)과 싸우고 있기 때문이며, 우리는 하나님의 주권에 속한 백성이기 때문이다.

당신이 직면하는 대부분의 질문들은 세대를 이어가는 훈련자를 만든다는 근본 목표를 기억함으로써 해답을 찾을 수 있다.

- 질문: 얼마나 오랫동안 그룹의 훈련을 계속해야 하나요?
  대답: 훈련자들이 다음 세대를 키워내는 것을 시작하도록 만들 때까지 얼마나 오래 걸릴까요?

- 질문: 내가 훈련시키는 사람이 자신의 그룹을 만드는 대신 새 성도를 내 그룹에 데려온다면 어떻게 해야 하나요?
  대답: 그 사람이 스스로 그룹을 이끌 수 있다는 자신감을 가지고 훈련자를 훈련시키는 사람이 되도록 하기 위해서 어떤 것들이 필요할까요?

- 질문: 복음을 전하는 것에 대한 훈련 내용을 반복해야 하나요?
  대답: 그들이 영향력 있는 전도자가 되고 마침내 훈련자를 훈련시키는 사람이 되도록 하기 위해 필요한 것은 무엇일까요?

- 질문: 각 그룹에게 매주 배운 것을 연습할 시간을 얼마나 주어야 하나요?
  대답: 당신이 가르치는 제자들이 자신감을 가지고 유능하게 다른 이들을 훈련시키도록 만들기 위해 얼마의 시간이 필요할까요?

이 목적을 마음에 새기고 있다면 당신이 가지게 될 질문 대부분에 대한 해답을 찾을 수 있을 것이다. 당신은 다음 세대로, 그리고 그다음 세대로 DNA를 전할 자신 있고 유능한 훈련자들을 배출해낼 운동을 일으키려고 노력하는 것이다.

디모데후서 2장 2절 과정

또 네가 많은 증인 앞에서 내게 들은 바를 충성된 사람들에게 부탁하라 그들이 또 다른 사람들을 가르칠 수 있으리라(딤후 2:2).

디모데후서 2장 2절은 세대를 이어서 훈련자들을 육성하라고 격려하고 있다. 지상명령 자체도 우리에게 예수님께서 명령하신 모든 것(지상명령을 포함해서)을 다른 사람들에게 가르쳐 지키게 하라고 명령하고 있다. 모든 세대가 다른 사람들을 교육하는 세대가 되어야 한다.

T4T 과정은 훈련받은 모든 이들이 다른 사람들에게 복음을 전하고 그가 훈련받은 모든 것으로 훈련시키고 그래서 그렇게 훈련받은 사람들이 또다시 다른 사람에게 복음을 전하고 그가 훈련받은 모든 것으로 훈련시키는 것을 기대한다. 이 과정을 시작하기 위해 훈련받는 사람들에게 주로 그들의 오이코스(oikos, '가정'을 의미하는 헬라어로 당신의 영향력이 미치는 범위를 뜻한다)를 대상으로 정기적으로 전도를 하라고 가르친다. 당신의 오이코스는 가족과 친구, 이웃과 동료로 구성되어 있다. 사람들이 믿음을 가지게 되면 훈련생들은 그들이 배운 것을 새 훈련생들에게 전해줄 훈련그룹(2명도 좋고 20명도 좋다)을 구성하기 시작한다. 이들은 다음 세대를 훈련시켜 이들로 하여금 정기적으로 자신들의 오이코스에게 복음을 전하고 또 다른 훈련그룹을 만들어 이를 통해 자신들이 배운 것을 전하고 그래서 그들로 하여금 그다음 세대를 훈련시킬 훈련자들로 성장하는 것을 도울 수 있도록 하는 것이다.

내가 이번 장에서 설명하는 것은 '고전적' T4T다. 이것은 잉 카이에 의해 최초로 개발된 T4T이며 가장 많이 적용된 방법이다. 다음에 이어지는 장들에서 나는 다른 사람들이 어떻게 T4T 과정을 가지고 가서 그들의 상황에 맞게 적용했는지를 설명할 것이다.

첫 모임에서 할 일

T4T 과정은 어떻게 시작되는가? T4T 훈련은 언제나 성도들을 전도하게 하고 제자들을 만들어 교회를 세우도록 훈련시키는 것에 관한 것이다. 하지만 훈련시켜야 할 성도들을 찾는 방법은 두 가지로 나뉜다.

- 때로는 당신이 한 개인이나 그룹을 믿음으로 인도하면서 시작된다. 이때 이들에게 알려줄 가장 중요한 세 가지는 '왜, 누구에게, 어떻게'다. 당신이 T4T 훈련 첫 모임에서 해야 할 일이다. 새 성도들이 믿음을 갖자마자 가장 빈번하게 발생하는 일이 이것이다.

- 종종 당신이 기존의 성도들 만나 그들에게 비전을 제시함으로써 T4T가 시작되기도 한다. 그들은 훈련을 받는 데 동의한다. 훈련의 첫 모임에서 이들 역시 '왜, 누구에게, 그리고 어떻게'의 세 가지에 관해 배워야 한다.

당신은 새 성도나 기존의 성도 어느 쪽이든 함께 시작할 수 있다. 그러나 T4T 과정을 시작하는 방법은 양쪽 모두 기본적으로 동일하다. T4T의 첫 모임에서 그 대상이 새 성도이든 기존 성도이든 상관없이 잉이 그의 첫 번째 그룹이었던 농부들과 했던 것처럼 그리스도인이 전도를 하지 않는 세 가지 이유를 다루어야 한다.

첫 모임 : 왜 – 누구에게 – 어떻게

모든 그룹의 성도들에게는 그들이 전도를 하지 않는 세 가지 공통된 이유가 존재한다.

'왜?' 비전 제시

특히 기존의 기독교인들에게는 동기 부여의 문제가 있을 수 있다. "왜 내가 전도를 하기 시작해야 하고 뻔뻔해져야 하는가?" 이 문제를 극복하기 위해서는 하나님께서 이들을 위해 만드신 삶의 비전, 즉 예수님을 따르고 사람을 낚는 어부가 되어야 하는 비전을 보여주어야 한다. 이에 대한 예로 3장에서 잉이 전해준 '지상명령' 과 관련된 비전 나누기를 기억하실 것이다.

 예수님의 지상명령 비전을 제시해준 이야기

'예수님의 지상명령'이라고 이름 붙인 이 내용은 단순히 하나님께서 사역에 대한 잉의 접근 방법을 바꾸기 위해 사용하신 것에 불과한 것이 아니다. 이는 또한 그가 자신의 첫 모임 훈련 시간에 새로운 그룹의 성도들에게 비전을 제시하기 위해 사용하는 첫 번째 이야기이기도 하다.

당신도 비전을 제시하기 위해 이 이야기를 사용할 수 있다. 여기에는 짧은 요약된 내용만을 소개한다.

예수님의 지상명령은 우리에게 다음의 세 가지를 당부하신다.

1. 오지 말고 가라 – 우리는 믿지 않는 사람이 있는 곳으로 가야만 한다.
2. 몇 사람이 아니라 모든 사람들에게 전하라 – 우리는 하나님께서 누구를 선택하실 지 알지 못하기 때문에 모든 이에게 복음을 전해야 한다.
3. 단순한 교인이 아니라 제자를 삼아라 – 모든 성도들을 훈련시켜서 그들이 배운 것에 순종하고 또 이를 전하도록(훈련자가 되도록) 해야 한다.

만일 우리가 예수님의 지상명령을 따르는 우리의 접근방법을 달리하면 성령님께서는 우리에게 힘을 주사 우리가 지금껏 경험한 것을 훨씬 뛰어 넘는 결과를 보도록 해주실 것이다.

더 자세한 안내를 보려면 3장 'T4T 이야기'를 보라.

그들에게 그들의 영향력 범위 내의 사람들과 그 밖의 사람들을 위한 비전을 제시하는 것으로부터 시작하라. "하나님은 무엇 때문에 당신을 구원하셨나요? 하나님은 당신만 구원하시는 것이 아니라 당신을 통해 당신 가족 전부를 구원하시기를 원하신다는 사실을 알고 있나요?" 첫 모임 시간의 훈련을 통해 당신은 그들에게 왜 제자들이 이 혁명적인 길을 따라 걷지 않으면 안 되는가에 대한 비전을 심어주어야만 한다.

외딴 곳에 고립되어 있는 이나Ina 부족을 전도하기 위해 애쓰던 초창기, 그 먼 계곡에 들어가 교회의 첫 '씨앗'을 심을 그 지역 기존 성도들을 동원하기 위해 나는 많은 곳을 돌아다녔다. 어느 날 나는 이나Ina 지역 내의 조그만 부족에게 이미 60년 전 몇몇 선교사가 다녀갔다는 사실을 알게 되었다. 나는 크나 큰 기대를 가지고 의사소통이 익숙하지 못한 나를 도와줄 그 지역 언어에 능통한 아시아 형제를 대동하고 이 몇 안 되는 교회를 찾아 나섰다.

우리는 깊은 산골짜기에 가려져 울창한 대나무 숲과 폭포에 둘러싸인 조그만 교회 하나를 발견했다. 80명에 달하는 그곳의 성도들은 실제로 이나Ina 부족 중 작은 그룹이었다. 그들을 발견한 나는 너무나도 기뻐 흥분을 감추지 못했다.

나의 짧은 언어로 마태복음 28장 18~20절을 가르치며 지상명령을 전해주기 위해 온 마음을 다 쏟아부었다. 그 교회가 지금껏 알려진 유일한 이나Ina 부족의 교회이며, 다른 이나Ina 부족 골짜기에 복음을 전해 성도들을 만들고 그들을 훈련시켜야 할 책임이 그들에게 있음을 깨닫게 했다. 그들은 충격을 받았다. 그들만의 고립된 세계에 살면서 그들은 모든 이나Ina 부족 마을이 기독교화 되어 있을 것이라고 생각했던 것이다. 그다음 나의 아시아 형제는 모든 곳으로 가라는 명령이 담긴 사도행전 1장 8절의 말씀을 가지고 훨씬 긴 설교를 했다.

우리가 말을 마쳤을 때 그들은 눈에 띄게 동요하고 있었다. 성령님의 강한 감동이 그들에게 내린 것이다. 그룹의 지도자는 성도들 앞에 일어나 눈물을 흘리며 그들에게 말했다. "60년 동안 우리는 이 부르심에 불순종했습니다. 오늘 하나님께서는 우리에게 순종하라고 하셨습니다!"

내 친구와 나는 기뻐 뛰었다. 우리는 떠나기 전 그들과 함께 기도하는 시간을 가졌다. 우리는 비전을 제시해주었고, 그들은 하나님의 음성을 들었다.

1~2개월 후에 나는 언제부터 이들을 훈련시킬 것인가, 그리고 어떻게 이들이 복음을 들고 다른 마을로 가도록 할 것인가에 관한 구체적인 계획을 세우기 위해 이들을 다시 방문했다. 하지만 내가 전혀 알지 못했던 것은 우리가 그들을 떠난 다음 그들은 자신들이 무엇을 감당해야 하는가에 대해 따져보기 시작했다는 것이었다. 그들은 만일 자신들이 다른 마을에 전도를 시작한다면 박해를 받게 될 것이 분명하다는 점을 깨달았다. 첫 번째 방문했을 때는 성령님께서 주신 확신에 가득 차 있던 그룹이 두 번째로 방문하니 이제 '아니요'라고 말하는 것이다. 나는 가슴이 무너지는 느낌을 받았다.

바로 그때 나는 확신이 곧 순종은 아니라는 깨달음을 얻을 수 있었다. 나는 내 눈 앞에서 두 아들 비유에서 "예"라고 대답했지만 결국 들에 나가지 않은 아들의 살아있는 예를 목격하고 있었던 것이다.

당신이 비전을 제시해준 모든 그룹이 "예"라고 '말하고' 또 '행동' 하지는 않을 것이다. 그러나 당신이 비전을 보여주지 않는다면 어떤 그룹도 실행에 옮기지 않을 것이다. 성공적으로 CPM을 시작하는 사람들은 "예"라고 말하고 또 행동으로 옮기는 소수의 사람들을 찾기 위해 많은 사람들에게 비전을 제시해준다. 나중에 내가 비전을 제시한 다른 그룹들은 마침내 "예"라고 대답하고 또 이를 실제

행동으로 옮겨 CPM을 시작하는 도구로 하나님께 쓰임 받았다.

이는 자연스럽게 우리가 반드시 다루어야 하는 두 번째 질문으로 연결된다.

'누구에게?' 명단 작성하기

일단 하나님께서 한 개인이나 그룹에게 확신을 심어주고 이들이 앞으로 전진하겠다고 마음먹으면 당신은 그들에게 실행에 옮길 무엇인가를 알려주어야만 한다. 많은 그리스도인이 전도를 하지 않는 이유는 그들이 누구에게 복음을 전해야 할지 모르기 때문이다.

T4T의 첫 모임 훈련에서 새 훈련생들에게 명단을 작성하도록 함으로써 누구에게 복음을 전해야 하는가에 대한 해답을 얻게 해야 한다. 그들에게 오이코스가 무엇인지, 그들의 가족, 친구, 이웃, 동료를 포함한 관계의 범주에 관해 설명해주라. 훈련생들이 종이를 꺼내들고 이렇게 기도하게 하라. "하나님, 아직 예수님을 따르지 않는 나의 오이코스가 생각나게 해주세요." 그런 다음 그들에게 자신들의 오이코스인 사람들의 이름을 적어 내려가게 하라. 다소의 시간이 걸릴 것이다. 시간적인 여유를 가지고 자신이 작성한 명단의 이름을 들여다보고 방법을 찾을 수 있도록 이들을 격려하고 명단을 써 내려갈 수 있도록 도와주라. 때로는 직장, 학교, 시장, 이웃, 클럽, 조직, 가족 등 다양한 상황에서 정기적으로 만나는 사람들에 관해 생각해보도록 이들을 독려해야 할 필요도 있다. 어쩌면 이름을 모를 수도 있다. 그러면 그들을 식별할 수 있는 다른 방식으로 적도록 하라(예를 들어, 빵가게 아주머니, 세탁소 아저씨 등)."

모두가 명단을 작성하고 나면 한 번 더 기도하게 하라. 그들은 하나님께 자신이 누구에게 가장 먼저 간증을 해야 할 것인지를 알려달라고 간구해야 한다. 그들이 기도를 마치면 하나님께서 그들의 마음속에 떠오르게 해주시는 다섯 명의 이름에 동그라미를 치라고 하라. 그러면 그들이 복음을 가장 잘 받아들일 것이라고 생각되는 사람부터 동그라미를 치고, 그들로부터 전도를 시작할 수 있는 용기를 얻을 것이다. 여기에 지역적인 한계를 둘 필요는 없다. 그들은 나라 반대편에 살고 있는 가족을 선택할 수도 있다. 어쩌면 그들에게 이메일을 보내거나 전화를 하거나 아니면 직접 방문할지도 모르는 것이다. 이 시간동안 하나님께서는 모든 이들에게 복음을 전해야겠다는 열심 속에서 누구에게 가장 먼저 접근할 것인지를 훈련생들에게 확신시켜 주신다.

그런 다음 이들이 자신들의 대상을 만나 복음을 전하러 갈 그때에 하나님께서 그들의 마음을 열어주실 것을 기도로 구하는 시간을 갖게 하라. 공격수(이 말의 뜻이 궁금하면 4장을 보라)께서 이미 길을 열어 놓으셨다면 전도는 훨씬 쉬워질 것이다! 만일 큰 그룹이라면 소그룹으로 모여 그들의 명단에 있는 동그라미를 친 특정한 개인들을 위해, 그리고 입을 열어 복음을 전할 수 있는 담대함을 위해 기도하는 것도 좋을 것이다.

'어떻게?' 간단한 다리 놓기 + 복음 제시

그리스도인이 전도를 하지 않는 세 번째 이유는 어떻게 시작해서 복음을 온전하게 전할지를 알지 못하기 때문이다. 훈련생 그룹이 비전을 제시받고 명단을 작성했으면 그들에게 실제로 어떻게 복음을 전해야 하는지를 가르치라. 이 분야에 있어 훈련생들은 1) 복음을 전하기 위한 다리 놓기와 2) 복음 제시의 두 가지를 꼭 배워야 한다.

다리 놓기란 간단하게 대화의 주제를 영적인 문제, 특히 복음으로 전환하기 위한 방법을 말한다. 많은 그리스도인들이 복음을 소개하지 않는 이유는 이를 시작하는 쉬운 방법을 모르기 때문이다. 우리 중 많은 사람들에게 있어 일단 시작만 할 수 있으면 복음 자체를 전하는 것은 그리 어렵지 않다.

1분에서 3분의 짧은 간증은 아주 훌륭한 다리 역할(다른 유형의 다리는 나중에 소개할 예정이다)을 할 수 있다. 간증은 복음을 포함하지 않는다. 훈련생들은 복음을 나중에 전하게 될 것이다. 간증은 단지 복음으로 이어지는 짧은 다리여야 한다.

훈련자들에게 그들의 간증을 하도록 가르치기 위해서는 1) 그리스도를 만나기 전의 자신의 삶, 2) 어떻게 주님을 만났는지, 그리고 3) 주님이 자신의 삶 속에 들어오신 후의 인생이라는 간단한 순서를 활용하면 된다. 혹은 구원과 관계없는 간증의 경우에는 1) 문제, 2) 하나님이 어떻게 그 문제를 바꾸셨나, 그리고 3) 그 이후의 승리(예를 들어, 알코올 중독의 극복, 참을성 없는 성격을 고침, 다른 누군가를 용서하는 방법을 찾은 것 등)의 예를 사용하면 된다.

이들에게 종이 한 장, 혹은 더 짧게 하기 위해 반 장 정도의 길이로 간증을 쓰도록 한다. 그리고 큰 소리로 동시에 몇 번씩 읽게 한다. 이렇게 함으로 그들은 내용을 외울 수도 있고 좀더 자연스럽게 자신의 간증을 말할 수도 있게 된다.

그런 다음 두 명씩 한 조를 만들어 서로에게 간증을 들려주는 연습을 하도록 하라. 서로를 도와서 지나치게 '교회적'인 단어나 비성도의 입장에서는 이해하기 어려운 내용은 삭제하도록 하라. 상대방의 간증이 얼마나 감동적이었는지 피드백feedback을 해주고 더 잘 할 수 있는 아이디어를 서로 교환할 수 있도록 유도하라.

반드시 훈련생들이 자신 있게 간증을 할 수 있게 된 후에야 복음을 제시하는 단계로 넘어가야 한다. 만일 시간이 부족하면 여기서 멈추고 그 모임에서는 서로 자신들의 이야기를 나누도록 하라.

하지만 반드시 기억해야 할 중요한 내용이 하나 있다. 간증은 복음을 듣게 하기 위해 다른 사람의 마음을 움직이게 하는 것이지 복음 그 자체는 아니라는 점이다! 간증의 목적은 단순히 우리를 복음으로 넘어가도록 도와주는 것이다.

그러므로 당신의 첫 모임 훈련시간은 복음 제시를 포함하고 있어야 하며, 이는 매우 간단하게 배우고 전달할 수 있어야 한다. 잉은 그의 '구원의 확신을 얻는 법'에 관한 첫 번째 강의에서 이를 하고 있다(이것은 T4T에서도 가장 많이 적용된 부분 중의 하나인데 복음을 제시하는 몇 가지 방법은 특정 상황에서 더 적합하기 때문이다. 많은 수의 복음 전도가 보조 수단을 통해 이루어지고 있다). 첫째 T4T 모임 중 이 시점에서 당신은 당신의 상황에서 가장 효과적이고 쉽게 전할 수 있도록 아주 단순한 복음 전도 방법을 소개할 필요가 있다.

당신이 효과적으로 이 복음 제시 기술을 가르쳤다면 그룹을 다시 2인 1조로 나누어 서로에게 전도하는 방법을 다시 가르치는 연습을 하도록 하라. 이것은 훈련을 담당하는 사람에게 쉬는 시간이 아니다. 그룹들 사이로 돌아다니며 이들의 말을 듣고 질문에 답해주고 격려와 칭찬을 해주고 필요한 경우 교정을 해주어야 한다. 이들이 자신감을 가지고 능숙하고 정확하게 복음을 전할 수 있게 되도록 충분한 시간을 가지고 연습할 수 있게 해야 한다.

일단 이들이 복음을 잘 전할 수 있다는 자신이 생기면 그들이 다음 주에 복음을 전할 준비가 되었는지 확인하라. 당신이 전도를 위한 소책자나 유인물을 사용했다면 그들이 전도할 사람에게 줄 여분의 자료를 가지고 있는지 확인하라. 또한 이들에게 자신이 복음을 전할 사람의 필요에 대해 기도하도록 격려하는 것도 매우 중요한 일이다. 왜냐하면 하나님께서는 종종 잃어버린 영혼들이 복음을 듣는 중에 당신의 사랑을 보여주는 기적을 행하기도 하시기 때문이다.

거기 있는 병자들을 고치고 또 말하기를 하나님의 나라가 너희에게 가까이 왔다 하라(눅 10:9).

훈련생들에게 새 성도들을 훈련시켜야 한다는 것을 상기시키라

첫 모임을 끝내기 전 교육생들에게 그들이 단지 복음만 전하는 것이 아니라 믿는 사람들에게 그들이 첫 모임에서 배운 모든 것을 반복하도록 격려하라. 만일 당신이 소책자나 유인물을 사용하고 있다면 훈련생들이 그들이 만날 새 성도들에게 나눠주어 그들의 오이코스에게 사용하도록 할 충분한 사본을 가지고 있어야 할 필요가 있다. 이들에게 어떤 사람이 복음에 대하여 "예"라고 대답하면 즉시 시간을 할애해서 세 가지—1) 왜, 2) 누구에게, 3) 어떻게—다리와 복음을 소개하도록 훈련시켜야 할 필요가 있다는 사실을 명심하게 하라. 이는 그 사람이 믿기로 결심한 몇 분에서 몇 시간 이내에 이루어져야하는 일이다.

T4T는 시간을 따로 내서 새 성도들을 만날 것을 훈련생들에게 강조해주고, 그들을 최초의 그룹에 데리고 오지 않도록 가르친다. 궁극적인 목표는 몇 세대를 이어서 훈련자들을 배출해 내는 것임을 잊지 말아야 한다. 설령 두 명으로 이루어진 그룹(새로운 훈련자와 새 성도 각 한 명)이라 할지라도, 대개의 경우 이들을 한데 묶거나 '부모' 그룹으로 데려오려고 노력하는 대신 따로 만나는 것이 이들에게 더 도움이 된다. 이렇게 할 때, 새 훈련자가 훨씬 더 빨리 성장하게 된다.

이들에게 임무를 주고 훈련생들에게 다짐을 받으라. 묻지 말고 그냥 말하라고!

3장에 나온 잉의 이야기 가운데 '계란 하나? 아니면 둘?'을 기억하는가? 훈련을 끝내기 전인 지금 시점에서 소개하기 아주 좋은 이야기다.

그런 다음 훈련생들에게 하나님께서 그들의 마음에 심은 말씀에 순종하라는 도전을 주라. 그들은 복음을 전하기 위해 허락을 구할 필요도, 전도할 권리를 확보해야 할 필요도 없다. 예수님께서는 십자가상에서 그들이 복음을 전할 권리를 확보하셨다. 이것이면 충분한 것이다. 묻지 말고 그냥 말해야 한다!

헤어지기 전에 훈련생들로 하여금 그들이 작성한 명단에서 동그라미 표시를 한 사람들에게 복음을 전한다는 목표를 세우도록 하라. 그런 다음 서로를 위해 하나님의 기름 부으심 속에 나아가도록 기도하게 하라. 한 사람 한 사람에게 손을 올리고 그들을 위해 기도드리기에 가장 적합한 때이다. 사실, 매주 당신은 예수님을 따르는 자로서, 그리고 사람을 낚는 어부로서 살아가도록 서로의 사명을 재확인해야 한다. 그룹을 이끄는 사람을 포함해서 모든 사람이 이를 행해야 한다! 당신은 당신이 가르치는 것의 모범이 되어야 한다.

 한밤중에 구원받은 가족

_잉 카이

당신은 한밤중에 온 가족을 깨워 그들에게 복음을 전할 수 있겠습니까? 사도행전 16장에 나오는 빌립보의 간수는 기다릴 수 없었습니다. 그의 가족은 이렇게 생각했을 지도 모른다. "지금 시간이 몇 시인데 왜 한밤중에 우리를 깨우는 거예요?" 아마 간수는 가족에게 이렇게 말했을 것입니다. "이 사람들이 아니었다면 나는 지금쯤 죽었을 거요. 이 두 신사분이 나를 구해주었다오." 그는 기다릴 수 없었습니다. 그는 바울과 실라를 자신의 집으로 초대했습니다. 한밤중에 그 간수와 그의 모든 가족은 그리스도께 인도되었습니다. 하나님은 당신을 사랑하시고 당신을 선택하시고 당신을 통해 당신의 모든 가족을 구원하시기를 원하십니다.

내게는 중국계 미국인 의사 친구가 있습니다. 그가 아주 어렸을 때 그의 가족은 홍콩에서 미국으로 이주했습니다. 그가 미국에 올 때 '나는 의사가 돼서 많은 돈을 벌고 사회적으로 인정받는 사람이 될 거야'라고 결심했습니다. 그는 의사가 되었지만 만족할 수 없었습니다. 그는 생각했습니다. '나는 내 병원의 과장이 될 거야' 그래서 그는 공부를 해서 박사학위를 받았습니다.

그 이후 그는 LA의 유명한 병원의 과장으로 일하게 되었습니다. 그의 나이 겨우 40세였습니다. 그의 밑에는 대단히 잘 알려진 의사들이 많이 근무하고 있었습니다. 그는 모든 것을 가졌고 대단히 부유해졌습니다. 그는 세 명의 딸과 함께 매우 행복했고 자신의 삶에 대단히 만족스러웠습니다.

그러던 어느 날, 그는 연례 건강검진 결과를 통보받았습니다. 그는 "당신의 간에 골프 공만한 암 종양이 있습니다. 죽음을 준비하셔야겠습니다. 수술을 받는다 해도 가능성은 그리 크지 않습니다. 6개월 정도 남아있다고 보지만, 그보다 일찍 죽을 수도 있습니다."라는 말을 들었습니다. 그날 밤 그는 잠을 이룰 수 없었습니다. 그는 혼자 생각했습니다. '내가 죽은 다음 가족들에게 무엇을 줄 수 있을까? 내 큰 딸은 이제 16살로 아직 고등학교도 마치지 못했다. 나는 그 아이의 졸업식에도 참석하지 못할 것이다.' 그는 딸들의 생일과 졸업식을 축하하는 말을 녹음해 놓기로 결정했습니다. 하지만 그가 죽은 후에 아무도 이를 듣지 않을 것이라는 느낌이 들었습니다. 그는 자신의 죽음에 대해 생각하면 잠을 이룰 수 없었습니다.

그러다가 그는 '내가 10대였을 때 홍콩에서 교회에 나갔던 적이 있었는데'라는 기억을 떠올렸습니다. 미국에 온 이후 그는 단 한 번도 교회에 간 적이 없었습니다. 이제 그는 다시 예수님에 대해 생각하게 됐지만 어떻게 기도를 해야 하는지 알지 못했습니다. 마침내 그는 홍콩에 있는 교회 목사님의 전화번호를 찾아 통화를 시도했습니다. 목사님과 연결이 된 그는 자신의 모든 이야기를 털어 놓았습니다.

목사님은 그에게 시편 103편 1~5절을 소개해주고 말했습니다. "당신이 회개하고 돌아서야만 하나님께서 당신을 도우실 것이고, 혹 당신을 치료해주실지도 모릅니다." 그래서 그는 한밤중에 예수님께 도와달라고 간구했습니다. 무릎을 꿇고 전화를 통해 목사님과 함께 기도를 했습니다. 전화를 끊었을 때 그는 이미 영생을 얻었으므로 마음이 평안해졌음을 느꼈습니다. 이제 그는 자신의 문제를 대면할 수 있게 된 것입니다.

그는 구원을 얻었으므로 생각했습니다. '난 기다릴 수 없어.' 그래서 한밤중에 그는 아내를 깨웠습니다. 그의 아내는 "왜 깨웠어요?"라고 말했습니다. 그는 "난 당신에게 모든 것을 다 줬지만 영생은 주지 않았소. 오늘 밤 나는 영생을 받았소. 나는 이것을 당신과 함께 나누고 싶은 거요"라고 말했습니다. 그는 바로 그곳 침실에서 자신의 아내를 그리스도에게로 인도했습니다.

그 부부는 생각했습니다. '우리는 기다릴 수 없어.' 그래서 한밤중에 세 딸을 깨웠습니다. 어머니가 말했습니다. "아버지는 너희에게 모든 것을 다 주셨다. 너희는 아주 훌륭한 사립학교에 다니고 있어. 너희들에게 모든 것을 다 주셨지. 하지만 아주 중요한 것을 주지 않으셨어. 그것은 바로 영생이란다."

아버지가 말했습니다. "나는 곧 죽을 것이다. 하지만 나는 영생을 얻었다. 그래서 나는 내 문제를 똑바로 대면할 수 있게 되었단다. 나는 내가 죽은 다음 어디로 가게 될지 알고 있다. 나는 영생의 선물을 너희들과 함께 나누고 싶구나." 그래서 그날 밤 모든 가족이 다 예수님을 영접하고 그리스도인이 되었습니다. 그들은 거실에서 손을 맞잡고 무릎을 꿇고 함께 기도를 드렸습니다. 그들은 대단히 행복했습니다.

그들이 일어섰을 때, 겨우 12살 난 둘째 딸이 말했습니다. "아빠, 예수님은 우리를 사랑하세요, 그렇지 않나요?" 그가 대답했습니다. "그렇단다." 그러자 그녀는 말했습니다. "나는 예수님이 아버지도 사랑하신다고 생각해요. 수술 일정을 잡으세요. 우리가 아버지를 고쳐달라고 예수님께 빌겠어요." 그래서 그들 모두는 다시 무릎을 꿇고 아버지를 위해 기도했습니다.

그다음 날 그는 수술 예약을 잡았습니다. 5일 후 몇 명의 의사가 그의 수술을 집도했습니다. 그들이 수술을 했을 때, 그들은 종양을 찾을 수 없었습니다. 간에는 골프공 크기의 움푹 들어간 자국만 있을 뿐이었습니다. 그래서 그들은 절개한 부위를 봉합하고 그에게 말했습니다. "당신은 건강합니다. 예수님께서 이미 당신을 위해 종양을 제거하셨나봐요."

할렐루야! 그는 과장직을 사임하고 캐나다의 서부 도시 벤쿠버Vancouver로 가서 리젠트칼리지Regent College에 입학했습니다. 그는 지금도 신학교에서 중국학 프로그램 분야의 책임자로 헌신하고 있습니다. 그는 수많은 선교사를 아시아에 파송했습니다.

그렇습니다. 이처럼 하나님은 당신을 통해 당신의 가족 전부를 구원하실 수 있습니다. 긴박감이 필요합니다!

두 번째 모임: 그들이 돌아올 때

사랑의 책임과 목회적 돌봄

훈련생들이 돌아오는 그다음 주(혹은 2주 후)는 아주 중요한 시기이다. 훈련이 시작되면 그들에게 사람들의 필요에 대해 어떻게 섬기며 사역했는지를 물어보는데 시간을 할애해야 한다. 그리고 또한 예배를 드리며 하나님을 찬양하는 시간도 가지라. 그런 다음 서로 사랑해야 하는 책임과 의무의 내용으로 들어가라. 그들은 하나님께서 그들에게 하라고 말씀하신 것을 실제로 했는가(이 부분에 있어서 당신 자신도 포함하라)? 그들을 하나님의 운동으로부터 떼어 놓는 가장 빠른 방법은 하나님께서 그들에게 부여한 사명에 대해 묻지 않는 것이다!

책임은 우리 모두에게 다 어려운 것이다. 그러나 성경은 책임에 대한 권면의 말씀으로 채워져 있다.

서로 돌아보아 사랑과 선행을 격려하며 모이기를 폐하는 어떤 사람들의 습관과 같이 하지 말고 오직 권하여 그 날이 가까움을 볼수록 더욱 그리하자 (히 10:24-25).

성경에 나오는 모든 '서로'는 서로에 대한 책임을 감당하며 살아가라는 권면이다. 그리스도의 날이 가까워 오고 있는 이상 우리는 이를 무시할 수 없다. 시간이 그리 많이 남아있지 않다. 우리는 예수님을 더욱 사랑하고, 다른 사람을 더욱 사랑하도록 서로 도와야 한다. 여기에는 복음 전도도 포함된다.

그리 자연스럽게 느껴지지 않을지라도 우리는 우리의 교육그룹 내에서 사랑하는 책임과 의무를 배워 나가도록 해야 한다. 이것이 습관과 삶의 방식을 바꾸는 가장 빠른 방법이다. 그래서 두 번째 모임에서는 서로 사랑하는 의무를 소개한다.

- "당신이 동그라미를 친 사람들에게 복음 전하는 일은 어떻게 진행되고 있는가?"

- "그들은 어떻게 반응했는가?"

- "복음을 받아들인 사람들에게 첫 모임(왜, 누구에게, 어떻게)을 가르쳤을 때 어떤 일이 일어났는가?"

어떤 일이 있었는지 서로 나누는 동안 당신은 성공적으로 복음을 전하는 모험을 한 사례들과 새롭게 구원받은 일 하나하나를 축하하는 시간을 가지고, 바로 그 자리에서 작은 파티나 단합대회를 가지라!

또한 두려움을 느꼈거나 전도를 거부당한 사람들을 격려하는 시간도 가져야 한다. 그들이 전도를 했지만 아직 복음을 받아들이지 않은 사람들을 위해 기도하는 시간도 가지라. 복음을 전혀 전하지 않은 사람들이 문제를 해결할 수 있도록 돕고 그들을 격려해주라. 형식화된 직무에 따른 책임이 아니라, 예수님이 제자를 사랑하신 것처럼 그 사랑으로 그들을 도와주라.

다음 단계로 이끌라

목회적 돌봄과 예배, 그리고 서로 사랑의 책임을 확인하는 시간을 가진 다음 당신의 그룹에게 하나님께서 그들을 어떻게 사용하기를 원하시는가에 관한 비전을 다시 한번 보여주라. 어떤 사람들은 좌절을 경험해서 이와 같은 격려의 말을 필요로 할 것이다. '하늘에 계신 아버지의 마음' 이야기(3장을 보라)를 소개할 좋은 기회다. 잉은 2강 때 그의 교육생들에게 용기를 주기 위해 이 일화를 사용한다. 그들 중 많은 사람들이 이제 막 전도를 시작하고 또 거부당하는 경험을 했다. 그는 이들에게 하나님 아버지께서는 비록 시간이 걸릴지라도 믿음을 갖게 될 가족들을 그들에게 많이 주실 것이라는 것을 다시 한번 확신시켜주고자 하는 것이다.

비전을 제시한 다음에는 당신의 제자훈련 프로그램의 두 번째 모임 내용을 가르치라. 두 번째 모임의 내용은 헌신의 삶과 기도에 관한 것이다.

그리고 이들이 둘씩 조를 지어 서로에게 두 번째 모임 내용을 가르치는 연습을 시키고 이를 둘러보면서 그들이 자신감을 가지고 능숙하게 해낼 수 있도록 격려하라. 그들은 훈련이 끝나면 그들의 새 성도들에게 두 번째 모임의 내용을 가르쳐야 하기 때문에 이렇게 연습하는 시간이 필요하다.

훈련을 마치기 전, 그들로 하여금 그 주에 어떤 목표를 설정해야 하는가에 관해 생각할 기회를 주라.

- 그들은 매주 5명에게 전도를 해야 하기 때문에 자신이 작성한 명단을 다시 한번 검토하게 하고, 그들이 전도할 대상을 선정하도록 하라. 몇몇은 새로운 이름일 것이고 몇몇은 같은 이름일 수 있다.

- 훈련생 중 몇 명은 새 성도들을 만들 것이므로 그들이 자신의 새 성도를 만나 훈련시킬 계획을 세우는 것을 도와주라. 그들이 그들의 새 그룹과 함께 전 과정을 반복하도록 권면하라. 목회적 돌봄, 예배, 서로 사랑하는 책임을 감당하는 것(명단 작성 포함), 비전 제시, 전도하는 법(간증과 복음 제시)을 가르치는 것, 연습할 시간을 주는 것, 그리고 마지막으로 목표를 설정하는 것과 그들이 만들 3세대를 위해 기도하는 것.

- 그들이 다음 세대의 훈련자를 만드는 데 한 걸음 더 다가서는 목표를 설정하는 것을 도우라.

그들이 이런 목표를 설정하면 다시 한번 그들을 위해 기도하고, 서로에게 주어진 임무를 재확인시키라. 모든 사람들이 다음 단계로 나아갈 준비를 마쳤는지 점검하라.

만일 당신이 이 간단한 일들에 충분히 숙달되었다면 당신은 T4T 과정을 시작할 수 있을 것이다. 당신은 성도들이 사도행전에 나오는 제자도 혁명으로 돌아가기 시작하게 하는 법을 배운 것이다.

첫 모임 요약

첫 모임은 성도들(당신이 새롭게 만든 성도이든 아니면 기존의 성도이든)이 '왜-누구에게-어떻게'를 통해 훈련자가 되도록 돕는다. 당신의 목표는 여러 세대의 훈련자를 만들어내는 것임을 명심하라.

- '왜?' 그들에게 비전을 제시해주라.

- '누구에게?' 그들의 오이코스의 명단을 만들고 기도하는 가운데 우선순위를 정하라.

- '어떻게?' 그들에게 복음을 위한 다리 놓기(예를 들어, 간증)와 복음 제시 방법을 전하라. 그들이 이를 연습할 충분한 시간을 주고, 그들이 하나님께로부터 받은 소명의 삶을 살아가는 데 있어 기도로 목표를 설정하게 하라.

두 번째 모임에서 당신은 매주 세 부분에 걸친 T4T 모임 형식을 잡아가기 시작하라. 이 세 부분은 단순한 교회 성도나 증인이 아니라, 훈련자를 만들기 위해 반드시 필요한 것이다.

전반부
- 목회적 돌봄
- 예배
- 사랑의 책임
- 비전 제시

중반부
- 새로운 가르침

후반부
- 배운 것 연습하기
- 목표 설정과 서로를 위해 기도하기

수 분 그리고 수 시간

첫 모임에서 강조되어야 할 가장 중요한 요소 중 하나는 새로운 성도가 처음 믿음으로 인도되었을 때, 그에게 즉각적으로 하나님 나라의 DNA를 불어넣는 것이다. 새로 성도가 된 사람은 그가 구원을 받은 지 수 분에서 수 시간 이내에 이 '왜-누구에게-어떻게' 강의를 단축버전으로라도 꼭 들어야 한다. 이는 즉시 하나님께 쓰임 받을 수 있는 자리로 새 성도들을 인도해주는 것이기 때문이다.

당신이 지금 막 한 사람을 믿음으로 인도했다고 하자. 당신의 입에서 가장 먼저 나올 말은 무엇인가? 당신이 가장 먼저 해야 할 말은 첫 모임의 내용이어야 한다. 당신은 그가 즉시 위의 세 가지 '왜, 누구에게, 어떻게'를 배울 수 있도록 도와주어야 한다.[11] 이것이 사도행전에서 때로는 복음에 앞서서 자신의 가족에

---
[11] 나중에 보게 되겠지만 당신은 침(세)례에 대해서도 대단히 빨리 가르쳐야 한다.

관한 비전이 한 사람에게 주어졌을 때 일어났던 일이다(예를 들어, 행 2:39; 11:14; 16:31). 당신은 몇 분 안에 그의 오이코스에게 말하라고 지도해야 한다. 만일 당신이 1~2주간이 지나도록 기다린다면, 당신은 하나님 나라의 DNA를 심을 기회를 놓치게 될 수도 있다.

왜(비전) – "하나님은 무엇 때문에 당신을 구원하셨을까요? 그분께서는 당신을 구원으로 인도하실 뿐 아니라, 당신을 통해 당신의 모든 가족을 구원으로 인도하시기를 원하신다는 사실을 깨닫지 못하십니까?"(만일 시간적인 여유가 있다면 위의 지상명령 이야기를 들려주라.)

누구에게 – "당신이 아는 사람들 중 하나님과 동행하지 않는 모든 사람의 명단을 만드십시오." 그런 다음 이번 주간(대개의 경우 한 주에 5명씩)에 누구에게 먼저 복음을 전할 것인지를 지도해주라. 그에게 그 이름들에 동그라미를 치도록 하고 매주 전도를 하기 위해 1주일 마다 이 명단을 재확인하도록 하라. 당신은 아래의 질문을 활용할 수 있다.

≫ "명단을 보며 기도합시다. 당신은 하나님께서 누구에게 먼저 말하기를 원하신다고 생각하십니까?"

≫ "하나님께서 당신의 인생에 가져다주신 변화에 감명을 받을만한 사람은 누구인가요?"(박해가 심한 상황에서는 가능한 한 안전한 사람을 고르도록 도와주라.)

≫ "지금 이 순간 가장 복음을 들어야 할 필요가 있는 사람이 누구입니까?"

어떻게 – "하나님께서 당신의 삶에 어떠한 일을 하셨는지에 관한 이야기(간증)를 나누십시오." 이것은 새 성도들을 돕는 아주 쉬운 일이다. 왜냐하면 그들의 삶에서 방금 기적이 일어났기 때문이다(딛 3:3-7). 그가 해야 할 일은 그의 인생에 있어 방금 무슨 일이 있었는지를 말해주는 것이 전부다. 상황에 따라 당신은 그가 자신의 오이코스 안에 있는 사람들에게 가장 잘 이해될 수 있는 방법으로 이 소식을 전하도록 가르쳐야 할 것이다. 예수님께서는 거라사 귀신들린 사람에게 바로 이렇게 행하셨다. "집으로 돌아가 주께서 네게 어떻게 큰 일을 행하사 너를 불쌍히 여기신 것을 네 가족에게 알리라"(막 5:19). 그 사람은 많은 훈련을 받지도 않았지만 예수님의 이야기를 전할 수 있었다. 만일 시간이 허락한다면 당신은 새 성도들을 도와 그들이 효과적으로 복음을 전할 수 있는 방법을 배울 수 있도록 하라. 되도록 당신이 그를 믿음으로 이끌었던 바로 그 방법을 말이다. 그리고 그가 자신의 가족에게로 돌아가기 전 당신과 함께 연습하도록 하라.

당신은 첫 모임의 내용 '왜-누구에게-어떻게'를 몇 분 혹은 몇 시간 안에 가르쳐야 한다. 만일 당신이 그가 구원을 받은 직후 즉시 할 수 없다면 몇 시간 안에 그와 함께 나눌 수 있도록 시간을 잡아야 한다. 이렇게 함으로써 당신은 그에게 DNA를 심어 그가 예수님을 따르는 자가 되게 하고 사람을 낚는 어부가 되도록 할 수 있을 것이다. 당신이 더 오래 기다릴수록 새 성도에게 하나님 나라의 제자를 만드는 사람의 DNA를 심는 것이 더욱 어려워질 것이다.

듣기만 하지 말고 행하는 자가 되라!

하나님께서 당신에게 무엇이라 말씀하셨는지, 그리고 그 말씀에 순종하기 위해 당신에게 필요한 것은 무엇인지를 적어보라.

Part 2 **T4T의 과정**

6장 20%를 통해 일어나는 운동

T4T 이야기에서 잉이 훈련시킨 가장 첫 번째 그룹은 하나님 나라 확장운동에 있어 아주 중요한 사실 하나를 보여 주었다.

우리가 훈련시키는 모든 사람이 다 풍성한 열매를 거두는 사람이 되거나 훈련자들을 훈련시키는 훈련자가 되는 것은 아니라는 것이다. 우리는 30배, 60배, 100배의 영적인 열매를 거두는 소수의 사람들을 찾아야 하고, 그들을 통해 CPM이 일어나도록 그들에게 더 많은 관심을 쏟아야 한다.

잉의 훈련생들이 T4T의 두 번째 모임에 참가하기 위해 돌아왔을 때, 그는 하나님께서 그들에게 실천하도록 말씀하신 것들에 순종했는지 물었고, 이에 대한 그들의 대답은 다양했다. 몇 명은 전혀 전도를 하지 않았고, 몇 명은 전도를 했지만 어떠한 결실도 얻지 못했다. 그리고 몇 명은 전도를 통해 결신성도를 얻었다.

잉은 몇 주 동안 이 그룹과 다른 많은 사람들을 만나면서 용기를 내어 계속 전도하고, 그 결과 믿음으로 인도한 새 성도들을 만나서 그들에게 또 다른 사람들에게 다가가서 전도하고 제자훈련을 시키도록 격려했다. 그의 T4T그룹에는 훈련자들을 훈련시키는 훈련자가 되는 것과 관련해서 네 가지 유형의 훈련생들이 나타나기 시작했다.

- 출석자: 어떤 훈련생들은 전도를 하지 않고 오직 훈련에 참가하기만 한다.

- 증인: 어떤 훈련생들은 전도를 시작하고 사람들을 믿음으로 인도했지만, 새 그룹을 시작하지 않는다.

- 개척자: 어떤 훈련생들은 사람들을 믿음으로 인도하고 그들을 이끌어 새 그룹을 시작했다. 그러나 그들의 새 그룹원들이 이 과정을 반복하도록 훈련하지는 않았다.

- 훈련자: 어떤 훈련생들은 다른 사람을 믿음으로 인도하고 그룹을 시작하고 또 그 새 성도들은 훈련시켜 전도하고 다른 이들을 훈련하도록 했다. 이들은 단순한 훈련생이 아니라 훈련자가 된 것이다. 그런데 훈련자가 되는 비율은 15~20%를 넘은 적이 거의 없었다.

이 비율은 비단 잉의 사례뿐 아니라, 전 세계 T4T그룹들에서 실제로 유지되고 있는 실정이다.

T4T에서 각각의 개인은 증인이 되도록 훈련받고 격려를 받는다.

각각의 개인은 훈련자들을 훈련시키도록 훈련받고 격려를 받는다.

그러나 모든 사람이 다 그렇게 하는 것은 아니다.

당신의 T4T그룹 내에 있는 훈련생들에게서도 비슷한 일이 발생할 수 있다. 이것은 하나님 나라 운동의 기본적인 역동성 가운데 하나다.

예수님께서는 복음에 대해 다양한 반응을 보이는 사실을 보여주는 네 종류의 땅에 관한 비유를 말씀하셨는데 이중 오직 한 유형의 사람, 즉 열매를 많이 맺는 사람을 우리는 기대하고 있다. 이 비유의 주된 적용은 복음을 전해 듣고 하나님 나라의 삶을 살기 위해 전심으로 반응하는 사람들과 관련된 것이다. 예수님께서는 우리가 열매를 맺지 않는 다른 3가지 유형의 땅으로 인해 해야 할 일을 못하고 방해받지 않기를 원하신다. 예수님은 우리가 현실적이 되기를 원하신다. 어떤 사람들은 간단히 복음을 거부할 것이다. 하지만 많은 다른 사람들은 복음을 시인하기는 하지만 평생 많은 열매를 맺지 못할 것이다. 오직 소수의 사람들만이 복음을 받아들이고 30배, 60배, 100배의 결실을 거둘 것이다. 이것이 정상적인 하나님 나라의 역학 원리다. 열매를 맺는 것은 삶의 변화의 영적 열매인 동시에 우리가 만드는 새 제자들의 영적인 열매가 될 수 있다.

하나님 나라의 네 가지 토양 원리를 이해하는 것은 CPM에서 다른 이들에게 전도하고 훈련시키는 양상과 관련해서 꼭 필요한 일이다. 이 비유는 위에서 언급한 반응의 네 가지 유형, 즉 출석자, 증인, 개척자, 훈련자와 정확히 일치하는 것은 아니다. 그러나 오직 소수만이 풍성한 열매를 거둔다는 원리는 당신이 CPM을 이해하는 데 있어 반드시 필요한 내용이다.

교회개척운동에 있어 아주 소수의 성도들만이 그들의 생명을 30배, 60배, 100배로 늘릴 것이다. 우리는 이를 CPM 재생산이라고 일컫는다. 당신의 훈련그룹 내의 모든 사람들은 그들이 공부하는 성경 말씀(예를 들어, '남편들아 아내를 사랑하라' '아이들아 부모에게 순종하라' 등)에 신실하게 순종하지만 모든 사람들이 훈련자를 훈련시키는 것과 같은 재생산과 관련해서 결실을 맺는 것은 아니다.

당신이 이 원리를 발견하고 많은 열매를 거두는 토양의 사람들에게 기꺼이 더 많은 시간을 투자하려고 하지 않는 이상 이제 막 싹트기 시작하는 사역은 운동으로까지 발전하지 못할 것이다.

두 번째 모임을 향하여: 열매 맺는 토양 찾기

만일 첫 모임에서 훈련생들이 하나님의 말씀을 듣고 전도와 훈련을 실제로 수행한 다음 두 번째 모임으로 갖기 위해 다시 모일 때, 당신은 훈련과 책임감을 키워나가는 과정 속에서 훈련생들이 나타내는 네 가지 유형을 잘 살펴보아야 한다. 당신의 목표는 훈련자를 몇 세대 이상 증대시키는 것이므로 하나님 나라의 DNA를 다음 세대로 전해줄 열매 맺는 토양의 사람들을 찾아내는 것은 필수불가결한 일이다.

다른 사람에게 전도하고 그들을 훈련시키는 것과 관련해 훈련생들에게서 나타나는 네 가지 유형의 반응을 하나씩 알아보겠다.

- **출석자: 그룹에 참석하지만 전도하지 않는 사람**

어떤 사람들은 꾸준한 전도를 전혀 하지 않는다. 처음 시작할 때 이런 부류의 사람들이 많을 수도 있다. 그러나 시간이 지나면서 적절한 지도와 서로에 대한 사랑의 책임을 기꺼이 지도록 하는 훈련을 통해 이들 중 몇 사람은 이 유형에서 떠나 전도를 시작하게 된다. 처음에는 이들 중 많은 사람들이 복음을 전하는 사람으로서 새로운 패턴을 만드는 데 두려움을 느낀다. 몇 사람은 절대 전도를 시작하지 않지만 많은 사람들은 결국 복음을 전하게 된다.

- **증인: 전도는 하지만 그룹을 시작하지 않는 사람**

당신의 T4T그룹들 중에서 다른 사람들은 실제로 전도를 하고, 이들 중 많은 사람들이 믿지 않는 사람들이 예수님을 믿는 믿음을 갖게 한다. 심지어 몇 사람은 '슈퍼 전도자' super-spreaders가 되기도 한다.

사스SARS 전염병이 극성을 부렸을 때 극히 전염성이 강한 소수의 개인이 비정상적으로 많은 다른 사람들에게 질병을 퍼뜨렸다. 의료 전문가들은 이들을 가리켜 '슈퍼 전파자' super-spreaders라고 불렀다. 오늘날 많은 CPM에서 소수의 새 성도들이 놀라울 정도로 많은 사람들에게 복음을 전하는 슈퍼 전파자가 된다.

당신의 T4T 멤버가 평범한 증인이 되던, 슈퍼 전도자가 되던, 회개하고 돌아오는 길을 잃은 영혼 한 명 한 명에 대해 하늘나라에서는 잔치가 벌어진다.

하지만 T4T에서 '증인'이라 할 때는 매우 제한적 의미로만 사용한다. 이 사람들은 그룹 개척자가 되지 못한다. 이들은 훈련자가 되지 못할 것이다. 때때로 이들은 사람들을 믿음으로 인도하는 데 대해 자신감을 갖거나 뛰어난 자질을 가지고 있다고 느끼겠지만 그 자신의 그룹을 만드는 데에는 자신감을 가지거나 자질이 있다고 생각하지 않는다. 그럼에도 불구하고 상관없다. 계속 이들을 격려하

라. 이들이 인도한 새 성도들 중 몇 사람은 다른 새 그룹에 들어갈 수도 있고 가끔은 원래의 그룹으로 돌아가는 경우도 없지는 않는다. 그런 일은 항상 있다. 하지만 이 운동이 점차 성장해나가게 하기 위해서는 새 성도들은 반드시 새 그룹에 들어가야 하고 거기서 훈련자가 되기 위한 훈련을 받아야 한다. 위의 '증인'들처럼 적절한 훈련과 지도가 있다면 나중에는 그룹 개척자와 훈련자가 될 수 있다는 것은 매우 기쁜 일이다.

- **개척자: 전도를 하고 새 그룹을 시작하지만 자신들의 그룹 멤버들이 이 과정을 재생산하도록 훈련시키지는 못하는 사람**

그룹 중 몇 사람은 효과적인 전도자가 되는 데 그치지 않고 자신의 그룹을 시작할 것이다. 이것은 좋은 일일까? 나쁜 일일까? 좋은 일이고 바람직한 일이다.

하지만 '개척자'에게는 한 가지 문제가 있다. 우리의 궁극적인 목표는 훈련자를 몇 세대 이상 증대시키는 것이라는 사실을 기억하라. 개척자들은 다음 세대의 그룹을 시작하지만 그 이상의 비전(혹은 어쩌면 자신감)을 가지고 있지 않다. 이들은 뛰어난 전도자이고 새 그룹들을 시작한다. 그들 중 많은 그룹이 교회가 된다. 요컨대 개척자들은 교회개척자들인 것이다. 하지만 이들은 자신의 역할이 자신의 그룹원들을 훈련시켜 다른 사람들에게 전도하고 훈련시켜야 한다는 사실을 깨닫지 못한다.

잉은 이런 사람들을 '훈련자'가 아닌 '일꾼'이라고 부른다. 이들은 새로운 그룹을 시작하기 위해 열심히 일한다. 하지만 어쩌면 여전히 그룹을 만들고 교회를 세우는 전통적인 모델을 따르고 있는지도 모른다. 이들이 만일 그 다음으로 나아가지 않는다면 많은 세대를 이어가며 운동이 이어지도록 하는 통로가 되지 못할 것이다.

개척자들은 훌륭한 사람들이다! 우리에게는 이들이 필요하다. 하지만 새로운 교회를 개척하는 것만으로는 충분하지 않다. 왜냐하면 우리의 마지막 비전은 더 많은 것을 요구하고 있기 때문이다. 우리는 훈련자를 길러내는 훈련자를 키워야 한다.

- **훈련자: 전도를 하고 새 그룹을 만들고 그 새 그룹 멤버들이 재생산 과정을 걷도록 훈련시키는 사람**

만일 우리가 다음 장에서 다룰 방법을 사용해서 우리의 훈련자들을 효과적으로 훈련시킨다면 진정한 의미의 훈련자들이 만들어질 것이다. 훈련자들은 많은 세대의 재생산을 이끌 CPM의 '좋은 토양'이다. 예수님의 비유 중 네 가지 유형의 반응 가운데 단 하나만이 열매 맺는 토양이었던 것처럼, 우리 역시 훈련생들 중 열매를 맺는 훈련자가 나올 확률은 오직 20% 가량이라는 사실을 발견하게 된다. 이런 하나님 나라의 비율은 이보다 더 커지는 것이 거의 불가능하다. 따라서 CPM의 중요한 원칙은 다음과 같다.

열매 맺는 좋은 토양과 함께 해야 한다!

우리가 전도를 해서 믿음을 갖게 된 사람들 중 극히 소수의 사람들만이 풍성한 열매를 맺다. 또한 우리가 훈련시킨 여러 훈련생들 가운데 일부가 훈련자가 된다. 우리는 이런 열매를 맺는 사람들에게 더 많은 관심을 쏟아야 한다. 그런데 불행하게도 열매 맺지 않는 사람들이 우리의 시간 대부분을 빼앗아 가도록 허용하는 것은 아주 쉽다. 그러면 교회개척운동은 절대 시작될 수 없다.

훈련자는 1) 효과적으로 전도하고 2) 새로운 그룹들을 시작하며 3) 그들의 그룹에 있는 새로운 성도들이 다른 사람을 훈련시키는 훈련자가 되도록 훈련시킨다. 개척자의 목표가 새로운 그룹을 만드는 것인 반면, 훈련자의 목표는 운동을 일으키는 것이다. 그는 자신이 시작하는 새 그룹 역시 네 가지 유형의 사람들 출석자, 증인, 개척자, 훈련자들을 가지고 있을 것이라는 사실을 인지한다. 그는 만일 자신이 이들을 효과적으로 훈련시킨다면 하나님께서 그들을 깨닫게 하셔서 그들이 하나님의 말씀으로부터 배운 것에 순종하게 하시고 이들 중 몇몇은 또 다른 세대의 그룹을 만들어 그들로 하여금 제자도 재혁명을 다음 세대로 이어가도록 만들 것이라는 점을 인지한다.

나는 개인적인 경험을 통해 개척자였던 사람들이 훈련자로 변화하도록 돕는 것의 중요성을 배웠다. 나의 앞선 모임에서 내 동역자들이 평안의 사람들과 그의 가족들에게 복음을 전하고 그들과 함께 교회를 세우도록 격려했다. 내 마음속에서 이들 새 교회가 다음 세대를 만들어가며 늘어날 것을 바랐지만 그런 일은 일어나지 않았다. 나는 내 파트너가 아니라 바로 내 자신이 문제라는 사실을 깨달았다! 나는 그들이 훌륭한 교회개척자가 되도록 훈련시켰던 것이지 CPM을 일으킬 매개자로, 그리고 훈련자들을 훈련시킬 훈련자로 훈련시키지 않았던 것이다.

그다음 훈련 모임에서 나는 그 그룹에게 더이상 새로운 교회를 개척하지 말고 그들이 이미 시작한 교회의 사람들이 전도를 하고 새로운 그룹을 시작하는 것을 도울 것을 과제로 내주었다. 놀랍게도 이들 중 많은 사람들이 지시받은 일을 정확히 해냈다. 그들은 개척자에서 훈련자로 바뀌었다. 내가 나의 기대와 사랑의 책임을 감당하는 방법을 살짝 수정했을 때 하나님께서는 이 사랑스러운 동역자들을 통하여 새로운 세대를 만들어내셨던 것이다.

임종 시의 전도

_잉 카이

여러분을 통해 하나님께서는 여러분의 가족 전부를 구원하실 수 있습니다. 제가 병원의 목사로 근무하던 어느 날, 퇴근을 하기 위해 막 병원을 벗어났을 때 호출기가 울렸습니다. 전화를 걸었더니 소아병동의 집중치료실이었습니다. 한 간호사가 "목사님이세요?"라고 물었고, 저는 "예, 그렇습니다"라고 대답했습니다. 그녀는 "여기 한 소녀가 있는데요. 5살 난 아이인데 조금 전 세상을 떠났습니다. 그녀의 아버지가 목사님을 찾으세요. 자신들을 위해 기도를 부탁하고 있습니다"라고 말해주었습니다. 그래서 "알겠어요, 곧 가겠습니다"라고 대답했습니다.

도착해보니, 그곳에는 소녀의 아버지가 있었습니다. 그는 "목사님이십니까?"라고 물었고 저는 "예"하고 대답했습니다. 그는 "부탁드립니다. 우리를 위해 기도해주십시오, 지금 막 딸아이가 세상을 떠났거든요"라고 말했습니다. 저는 그의 아름다운 딸이 누워 있는 것을 보았습니다. "예, 당신들을 위해 기도해 드리겠습니다. 그런데 어느 교회에 다니시는지요?" 그는 저를 쳐다보더니 말했습니다. "저는 기독교인이 아닙니다." 저는 "그리스도인도 아닌데, 어째서 목사인 저에게 기도를 부탁하는 겁니까?"라고 물었습니다.

그는 자신의 딸을 가리키며 말했습니다. "제 딸아이는 예수님을 사랑했습니다. 그리고 제게 당부했습니다. 자신이 죽으면 목사님에게 우리 가족 모두를 위해 기도를 부탁해달라고요." 그녀는 비록 세상을 떠났지만, 임종 시에도 그녀는 여전히 복음을 전할 수 있었던 것입니다! 그 말이 제게 감동을 주었습니다. 그래서 저는 무릎을 꿇고 그 아이의 손을 잡았습니다. 그리고 기도를 하기 시작했습니다. "자비로우신 하나님, 당신께서는 우리를 사랑하십니다. 오늘 우리는 딸을 잃었습니다. 매우 슬프지만 우리는 또한 그녀가 당신에게 속해 있다는 믿음을 갖고 있습니다. 만일 우리가 당신의 가족이라면 우리는 천국에서 그녀를 다시 한 번 만날 수 있을 것이라는 것을 압니다." 저는 약 15분간 기도를 계속했습니다.

그녀의 아버지는 제 곁에 무릎을 꿇고 앉아 제 손을 잡았습니다. 제가 기도를 마쳤을 때 그는 "목사님, 제게 가르쳐주십시오. 저도 그리스도인이 되고 싶습니다. 저는 천국에서 그 아이를 다시 만나고 싶습니다"라고 말했습니다. 저는 그에게 내 옆에 앉으라고 한 뒤 복음을 전했습니다. 그는 즉시 예수님을 영접했습니다. 그날 오후 그는 자신의 아내와 두 아들을 예수님께로 인도했습니다. 그래서 이 5살 난 여자아이는 자신의 믿음으로 그녀의 온 가족을 그리스도인이 되도록 만들었습니다. 죽은 이후에 말이죠.

20%의 원리

전 세계에서 심지어 최고의 상황에서도 우리는 우리가 훈련시키는 훈련생의 단 20% 정도만 훈련자를 교육시키는 훈련자가 된다는 사실을 발견했다. 이것은 하나님 나라가 정상적으로 돌아가고 있다는 증거다. 그리고 그 비율이 이보다 올라가는 경우는 거의 없다. 때로는 우리의 그룹 중에서 훈련자가 전혀 나오지 않기도 한다. 일반적으로 믿음을 가진지 오래된 그룹일수록 더 적은 비율의 사람들이 훈련자를 교육시키는 훈련자가 된다(이는 이들이 관계를 맺고 있는 불신자들이 거의 없기 때문이거나 다른 사역적인 책임들로 인해 너무 바쁘기 때문이다).

- 당신의 상황 속에서 당신은 교회개척운동을 시작하기 위해 훈련자를 교육시킬 진정한 훈련자가 얼마나 많이 필요하다고 보는가?

- 만일 단 20%만이 훈련자의 훈련자가 된다면, 이 정도의 훈련자를 찾기 위해 얼마나 많은 사람들을 훈련하기 시작해야 할 것이라고 생각하는가?

- 만일 단 20%만이 훈련자의 훈련자가 된다면, 그리고 당신은 오직 3~4명만 교육시킨다면 교회개척운동이 일어나는 것을 당신이 볼 확률은 얼마나 된다고 보는가?

예상하지 마라: 그냥 교육하라

훈련자들은 네 가지 땅의 비유에서 60배, 100배의 결실을 거두는 사람들이다. 전 세계의 CPM 사례연구를 주의 깊게 관찰한 결과와 CPM 실행자들에 대한 개인 인터뷰를 통해 거의 전체 사례에서 흥미로운 현상이 드러났다. 가장 처음 난관을 타개하는 평안의 사람은 대개 100명(자신의 오이코스 중에서)을 믿음으로 인도하고, 60명이나 30명을 전도한 경우는 그리 많지 않았다. 아마 이 때문에 누가복음에서는 30배나 60배에 대한 언급이 아예 없는 것인지도 모른다. 누가는 오직 100배 만 언급하고 있을 뿐이다.

더러는 좋은 땅에 떨어지매 나서 백 배의 결실을 하였느니라(눅 8:8).

어쩌면 결실을 맺는 사람들에게는 100배가 성경적으로 일반적인 수치일지도 모른다. 이는 종종 실제 CPM에서도 사실로 드러나고 있다.

그러나 비록 슈퍼 전도자라 할지라도 그의 진정한 잠재력은 그가 개인적으로 믿음으로 인도하는 사람의 수가 아니라, 그를 통해 시작된, 전도에 의해 생긴 새 성도들로 말미암은 운동, 즉 제자 삼는 과정이다. 그들은 제자 삼은 과정의 성취를 위해 노력하면서 성령님의 능력 부어주심을 통한 재생산의 힘을 보게 될 것이다.

잉의 이야기 가운데 1년 만에 혼자서 110개가 넘는 작은 그룹을 시작한 늙은 농부를 기억하라. 그는 훈련자를 훈련시키는 훈련자의 좋은 예다. 그는 또한 슈퍼 전도자이기도 하겠지만 보다 중요한 것은 그는 자신이 인도한 새 성도들이 여러 세대를 이어가며 이 과정을 반복하도록 훈련시킨 훈련자라는 점이다. 모든 도시와 사람들의 그룹에 이와 같은 '늙은 농부'가 있다.

누가 이렇게 물꼬를 트는 훈련자가 될 것인지를 예측하는 것은 불가능하다. 많은 CPM 실행자들은 대개의 경우 많은 열매를 맺을 것이라고 추측하는 사람들은 그렇지 않은 반면 우리가 전혀 좋은 결과를 얻지 못할 것이라고 생각하는 사람들이 종종 가장 많은 열매를 거두는 사람이라고 털어놓는다. 어쩌면 이것이야말로 하나님께서 통치하시는 즐거운 증거일는지도 모르겠다.

당신은 어떤 유형의 믿지 않는 사람이 믿는 사람으로 바뀔지 예측할 수 없다. 그래서 당신은 이런 사람들을 찾기 위해 많은 사람에게 복음의 씨를 뿌려야 하는 것이다.

같은 방식으로, 당신은 누가 훈련자가 될지 예측하지 못한다. 훈련자를 찾기 위해서 당신은 그저 많은 사람들을 훈련시켜야 한다. 그리고 많은 경우에 당신이 자연스러운 상황에서는 절대로 선택하지 않을 사람이 훈련자가 되곤 한다!

- 누가 거라사의 귀신 들린 사람을 선택하는가? 그러나 그는 10개의 도시에 복음을 전했다(막 5:20).

- 누가 어부들을 제자로 삼겠는가? 그러나 그들은 로마 제국을 뒤흔들고 역사를 바꾸어 놓았다.

- 누가 마음이 닫혀 있던 간수나 과부였거나 혼자 살았을 루디아와 같은 여인을 선택하겠는가? 그러나 그들을 통해 일어난 운동은 빌립보 도시를 인도했다(행 16장).

당신이 만약 CPM의 물꼬를 트는 사람이 될 것이라고 여기는 사람을 예측하고 그들만을 위해 투자를 한다면 당신은 십중팔구 실패할 것이다. 선택하지 마라. 모든 사람들을 훈련시키라.

내가 이나Ina 지역에서 운동을 시작하고자 했던 33명의 그 나라 출신 동역자들과 함께 일할 때 그들 중에는 엄청난 잠재력을 발휘할 것으로 여겨지던 두 명이 있었다. 그런데 그들은 그들이 일하던 외딴 지역에 위치한 마을에서 극심한 침체에 빠져버리고 말았다. 여기서 '일하던'이라고 했지만 실제로는 엄습하는 두려움으로 인해 쌀과 야채를 사러갈 때를 제외하고는 작은 원룸 아파트를 벗어나지도 못하고 있었다. 뭔가 변화가 있어야만 하는 상황이었다.

33명에 대한 4분기 훈련이 있었는데 리틀 모Little Moe라는 열네 살짜리 소년이 새로 참여했다. 그는 훈련 중 우리가 가르치는 모든 것에 열심히 주의를 기울였다. 그는 이나Ina 사람들 사이에 나가서 그가 T4T에서 배운 것, 우리에게서 배운 T4T 내용을 직접 실행해보기를 간절히 원했다. 그는 교회개척운동이 펼쳐지는 것을 간절히 보기 원했고, 하나님께서 그를 사용하실 수 있다는 사실을 굳게 믿었다. 그는 비록 배우는 데 열심인 14살의 아이였지만, 나는 운동을 시작하기 위해 하나님께서 사용하실 인물로 그 아이를 고르지는 않았을 것이었다.

몇 가지 이유로 우리는 두려움에 사로잡혀 있던 두 명의 형제에게 그를 보냈다. 그들은 셋이서 산길에서 한참을 떨어져 있는 작은 원룸 아파트에서 모였다. 리틀 모는 다른 두 명이 공포로 인해 아무것도 하지 못하는 상태에 빠진 것을 보고 충격을 받았다. 리틀 모는 그들에게 이렇게 말했다. "하나님께서 이나Ina 사람들에게 복음을 전하라고 우리를 이곳에 보내셨는데 어떻게 이 방에서 꼼짝 않고 있을 수 있으세요!" 그의 말에 두 사람은 고개를 들 수가 없었다.

그는 그들을 인근 마을로 데리고 갔다. 마을 사람들이 그들 세 명에게 왜 그 마을에 오게 되었느냐고 물었을 때 리틀 모는 "우리는 지극히 높으신 하나님을 소개하려고 합니다. 그분께서는 당신 모두가 이 소식을 듣게 되기를 원하십니다!"라고 말했다.

소수의 사람들이 이들 세 명의 주위에 모여들기 시작했지만, 리틀 모는 모든 마을 사람들이 다 모이기 전에는 이야기를 시작하지 않겠다고 말했다. 곧 100명이 그 소식이라는 것을 듣기 위해 모였다. 리틀 모는 천지창조에서부터 그리스도에 이르는 복음을 전했고 마을 사람 전체가 다 믿게 되었다! 이것이 이나Ina 부족에서 발생한 첫 번째 사건이었다.

이야기는 거기서 끝나지 않는다. 며칠 후 리틀 모는 용기를 내어 다른 마을에 갔다. 똑같은 사건이 거기서도 반복되었고 마을 전체가 믿음을 갖게 되었다. 이 모든 것이 나라면 절대 뽑지 않았을 열네 살짜리의 용감한 순종을 통해 일어난 일이었다. 리틀 모와 다른 두 명의 형제는 새 성도들을 가르치고 훈련시키기 시작했는데 이것이 그 지역에서 운동이 일어나도록 물꼬를 트는 데 필요한 돌파구가 되었다.

두려움은 전염성이 있지만 믿음도 역시 그렇다. 리틀 모의 믿음은 상황을 역전시켜 공포를 하나님의 역사로 바꾸어 놓았다.

이것이 훈련자의 힘이다. 하나님께서는 그들을 사용하셔서 미약한 시작을 거대한 운동으로 바꾸어 놓으신다.

운동 일으키기

훈련자는 하나님께서 CPM은 만들기 위해 사용하시는 도구다. 그들의 삶을 통해 하나님 나라는 수많은 사람들과 그룹들 사이로 퍼져나가고, 이어 수많은 교회를 일으키는 흐름으로 이어진다.

이것은 '증인'이나 '개척자'의 역할을 과소평가하거나 의미 없게 만드는 것이 아니다. 훈련자들이 운동의 훈련자가 되지만 증인들과 개척자들도 자신의 열매를 맺는다. 하나님께서는 교회를 세우고 많은 새 성도들을 데려오기 위해 이들을 사용하신다. 당신의 T4T그룹에 이런 사람들이 있다면 당신은 매우 감격스러워해야 할 것이다. 하지만 만일 당신이 당신의 훈련생들을 단지 증인이나 개척자가 되도록 격려하는 데 그친다면 결과적으로 어떠한 운동도 나타나지 않을 것이고 대개의 경우 그들의 열매가 CPM으로 진행되지 않을 것임을 기억하기 바란다.

당신이 꾸준히 T4T 과정을 훈련시키면 훈련자들이 나타나고 세대를 이어가는 운동이 시작된다. 세대에서 세대로 이어지며 재생산을 거듭하는 20%의 힘은 말 그대로 기하급수적으로 늘어난다.

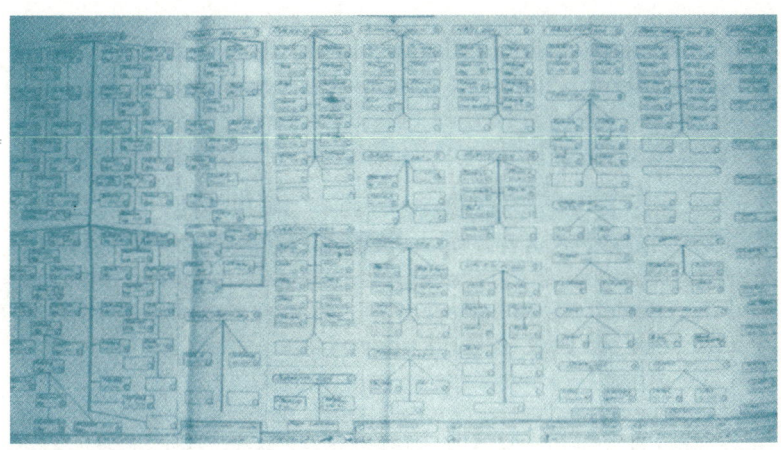

아홉 세대가 이어진 무슬림 배경의 교회들

이 책을 쓰기 약 1년 전, 몇 동료와 나는 우리가 감독하는 동남아시아 지역 팀 리더 중 한 명의 컨설팅을 한 적이 있다. 그는 이제 막 일어나는 CPM을 주도하고 있었는데 수많은 1세대와 2세대 교회가 세워졌고, 간간이 3세대 교회가 시작되고 있었다. 아직은 본격적인 CPM의 수준에 이르지는 않았지만 대단히 근접해 있던 상황이었다. 우리가 그의 이야기를 듣다 보니 T4T 과정 중 몇 요인이 빠져 있는 것이 분명해 보였다. 우리는 다음 장에서 소개할 가르침을 그의 훈련 과정에 포함시켜서 교회의 확장이 가속화되는지를 지켜보는 것이 어떻겠느냐고 상담해주었다.

그가 자신의 사역지로 복귀한 뒤, 무슬림 배경을 지닌 자신의 성도들을 다음의 원리에 따라 훈련시키기 시작했다. 1년 후 그는 내게 도표(전 페이지 참고)를 보여주었는데, 이는 그의 CPM 네트워크에 있는 한 명의 핵심 훈련자가 그린 것이었다. 이 그림은 한 명의 훈련자를 훈련한 결과 얻어진 모든 그룹과 교회들을 그린 표였다. 이 표에서 나는 8번째 세대라고 표시된 두 그룹을 발견할 수 있었는데 이들은 최근 9번째 세대를 만들었다! 성도들이 T4T 과정을 더 잘 이해하고, 그 과정 속에서 하나님과 동역함으로써 단 18개월이라는 짧은 기간 동안에 3번째 세대에서 9번째 세대까지 성장했던 것이다.

당신의 일정을 훈련으로 채우라

만일 약 20%만이 훈련자가 된다면 당신은 하나님께서 준비하신 훈련자를 찾기 위해 많은 사람들을 훈련시켜야 할 것이다.

어떻게 T4T를 통해 운동을 일으킬 수 있을까? 성령님께서 CPM의 물꼬를 틀 사람, 즉 훈련자의 훈련자로 키우는 사람을 찾기 위해서는 많은 사람들을 훈련시켜야만 한다. 어떻게 해서든 그룹들을 훈련시키는 것으로 당신의 일정을 채우라. 이것이야말로 CPM에서 가장 높은 가치를 지닌 활동이다. 만일 당신의 주변에 기존 그리스도인이 많다면 당신이 해야 할 일은 그들에게 비전을 제시해주는 것(비전을 심는 것에 관해서는 11장을 보라)과 다양한 시간에 그룹원들을 만나기 시작하는 것이다.

그러나 만일 당신이 처한 상황에 극히 소수의 그리스도인만 있다면 당신은 첫 T4T그룹을 만들기 위해 몇 가지 일을 해야 할 것이다.

- 당신과 당신의 팀은 훈련시킬 첫 성도들을 만들기 위해 폭넓게 복음의 씨를 심어야 한다.

- 많은 단기 팀을 동원하라. 그들이 외부인이거나 내부인이거나 상관없다. 이들이 당신이 찾고 훈련시킬 최초의 평안을 받을 사람을 발견해줄 것이다.

당신의 첫 번째 훈련그룹을 만들 방법은 많다. 그러나 가장 중요한 것은 CPM이 시작되도록 하기 위해서는 많은 사람들을 훈련시켜야 한다. CPM이 시작되도록 하기 위해서는 수십 명, 심지어 수백 명을 훈련시켜야 한다.

카이 부부가 그들의 사역을 시작했을 때 그들은 기도하는 것 외에 두 가지 일을 했다. 믿지 않는 사람들에게 전도하는 것과 믿게 된 사람들을 훈련시키는 것이다. 몇 주간이 지나면서 이들은 자신들의 개인 일정을 훈련 계획으로 채우기 시작했다. 평균적으로 한 번 훈련하는 데에 2시간이 걸린다. 카이 부부는 자녀가 없어 자유 시간이 많았다. 그래서 그들은 오전에 한 그룹(예를 들어, 가정주부)을 훈련시키고, 오후에 다른 그룹(예를 들어, 학생)을, 그리고 저녁시간에 1~2그룹(예를 들어, 공장 근로자, 농부, 혹은 전문직 종사원)을 훈련시킬 수 있다는 계산을 했다. 그레이스가 잉에게 안식일에는 쉬라고 종용했음에도 불구하고 그들은 1주일에 6일, 때로는 7일을 일했다.

이들 그룹의 크기는 단 두 명(잉과 새 성도) 그룹으로부터 시작해서 수백 명 전체 교회 그룹에 이르기까지 다양했다. 하지만 대개의 경우 20명을 넘지 않는 소그룹이었다.

한번 계산해보라. 카이 부부는 사람들을 하나님께로 인도하거나 기존의 성도들을 모집하여 매주 20~30그룹을 훈련시켰다. 만일 그룹의 평균 규모를 10명이라고 잡는다면 그들은 매주 200~300명의 성도들을 훈련시키고 있었던 것이다. 이중 20%면 몇 명이나 될까? 40에서 60명의 훈련자가 매주 훈련받는 그룹을 통해 배출되기 시작한 것이다.

그러나 카이 부부는 전도를 하는 것과 성도들로 이루어진 새 그룹에게 비전을 제시해주는 일을 중단하지 않았다. 결국 그들은 한 주간에 감당하기는 너무나 많은 그룹을 끌어안게 되었다. 그래서 그들은 최초의 그룹들에게 2주에 한 번씩 만나자고 했다. 훈련을 쉬는 주에 그들은 모든 훈련자들에게 새 그룹을 시작하도록 격려했다. 교육이 없는 주가 생기자 카이 부부는 새로운 그룹을 채워 넣을 수 있는 격주 일정을 갖게 되었다. 이런 방식으로 그들은 훈련시키는 그룹의 수를 두 배로 늘릴 수 있었다.

시간이 지남에 따라 그들은 더 많은 그룹을 담당하게 되었다. 그래서 카이 부부는 각자 같은 시간에 다른 그룹의 훈련을 담당하곤 했다. 이렇게 수백 명의 사람들을 제자 배가 과정에 입각해 훈련시킴으로써, 성령님께서 준비하신 CPM의 물꼬를 터줄 사람들을 발견했다.

원리는 바로 이것이다. 당신은 당신의 주별(혹은 격주별) 일정을 가능한 한 많은 훈련그룹으로 채워야 한다는 것이다. 훈련자들을 훈련시킬 수 있는 시간적 여유를 얻기 위해 다른 임무를 당신의 일정에서 제거할 수 있도록 노력하라.

어떤 젊은 선교사 부부는 방문객을 맞이하기 위해 한 시간 정도 떨어진 공항까지 나가기 위해 같은 택시 운전사를 자주 고용했다. 여러 차례 전도한 끝에 그녀의 인생에 기적이 일어나 그리스도를 영접했다. 보통 하루 12시간씩 택시를 모는 그녀는 눈코 뜰 새 없이 바빴다. 젊은 선교사 부부가 그 택시 기사에게 T4T를 훈련시키려 했지만 도저히 시간을 내지 못했다. 그래서 그들은 그 택시를 타고 공항까지 가는 한 시간과 그들의 손님을 기다리는 동안, 그리고 다시 숙소로 돌아오는 한 시간을 활용해 그녀를 훈련시키기로 결심했다. 그들은 아주 자주 그녀를 불렀기 때문에 이것이 그녀를 위한 정기적인 T4T 훈련시간이 되었다.

당신들도 대다수 사람들과 같이 바쁜 일정을 보낼 것이다. 그러나 당신의 한 주간 일정을 자세히 들여다보라. 만일 이렇게 저렇게 노력한다면 2~3시간짜리 T4T 교육일정을 여러 군데 끼워 넣을 수 있을 것이다. 우리 대다수는 매주 일정표에서 여러 개의 빈 시간대를 발견할 수 있다. 당신이 세 개의 빈 시간대를 찾았다고 가정해보자. 이제 당신은 공략할 대상이 생긴 것이다. 길을 잃은 영혼들을 찾으라. 구원받은 사람들에게 비전을 제시해주라. 그리고 어떻게 해서든 그 빈 시간대를 채울 수 있는 세 개의 T4T그룹을 만들어 시작하라. 만일 당신이 격주로 그룹과 만난다면 이제 당신은 6개의 그룹을 훈련시킬 수 있는 가능성을 가지게 되는 것이다.

당신이 속한 지역에서 운동을 시작하는 것보다 당신의 시간을 더 잘 보낼 수 있는 방법이 어디 있겠는가? 겨자씨처럼 6개의 작은 그룹을 통해서도 하나님께서는 운동을 시작하실 수 있다.

두 개 그룹의 위력

처음에는 새 성도가 전도를 하면서 단 한 개의 새 T4T그룹을 시작할 수도 있다. 그러나 시간이 지나고 그가 계속 전도할 때 또 하나의 그룹을 시작하도록 격려한다. 이는 그렇게 함으로써 운동이 진행될 때 일어나는 제자 배가의 효과가 비교할 수 없을 만큼 훨씬 더 커지기 때문이다. 이렇게 몇 달이 지나게 되면 새로운 훈련자가 수십 명, 심지어 수백 명의 사람들에게 복음을 전할 것이기 때문에 비현실적인 이야기가 아니다.

한 개의 그룹을 시작하는 것과 두 개의 그룹을 시작하는 것의 차이는 매우 크다. 많은 사람들이 그렇게 하지 못하기 때문에 운동을 일으키지 못하고 있는 것이다. 우리는 T4T 증가표를 통해 이 차이점을 확실하게 볼 수 있다. 새로운 세대의 훈련자가 단 한 그룹을 시작했다면, 증가표상의 숫자는 상대적으로 낮은 수(점진적으로 증가하는 수준)에 머무르게 된다. 하지만 새 세대의 훈련자가 적은 수의 그룹이라 할지라도 두 그룹으로 시작한다면 새 성도들의 수와 그룹의 숫자는 기하급수적으로 증가하게 된다.

이것이 훈련자로 하여금 최소한 두 개의 그룹을 시작하도록 격려하는 두 그룹의 위력이다. 내가 아는 가장 뛰어난 훈련자의 한 사람이 나와 잉이 주도하는 CPM 훈련 프로그램에 왔다. 그는 이미 T4T를 적용하고 있었는 데 점진적인 성장 이상의 것을 경험하지 못하고 있었다. 우리가 이 증가표를 보여주었을 때 그의 눈이 열렸다. 그는 "이것이 바로 내가 잘못하고 있던 부분입니다! 나는 그저 내 훈련자들에게 각각 한 그룹을 시작하라고 격려하고 있습니다. 그래서 아직 CPM이 일어나는 것을 보지 못한 겁니다. 우리는 이 한 개만을 바라는 기대부터 바꿀 필요가 있군요"라고 털어 놓았다.

이처럼 작은 교정을 통해서 괜찮은 교회개척으로부터 교회개척운동이라는 큰 운동으로 차이를 만들 수 있다. 그냥 무턱대고 열심히 일하기보다는 현명하게 일해야 한다! 성령님의 바람을 타고 움직일 수 있도록 올바른 돛을 올려야 한다. 차세대들이 성령님을 그들의 교사로 삼도록 하여 제자도 재혁명이 시작되게 해야 한다.

이 장에서 소개한 원칙은 20% 원리, 열매 맺는 토양에 투자하기, 훈련자를 찾기 위해 많은 사람을 훈련시키기, 두 그룹의 위력 등 하나님 나라의 반직관적인 방법에 관한 것들이다. 이는 힘든 일일 것이고, 어려운 일일 것이다. 때로는 지칠 수도 있다. 하지만 이것은 하나님 나라의 일이다. 반직관적으로 일하라. 그들이 자연스럽게 할 것을 기대하는 방식으로 일하지 마라. 그 대신 하나님 나라가 운영되는 전혀 다른 방식을 찾아야 한다.

격주 사이클

여전히 우리 모두는 바쁜 사람들이다. 어쩌며 당신은 네 개의 그룹을 이끌기 원하지만 한 주에 두 그룹을 이끌 시간밖에 내지 못할 수도 있다. 힘을 내라. 당신은 잉이 그랬듯이 매주 만나는 것보다는 격주로 만남으로써 그룹의 수를 두 배로 늘릴 수 있다.

이는 또한 당신의 새 훈련자들이 그들 자신의 그룹을 이끌 수 있는 시간적 여유를 주게 된다. 새 훈련생이 일주일에 오직 한 번밖에 자유시간을 가지지 못한다고 가정해보라(특히 제자훈련의 초기 단계의 경우). 그리고 그는 이미 매주 당신에게 훈련을 받는 데 그 시간을 사용하고 있다면 그는 자신의 그룹을 이끌 시간적인 여유가 전혀 없다고 느낄 지도 모른다(아마도 실제로 그렇지는 않겠지만 그래도 이런 느낌을 받을 수는 있다). 만일 당신이 훈련 시간을 격주로 한다면, 그에게는 격주로 비는 시간이 생기는 것이다. 그렇게 하면 당신과 만나러 오기 전에 전도하고 새 그룹을 만들 수 있는 시간을 주게 되는 것이다. 그래서 그에게 시간이 없다는 것은 더이상 변명거리가 될 수 없다.

우리가 모든 훈련자들로 하여금 점진적으로 두 개의 새 그룹을 시작할 수 있도록 격려하지만 격주로 훈련시키는 것은 그들이 자신의 첫 번째 그룹을 시작할 수 있도록 돕는 것도 된다. 이는 장기적인 안목에서 당신에게 여유를 주어 새 그룹을 시작하고 또 훈련시키는 데 있어 더 많은 역량을 발휘할 수 있도록 하는 길이기도 하다.

그러나 처음 시작할 때는 매주 만나는 것이 아마도 CPM의 DNA를 잘 심을 수 있는 최선의 방법이 될 것이다. 당신의 훈련생들이 재량껏 사용할 수 있는 시간의 양을 살펴가며 당신 스스로 판단하라. 아주 특별한 경우 당신은 새롭게 믿음을 가지게 된 성도들이 더욱 단단한 신앙을 가지고 하나님과 동행할 수 있도록 돕기 위해 첫 1~2주 동안에는 일주일에 한 번 이상 만나는 것을 원할 수도 있다.

하지만 당신의 목표는 여러 세대의 훈련자를 만들어내는 것임을 명심하라. 그들이 예수님을 따르는 자가 되고 사람을 낚는 어부로 성장해갈 수 있도록 돕기 위해 필요하다면 무슨 일이든 하라.

진짜 중요한 것은 이것이다. 우리의 훈련생들이 진정한 훈련자가 될 수 있도록 하기 위해 우리는 우리의 매주(혹은 격주) 모임에서 무엇을 할 필요가 있을까?

다음 장에서 다룰 것이다.

듣기만 하지 말고 행하는 자가 되라!

하나님께서 당신에게 무엇이라 말씀하셨는지, 그리고 그 말씀에 순종하기 위해 당신에게 필요한 것은 무엇인지를 적어보라.

Part 2 **T4T의 과정**

7장 세 부분 과정

당신은 새로운 여러 세대의 훈련자를 배가시키는 성령님께 감동된 훈련자를 어떻게 육성하겠는가? 카이 부부는 효과적이며 재생산적인 훈련자가 되도록 새 성도를 돕는 데 있어서 하나님과 동역하며 모임을 가질 때 어떤 일을 했을까? 앞 장에서 소개한 무슬림 배경의 교회개척운동에서 과연 무엇이 18개월 만에 3번째 세대에서 9번째 세대까지 발전하도록 했을까?

성도들을 자신 있고 능숙한 훈련자가 되어 하나님께 쓰임 받을 수 있도록 해주는 T4T의 핵심 과정은 '세 부분 과정'이다. 이것은 훈련을 위한 모임 때마다 갖는 상호교류 방식이다. 또 T4T에서 가장 이해하기 어려운 요소 중 하나이기도 하다. 만일 당신이 이 내용을 놓친다면 당신은 그저 사람들에게 훌륭한 전도 훈련과 꽤 괜찮은 제자도 교육을 시키는 것에 그치게 될 수도 있다. 당신은 몇몇 그룹과 몇 개의 교회를 세우는 것 이상의 일을 하지 못할 수도 있다. 그런 것이 나쁘다는 뜻이 아니다. 그렇게라도 하는 게 얼마나 좋은가? 그러나 최선이라고는 할 수 없는 것이다.

교회개척운동은 세대를 이어가며 교회를 배가시키는 것을 요구한다.

세 부분 훈련 과정

T4T는 우리가 우리의 훈련자들과 상호교류 하는 과정임을 명심해야 한다. 이는 하나님을 사랑하고 또 지상명령을 수행할 다른 사람들을 사랑하는 훈련자를 만드는 과정이다. 이는 예수님을 따르고 사람을 낚는 훈련자를 세우는 과정이다.

세 부분 과정은 우리가 훈련생을 훈련자로 만들 수 있게 해주는 과정이다.

T4T 모임, 특히 초기 단계의 모임은 세 가지 기본적인 부분을 포함한다. 이 부분들은 모임의 훈련자 특성을 강조한다. 우리는 모임의 참가자들에게 그들이 받아 온 제자훈련 모임이나 성경공부 모임의 사고방식을 넘어서도록 돕는다. 세 부분은 그들이 그들 자신의 삶 너머를 바라볼 수 있게 해주고 다른 사람들에게 투자하기 위한 과정을 시작하도록 돕는다.

일반적으로 T4T 모임은 약 2~3시간 정도 걸린다. 이 정도면 세 부분 모두를 마치기에 충분한 시간으로 보인다. 세 부분은 각각 3분의 1씩의 분량으로 대략 비슷한 시간이 걸린다. 그러므로 모임 시간을 120분으로 계획했다면 각 부분당 40분 정도 분배하도록 목표를 설정해야 한다.

각각의 문화와 상황은 다양하게 나타날 것이다. 어떤 극단적인 경우에는 근로자들을 위한 T4T 훈련을 하기 위해 점심시간을 이용해야 할 수도 있다. 이럴 경우 각 부분을 단 20분 안에 마쳐야 할 것이다. 이는 한 시간 동안 하는 것보다는 어렵지만 그래도 세 부분을 모두 마치는 것이 훈련 중 중요한 부분을 남겨두는 것보다는 더 낫다.

총 일곱 항목으로 구성된 세 부분 과정

세 부분 훈련에는 총 7개의 항목이 있다. 다시 말해서 세 부분으로 구성된 훈련시간 동안 당신이 달성하도록 노력해야 하는 항목이 7개 있다는 말이다. 전반부에 4개 항목, 중반부에 1개 항목, 그리고 후반부에 2개 항목으로 구성된다. 7개의 항목을 세 부분으로 나눈 것이다. 세 부분을 통해 우리는 1) 뒤돌아보고, 2) 올려다보고, 3) 내다보게 된다.

- 전반부: 돌아보기 – 이 시간의 목적은 훈련자들이 헤어져 있는 동안 어떻게 했는지를 평가하고 함께 축하하고 또 하나님께서 그들을 통해 운동을 시작하실 수 있다고 격려하는 것이다.

- 중반부: 올려보기 – 이 시간의 목적은 새로운 내용을 배우고 성경공부를 함으로써 새 방향을 제시해줄 것을 기대하며 하나님을 올려다보는 것이다.

- 후반부: 내다보기 – 이 시간의 목적은 훈련자들로 하여금 하나님께서 그

들에게 가르친 복음전파, 제자도, 다른 사람 훈련시키기, 새 그룹 시작하기 등을 적용하도록 준비시키는 것이다.

돌아보기(초반부)	올려보기(중반부)	내다보기(후반부)

1. 목회적 돌봄
어떻게 지내십니까?
 	
2. 예배
 	
3. 책임
• 예수님 따르기: 어떻게 하나님 말씀에 순종하십니까?
• 사람 낚기
  전도하기
  훈련하기
  훈련자를 훈련하기
 	
4. 비전 제시
무엇이 될 수 있고, 무엇을 할 수 있는가?
	5. 새로운 공부
	• 재생산 가능한 단기 제자훈련
	• 장기 제자훈련: 스스로 영적 양식을 섭취할 수 있는 귀납적 성경연구
		6. 훈련내용 실습
		
		7. 목표 설정과 기도

전반부: 돌아보기

전반부 시간에 당신은 훈련자들이 헤어져 있는 동안 어떻게 지냈는지를 평가하고 함께 축하하고 또 하나님께서 그들을 통해 운동을 시작하실 수 있다고 그들을 격려한다.

여기에는 이를 하도록 고안된 네 개의 항목 혹은 활동이 존재한다. 순서가 절대적인 것은 아니지만 이 네 가지가 모임의 전반부 3분의 1 시간에 가장 적합하게 맞아 떨어지는 것이 보통이다. 가끔 사람들은 이 일곱 가지 항목 중 하나를 다른 항목에 배치하는 경우도 있지만 일반적으로 이 순서가 가장 좋은 효과를 보이고 있다.

첫째 항목: 목회적 돌봄

(각각의 부분은 점진적으로 훈련생들에 의해 주도될 수 있다. 이들은 세 부분 시간에 다른 사람을 인도하는 방법을 연습할 수 있다.)

T4T에서는 진심으로 "어떻게 지내십니까?"라고 묻는 시간을 가진다. 이것은 훈련생이 무엇을 필요로 하고 있는지에 대한 목회적 돌봄, 혹은 개인적 돌봄의 사역이 있는 시간이다. 필요의 범주도 그들의 기도생활에서부터 여러 문제들과 결혼에 대한 고민까지, 전도에 대한 두려움에서부터 나쁜 습관을 고친 것에 대한 기쁨에 이르기까지, 자신들의 첫 그룹을 시작하는 데 대한 고민에서부터 3세대 그룹의 리더를 어떻게 다루어야 하는지에 이르기까지 모든 분야를 망라한다.

시간을 내서 "어떻게 지내십니까?"라고 묻고 경청하라. 이것은 그룹 전체가 고린도전서 14장 26절의 원리를 연습하도록 격려하는 시간이고, 또한 영적인 선물이 주어지기를 고대하는 순간이기도 하다.

> 그런즉 형제들아 어찌할까 너희가 모일 때에 각각 찬송시도 있으며 가르치는 말씀도 있으며 계시도 있으며 방언도 있으며 통역함도 있나니 모든 것을 덕을 세우기 위하여 하라(고전 14:26).

때로는 누군가가 거론한 문제와 관련해서 성경으로부터 받은 통찰력을 나눌 때도 있다. 또 어떤 때는 그룹 전체가 멤버 중 간증을 한 사람을 격려하고 또 어려움을 털어 놓은 사람을 위해 기도하기도 한다. 때로는 당신이 비슷한 상황에서 겪은 경험을 토대로 해답을 제시해주기도 한다.

이 시간은 그룹의 문제를 조정하고 그들의 필요에 대한 사역을 하는 시간이다. 이런 시간을 갖다 보면 전체 모임의 시간을 다 소비하기 쉽다. 이를 방지하기 위해 모임 시간 전체를 다 사용하지 않고도 뜻 깊은 시간을 만드는 방법이 있다.

- 작은 소그룹으로 나누라. 만일 그룹의 규모가 크다면 중요한 문제를 듣는 데만 많은 시간을 사용하게 될 수 있다. 두 명 내지 세 명을 한 소그룹으로 묶으면 서로 나누고 사역을 하기에 훨씬 쉬워진다. 만일 소그룹에서 비중 있는 중요한 문제가 거론되었을 경우 이를 전체 그룹에 제시할 수도 있다.

- 할당된 시간이 다 되면 멈추게 하라. 모든 사람이 다 자신의 문제를 나누어야 하는 것은 아니다. 만일 당신이 이 항목에 10분을 배정했다면 그 시간 내에 마치도록 한다. 대개의 경우 주요 문제들이 거론되고 당신은 이런 필요를 돌볼 수 있을 것이다. 그리고는 다음 순서를 진행하라. 명심해야 할 것은 개인적인 사역은 가능한대로 모임 전과 후, 그리고 다른 때에 이루어질 수도 있기 때문에 모임 시간에 반드시 다루어야 할 필요는 없다는 점이다.

- 아주 중요한 문제에 대한 상담은 뒤로 미루라. 어떤 문제는 아주 크고 중요해서 2~3시간 전부를 잡아먹을 수 있다. 그렇기 때문에 일단 고민을 듣고 그 상황을 위해 기도하고 모임을 끝낸 다음에 그 문제를 더욱 심도 있게 다룰 수 있는 시간을 마련하라.

- 목회적 돌봄을 마지막 후반부 시간으로 옮기라. 그렇게 선호되는 선택은 아니지만 한 훈련자는 목회적 돌봄의 시간을 모임의 맨 마지막으로 옮김으로써 문제를 다루기에 충분할 만큼 오래 남아있을 수 있다는 사실을 발견했다.

둘째 항목: 예배

이것은 직접적으로 하나님을 찬양하는 시간으로서 문화적으로 적절하고 반복적으로 이루어진다. 기타나 MP3 플레이어 등을 사용할 수도 있고 무반주로 진행할 수도 있다. 어떤 그룹에서는 시편을 큰 소리로 읽기도 한다. 사람들이 성령님을 통해 아버지 하나님을 만날 때 영적으로 진실하고 마음에 와 닿는 예배가 이루어지고 진리를 통해 사람들에게 치유가 일어나는 것은 정말 놀랍기만 하다(요 4:23-24). 우리는 하나님의 영광을 찬양하기 위해 지음 받은 몸이다(엡 1:12). 하나님께서는 그분의 자녀들이 자신의 마음을 다시 하나님께로 돌릴 때 그들과 함께 하시기를 원하신다.

많은 그룹들은 이 두 항목(목회적 돌봄과 예배)을 함께 진행하기도 한다. 함께 예배하고 2~3명씩 조를 이루어 서로를 섬기는(목회적 돌봄) 시간을 갖는다. 당신의 목표 중 하나는 새 성도들이 점진적으로 스스로 인도할 수 있게 만드는 것이다.

셋째 항목: 책임[12]

가장 빼놓을 수 없는 중요한 부분 중 하나는 우리가 종종 무시하는 책임에 관한 것이다. 예수님으로부터 내려온 명령이 1) 그분을 따르고(하나님을 사랑하고) 2) 사람을 낚는 것(이웃을 사랑하는 것)이라면 우리는 서로에 대한 책임감을 가지고 실제로 이를 행하는지 서로 살펴야 한다. 앞 장에서 언급했듯이 상호간의 책임은 성경에서 '서로' 해야 할 일을 통해 우리가 그리스도를 닮아가도록 돕는다. 우리는 주의 날이 점차 가까워 옴에 따라 서로를 더욱 격려하기 위해 히브리서 10장 24~25절의 말씀에 따라 살아야 한다. 성경은 두 번에 걸쳐 예수님의 제자들이 그들의 사명을 마친 후에 예수님께 돌아와 보고하는 이야기가 기록되었다(막 6:30; 눅 10:17).

---

[12] 어떤 사람들은 책임과 목회적 돌봄을 하나로 묶기도 한다.

사도들이 예수께 모여 자기들이 행한 것과 가르친 것을 낱낱이 고하니 (막 6:30).

우리는 무엇 때문에 사람들에게 책임을 지우는 걸까? 우리에게 복종하도록 하기 위한 것은 물론 아니다! 이런 접근 방법은 사교집단에서나 사용하는 것이다. 그 대신 우리는 하나님의 말씀을 통해 그분께 순종하기 위해 서로에게 책임을 부여하는 것이다.

전반부에서 이 항목을 진행하는 동안 우리는 훈련자들이 1) 예수님을 따르고, 2) 사람을 낚는 비전을 따라 사는 것을 돕기 위해 적절한 질문을 한다. 위에 소개한 마가복음 6장의 말씀에서 사도들은 자신들이 한 일(예수님의 명령을 따른 것)과 가르친 것(사람을 낚은 것)을 보고한다. T4T그룹에서 우리는 훈련생들이 한 번에 한 걸음씩 '이 땅에 임하실 하나님 나라' 의 비전을 이룰 수 있도록 돕는다. 이를 위해서 우리는 훈련생들이 패배감과 절망을 안고 뒤로 물러나도록 하는 것이 아니라 앞으로 전진해 나가도록 책임감에 대한 발전적인 질문들을 던진다.

예를 들어, 당신이 2장에서 T4T그룹에게 이렇게 묻는다고 하자. "여러분 중 전도하고 사람들을 믿음으로 이끌어 새 그룹을 시작하고 그 그룹이 또 새로운 그룹을 시작하도록 도운 사람은 몇 명이나 됩니까?" 어떤 대답이 나올까? 완전히 혼란스러워 하는 것은 차치하고라도 이 그룹은 좌절감을 느끼고 아마 포기하게 될지도 모른다. 그들은 이 같은 질문에 대답할 준비가 되어 있지 않은 상태. 이들의 현 단계에 맞는 적절한 질문이 못 된다.

T4T의 책임에 관한 질문은 두 가지 영역으로 나눌 수 있다.

1) 예수님을 따르는 것에 관한 질문. 당신은 이제 겨우 다른 사람을 흉내내어

전도를 하는 훈련자에게서 '운동'이 시작되는 것을 바랄 수는 없다. 당신은 이들이 예수님의 사랑 속에서 하늘나라 백성의 인격을 가지고 성장하는 사람이기를 원할 것이다. 그러므로 당신은 다음과 같은 질문을 하면 된다.

- 당신은 지난주에 배운 것들에 대해 어떻게 순종했는가?

- 우리가 성경에서 공부한 것(기도, 결혼 등)과 관련해서 하나님께서 당신의 삶속에서 어떤 일을 하고 계신가?

- 우리가 지난주에 배웠던 것처럼 당신의 아내를 어떻게 사랑했는가?

2) 사람을 낚는 것에 관한 질문. 이것이 많은 사람들에게 있어 가장 어려운 부분이기 때문에 이 영역에 관해 묻는 것은 대체로 훈련자들이 훈련자를 훈련시키는 단계로 한 걸음씩 나아갈 수 있도록 하는 데 도움이 된다. 당신은 매주 증인 단계에서 시작해서 개척자로 그리고 훈련자로 성장해 가는 단계에 맞추어 질문하라.

- 증인: 누구에게 전도했는가? 누가 믿음을 가지게 됐는가?

- 개시자: 당신이 훈련받은 과정을 언제 그들에게 가르칠 예정인가?

- 훈련자: 이 새 성도들이 전도하고 어떻게 다른 사람을 믿음으로 이끌고 있는가?

- 훈련자의 훈련자: 그들은 언제 자신들의 그룹을 훈련시키는가?

- 훈련자를 훈련시키는 훈련자들의 훈련자: 당신이 훈련시키고 있는 훈련자들은 그들의 새 그룹을 어떻게 훈련시키고 있는가?

당신은 이 질문들이 자연스럽게 한 단계에서 다음 단계로 끌어올리고 있는 것을 볼 수 있는가? 당신은 마지막 질문이 CPM에 관한 질문이라는 사실을 발견했는가?

- 당신 – 1세대 그룹
- 훈련자 – 2세대 그룹
- 새 그룹 – 3세대 그룹

당신이 자신을 훈련자로서 여기에 첨가시킨다면 0세대가 되며, 총 네 개 세대의 성도들이 관련되게 된다. 디모데후서 2장 2절 말씀이 다시 발생하는 것이다.

질문들은 예/아니요로 대답할 수 있는 것이 아니라, 주관식 질문이라는 사실에 주목하라. 예/아니요로 대답하게 만드는 질문은 대부분 크게 도움이 되지 않는다. "당신은 이번 주에 전도를 하셨습니까?"는 종종 고개를 끄덕이며 "예"라고 하는 대답을 이끌어 내지만 진정한 책임의식이 없다. 당신은 그들이 전도하지 않았을 수도 있다는 사실은 여전히 모른 채 다음 질문으로 넘어간다.

같은 질문을 주관식 형태로 하면 "누구에게 전도하셨습니까? 누가 믿음을 갖게 되었나요? 우리에게 말해주세요"이다. 이런 질문은 사람들로 하여금 모든 것을 공개하게 만들고, 그저 "예"라고 대답한 뒤 다음으로 넘어가는 것을 어렵게 만들어 준다.

책임 시간은 판정을 내리거나 정죄하는 시간이 아니다. 이 시간은 사랑을 나누고 격려를 하는 시간이다. 기본적으로 당신이 하는 말은 이런 것이다.

하나님께서는 우리가 그분을 더욱 사랑하고 열방에까지 이르기를 원하신다. 어떻게 하면 그분을 더욱 사랑할 수 있겠는가? 어떻게 하면 우리가 하나님이 운동을 시작하시는 도구로 쓰임받는 사람이 될 수 있겠는가?

지난주에는 실패했는가? 괜찮다! 하나님께서는 다음 주간에 우리를 사용하실 수 있을 것이다. 서로를 돕자. 서로를 위해 기도하자. 이 한 주간 동안 우리 모두 우리의 첫 대상자에게 복음을 전하자. 하나님의 영이 우리를 도우실 것이다!

우리는 이 과정을 함께 걸어가는 형제요 자매들이다. 우리는 이 길을 함께 걸을 수 있다.

사랑을 담아서 말하고, 때로는 눈물도 흘리고, 때로는 웃고 즐거워하면서 나누는 책임의 시간은 격려의 원천이 된다. 이 시간은 서로에 대한 신뢰가 바탕이 되기 때문에 두려움을 느끼는 시간이 될 수 없다. 이 시간은 훈련생이 훈련자가 될 수 있도록 돕는 진정한 문제 해결의 시간이 되는 것이다.

당신이 진정으로 순종에 근거한 제자훈련을 원한다면 피해야 할 가장 큰 함정은 이것이다. 다음 모임 때 그 실행 결과에 대하여 묻지 않으려거든 결코 과제를 주거나 목표를 세워주지 마라. 과제에 대한 책임을 다했는지에 대해 질문하지 않는 것은 순종에 근거한 제자훈련을 무너뜨리는 가장 빠른 길이다. 훈련생들은 아무도 자신들의 개인적인 삶이나 전도하는 지에 대해 관심을 갖고 묻지 않는다는 것을 금방 알아채게 되고, 그 결과 전혀 발전하지 않게 된다. 반드시 명심해야 할 것은 확신은 순종과 같지 않다는 점이다. 우리는 책임에 관해 서로 만나 교제하는 시간을 통해 서로 순종하도록 도와야 한다. 우리는 거울을 통해 우리의 얼굴을 들여다보기를 원하지 않고, 어떻게 해야 변하는지를 잊은 채 벗어나고 싶어 한다!

> **누구든지 말씀을 듣고 행하지 아니하면 그는 거울로 자기의 생긴 얼굴을 보는 사람과 같아서 제 자신을 보고 가서 그 모습이 어떠했는지를 곧 잊어버리거니와**(약 1:23-24).

우리 모두는 책임의식을 필요로 한다. 깊은 속마음의 변화 없이 예배에 참석하고 경건의 시간QT도 하는 생활 패턴을 가지는 것은 어렵지 않다. 우리 "내가 분부한 모든 것을 가르쳐 지키게 하라"고 하신 예수님의 말씀을 온전히 성취할 때까지 멈추지 말자. 이 서로에 대해 책임의 시행 여부를 확인하는 사랑의 책무는 예수님의 사랑의 약속으로 이어진다. "볼지어다 내가 세상 끝날까지 너희와 항상 함께 있으리라"(마 28:20).

넷째 항목: 비전 제시

T4T에서 가장 많이 잊기 쉬운 요소 중 하나는 우리의 훈련생들에게 그들이 그리스도 안에서 어떤 사람이 될 수 있는가와 성령님께서 그들을 통해 어떤 일을 하실 수 있는가에 대한 비전을 제시해주는 것의 중요성이다. 이것은 그리 많은 시간을 요하는 일이 아니지만 운동을 일으키는 데 있어 필수불가결한 요소다.

비전 제시는 삶의 방식이다. 형제자매들에게 그들이 그리스도 안에서 어떤 사람이 될 가능성을 가지고 있는가, 하나님께서는 그들 안에서 무엇을 하기 원하시는가, 그리고 하나님께서 그들을 통해 어떤 일을 하고자 하시는가를 볼 수 있도록 지속적으로 돕는 것이다. 우리는 너무나도 타락한 세상에서 살고 있기에 영적인 실상과 하나님께서 예비하신 종국적 결말을 잊어버리고 오직 눈에 보이는 대로 살아가기 쉽다. 이를 바꾸기 위해서는 우리가 눈에 보이는 대로가 아닌 믿음에 의지해서 걸어가도록 서로를 격려해야만 한다.

이 같은 삶의 방식을 따라가기 위해서 우리는 모임이 있는 주마다 시간(보통 5분 이내의 시간이면 충분하다)을 내서 훈련생들이 그리스도를 닮아가고 지상명령을 수행하는 여정에서 포기하지 않도록 격려하는 말을 주고받는다.

좌절은 어떠한 그룹에도, 특히 T4T그룹처럼 비전이 높은 그룹의 경우에 더욱 쉽게 파고들 수 있다. 훈련자로서 당신의 역할은 그들에게 하늘나라의 실재를 다시 한번 상기시켜주는 것이다. 당신은 시간을 내서 거룩한 단합대회를 열 필요가 있다.

이를 할 수 있는 가장 쉬운 방법은 짧게 자주 비전을 심어주는 이야기를 들려주는 것이다. 이 이야기를 들려주는 데는 몇 분만 있으면 충분하지만, 그들이 그리스도 안에서 누구인지, 그리고 하나님께서 그들을 위해 세우신 계획이 무엇인지를 생생하게 되새길 수 있도록 해준다. 비록 짧기는 하지만 이 예화들에는 겁 많은 사람들에게 용기를 불어넣어 주는 능력이 있다(살전 5:14).

잉과 다른 사람들이 비전을 심어주기 위해 활용한 많은 예화들은 주로 믿지 않는 사람에게 다가가는 것과 관련된 것들이다.

- 첫 모임에서 잉은 '지상명령'의 예화를 사용한다(3장과 5장을 보라).

- 두 번째 모임에서 잉은 '하늘에 계신 아버지의 마음'을 사용했다(3장을 보라).

하지만 세 번째 모임에서 잉은 전반부 시간에 그리스도 안에서 제자가 될 수 있는 사람들을 위해 비전을 제시해준다. 그는 '성령님의 능력'이라는 예화를 사용한다.

웹사이트 www.T4TOnline.org의 보조자료에서 당신은 자신의 훈련에서 사용할 수 있는 많은 비전 제시용 예화들을 발견할 수 있다. 대부분의 비전 제시 예화들은 우리에게 예수님과 그분의 명령에 순종하도록 우리를 부르시는 성경 말씀에 기초하고 있다. 이 예화들은 또한 당신의 사역과 인근에서 이루어지는 사역 가운데에서 어떠한 일이 일어나고 있는지, 그리고 하나님께서 세계 각지에서 어떤 일을 하고 계시는지에 관한 다른 이야기들을 담고 있다.

중반부: 올려보기

중반부는 아주 간단하다. 이것은 우리에게 일반적으로 친숙한 것이다. 이것은 단 하나의 항목을 포함하고 있다.

다섯째 항목: 새로운 공부(성경연구)

이 시간은 우리가 하나님께서 이번 주에 우리를 위해 특별히 무엇을 준비하셨는지를 듣기 위해 그분의 말씀 앞에 모여 함께 하나님을 올려다보는 때다. 모임 시간 중 이때에 우리는 말씀의 권위와 말씀이 말하는 바가 무엇이든 그것에 순종하기 위한 우리의 헌신을 더욱 강화시킨다.

이것은 일반적인 성경공부와는 근본적으로 다르다. 어떤 그리스도인들은 성경공부를 강조하지만 말씀에는 순종하지 않는다. 성경을 배우면서도 순종하지 않는 것은 암묵적으로 성경 말씀의 가치를 진리에 두기 때문이며 매일의 생활에서 따라야 하는 말씀의 권위를 받아들이지 않기 때문이다.

순종하는 그리스도인은 확실한 사람들이다. 그들은 혁신적이려고 노력하는 것이 아니라 문화적으로 적절한 방식으로 성경적으로 순종하려 한다(때로는 이것이 혁신적인 것처럼 보이지만).

중반부의 목표는 훈련생들에게 따르고 또 전할 수 있는 충분한 성경적인 내용을 주는 것이다. 당신은 그들이 미처 다 순종할 수 없을 만큼 많은 것을 주면 안 된다. 또한 그들이 채 다 전하지도 못할 만큼 많은 것을 주어서도 안 된다. 이것은 훈련을 통해 퍼뜨리기에 너무 어렵거나 지나치게 복잡해서도 안 된다. 초창기 여섯 번째 모임에서 열 번째 모임까지의 T4T 훈련 내용은 훈련자들이 단기 제자훈련을 위해 간단하게 반복할 수 있는 제자훈련 방법을 사용한다. 그 이후 모임에서는 장기 제자훈련을 위해 귀납적 질문을 사용하는 귀납적 성경공부를 소개한다.

T4T에 있어서 가장 공통된 귀납적 질문은 'SOS' 다.

- Say(말씀): 이 말씀은 무엇을 이야기하고 있는가?

- Obey(순종): 이 말씀을 통해 우리가 순종해야 할 것은 무엇인가?

- Share(나눔): 우리는 누구와 이 메시지를 함께 나눌 수 있는가?

중반부의 목표가 훈련생들에게 따르고 또 전할 수 있는, 반복 가능한 성경적인 내용을 주는 것이기 때문에 이것은 T4T에 있어서 가장 유연하고 또 적용이 많이 되는 부분이다. 예를 들어, 문맹인 사람들을 상대하는 상황에서 당신은 지극히 단순한 성경 이야기, 기억을 돕는 연상 기호와 적용을 사용해야만 한다. 그렇지 않으면 그들은 말씀에 순종할 수도 없고, 이를 다른 새 성도들에게 전하거나 가르칠 수 없게 된다. 이런 상황에서는 공부할 내용의 복사물은 전혀 도움이 안 된다.

교육 수준이 높은 환경에서 당신은 구두로 성경의 이야기를 가르치고 훈련생들로 하여금 이를 외우게 하는 작업을 할 필요는 없다. 이런 상황에서 필요한 것은 단순히 종이와 성경책뿐이다. 누구든 교재를 복사하거나 성경책을 펼 수 있고 이를 다른 새 성도들에게 전할 수 있다.

중동에서 성공적인 사역을 하고 있던 선교사는 무슬림 환경에서 사용할 완전히 새로운 성경 교재를 만들었다. 다른 선교사는 힌두 환경에 맞는 교재를 만들었다. 또 다른 선교사는 미국의 포스트모던 환경에 걸맞은 교재를 썼다.

요점은 이것이다.

- 당신의 제자훈련 교재는 반드시 성경적이어야 한다.

- 최초의 몇 차례 교육은 문화적으로 적절하게 적용하는 가장 중요한 영적 생활의 기본을 다루어야만 한다.

- 이것들은 평범한 새 성도들이 다른 사람과 함께 훈련할 수 있을 정도로 충분히 쉬워야 한다.

많은 사람들이 그들이 처한 환경과 비슷한 상황을 위해 작성된 T4T 교재를 우선 있는 그대로 가지고 시작하는 것이 가장 쉬운 방법이라는 사실을 깨달았다. 그런 다음에 어떤 어려움에 부딪쳤을 때 내용을 조정할 필요가 있다. 이 책과 T4T 웹사이트상의 보충자료에는 다양한 언어로 된 여러 가지 훈련 과정의 샘플이 제공되어 있다.

여기서 훈련자들이 범하는 가장 큰 실수 중의 하나는 지나치게 많은 내용을 주는 것인데, 이는 우리가 보통 내용을 중시하는 유형의 사람들이기 때문이다. 하지만 그렇다고 해서 내용의 중요성을 최소화하자는 것은 아니다. 내용은 매우 중요하다. 우리가 과대평가하는 것은 필요한 분량이다. 많은 세대의 훈련자를 만든다는 목적을 잊으면 안 된다. 그들에게 따르고 전하기에 충분한 만큼 주어야 하겠지만 그들이 압도될 만큼 많아서는 안 된다. 만일 이들이 압도된다면 자신이 배운 것을 다른 사람에게 가서 자신 있게 가르치기가 어려울 것이다.

또 하나의 흔한 실수는 가르치는 데 너무나 많은 시간을 들이는 바람에 배운 것에 대해 연습할 시간을 갖지 못한다는 것이다. 당신이 그렇게 한다면 근본적인 목표를 침해하는 것이다. 당신은 훈련 내용에 대한 가르침을 해치우려고 노력한 것이지 훈련자를 훈련하려고 한 것이 아니었던 것이다! 우리의 목적은 훈련자를 훈련하는 것이지 단순히 교육 내용을 가르치는 것이 아니다.

후반부: 내다보기

모임의 마지막 후반부에서 당신은 준비 모드로 돌입해야 한다. 훈련생들이 그리스도를 닮아가도록 성장하고 다른 사람을 훈련시키는 훈련자가 되는 것에 관해 하나님께서 그들에게 말씀하시는 바를 실제로 살아가도록 그들을 준비시켜야 하는 것이다. 만일 당신의 목표가 여러 세대에 걸쳐 훈련자들을 육성해내는 것이라면 당신은 그들에게 다음 주를 준비할 시간을 주어야만 한다. 훌륭한 코치는 자신의 팀이 매주 게임에 들어가기 전 다양한 연습시간을 거치도록 훈련시킨다. 그런데 왜 우리는 우리의 훈련생들이 단 한 차례 수업을 듣고는 연습도 하지 않고 곧바로 나가서 다른 사람을 훈련시킬 수 있다고 생각하는가?

이 마지막 후반부 시간에 당신이 달성할 목표는 훈련생들이 미래를 바라보듯 하나님의 계획을 성취할 수 있는 확신과 만족을 주는 것이다.

> 우리가 그리스도로 말미암아 하나님을 향하여 이 같은 확신이 있으니 우리가 무슨 일이든지 우리에게서 난 것 같이 스스로 만족할 것이 아니니 우리의 만족은 오직 하나님으로부터 나느니라 그가 또한 우리를 새 언약의 일꾼 되기에 만족하게 하셨으니 율법 조문으로 하지 아니하고 오직 영으로 함이니 율법 조문은 죽이는 것이요 영은 살리는 것이니라(고후 3:4-6).

 외다리 오리

_잉 카이

아내의 요리를 대단히 좋아하는 남편이 있었습니다. 그는 구운 오리 요리를 매우 좋아해서 그의 아내는 종종 이 요리를 해주었습니다. 그는 특히 오리 다리를 가장 좋아했습니다. 그녀가 남편을 위해 두세 번 가량 요리를 해준 후에 그 남자는 오리의 다리가 항상 하나뿐이라는 사실을 발견했습니다. 남편이 물었습니다. "남은 다리 하나는 어디 있지? 왜 오리 다리가 하나뿐인 거요?"

"아, 우리 뒷마당에 있는 오리는 모두 다리가 하나뿐인 걸요." 아내가 대답했습니다.

"아냐, 그건 있을 수 없는 일이야! 어디 한번 봅시다."

아내는 "그러죠"라고 대답했고, 그들은 뒷마당에 나갔습니다. 시간이 저녁 7시 30분쯤 된 터라 모든 오리들은 모두 잠들어 있었습니다.

남편이 말했습니다. "이봐요, 이건 아주 쉬운 일이요." 그리고는 손뼉을 쳤습니다. 그가 손뼉을 치자 모든 오리들이 잠에서 깨어 두 다리로 섰습니다. 그는 "봐요! 날 속이지 마오! 다리가 두 개잖소!"

하지만 아내는 "그래요. 하지만 우리 저녁 식탁에서는 아무도 손뼉을 치지 않아요. 그러니 다리가 하나뿐이지요"라고 대꾸했습니다.

> 긍정과 감사는 훈련자에게 있어 아주 중요한 자질입니다. 당신이 훈련생을 연습시킬 때 그들 사이로 다니면서 그들의 말을 듣고 교정시켜 주십시오. 그러나 특히 그들의 훌륭한 노력에 대해서는 항상 칭찬을 아끼지 마십시오. 그러면 그들은 다른 사람을 훈련시키는데 자신감을 가지게 될 것입니다.

여섯째 항목: 연습

우리의 훈련생들이 개인적으로 교육받은 것에 순종하는 것 외에 무엇을 하기 원할까? 우리는 그들이 다음 주에 전도하고 그룹을 시작한 다음 그들의 그룹을 세 부분 프로그램에 맞추어 훈련시키기 시작하기를 원한다. 우리는 그들이 받은 모든 것, 세 부분 과정을 모두 모방하기를 원한다. 그러므로 우리는 훌륭한 코치가 자신의 팀이 경기를 준비하는 것을 돕는 것처럼 우리가 지도하고 교정하고 칭찬하고 격려하며 그들 사이를 돌아다니며 돕는 동안 그들이 충분히 많은 시간을 가지고 연습하도록 해야 한다.

훈련생들이 반드시 연습해야 하는 것 중 가장 확실히 해야 하는 것은 그들이 배운 가르침이다. 만일 당신이 네 번째 모임을 마쳤다면 그들은 네 번째 모임에서 배운 것을 연습해야 하는 것이다. 이상적인 환경이라면 당신의 훈련생들이 인도하는 그룹은 당신이 인도하는 그룹에 비해 한 주 늦게 진도가 나가고 있을 것이다. 하지만 이것은 그들이 첫 주에 사람들을 믿음으로 이끌고 그런 다음 곧바로 그들을 훈련시키기 시작했다고 가정할 때의 이야기다. 몇 주의 시간차가 있을 경우라면. 당신의 그룹은 네 번째 모임을 하고 있는데 그들의 그룹은 두 번째 모임을 하고 있다면 어떻게 할까?

어떻게 하면 당신은 그들이 자신의 그룹을 이끌도록 그들을 가장 잘 준비시킬 수 있을까? 당신의 목표는 훈련자를 육성하는 것이라는 점을 기억하라. 당신이 네 번째 모임의 연습시간이라 하더라도 두 번째 모임의 훈련 내용을 먼저 복습으로 연습하고 그다음 네 번째 모임의 내용을 연습할 수 있다.

연습시간을 가지는 목적은 훈련생들에게 이 세 부분 과정 동안 다른 사람을 훈련시키는 데 대한 확신과 만족을 주는 것이다.

만족: 당신은 그들이 성경공부의 내용과 T4T의 과정을 정확하게 전달하기를 바라고 있다. 연습을 통해 그들을 지도하고 실수를 부드럽게 교정해주는 것은 그 일을 잘 할 수 있도록 도와준다. 앞에서 언급했던 것처럼 잉의 CPM에 있어서 신자들이 18세대를 이어온 것을 확인할 수 있었다. 18번째 세대에 교육된 내용은 첫 번째 세대에 전해진 내용과 동일한 것이었다. 이것이 가능하도록 하기 위한 방법이 여러 가지겠지만 연습시키면서 지도하는 것이야말로 대단히 큰 도움이 된다.

확신: 원래의 그룹에서 안전한 가운데 연습을 통해 확신을 갖지 못할 때 자신이 이끄는 새로운 그룹에서 어떤 내용을 잘 가르칠 수 있는 사람은 거의 없다. 당신이 충분한 시간을 가지고 연습을 시킨다면 그들은 가르침과 세 부분의 각 항목들을 인도할 때 더욱 편안하게 임할 수 있게 되고 확신을 가지고 반복할 수 있게 될 것이다. 모임 마지막 시간에 그들이 자신이 이끄는 그룹에 가서 이를 어떻게 가르칠 것인지를 생각해보도록 도와주어야 한다.

연습할 때 중요한 것은 그들이 전도를 할 사람과의 사이에서, 혹은 그들이 장차 이끌게 될 그룹과의 사이에서 일어날 법한 일들에 관해 때로는 역할놀이를 하면서 실제로 이야기를 하는 것이다. 가장 먼저 어떤 일이 일어날 것인가? 만일 그들이 이렇게 말하면, 저렇게 말하면 당신은 어떻게 할 것인가? 당신의 그룹과 가지는 전반부 시간에 당신은 무엇을 할 것인가?(예를 들어, 어떤 노래를 할 것인가? 어떤 질문을 할 것인가? 어떤 비전을 그들과 나눌 것인가?) 중반부 시간에 당신은 어떻게 교육을 할 것인가? 당신은 후반부 시간에 그들을 어떻게 준비시킬 것인가? 이런 방식은 기본적으로 누가복음 10장에 기록된 대로 예수님께서 70명의 제자들에게 가르침을 전할 때 하신 일 그대로다.

그들이 단순히 가르침 이상의 것들을 확실하게 연습할 수 있도록 해야 한다. 비전을 보여주는 예화와 책임에 관한 질문을 포함해 세 부분 프로그램의 내용 전부를 다 연습할 수 있도록 도와주라. 그들이 자신의 그룹과 함께 부를 수 있는 한두 곡의 노래도 상기시켜주라. 당신은 연습을 위한 시간을 마지막까지 아껴둘 필요는 없다. 실제로 문맹인 훈련생들을 위해서는 매 10~15분마다 교육을 멈추고 비전 제시, 노래, 말씀 암송, 이야기 전하기 등을 연습시켜야 할 필요도 있다.

기억해야 할 것들 중에서도 가장 중요한 법칙은 이것이다. 그룹의 교육수준이 낮거나 문맹률이 높을수록, 혹은 세 부분 과정 훈련 프로그램에 덜 익숙할수록 더 많은 연습시간이 필요하다. 심지어 당신이 세 부분 과정의 중간에 교육을 끊어야 하는 상황이어도 연습할 시간은 언제나 충분히 주어져야 한다. 교육과 훈련 과정을 강화하기 위해 그들이 배운 것을 다른 사람, 심지어 비신자들과도 나눌 수 있도록 항상 훈련자들을 격려해야 한다. 오직 연습으로만 당신은 훈련자를 육성할 수 있다.

일곱째 항목: 목표 설정 및 기도

다가오는 주(혹은 2주 후)를 위한 목표를 설정하고 가르침에 순종해서 다른 이들에게 전도하고 훈련자들을 훈련시키는 데 대해 하나님의 인도하심과 능력 주심을 위해 기도하지 않고는 절대 강의를 마쳐서는 안 된다. 연습시간을 가진 다음 참가자들이 어떤 목표를 세워야 할 것인지 명확히 알게 해줄 것을 성령님께 간구하도록 장려하라. 어떤 목표는 '이번 주에 다섯 명에게 전도하기'와 같은 전주의 목표를 다시 한번 하는 것일 수도 있다. 왜냐하면 이는 애초에 그룹에 부여된 기대치이기 때문이다. 하지만 하나님께서는 이번 주에 전도할 특별한 사람의 이름을 그들에게 붙여주실지도 모르는 일이다.

그들의 목표는 또한 새로운 신자들을 모아 훈련할 그룹을 만들거나 그룹들을 다음 단계로 나아가도록 돕는 것(이들이 자신들의 오이코스에게 전도를 하거나 혹은 그들만의 새로운 그룹을 시작하는 것을 돕는 것)과 관련되어 있을 수도 있다. 그들의 목표는 또한 그들이 인도하는 그룹 내에서, 혹은 형제들과 만나게 됨에 따라 발생할 수 있는 문제의 해결방안과 관련된 것일 수도 있다.

그들의 목표가 무엇이든 이를 써내려가도록 하라. 가능하다면 당신은 주중에 그들을 위해 기도할 수 있도록 그들에게 자신이 작성한 목표를 알려달라고 요청할 수도 있을 것이다. 당신은 또한 그들의 오이코스를 위해 기도할 수 있도록 그들이 작성한 명단을 알려달라고 부탁할 수도 있다.

일단 그들이 시간을 가지고 기도하면서 그들의 목표를 기록한 다음에는 그 목표를 그룹원들과 함께 나누도록 하라. 만일 그룹의 규모가 크다면 이들을 더 작은 그룹으로 나눌 수 있을 것이다.

T4T 훈련은 서로를 위해 기도하는 시간을 끝으로 마치게 된다. 때에 따라서는 둥그렇게 모여서 한 사람에게 손을 얹을 수도 있다. 이 시간은 다가오는 한 주 동안 하나님의 기름 부으심과 하나님께서 훈련생들이 만나게 될 사람들의 마음을 열어주시기를 위해 기도할 때다.

본질적으로 모든 모임은 하나님께 간구하는 예배다!

요약: 세 부분 과정

돌아보기(초반부)	올려보기(중반부)	내다보기(후반부)
1. 목회적 돌봄 　어떻게 지내십니까? 2. 예배 3. 책임 　• 예수님 따르기: 어떻게 　　하나님 말씀에 순종하십니까? 　• 사람 낚기 　　전도하기 　　훈련하기 　　훈련자를 훈련하기 4. 비전 제시 　무엇이 될 수 있고, 무엇을 할 　수 있는가?	5. 새로운 공부 　• 재생산 가능한 단기 제자 　　훈련 　• 장기 제자훈련: 스스로 영 　　적 양식을 섭취할 수 있는 　　귀납적 성경연구	6. 훈련내용 실습 7. 목표 설정과 기도

　세 부분 과정은 T4T 과정을 통해 CPM을 일으키기 위해 하나님께서 사용하시는 핵심원리다. 훈련생들이 훈련자가 되도록 돕기 위해 모임은 일곱 개의 항목으로 이루어진 세 과정으로 삼등분할 수 있다.

　세 부분 일곱 항목. 각 부분은 대단히 중요하다. 하지만 몇몇 부분은 한 사람을 훈련생으로부터 훈련자로 발전하는 것을 돕는 데 있어 다른 부분보다 더 중요한다. 만일 당신이 이들을 빼놓는다면 당신이 운동을 일으킬 가능성은 극히 희박해진다. 빼 놓으면 안 되는 것이 무엇인가?

　그것은 다음 장에서 다룰 것이다.

듣기만 하지 말고 행하는 자가 되라!

하나님께서 당신에게 무엇이라 말씀하셨는지, 그리고 그 말씀에 순종하기 위해 당신에게 필요한 것은 무엇인지를 적어보라.

Part 2 **T4T의 과정**

8장 필수적인 항목

    선교사들과 교회지도자들을 대상으로 T4T 강의를 할 때였다. 바로 앞 장에서 공부했던 '중요한 세 부분'을 일곱 항목과 함께 설명하고 있었다. 칠판에 간단한 도표를 그리고 일곱 개의 항목을 적었을 때 나의 동역자인 알렌 제임스Allen James[13]가 칠판 앞으로 걸어 나와 사람들에게 물었다. "어떤 항목에서 재생산을 할 수 있을까요?" 사람들의 얼굴에는 당황스러운 표정을 지었다. 마치 '무슨 말

> 13) 내가 '강조해야 할 필수적인 항목'의 개념에 대하여 그리고 T4T에서 훈련생을 훈련자로 만드는 재생산을 위해 강조해야 할 부분이 어디인지에 대해 설명하는데, 나의 동역자 알렌 제임스(Allen James)의 큰 도움을 받았다.

씀이세요? 모든 항목이 다 중요하지요' 라고 말하는 것 같았다.

돌아보기(초반부)	올려보기(중반부)	내다보기(후반부)

1. 목회적 돌봄
  어떻게 지내십니까?
2. 예배
3. 책임
  • 예수님 따르기: 어떻게 하나님 말씀에 순종하십니까?
  • 사람 낚기
    전도하기
    훈련하기
    훈련자를 훈련하기
4. 비전 제시
  무엇이 될 수 있고, 무엇을 할 수 있는가?
	5. 새로운 공부
	  • 재생산 가능한 단기 제자훈련
	  • 장기 제자훈련: 스스로 영적 양식을 섭취할 수 있는 귀납적 성경연구
		6. 훈련내용 실습
		7. 목표 설정과 기도

그때 알렌이 사람들에게 요청했다. "당신, 훈련생을 재생산하는 데, 즉 훈련자가 되어 다른 훈련생을 훈련하기 시작하는 데 일곱 항목 중 어느 항목이 가장 중요한지 각 소그룹에서 상의하여 두 개 항목씩 선정해보시기 바란다. 모든 항목이 다 중요하다. 하지만 어느 항목이 훈련생이 훈련자가 되는 데 중요할까?"

전체 30명이 소그룹으로 나누어 상의하기 시작했다.

> 실습: 지금 당신도 그렇게 해보시기 바란다. 일곱 개의 항목을 칠판에 기록한다.
> 1. 목회적 돌봄
> 2. 예배
> 3. 책임
> 4. 비전 제시
> 5. 새로운 공부
> 6. 연습
> 7. 목표 설정과 기도

그리고 나서, 훈련생이 훈련자가 되도록 돕는 즉 재생산을 성취하는 데 있어서 가장 중요하다고 생각하는 것 두 가지 항목이 무엇이라고 생각하는지 상의한 결과를 수집하도록 하라. 훈련받고 있는 사람들을 내보내서, 사람들로 믿음을 갖도록 인도하며, 사람들을 모아 새로운 그룹을 시작하고, 모든 과정을 반복하도록 그들을 돕는 데 있어서 가장 중요하다고 생각하는 것이 무엇인가?

소그룹 모임을 가진 후 알렌은 각 그룹이 발표하는 대로 일곱 항목 앞에 표시를 하기 시작했다. 그런데 모두가 추측했던 대로 중요한 항목을 선정한 것으로 나타났다. 처음으로 재생산을 위해 중요하다고 여겨지는 항목에 대해 선정하게 한 것이었는데 놀랍게도 정확했다.

알렌은 네 개의 항목에 동그라미를 쳤다. 그리고 힘주어 말했다. "이 네 개의 항목은 절대로 생략하지 마십시오. 이 네 항목이 사실 T4T 과정에서 가장 중요한 요소입니다."

그때부터 우리는 칠판 위에 동그라미가 쳐진 네 개의 항목들을 필수적인 항목이라고 부르게 되었다.

필수적인 항목

일곱 항목 모두가 중요하다. 매 모임 때마다 모임 초반부에서 네 항목, 모임 중반부에서 한 항목, 그리고 모임 후반부에서 두 항목이 있다. 이 모든 항목들이 제자훈련 과정에서 중요하다. 그렇지 않다면 들어 있을 이유가 없다.

그러나 질문은 이것이다. 재생산을 위해서 어느 부분이 가장 중요한가? 어떤 항목은 성경 말씀을 다루기 때문에 더 중요하기도 하고, 사람들의 필요를 채우기 때문에 중요하기도 할 것이며, 하나님과의 만남이기 때문에 더 중요하기도 할 것이다. 모두가 중요하다. 하지만 목표는 재생산, 즉 또 다른 훈련자를 세우는 것이다. 그래서 어느 항목이 재생산을 위해 도움이 되는가를 생각해야 한다. 훈련생이 훈련자가 되게 하는 데 어느 항목이 중요할까? 제자도의 재생산 과업이 발생하기 위해서 어느 항목이 중요하겠는가?

네 개의 항목이 중요하다. 책임, 비전 제시, 연습, 그리고 목표 설정과 기도, 이 네 가지가 필수적인 항목들이다.

돌아보기(초반부)	올려보기(중반부)	내다보기(후반부)
1. 목회적 돌봄	5. 새로운 공부	6. 연습
2. 예배		7. 목표 설정과 기도
3. 책임		
4. 비전 제시		

책임: 책임은 재생산 과업을 올바르게 하고자 한다면 핵심적인 항목이다. 앞 장에서 언급한대로 책임을 강조하는 것이 당신의 그룹으로 훈련자를 훈련하도록 한 항목씩 나아가게 도울 것이다. 당신이 책임을 확인하는 질문을 함으로써 점차 전도적인 질문으로부터 CPM 중심적인 질문으로 변화하게 된다.

- 전도: 누구에게 전도하고자 하는가? 누가 믿었는가?
- 시작: 언제 그들을 같은 방식으로 훈련하는가?
- 훈련자: 당신의 새 성도가 어떻게 전도하고 결신자를 얻는가?
- 훈련자의 훈련자: 언제 그들이 그들의 그룹을 훈련하는가?
- 훈련자를 훈련하는 훈련자의 훈련자: 당신이 훈련하고 있는 훈련자가 어떻게 다른 새 그룹을 훈련하는가?

비전 제시: 훈련생들이 그리스도 안에 거하며 하나님께서 그들을 통해 성취하시려는 과업에 대한 비전 세우기는 재생산 과정에서 매우 중요한 항목이다. 많은 사람들이 비전 세우기에 대해 소홀하다. 그러나 주도적으로 역사를 이루고자 하는 사람이라면 사람들을 향한 비전을 세우는 것이 얼마나 중요한지를 이해하고 있다.

T4T에서 비전 제시는 누군가를 프로그램에 끌어들이려고 노력하는 것을 의미하지 않는다. 피라미드식 다단계 판매 같은 것이 절대로 아니다. 비전 제시는 훈련생들의 마음에 하나님의 심장을 품는 믿음을 갖게 하는 것이다. 그러므로 성경적으로 비전 제시를 해야 한다.

연습: 연습에 대해서는 앞 장에서 이미 설명했다. 훈련 시간에 충분한 연습 없이 훈련생이 훈련자가 되는 경우는 거의 없다. 연습은 훈련생에게 다른 사람을 훈련할 때, 확신과 능력을 갖추게 해준다. 연습시간을 통해 훈련자인 당신은 당신의 훈련생들이 또 다른 세대에 올바른 내용과 미래에 대한 기대를 충성스럽게 전해주리라는 확신을 갖게 해준다.

목표 설정과 기도: 목표 설정과 기도는 재생산을 일으키는 네 번째 항목이다. 다음 주간을 위해 훈련자의 지시가 아니라, 하나님께서 들려주시는 음성을 듣는 시간은 매우 중요하다. 하나님께서 말씀하시는 것을 기록하라. 그리고 중보기도를 통해서 서원이 아니라 헌신이 되도록 하나님께서 원하시는 바를 확인하게 될 것이다. 중반부 시간에 새로운 공부를 통해 성경의 가르침에 순종하기로 헌신했지만 후반부에서 전도와 연관하여 두 가지 목표를 세우게 된다. 1) 누구에게 전도할 것인가? 2) 누구를 어떻게 훈련할 것인가?

어느 나라에서 이틀짜리 단기 훈련 코스를 개설한 적이 있었다. 첫째 날 저녁에 사람들을 나가서 복음을 전하고 다음 날 아침에 돌아와 무엇을 배웠는지 보고하도록 했다. 그다음 날 아침 어느 젊은 형제가 한 여성을 데리고 왔다. 그리고는 이렇게 말하는 것이었다. "스티브, 자매님을 소개하겠습니다. 1993년생이고요, 어제 저녁 하나님을 믿었습니다. 그리고 오늘 훈련받으러 여기 왔습니다."

그가 한 말을 한번 되새겨 보자. 1) 그 자매의 육신의 생일, 2) 그 자매의 영적인 생일, 3) 그 자매의 사명('자매는 훈련받기 위해 왔다'). 기억하라. 단 이틀짜리 훈련 과정이었으니 그 과정을 마쳤을 때, 이렇게 말할 수 있다. 그 형제가 '1세대' 그 자매가 '2세대' 그리고 그 자매의 가족에게 복음을 전하도록 그 자매를 훈련했으니 그 자매로부터 복음을 들은 그 자매의 가족은 '3세대'가 되는 셈이다.[14]

책임성 있는 제자가 되게 하고 기도함으로 건전한 목표를 세울 때 얼마나 놀라운 일이 발생하는지 알 수 있지 않는가? 단, 24시간 만에 3세대가 움직이게 된 것이다.

 당신 안으로부터 네 가지 호소: 비전 제시하기

_잉 카이

모든 성도는 복음전도를 위한 네 가지 호소를 들어야 합니다.

위로부터의 호소: 이사야 6장을 보면 성전 보좌에 앉으신 분께서 누가 잃어버린 자들을 위해 가겠느냐고 부르시는 모습이 나타납니다. 이사야는 그 부르심을 듣고 가만히 있을 수가 없었습니다. 그는 벌떡 일어서서 응답했습니다. "제가 여기 있사오니 저를 보내 주십시오." 예수님께서도 말씀하셨습니다. "온 천하에 다니며 만민에게 복음을 전파하라"(막 16:15). 왕이신 주님께서 사람들에게로 가서 어떻게 주님께로 돌아올 수 있는지 말해주라고 우리를 부르고 계십니다. 당신은 저 위로부터의 부르심을 듣고 있습니까?

14) T4T에서는 보통 훈련생에게 그의 새 성도를 그의 그룹으로 데려오지 않도록 한다. 내가 만일 1세대 형제와 T4T 훈련을 진행하고 있는 중이라면, 그 형제로 하여금 그가 전도한 2세대 자매와 새로운 그룹을 시작하도록 격려할 것이다.

아래로부터의 호소: 누가복음 16장에 의하면 부자가 죽어서 지옥에 갔습니다. 그는 너무나도 큰 고통 속에서 천국을 향해 부르짖었습니다. 누군가를 보내서 살아있는 자기의 가족들이 지옥에 오지 않게 경고해달라고 간청했습니다. 구원받지 못하고 지옥에 간 세상 떠난 영혼들이 누군가가 가서 그들의 가족으로 회개하도록 말해줄 것을 호소하고 있습니다. 당신 주위에 있는 사람들의 죽은 가족이 당신에게 부탁하는 소리가 들리지 않습니까? 지옥에 떨어진 영혼들이 그들의 가족에게로 가서 복음을 전해달라고 부르짖는 저 아래로부터 호소를 듣고 있습니까?

밖으로부터의 호소: 사도행전 16장에 마게도냐 사람이 사도 바울을 부르는 이야기가 나옵니다. "여기로 건너와서 우리를 도와주시오"라고 부르는 소리를 들은 바울은 하나님께서 그들에게로 가서 예수님의 복음을 전하도록 자신을 부르고 계심을 인식했습니다. 우리 주변에 수많은 잃어버린 영혼들이 우리를 향해 부르짖고 있습니다. 날마다 삶의 현장에서 우리는 여러 사람들의 입에서 나오는 말을 듣습니다. "이거 사세요. 좀 도와주세요. 길 좀 알려주세요." 그러나 사실은 그들의 심령으로부터의 호소는 "나는 잃어버린 영혼입니다. 구원의 길을 알려주세요"이다. 잃어버린 사람들이 복음을 전해달라고 부르짖는 저 밖으로부터 호소를 듣고 있습니까?

안으로부터의 호소: 고린도전서 9장에서 바울은 "내가 복음을 전하지 않으면 내게 화가 있다"고 말했습니다. 그의 속사람이 그 자신에게 복음을 전하도록 짐 받았으며 반드시 복음을 전해야 한다고 말한 것입니다. 그는 자신의 사명을 외면할 수 없었습니다. 모든 성도는 증인이 되어야 함을 스스로 잘 알고 있습니다. 우리는 사람 낚는 어부가 되도록 부름 받았습니다. 우리 모두는 사람을 취하는 어부입니다. 당신은 복음을 외치라는 당신 안으로부터의 호소를 듣고 있습니까?

당신의 손을 위로, 아래로, 밖으로, 안으로 향하게 몸짓 하면서 설명할 수 있습니다.

압축해서 진행하기

이 책을 읽고 더 읽기 전에 다음과 같은 상황을 한번 생각해보기 바란다.

당신의 T4T그룹이 저녁 7시부터 9시까지 2시간 동안 모이기로 했었다. 그런데 안타깝게도 사람들이 늦게 오는 바람에 7시 45분이 되어서야 시작할 수 있게 되었다. 당신은 늦게 시작했어도 2시간을 필요로 하는 진행 전부를 하리라 생각했지만 그룹원 중 몇 명이 9시에는 가야 한다고 한다. 당신에게는 1시간 15분밖에 없다. 일곱 항목 중 어느 항목을 생략해서 시간을 단축할 수 있겠는가?

자, 이 장 앞부분에서 어떤 내용을 다루었는지 기억하기 바란다.

1. 목회적 돌봄
2. 예배
3. 책임
4. 비전 제시
5. 새로운 공부
6. 연습
7. 목표 설정과 기도

많은 사람들이 먼저 비전 제시를 생략하려고 할 것이다. 왜냐하면 생소하기 때문이다. 그리고 이어서 두 번째로 책임 항목을 제쳐놓으려 할 것이다. 왜냐하면 모두가 책임이라는 말에 부담을 느끼기 때문이다. 아니면 흉내만 내려고 할 것이다. 그리고 어쩌면 흉내만 낸다는 말에 고개를 끄떡이면서 이렇게 말할지 모르겠다. "그러면 당신은 지난주에 배운 모든 것을 하나도 빠짐없이 다 실천한단 말이오?" 모두가 고개를 끄떡이면서 "제자의 책임일랑 건너뛰고 다음 과로 진도나 나갑시다" 하고 동의를 표할지도 모르겠다.

세 번째로 생략하려 드는 것은 연습이다. 아마 이런 식으로 진행할 것이다. 전반부를 줄여서 진행한다고는 하지만 한 40분 정도에 마칠 것이다. 그리고 목회적 돌봄 시간과 예배 시간은 너무 좋기 때문에 절대 생략할 수 없을 것이다. 그리고는 남은 35분 동안에 서둘러서 새로운 공부를 진행할 것이다. 그리고는 손목시계를 들여다보면서 "벌써 9시가 다 되었네요" 하고는 "자, 시간이 다 되었으니 연습은 다음 주에 하도록 하겠습니다" 하면서 "기도하고 마칩시다" 하겠지요. 이런 식으로 연습하는 것을 생략하는 것이다.

그리고 네 번째로 목표 설정과 기도를 생략하고자 할 것이다. 마지막으로 기도하기는 하지만 그것이 진정한 모임의 마무리가 아니다. 모임은 파송으로 끝맺어야만 한다.

시간을 절약하기 위해서 당신이 생략한 것이 어떤 것들인가? 필수적인 항목들이 아닌가? 왜 생략하려 들까? 부담스럽기 때문일까? 혹시 은연중에 이 훈련모임에 다른 목적을 가지려 하는 것은 아닐까? 우리의 목적은 모이는 것 자체도 아니고, 무엇인가 새로운 것을 배우는 것도 아니며, 은혜로운 예배를 드리는 것도 아니다. 새로운 훈련자들을 재생산하는 것이다.

무엇을 남겼는가?
필수적인 항목들을 생략하고 나니 어떤 것이 남는가?
1. 목회적 돌봄
2. 예배
3. ~~책임~~
4. ~~비전 재사~~
5. 새로운 공부
6. ~~연습~~
7. ~~목표 설정과 기도~~

소위 말하는 전통적인 성경공부 시간과 다를 것이 무엇인가? 교회학교 모임 시간이나 셀 모임 시간과 크게 다르지 않다. 이런 모임으로는 훈련자를 재생산하기가 어렵다. 우리는 자신도 모르는 사이에 교회개척운동의 불꽃이 일어나는 가장 좋은 최선의 것들을 제쳐놓고 그렇지 않은 것들을 붙잡게 되는 것이다.

절대 필수적인 항목을 생략하지 마라!

어떻게 하면 필수적인 항목들을 생략하지 않을 수 있을까?

- 단순하게 모든 모임 시간마다 세 부분 일곱 항목 전부를 다루어야 함을 기억하는 것이 문제 해결의 첩경이다.

- 만약 시간이 부족하다면 어느 항목을 생략하지 말고 모든 항목들을 줄여서 진행하여 세 부분 일곱 항목 전부를 다루도록 한다.

예를 들면, 만약 1시간 15분밖에 없다면 세 부분의 각 부분에 25분씩 배당하는 것이다. 물론 2시간 동안 모이는 것이 가장 좋은 방법이지만 일곱 항목 전부를 조금씩 줄이거나 절반만 진행함으로 훈련자를 재생산하는 근본 목적을 잊지 않는 것이다.

최근에 점심시간 60분을 이용하여 T4T 훈련을 한 적이 있었는데 세 부분 모두를 다 다루었다. 우리는 기대치를 조금 낮추어 진행했다. 필요한 시간을 확보할 방법이 전혀 없는 경우가 아닌 한 이런 방식은 따르지 않기를 바란다.

- 세 부분을 위해 주어진 시간을 삼등분하여 진행하는 것이 대략적으로 알맞

다. 어떤 주에는 시간이 좀더 필요할지 모른다. 사람들이 내용에 익숙하고 자신감을 갖도록 하기 위해 연습시간을 좀더 연장할 필요가 있을 것이다.

- 꼭 기억할 것은 어떤 부분을 전혀 다루지 못하게 되는 일이 벌어지기 전에 전반적인 내용을 좀 줄여서 진행하라는 것이다. 중요한 것은 훈련생들에게 잘 순종하고 다른 사람에게 전해주도록 하라는 것이다.

- 실제로 필요한 시간보다 좀더 많은 시간을 계획하는 것이다. 만약 2시간이 필요하다면 2시간 30분 정도로 계획하여 7시부터 9시 30분까지 모임시간으로 잡아두는 것이다.

미국에서의 실례

2장에서 미국 텍사스 주 와코Waco에 있는 안디옥교회를 소개했었다. 하나님께서 그 교회를 통해 놀라운 일을 행하셨다. 많은 교회들을 개척하게 하셨고, 지금도 국제 안디옥 미니스트리AMI, Antioch Ministries International를 통해 전 세계에 걸쳐 약 200명의 선교사들과 교회개척자들을 후원하고 있다. 그 교회는 그들을 통해 이루어지고 있는 놀라운 일들로 인해 정말 중요한 것을 놓치고 있는 것은 아닌지 점검해보았다. 그리고 지난 3년간에 걸쳐 미국과 해외의 모든 사역들이 더욱 교회개척운동 중심적으로 되게끔 모든 일꾼들을 재훈련했다. 그 교회는 T4T를 미국과 해외에 적합하도록 개발했다.

그 교회는 몇 차례 훈련을 한 후, 새로운 방식으로 믿지 않는 사람들을 인도하기 위한 그 교회에 맞는 기본 모델을 완성했다. 첫 해에 와코 시에서만 300명의 영혼을 구원으로 인도했다. 그리고 대상 지역을 확대하여 복음의 씨앗을 뿌렸다. 한 사람은 두 주 만에 70명의 이웃을 구원 얻게 인도했고, 교회는 그들을 T4T 훈련받도록 안내했다. 전도적인 열심 하나가 여러 새 성도 그룹을 탄생시켰고 3세대를 얻게 한 것이었다.

T4T가 추구하는 바는 새 성도를 얻는 것에서 그치는 것이 아니다. 안디옥교회는 성도들이 가정에서 모이는 '생명 그룹' life group을 매우 강조한다. 교회는 T4T 개념을 소그룹에 접목시켰다. 생명 그룹 모임에서 우리가 말하는 필수적인 항목들을 놓치고 있다는 것을 인식하고, 생명 그룹의 목적을 재조정했다. 어떤 그룹은 그룹원들이 그들의 그룹을 시작할 수 있는 시간을 주기 위하여 두 주에 한 번씩 모이기도 했다. 그들은 근본적인 변화를 이루었다. 그룹이 커지기보다는 그룹원들이 가족과 이웃을 대상으로 하고 필수적인 항목들을 강조하는 새로운 그룹을 시작하는 것으로 달라진 것이다.

회심자 수나 침(세)례자 수 또는 새 그룹의 시작 숫자 등이 놀랍게 증가했다. 작은 전략 하나를 바꾸었을 뿐인데, 그 결과는 놀라운 것이었다. 그 교회는 하나님의 나라에서 성령님과 함께 사역하는 것을 더욱 배웠다. 그들은 사도행전이 보여주는 원초적인 제자훈련 방식을 다시 붙잡은 것이다.

이 교회의 모델이 전 세계에 큰 영향을 주었고, 우리도 이런 방식으로 새로운 그룹과 교회를 시작할 수 있다는 소망을 품게 된다. 그 전환 방식에 대하여 다음 장을 보시기 바란다.

듣기만 하지 말고 행하는 자가 되라!

자, 이제 당신이 움직일 차례다. 이 과의 공부를 통해 하나님께서 당신에게 말씀하시는 것이 무엇이며, 어떻게 순종할 것인지 기록해보라.

Part 2 **T4T의 과정**

9장 새로운 세대를 시작하라

이제 T4T가 기존의 전통적인 소그룹 증식과는 다르다는 것을 알게 되었을 것이다. T4T는 그룹을 조직하는 것이 아니라 새로운 세대를 시작하는 것이다. 전형적인 소그룹 증식 방식은 믿는 사람이든지 새 성도이든지 간에 새로운 사람을 기존의 소그룹에 데리고 오고, 그룹이 어느 정도까지 커지면 새로운 리더를 세워 두 개 혹은 세 개의 소그룹으로 나누는 것이다. 기본 개념은 자라고 나누는 것이다.

T4T는 근본적으로 다르다. T4T는 자라는 것이 아니다. 재생산하는 것이다. 새로운 성도들을 기존의 그룹에 데리고 오는 대신에, 새로운 T4T를 시작하고 과정을 반복하는 것이다. 당신이 훈련하는 훈련생들이 다른 사람에게 복음을 전하여 얻는 새 성도들로 새로운 그룹을 시작하고 그 그룹원들을 훈련생으로 삼아 훈련하여 그들을 통해 새로운 훈련생들이 반복적으로 일어나도록 하는 것이다. 훈련자의 재생산이다. T4T에서는 새로운 그룹을 시작하기 위해 기존 그룹이 자라기를 기다리지 않는다.

새로이 구성되는 T4T그룹은 그 자체로 가정교회가 되든지 아니면 기존 교회의 새로운 소그룹이 되는 것이다. 목적은 그리스도의 주재권아래서 새로운 그룹들이 생겨나게 하는 것이다.

새 세대 그룹과 교회

T4T에서는 새 성도 한 사람을 잠재적인 새로운 그룹 하나로 본다. 물론 모든 새 성도들이 전부 새 그룹을 시작하지는 않는다. 그러나 T4T는 모든 새 성도들로 사람들을 기존의 그룹으로 데려오지 말고 새 그룹을 시작하도록 무장시키고 격려한다. 모든 성도들이 성령님의 인도하심과 기존 그룹과 훈련자의 멘토십 가운데 새로운 그룹이나 교회를 시작하도록 무장된다. 그 폭발력은 대단하다!

훈련생이 친구들을 믿음의 길로 인도할 때 자기가 훈련받았던 원래의 그룹으로 데려가면 안 된다. 초기에는 그룹이 아주 작을 것이다. 하지만 열심을 내어 친구들과 가족들을 예수님께 데려오면 점점 커질 것이다.

T4T는 기본적으로 그룹을 키워서 나누는 방식과는 다르다. T4T는 새로운 사

람들을 신앙으로 인도하도록 훈련생들을 무장시켜서 그들과 새로운 그룹을 시작하고, 그들로 하여금 다시 반복하여 그들 자신의 훈련생을 모아 새로운 그룹을 만들도록 하는 것이다.

시작하고 반복하라. 훈련생을 재생산하라.

'키운 다음에 나누자'는 말이 솔깃하게 들릴지도 모른다. 그러나 그렇지 않다. 혹시 남편이 먼저 예수님을 만난 후 자기 아내를 인도했는데, 남편이 아내를 자기 그룹으로 인도하지 않는 것은 자연스럽지 않을 수도 있기 때문에 T4T그룹이 커지는 경우가 있을지는 모르겠다. 그러나 기본적으로 T4T그룹은 커지지 않아야 한다. 기존의 T4T그룹은 훈련자, 새 그룹을 시작하는 훈련생, 전도대상자, 참석자 등으로 구성되는데, 그룹원들이 새로운 그룹을 시작하지 않는다면 계속하여 기존 그룹에 머물러 있을 것이다. 그럴 때는 그룹이 커질 수 있다. 그래도 '시작하고 반복하라'는 원칙은 지켜져야 한다. 훈련생이 자기 가족이나 친구들을 믿음으로 인도하여 새로운 그룹을 형성할 수 있다. 그러면 새 그룹 시작과 동시에 곧바로 그들로 하여금 그들의 가족과 이웃에게 전도하도록 하여, 새 그룹을 시작하게 해야 한다. 만약 훈련자의 아내가 그룹에 속해 있다면 이웃에 사는 부녀들을 모아 새로운 그룹을 시작하도록 격려해야 한다. 이럴 때 그 아내는 두 개의 그룹에 속하게 된다. 남편이 인도하는 기존 그룹과 자기가 시작한 새 그룹이다.

만약 우리가 자라난 다음에 나눈다는 방식을 강조한다면 커다란 성장의 잠재능력을 상실하고 말 것이다. 자라는 동안에 그룹원들이 전도하고 데려올 수 있는 많은 대상자들을 놓치게 되기 때문이다. 왜냐하면 그들은 기존 그룹의 사람들과의 친밀한 교제를 즐기고자 할 것이기 때문이다.

반면에, T4T는 하나님께서 각 개인을 통해 이루시는 놀라운 비전을 세워 나가는 것이다. 종종 훈련생들이 그들의 새 성도를 기존 그룹에 데리고 올지도 모른다. 그럴 때는 좋은 말로 권하여 몇 주 내에 새로운 그룹을 시작하도록 해야 한다.

T4T는 세 부분으로 진행한다. 왜냐하면 단순히 그룹의 크기를 키우고 나중에 나누는 것이 아니라, 모든 그룹원들을 새로운 그룹을 시작하는 훈련자로 키우고자 하기 때문이다.

훈련생이 새 성도를 기존 그룹에 데리고 오는 이유

다음 상황을 살펴보자.

당신이 당신의 훈련생들과 첫 모임을 막 끝냈다. 그룹원들은 흩어져서 전도했다. 두 번째 모임 때 한 그룹원이 자기가 전도한 친구 두 사람을 데리고 왔다. 당신의 목적은 그룹원을 훈련자로 훈련하는 것임을 명심하라. 그런데 왜 그는 자기가 전도한 친구들을 기존 그룹에 데리고 왔을까?

- 아마 보통 그렇게 하기 때문이고, 그가 T4T의 새로운 패러다임을 이해하지 못했기 때문일 것이다.

- 아마 그가 자기 자신의 새 그룹을 시작해야 한다는 비전을 잊고 있기 때문일 것이다.

- 아마 그가 그들을 훈련할만한 시간을 내기가 어렵기 때문일 것이다.

- 아마 그가 당신이 더 숙달된 훈련자라고 생각하기 때문에 당신에게 데려

오는 것이 더 나을 것이라고 생각했기 때문일 것이다.

- 아마 그가 새 그룹을 시작할만한 자신감이 부족했기 때문일 것이다.

이런 이유들이 다 해당될 수 있다만, 보통 새로운 그룹을 시작하려는 비전도 부족하고 자신감도 부족하기 때문인 경우가 많다.

그렇다면 어떻게 해야 하는가? 훈련자의 세대를 배가시킨다는 당신의 목적을 기억하라. 새 성도를 얻은 당신의 훈련생을 어떻게 훈련자가 되도록 도울 수 있겠는가?

우선 당신이 하지 말아야 할 것이 있다. 새 성도를 데려온 그를 나무라지 마라. 그는 충실한 사람이다. 그를 무시하거나 그를 비난하거나 부끄럽게 해서는 절대로 안 된다. 그는 아주 성실한 전도자라는 것을 알기 바란다.

당신은 제자의 책임 시간에 그를 칭찬할 수 있다. "아주 잘했습니다. 친구를 믿음으로 인도하고 데리고 오기까지 했으니 놀라운 일입니다. 우리 하나님께 찬양을 올립시다."

그러나 칭찬만 하고 끝나면 안 된다. 올바른 교훈을 주어야 한다. 전도하는 것으로만 끝나면 안 되고 그를 전도자로 훈련해야 한다.

그러므로 다음과 같이 말해줄 수 있다. "형제님, 전도한 친구를 모임에 데리고 온 것은 정말 잘한 것이다. 그런데 우리는 지금 진도가 나가서 이미 중반부를 하고 있어요. 새 친구들은 초반부(왜-누구에게-어떻게)를 배워야 할 것 같아요. 오늘 온 친구 분들도 우선은 함께 하시고 이 모임이 끝난 후에 괜찮으면 잠시 시간을 내서 함께 첫 모임 내용을 살펴보면 좋겠는데 괜찮지요?"

당신의 그룹 전체가 첫 모임으로 다시 돌아갈 필요는 없다. 그렇게 하면 진도가 나가지 않게 된다. 당신은 계획대로 진행해야 한다. 그러나 만약 후반부를 진행하고 있다면, 친구를 인도해온 훈련생과 그의 친구들을 별도로 모이게 하고 따로 모임을 가지게 하라. 이렇게 말해줄 수 있다. "형제님, 우리가 전에 첫 모임을 공부했지요. 제가 함께 있으면서 도와줄 테니 친구들과 같이 공부하시면 어떻겠습니까? 간단한 내용입니다. 왜 교회 다니는 사람들이 전도하지 않는지에 대해 세 개의 질문 '왜-누구에게-어떻게' 에 답을 생각하는 것입니다."

이렇게 함으로써, 당신은 당신의 훈련생을 훈련자가 되게 할 수 있다. 훈련생에 머물러 있게 하면 안 된다. 당신은 그 새로운 모임에 함께 하면서 도움을 줄 수 있다. 그리고 모임이 끝난 후 당신은 그 형제에게 이렇게 말해주라. "형제님, 친구들을 우리 모임에 데리고 오지 않아도 됩니다. 또 우리는 이미 진도도 많이 나갔으니 당신과 친구 두 사람, 셋이서 새로운 그룹을 만들어 따로 공부하는 것이 좋겠습니다. 매주 마다 어떻게 모임을 인도하면 좋은지 제가 가르쳐줄 테니 걱정 말고요."

이렇게 하는 것이 별거 아닌 것 같아도 매우 중요한 차이가 있는 것이다. '키운 다음 나눈다' 는 원리가 아니라 '시작하고 반복한다' 는 원리를 실천함으로 훈련자를 배가시키는 운동이 촉발되는 것이다.

그룹의 세대

당신의 목표는 교회개척운동의 성취를 위해 새 성도들의 4세대를 보는 것이다. 물론 모든 그룹원들이 전부 다 새로운 그룹을 시작하게 되지는 않을 것이다. 모든 사람이 전도자가 되지는 않으니까 말이다. 우리는 전도하지 않고 그룹 모임에 참석만 하는 사람을 참석자라 부르고, 전도하여 새 성도를 기존 그룹에 데리고 오는 사람을 전도자라 부른다. 그리고 새 그룹을 시작하여 재생산하도록 하는 비전 세우는 데는 힘쓰는 사람을 개척자라고 부른다(비록 실패하더라도). 그들은 새 그룹을 개척하여 시작은 하지만 재생산이 일어나게 하는 데는 실패한다. 그러나 훈련자들은 훈련자를 훈련하는 개념을 붙잡는다. 그들은 전도하여 얻은 새 성도들로 새 그룹을 시작하고, 그 새 성도들을 증인으로 훈련하고, 제자로 삼아, 다시 그들로 하여금 새 그룹을 만들도록 훈련한다.

북적거림: 그룹인가? 교회인가?

소가 없으면 구유는 깨끗하려니와 소의 힘으로 얻는 것이 많으니라(잠 14:4).

솔로몬은 아주 분명하게 말했다. 당신도 복잡해지기 싫다면 우선 소를 없애면 된다. 그러나 곡식을 심고 추수하기를 바란다면 소를 여러 마리 키워야 할 것이고, 그만큼 외양간 청소를 위해 손이 많이 가야 할 것이다.

당신은 어떻게 되기를 원하는가? 번잡스럽지 않고 조용하게 지내고 싶은가? 아니면 수많은 사람들이 믿음으로 인도되고 북적대기를 원하는가? 북적대기를 원한다면 그 안에서 문제가 발생하기도 하고 복잡해지는 것을 받아들여야 한다. 문제없이 성장할 수는 없다. 하나님 나라의 역동성이라고 생각하라. 가라지 비유를 기억하기 바란다. 추수를 바라지 않는다면 가라지도 없을 것이다.

사도 바울의 서신들은 대부분 어떤 문제의 해결을 위해 기록된 것이다. 목회 사역에 있어서 문제가 발생하는 것은 자연스러운 것이다. 물론 문제가 생기는 것을 즐기지는 않지만, 문제들은 성장통인 경우가 많다.

나는 잠언 14장 4절 말씀을 적어서 다른 사람 눈에 보이지 않게 나의 사무실 책상에 붙여 놓았다. 함께 사역하는 동료들과 종종 모여서 논의를 한다. 회의를 하다보면 여러 가지 문제들이 제시된다. 박해 문제, 지도력 문제, 알력과 갈등 문제, 잘못된 가르침과 교리적인 문제, 사역에 진전이 없는 문제 등 새로운 문제들이 야기될 때마다 어려움도 증가한다. 하지만 그럴 때마다 나는 책상에 붙여 놓은 그 성경구절을 보고 미소를 짓는다. 그리고 조용히 기도한다. "아버지 하나님, 감사합니다. 사람들이 믿음으로 나오지 않고, 제자로 양육되지도 않고, 새로운 교회가 개척되지 않는다면 이런 문제들이 생기지도 않겠지요."

T4T는 결코 문제없음을 추구하지 않는다. 전도자 훈련운동과 교회개척운동은 왁자지껄한 사역이다. 조직표나 그럴듯하게 붙여 놓고 조용하게 지내는 것이 아니라, 떠들썩하게 아주 역동적으로 진행되는 운동이다. 시작하라 그리고 반복하라!

혼란 속에서도 번창함

훈련자를 배가시키는 비전을 굳게 붙잡으라. 성령님의 능력 안에서 힘있게 밀고 나가라. 진행하는 가운데 기대감에 벅찰 때도 있고, 놀라움을 경험할 때도 있을 것이며, 이런 저런 상황들이 많이 발생할 것이다. 그러나 그럼에도 불구하고 새로운 세대의 그룹을 세워나가는 푯대를 향하여 계속 나가야 한다. 왜 그렇게 되지 못하는지 몇 가지 대표적인 경우는 다음과 같다.

- 당신이 전도하여 시작한 그룹에 부부가 있다. 한 남자가 그의 친구 둘을 새 성도로 얻어 친구 둘과 새로운 그룹을 시작했다. 그의 아내가 두 친구의 부인들을 인도했다. 그런데 그의 아내가 자신의 새로운 그룹을 만들지 않고 남편이 인도하는 그룹에 아내 둘을 데리고 온 것이다. 즉 두 개의 그룹이 생겨야 하는데 하나의 그룹에 머물고 있는 것이다.

- 그 남자가 전도한 친구 중 하나가 함께 일하는 자기 직장 동료들에게 전도하여 새 성도를 얻었다. 또 그가 어울려 운동하는 사람들에게도 전도하여 새 성도를 얻었다. 3세대 그룹이 생겨나는 것이다. 그런데 그가 운동하는 사람들을 그 남자의 그룹으로 데리고 왔다.

- 그 남자의 아내가 동네 부인들에게 전도하여 새로운 그룹을 시작했다. 그 남자의 아내는 당신이 인도하는 그룹에도 오고, 자기 남편이 이끄는 그룹에도 가고, 그리고 동네 부인들과 시작한 그룹에도 간다. 세 그룹 모임에 참석하는 것이다.

- 몇 달 후, 그 남자는 두 개의 새로운 그룹을 시작했다. 그 남자는 당신이 이끄는 그룹에 훈련받기 위해 참석한다. 그리고 세 개의 그룹을 인도하고 있다. 시간이 흐르면서 그가 인도하던 첫 번째 그룹이 그의 다른 두 개의 그룹을 잘 돌볼 수 있도록 그를 놓아주기로 결정한다. 그 남자의 그룹에 함께 하던 그의 친구가 리더십을 이어받는다.

복잡한가? 그 복잡함을 즐기지 않겠는가? 하나의 운동으로 이어지는 복잡함이다. 훈련자를 배가시키고 그룹을 배가시키는 방향으로 운동이 계속 번져가는 것이다. 예수님을 사랑하는 제자들의 삶 속에서 일어나는 왕의 통치 능력이 나타나는 현상이다. 하나님의 역사는 하나님의 의도대로 진행된다. 제자도의 혁명은 바로 이런 것이다.

복잡함이나 혼란스러움 때문에 주저하지 마라. 교회개척운동의 방향을 굳게 잡고 계속 나아가라.

그룹인가? 교회인가?

이런 복잡함 속에서 자연스럽게 질문이 떠오른다. "새로운 그룹을 교회로 해야 하나(가정교회) 아니면 그냥 그룹으로 계속해야 하나?" 답은 무엇일까? "둘 다 가능하다"이다.

이상적으로는 개개의 T4T그룹이 모두 가정교회로 발전하는 것이다. 그렇게 되는 경우가 종종 일어난다.

사실 항상 그렇게 되지는 않는다. 종종 두세 개의 그룹들이 함께 모인다. 모두가 관계망으로 연결되어 있기 때문에 가능하다. 모두 함께 모여 예배하며 말씀도 듣는다. 그러면 교회 아닌가?

어떤 지역에서는 가정교회가 적법하지 않은 경우도 있다. 카이 부부는 선교가 금지된 나라에서 T4T 강의를 한 적이 있었다. 정부가 인정하는 교회였는데 1000명 이상 모이는 교회였다. 그들은 참석자들에게 가정에서 새로운 T4T그룹을 시작하여 '가정교회'를 세우도록 도전하고 격려했다. 그런데 첫 모임을 마쳤을 때 그 교회 목사님이 이렇게 말하는 것이다. "가정교회를 시작하도록 말하지 마십시오. 만약 그렇게 하면 큰 문제가 발생합니다. 가정교회라는 말 대신에 '정식 가정성경공부 모임'이라고 하는 것이 좋겠습니다." 그래서 그들은 정정했다. 가정교회 대신에 교회에서 인정하는 가정성경공부 모임을 시작하도록 했다.

또 다른 나라에서는 혼합식 방식이 적합하다. 부분적으로 개방된 나라의 어느 도시에서 지하교회가 T4T를 도입했다. 즉시 새로운 가정교회를 시작하기 전에 모든 T4T그룹들이 일요일에 함께 모여 예배하며 말씀을 듣게 할 수 있다. 일요일에 모이는 모임의 숫자가 커졌을 때(보통 300-400명 정도) 정부 관리를 초대하여 참여 가능한 T4T그룹들로 새로운 주일 공동체를 창립하는 것도 좋은 방식이다.

어떤 곳에서는 T4T그룹을 교회라고 부르지는 않지만, 실질적으로 교회 기능을 하도록 하기도 한다. 미국의 초대형 교회에서 잉이 T4T 세미나를 인도했다. 잘 알려진 그 교회 목사님이 강의를 듣고는 선언했다. "우리 교회에도 T4T를 도입하겠다." 잉이 물었다. "목사님 그러면 모든 그룹들을 가정교회로 인정하시겠습니까?" 목사님이 대답했다. "예, 물론입니다. 각각의 그룹에서 침(세)례도 베풀고, 주님의 만찬도 행하고, 헌금도 독자적으로 하도록 하겠습니다. 그 모든 그룹을 독자적인 교회의 기능을 갖는 것을 인정할 수 있습니다. 그리고 주일에는 전체가 교회에 모이면 더욱 좋겠지만, 이도 만약 그 그룹이 주일에 전체 교회 예배에 오지 않기로 결정을 해도 괜찮습니다. 그 결정을 존중할 마음이 있습니다."

그 큰 교회로서는 매우 놀라운 결정이다.

T4T그룹을 뭐라고 불러야 할지 너무 심각하게 여기지 마라. 90% 이상의 대부분의 그룹이 단순히 모여서 교제하는 모임 이상의 성격을 가진 가정교회로 자리를 잡고 있다. 나머지는 교회에 소속된 소그룹 모임의 성경을 가지고 있다.

당신에게 한 가지 조언한다면, 만약 T4T그룹을 당신 교회의 새로운 셀 모임을 증가시키는 방편으로 삼고 싶어한다면, CPM의 큰 잠재력을 제한하는 것이 되고 만다는 것이다. 모든 셀 교회는 리더의 은사나 능력에 의해, 그리고 모임 가능한 시설 공간에 따라 크기가 달라진다.

그룹에게 자유를 주라. 자율적인 능력을 부여해주어서 마음껏 펼쳐나가도록 허용할 때 놀라운 역사가 일어날 것이다. 당신은 말 그대로 큰 교회의 목사가 될 것이다. 당신은 목회자들의 목회자가 되는 것이고, 훈련자를 세우는 훈련 기지가 되는 것이다.

재갈을 벗겨버리라. 이것이 일반적 생각에 반하는 하나님 나라의 역설적인 원리다.

 당신의 필요와 감수할 위험에 대해 기도하십시오

_잉 카이

성령님은 모든 은사를 가지고 계시기 때문에 당신에게 필요한 것을 다 주실 수 있으십니다. 예를 들면, 만약 당신이 말 주변이 없어도, 또 당신에게 자신의 믿음이 부족하다고 느껴도 성령님께서는 당신을 돕고, 믿음을 부어주실 것입니다. 2000년에서 2002년 사이에, 나는 첫 CPM이 발생한 곳에서 농민들로 구성된 그룹을 시작했습니다. 얼마 후 그들 스스로 모든 것을 할 수 있다고 여겨져서 그들 돌보는 일을 그만두었습니다. 그리고 가끔 방문하여 돕기만 했습니다. 2004년 CPM 사역이 본격적으로 시작되었을 때, 나의 팀이 처음 CPM이 시작된 곳에 가보고 싶어했습니다. 그래서 나는 그 그룹에 연락하여 방문 가능한 날짜를 잡도록 부탁했습니다. 그런데 막상 가서 그 농부들을 만나보니 그들이 나의 말을 알아듣지 못하는 것이었습니다. 그들이 말했습니다. "우리는 모두가 각기 다른 민족에다가 사용하는 언어도 다릅니다." "공용어를 사용하지 않나요?"라고 물었더니, 그들은 "아니오. 우리는 우리 지방말만 합니다. 당신이 우리 언어를 사용하면 좋겠습니다"라고 말하는 것이었다. 그러나 나는 이렇게 대답할 수밖에 없었습니다. "나는 공용어 밖에는 말할 줄 모르는데요." 그런데 놀라운 것은 그 후 몇 달 동안 성령님께서 친히 직접 통역을 해주셨다는 것입니다. 기적이 아닐 수 없었습니다. 당신이 기도할 때 하나님께서 당신을 도우십니다. 성령님께서 어떤 은사라도 주십니다. 당신이 사는 도시에서 그 지역에서 사람들 가운데 무슨 필요가 있습니까? 당신에게 필요한 것 무엇이든지 성령님께 구하십시오. 당신을 도우실 것입니다.

위험 감수

이런 사역에 위험이 있을까? 물론이다. 모든 CPM 경험은 다양한 도전들의 연속이다. 하지만 침체된 교회들은 더 많은 문제 덩어리를 안고 있지 않는가? 그러나 CPM의 도전은 가능한 해결책이 얼마든지 있다.

CPM을 진행할 때 가장 마음이 쓰이는 것은 뭔가 잘못되어 가고 있다는 느낌이 올 때다. 그런 느낌이 드는 것은 정말 잘못된 것이다. 당신의 마음에 뭔가가 잘못되고 있기 때문이다. 혹시 그런 마음이 들면 왕께 모든 것을 맡기라. 왕께서 다스려 주실 것이다.

> 복음을 그 성에서 전하여 많은 사람을 제자로 삼고 루스드라와 이고니온과 안디옥으로 돌아가서 제자들의 마음을 굳게 하여 이 믿음에 머물러 있으라 권하고 또 우리가 하나님의 나라에 들어가려면 많은 환난을 겪어야 할 것이라 하고 각 교회에서 장로들을 택하여 금식 기도 하며 그들이 믿는 주께 그들을 위탁하고(행 14:21-23).

사도 바울의 첫 번째 전도여행은 대략 9~12개월 동안 이루어졌다. 그 여행의 막바지에 바울과 바나바는 그들이 다녀온 교회들을 다시 방문했다. 즉 최근에 개척한 교회들을 방문했다는 말이다. 그 교회들은 태어난 지 수 주간 혹은 몇 달밖에 지나지 않은 교회였다. 바울은 그 교회들을 향해서 닥쳐올 환란을 인하여 매우 큰 혼란이 있을 것이라고 말했다.[15] 생겨난 지 수 주 혹은 몇 달밖에 되지 않은 각 교회에 바울은 장로들을 세웠다.

이 본문에서 우리가 주목해야 할 것은 '주님께 그들을 위탁했다' 는 것이다. 바울과 바나바는 그들과 오랫동안 있지 않았지만 그들과 함께 더 있거나 그들 스스로 일하기를 바라지 않고 성령님께 위탁을 드렸던 것이다. 그것은 하나님 나라의 역설적인 방식이다. 그들은 성령님께서 교사로서 그 교회에 함께 하셔서 친히 가르치실 것이며 바울과 바나바보다도 성령님께서 더 잘 가르치실 것임을 확신하고 그 위험을 감수했던 것이다.

---

15) 사실, 초대교회가 직면한 초창기 갈등 중 하나는 박해로 인하여 신앙을 저버렸던 사람들을 다시 교회로 받아들여야 하는지 말아야 하는지에 대한 것이었다.

수 년 후 바울이 다시 그 교회를 찾았을 때 그는 놀라운 성장의 역사를 볼 수 있었다.

이에 여러 교회가 믿음이 더 굳건해지고 수가 날마다 늘어가니라(행 16:5).

바울은 그들을 가르쳤고 인도해주었다. 그러나 계속 어린아이 취급을 하지는 않았다. 그는 성령님께서 그들의 교사가 되시도록 했다. 이것은 얼마든지 위험을 감수할만한 방식이다.

성도 개인이나 그룹에 대한 개인적인 돌봄과 지도는 CPM이 발전하기를 원하는 지도자들에게 매우 중요한 것이다. 그룹을 키워서 나누는 방식보다는 새로운 세대의 교회를 시작하는 것이 첩경이다. 성령님께서 주도하시게 하는 것이 제자도 혁명의 최선이다.

성경의 전례: 생명에서 생명으로

T4T는 새로운 혁명이라기보다는 이미 있었던 혁명의 재혁명이다. 제자훈련의 혁명은 사도행전의 매 페이지마다 가득 차 있는 원리다. 성경의 전례란 성경에 이미 나타나 있는 원리로써 T4T의 목적은 신약성경이 보여주는 제자도와 교회에 대한 전례를 실현하도록 우리를 돕는 것이다.

바울의 에베소 사역은 CPM에 대한 성경적 전례의 좋은 본보기다. 사도행전 19장 1~7절에 보면 사도 바울이 에베소에 갔을 때 그곳에는 '제자들'이 있었지만 그들은 하나님 나라에 대해 충분한 이해가 부족했다. 그들은 아직 복음 메시지를 제대로 듣지 못하고 있었다. 바울은 그들을 믿음으로 인도했고 그들 모두는 성령님으로 충만하게 되었다. 에베소에서의 전도 사역은 그렇게 시작된 것이다.

바울은 회당에 가서 3개월 동안 담대하게 하나님 나라의 복음을 선포했다(엡 19:8). 그는 구약성경을 가지고 예수님이 그리스도이심을 논증했다. 그 결과 여러 사람이 믿었다. 에베소에서의 전도 사역은 그렇게 계속 되었다.

이러한 두 사건으로부터 우리는 사도행전에서 아주 극적인 장면을 보게 된다.

어떤 사람들은 마음이 굳어 순종하지 않고 무리 앞에서 이 도를 비방하거늘 바울이 그들을 떠나 제자들을 따로 세우고 두란노 서원에서 날마다 강론하니라 두 해 동안 이같이 하니 아시아에 사는 자는 유대인이나 헬라인이나 다 주의 말씀을 듣더라(행 19:9-10).

에베소 사역 현장에서 사도 바울은 믿지 않는 유대인들로 인하여 곤란한 상황에 직면하게 되었다. 이러한 박해는 그 이전 전도여행에서도 경험했던 것이었다. "유대인들이 안디옥과 이고니온에서 와서 무리를 충동하니 그들이 돌로 바울을 쳐서 죽은 줄로 알고 시외로 끌어 내치니라"(행 14:19). 그런데 이번에는 사도 바울의 반응이 달랐다. 중요한 단어는 '바울이 그들을 떠나'이다. 바울은 에베소에 더이상 머물기가 어려울 만큼 반대와 공격이 더욱 심해지는 상황을 잘 알았다. 그래서 전략을 바꾼 것이다. 그는 행동 방식Modus Operandi을 바꾸었다. 기본적으로 '복음전도적 모드'에서 '훈련방식 모드'로 전환한 것이다. 대칭 구호를 기억하라. 불신자를 구원하고, 결신자를 훈련하라!

바울은 상당수의 제자들을 확보했다. 그리고 그들을 두란노 서원이라고 부르는 강당으로 인도했다. 거기서 그는 날마다 제자들을 만났다. 다시 한번 진술하면 대략 다음과 같은 이야기다.

사도 바울은 에베소에서 수백 명의 결신자들을 얻었다. 그는 좀더 그들에게 집중하고 싶었다. 그래서 바울과 그의 동역자들은 더욱 가까이 제자들을 만날 수 있는 장소를 물색했다. 돈을 주고 셋집을 얻기도 하고, 어떤 장소는 무료로 사용 승낙을 얻기도 했다. 바울은 작은 방으로 작전 본부를 옮겼다. 매일 사람들이 무리를 지어 와서, 바울과 실라와 그의 동역자들에 의해 훈련을 받았다. 한 그룹은 월요일 아침에 모였고, 다른 그룹은 월요일 저녁에 모였다. 또 다른 그룹은 화요일 점심시간에 모였다. 어떤 그룹은 비교적 조직적으로 모였고, 어떤 제자들은 시간이 날 때마다 모임 장소에 왔다. 그들이 모임을 갖는 곳은 영적 에너지로 점점 충만해졌고, 그들의 비전은 원대했다. 아시아 전 지역을 향해 나가자! 복음을 전하고, 제자를 훈련하고, 교회를 세우는 것이 모든 성도의 생활 속에 깃든 소망이었다.

골로새로부터 에베소에 온 에바브라가 복음을 듣고 새로운 제자가 되었다. 그는 골로새에 돌아간 후 새로운 교회를 개척했다(골 1:7; 4:12). 그리고 그가 개척한 교회가 인근 도시인 라오디게아와 히에라볼리에 교회를 개척하도록 도왔다(골 4:13-16).

다른 제자들도 자신의 고향으로 돌아가서 또는 사업상 여러 도시에 다니면서 하나님 나라의 메시지를 전파했고, 그들이 바울로부터 듣고 본 방식대로 했다(빌 3:17; 고전 4:17).

그 당시 로마 제국의 도로는 매우 발달해 있어서 제자들은 정기적으로 에베소에 와서 사역 보고를 했고 더욱 깊은 진리를 배우고 사역에 대한 조언을 들었다. 그들은 승리의 소식을 간증하기도 했고 어떤 사람은 실패를 고백하고 동료 제자들로부터 격려를 받고 용기를 얻기도 했다.

이렇게 전도하고—제자 삼고—교회 세우는 방식의 사역이 마치 바이러스에 의한 전염병처럼 소아시아 지역 내 로마 고속도로를 따라 놀라운 속도로 번져나갔으며 거의 모든 중요 도시 마다 교회가 세워졌다. 수천 명의 사람들이 믿음을 갖게 되었으며, 놀라운 기적이 많이 일어났다(행 19:11). 많은 믿는 사람들이 죄를 회개하며 뿌리 깊이 박혔던 마귀적인 행위를 청산하기도 했다(행 19:19).

이 과정에서 수 백 개의 교회들이 평신도들의 손에 의해 시작되었다. 어떤 교회는 가정집에서 모이기도 하고, 또는 강당에서 모이기도 하며, 회당에서 모이기도 했다. 어떤 그룹은 하나의 교회로 세워지기도 하고, 또 가정 모임으로 진행되기도 했고, 가정에서 모이는 교회가 되기도 했다. 아주 혼란스러운 상황이었지만 매우 역동적으로 흘러가고 있었다. 아마 이 기간에 나중에 요한계시록을 수신하게 되는 소아시아의 일곱 교회들이 나타났을 것이다. [16]

복음을 전하고 예수님을 따르도록 이런 식으로 사역을 계속했을 때 2년 만에 소아시아에 사는 모든 유대인과 이방인들이 다 주님의 말씀을 듣게 되었다(행 19:10). 들은 사람들이 전부 다 예수님을 믿었다고 볼 수는 없다. 그러나 하나님 나라의 복음운동이 전 지역을 떠들썩하게 만들었던 것이다.

수 백 명의 제자들(훈련자들)이 두란노 홀을 들락날락거리는 모습을 상상해보라. 사도 바울이 머무는 곳에 제자들이 오고 갔다. 점차 모든 지역의 지도자들이 세워졌다. 승리의 소식을 가지고 오기도 했고 실패의 소식을 가지고 오기도 했을 것이다. 그들은 모두 격려와 축복을 받았다. 바울은 "일깨어 삼 년이나 그들을 밤낮 쉬지 않고 눈물로 각 사람을 훈계하였"(행 20:31)다.

16) 대다수의 신약성경 학자들이 하루에서 이틀거리에 위치한 요한계시록에 나오는 소아시아의 일곱 교회들이 이 기간에 세워졌을 것이라는 데 동의한다.

훈련이란 하나님께서 일으켜주시는 놀라운 물결을 향하여 눈물어린 격려와 도전 그리고 심장의 박동 소리가 느껴지는 생명과 생명의 만남과 부딪침의 역사다. 눈물어린 훈련, 이것은 교실에서 이루어지는 것이 아니다. 이것은 삶 그 자체로서 벅찬 감동과 기쁨 그리고 눈물이 수반되는 것이다. 마음을 열고 진실한 나눔이 있는 것이다. 이것은 교실이 아니라 마치 운동선수의 라커룸과 같다. 성도의 세대 수가 거듭될수록 사도 바울 혼자서는 담당할 수 없는 사역이 되지만 그의 영향은 매우 컸다.

3년 동안 사역을 한 후에 바울은 사도행전에 기록된 놀라운 사역을 마무리하고 제자들을 떠나게 되었다. 수 백 개의 교회들이 세워졌고, 수 천 수만 명의 제자들이 생겨났다. 이 모든 것이 우상이 가득하고 마귀의 역사가 큰 이방 도시에서 이루어진 열매였다. 이 도시는 마술과 귀신들림이 가득한 곳이었고(행 19:11-20), 우상 아데미 여신을 섬기는 중심지였다. 그래서 이 도에 대한 반대가 극심했다(행 19:23).

이 도시는 누군가가 말하는 추수 가능한 지역은 결코 아니었다. 오히려 사탄의 진지가 강력한 곳이었다. 대적자들도 많았고 복음 사역이 전혀 먹혀들지 않을 것만 같은 곳이었다. 인간적인 생각으로는 아마 이렇게 말했을 것이다. "여기 말고 보다 더 수용도가 높은 추수 지역을 찾아보는 것이 좋겠어. 여기는 아직 추수 때가 되려면 멀었어."

정말 그랬는가? 사도 바울의 관점은 어떠했나? 그는 대적자들의 등장을 하나님 나라가 그들 속에 역사하기 시작한 것으로 보았다.

내가 오순절까지 에베소에 머물려 함은 내게 광대하고 유효한 문이 열렸으나 대적하는 자가 많음이라(고전 16:8-9).

역설적인 접근: 하나님 나라의 사역은 역설적인 것이다. 그래서 T4T 사역이 펼쳐져야 한다. 도저히 안 될 것 같기에 당신은 더욱 하나님과 함께 하며 하나님의 도우심을 받아야 한다. 사람들을 신앙으로 인도하라. 그리고 새로운 그룹을 시작하라. 사역을 반복하라. 훈련자를 재생산하라. CPM 운동은 새로운 세대의 훈련자들과 교회를 세우는 것이다. 절대 사람들을 붙잡아 놓고 훈련시켜 키운 다음에 나누는 것이 아니다. 이것은 제자훈련의 재혁명이다. 당신이 다스리는 것이 아니라 왕께서 다스리시는 것이다.

시작하라는 말은 내동댕이치듯이 무조건 아무렇게나 떼어 내놓으라는 것이 아니다. 비록 당신이 직접적으로 그들을 다스리지는 않는다 하더라도, 지속적으로 관심을 갖고 도우며 복음운동이 계속되도록 인도하는 것이다. 다음 장에서 이를 위한 구체적인 방법을 배우게 될 것이다.

듣기만 하지 말고 행하는 자가 되라!

이 장의 공부를 통해 하나님께서 당신에게 말씀하시는 것이 무엇이며, 어떻게 순종할 것인지 기록해보라.

Part 2 **T4T의 과정**

10장 T4T를 위한 멘토링

새 그룹을 시작하는 것은 두려운 일이다. 그렇기 때문에 그들에게 무관심해서는 안 된다.

마치 우주선이 발사되는 것과 같다. 처음에는 우주선 본부에서 모든 것을 조정하다가 점차 우주선에 탄 우주인들이 모든 것을 조정하게 된다. 우주선 발사의 과정은 우주선의 조정자가 우주인에게로 전이되는 과정이다. 우주선 발사 본부가 우주선 조정을 우주인들에게 맡긴다고 해서 모든 것에서 손 놓아버리는 것은 아니다. 우주인들이 우주선 조정을 잘 하고 있는지 항상 모니터링을 한다. 우주인들의 조정 상황을 점검하며 종종 조언을 하기도 하고 어떤 때는 항로를 바꾸도록 지시하기도 하며 사명을 완수하도록 돕는다.

약 8~10년간에 걸친 사도 바울의 전도여행을 통해, 사도행전과 바울 서신에 나타난 대로, 로마 제국의 동부 지역인 소아시아에 6~7개의 교회개척운동이 성령님의 능력 가운데 진행되었다. 그 CPM들은 다음과 같은 지역에 순서대로 펼쳐졌다. 1) 구레네, 2) 부르기아, 3) 갈라디아, 4) 마게도냐, 5) 아가야, 6) 아시아, 그리고 7) 일루리곤.[17]

소아시아에서의 CPM은 우리가 지난 장에서 살펴본 바와 같이, 사도 바울과 그의 동역자들이 약 3년간 머물렀던 에베소를 중심으로 펼쳐졌다(행 20:31). 그들은 하나의 운동으로 자리 잡는 것을 볼 때까지 충분한 기간 동안 머물렀다(행 19:10). 바울은 모든 지역에 새로운 사역이 시작될 때까지 일했다.

고린도에서 바울은 교회개척운동이 자리 잡을 때까지 약 18개월을 머물렀다.

일 년 육 개월을 머물며 그들 가운데서 하나님의 말씀을 가르치니라 (행 18:11).

사도 바울은 다시 한번 교회개척운동이 일어나도록 충분한 기간 머물렀다. 그래서 아가야 지역에 전체적으로 새로운 일이 펼쳐졌다.

하나님의 뜻으로 말미암아 그리스도 예수의 사도 된 바울과 형제 디모데는 고린도에 있는 하나님의 교회와 또 온 아가야에 있는 모든 성도에게 (고후 1:1).

---

[17] 언제 사도 바울과 그의 동역자들이 일루리곤에 갔었는지는 분명하지 않다. 그러나 로마서 15장 19절에 근거하여 세 차례에 걸친 전도여행 중 언제인가 그곳에 갔던 것은 확실하다.

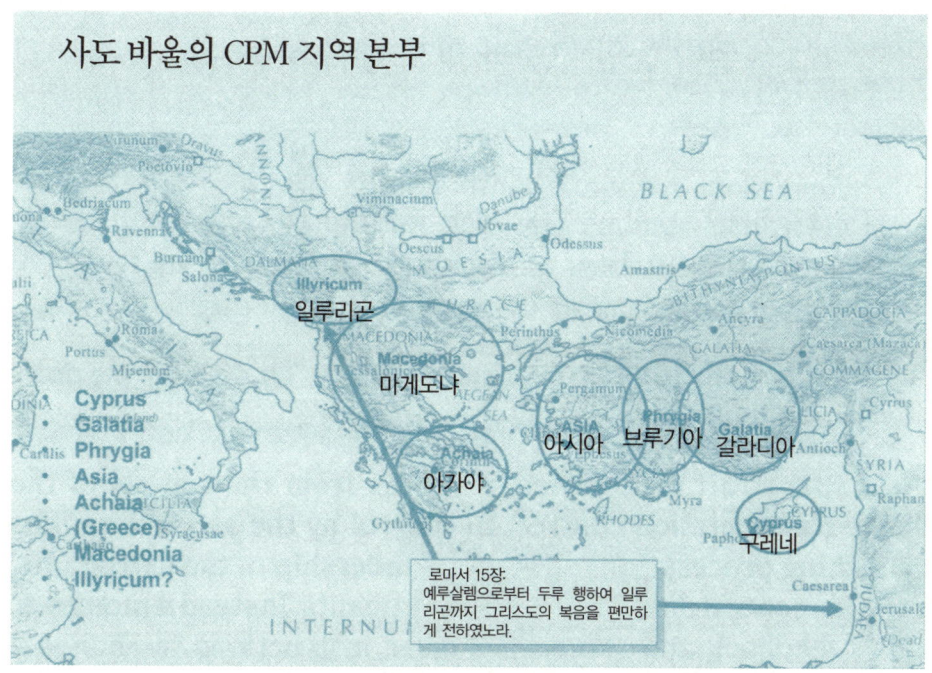

다른 지역(갈라디아, 브루기아, 마게도냐)에 대해서도 사도 바울은 몇 주간에서 몇 개월 동안 머물면서 사역을 했다. 그리고 나서, 다시 직접 방문하기도 하고, 사자를 보내기도 하고, 서신을 보내기도 하면서 그 어린 교회들을 격려하고 훈련했다. 그 결과는 다른 지역에서와 마찬가지로 비슷하게 번성했다(행 13:49; 16:5).

사도 바울에게는 그의 방문 기간이 짧건, 몇 개월이건, 또는 수년이건 간에 상관없이 성취하고자 하는 목적이 있었다. 그는 어느 지역에서 새로운 운동이 시작된 후에 그 운동을 계속 지켜보면서 멘토링을 통해 그 운동이 계속되도록 해주었다는 것이다.

얼마 동안 그룹과 함께 해야 하는가?

새로 생긴 그룹과 훈련자들과의 장기 멘토링 관계를 수립함을 통해 당신은 그 운동을 지배하거나 억누르지 않으면서 지도해줄 수 있다. 운동이 건강하게 오래 지속되기 위해서는 새로운 성도들과 교회들이 처음 시작된 후 지속적인 관계를 어떻게 맺는가에 달려 있다.

그런데 종종 이런 질문이 제기 된다. "얼마 동안 그룹과 함께 해야 하는가?"

대답은 이렇다. "당신의 목적이 무엇인가?" 당신이 목적을 기억하고 있다면 대답도 알 수 있을 것이다.

- T4T 목적: 훈련자들과 교회들의 세대를 적어도 4세대 이상 배가시킨다.

교회개척운동은 다양한 상황 속에서 교회들의 세대를 4세대 이상 배가시킨다는 특징을 갖는다. 교회개척운동으로 인정받을 만하려면 여러 세대의 교회들이 생겨나야 한다. 4세대는 운동이라 인정할 만한 최소한의 세대다.

그렇게 되려면 당신이 얼마나 T4T그룹과 함께 해야 하는가? 대답은 다양하다. 그러나 항상 6장, 혹은 10장 정도의 첫 단계 제자훈련 과정을 할 수 있는 만큼의 기간은 되어야 한다.

일반적으로 이 목적을 달성하고 새 성도들이 성령님께 의존하도록 돕기 위해서는 당신의 T4T그룹과 9~18개월은 함께 해야 할 것이다. 이 기간은 당신이 훈련하는 성도들이 당신이 그들에게 가르친 내용들을 스스로 수행하고자 하게 될 때까지의 기간이다. 이 기간은 그들이 제자의 책임을 거부하지 않고 기꺼이 받아들이는 삶을 살게 되는 기간이다.

이 기간만큼 그들과 함께 해야 할 두 가지 이유가 있다.

이유 1: 4세대를 얻기까지 함께 하라

만약 당신의 목적이 훈련자들과 교회들의 세대가 배가 되는 운동을 일으키는 것이라면, 당신은 그들이 이 과정을 달성하고 제자도의 건강한 형태를 확립할 때까지 필요한 기간만큼 그들과 함께할 필요가 있다. 아래 표를 참고하라. 당신이 기존 성도들을 훈련한다면 그들을 G0라고 부른다. 당신은 그들을 훈련하여 첫 번째 새로운 그룹을 시작하게 된다.[18] 예를 들어보자. 당신이 그들과 훈련을 1월에 시작했다면 T4T를 단기 과정으로 마치는 6주간 지속될 것이다. 이 기간에 제자도의 첫 단계인 6장을 공부하게 될 것이다. 만약 새로운 그룹을 얻지 못한다면 2월이 되어도 G1을 갖지 못하는 것이다. 이 도표에서는 6장을 공부한 후 새로운 그룹을 몇 개나 시작했는가? 한 개. 그 한 개의 새로운 그룹이 G1인 것이다.

	1월	2월	3월	4월	5월	6월	7월	8월	9월	10월	11월	12월	1월	2월	3월	4월	5월	6월	새그룹수
G0	×																		1
G1		×																	1
G2																			
G3																			
G4																			2

어떤 T4T그룹은 몇 개월 만에 새로운 T4T그룹을 시작하기도 하고, 어떤 그룹은 몇 주 만에 새로운 그룹을 시작하기도 할 것이다. 드물기는 해도, 아주 이른

18) 만약 당신이 새로운 성도들을 믿음으로 인도하여 새 그룹을 만들었다면 그들이 첫 번째 그룹이 될 것이다.

시기에 새로운 그룹을 시작하기도 한다. 당신이 얼마나 잘 훈련을 시키느냐, 그들이 얼마나 열심히 전도하느냐, 그들의 오이코스들을 그리스도께로 인도하는데 얼마나 걸리느냐 등에 따라 기간이 달라진다. 그룹마다 상황이 다르다.

이 도표에 의하면, 당신의 그룹은 2월 말에 단기 제자훈련 과정을 마쳤다. 그런데 여전히 한 개의 새로운 그룹만을 가지고 있다. 운동으로 인정되려면 적어도 4세대의 그룹이 나타나야 한다. 당신의 그룹은 T4T의 기본 개념을 새롭게 인식하고 굳게 붙잡을 필요가 있다. 당신은 이어서 제자훈련의 두 번째 단계인 귀납적 성경공부를 진행하게 된다. 그리고 연습시간에 전반부 단계에서 배운 내용들을 복습할 수 있다. 그 내용들은 당신의 훈련생들이 새로운 그룹을 시작하여 훈련자가 될 때, 그들의 훈련생들을 훈련하는 데 도움이 될 것이다. 나아가 역할극을 통해 새로운 세대의 그룹을 시작할 때 어떻게 하는지 연습할 수도 있고, G1그룹이 G2그룹을 어떻게 도울 수 있는지에 대해서도 훈련할 수 있다. 하나의 운동으로 자리를 잡을 때까지 예수 그리스도의 주재권아래 당신이 담당해야 할 역할을 잘 수행하기 바란다.

G1그룹이 6개월 동안 새로운 그룹을 시작하지 못하다가, 6개월이 지난 후 몇 개의 G2그룹을 어렵사리 시작했다. 잔치를 열만하다. 하나의 운동을 향해 나아가는 것이다. CPM의 장애물을 넘어가고 있다. 새로운 성도들이 그들의 영역 내에서 다른 새 성도를 얻고 있는 것이다. 이때 만약 당신이 빠진다면 G2로 그치고 말 것이다. 그래서 당신이 더 함께 해야 한다.

	1월	2월	3월	4월	5월	6월	7월	8월	9월	10월	11월	12월	1월	2월	3월	4월	5월	6월	새그룹수
G0	×																		1
G1		×																	4
G2					×														3
G3																			
G4																			
																			8

이제 당신에게 큰 과제가 주어진다. 당신의 최초 훈련생 그룹인 G0로 하여금 G1을 훈련하여 그들이 다시 G2를 훈련하여 그들로 하여금 새로운 그룹을 시작하게 해야 한다는 것이다. 다행스럽게도 G2가 훈련을 잘 받아서 효과적으로 전도하고, 새 성도들을 잘 훈련하여 3개월 후인 11월경에 G3가 생겨났다. 다시 한 번 잔치를 벌려야 한다. T4T의 DNA가 보존되고 복제되는 놀라운 사건이다. 이 정도만 되어도 당신은 흥분할 만하다. 그러나 이 시점에서 당신이 떠난다면 G3로 끝나버릴 수 있다. 당신은 하나의 사역이 운동으로 자리 잡으려면 적어도 4세대가 생겨야 됨을 잘 알고 있다.

	1월	2월	3월	4월	5월	6월	7월	8월	9월	10월	11월	12월	1월	2월	3월	4월	5월	6월	새그룹수
G0	X																		1
G1		X																	6
G2						X													10
G3											X								5
G4																			
																			22

그런데 무슨 이유인지 G3가 좀처럼 G4를 가지지 못한다. 그러다가 6개월 후에 G4가 생겨났다. 정말 큰 잔치를 벌려야 한다. 이제 이 사역은 다양한 관계망을 따라 뻗어 나가고 있다. 그룹이 다르면, 대다수 잘 모르는 사람들일 것이다. 이때가 대략 이듬해 2월경이다. 이때 당신은 떠날 수 있다. 그러나 막 G4그룹이 시작되었다. 하나의 분명한 운동으로 자리 잡게 하기 위해서 당신이 더 머물러 있어야 한다. 당신은 다양한 그룹들에 장기적인 성경공부가 자리 잡고, 이 장 후반부에서 공부하게 될 순종해야 할 여러 가지 내용들에 대해서 가르쳐줄 수 있을 것이다.

	1월	2월	3월	4월	5월	6월	7월	8월	9월	10월	11월	12월	1월	2월	3월	4월	5월	6월	새 그룹 수
G0	×																		1
G1		×																	6
G2					×														17
G3									×										15
G4													×						4
																			43

이 18개월의 기간 동안에 계속하여 새로운 그룹들을 시작했다.

당신은 하나의 그룹을 시작했다.

G0그룹은 18개월 동안 6개의 새로운 그룹을 시작했다.

G1그룹은 18개월 동안 17개의 새로운 그룹을 시작했다.

G2그룹은 18개월 동안 30개의 새로운 그룹을 시작했다.

G3그룹은 18개월 동안 10개의 새로운 그룹을 시작했다.

G4그룹은 18개월이 지난 시점에서 새로운 그룹을 시작하려고 열심을 내고 있다.

	1월	2월	3월	4월	5월	6월	7월	8월	9월	10월	11월	12월	1월	2월	3월	4월	5월	6월	새 그룹 수
G0	×																		1
G1		×																	6
G2					×														17
G3									×										30
G4													×						10
																			64

당신이 함께하는 18개월 동안 4세대에 걸친 64개의 새로운 그룹들이 생겨났다.

지금은 18개월의 예를 들어보았지만, 어느 경우에는 3개월, 혹은 3년짜리 시나리오도 있을 수 있다.

당신이 함께하는 기간은 당신이 얼마나 많은 내용을 가르쳐주느냐가 아니라 얼마나 많은 세대가 재생산되게 할 것인가에 달려 있는 것이다.

G4 모니터링 하기

일 년쯤 전에 무슬림 지역에서 사역하는 동역자가 놀라운 이야기를 들려주었다. 기적의 연속이었다. 우리 신랑이신 주님께서 자신의 신부를 친히 찾고 계신 놀라운 일이었다. 그는 도표를 보여주면서 얼마나 많은 새 성도들이 침(세)례를 받았고 새로운 교회가 시작되었는지 말해주었다. 나는 그와 함께 하나님께 영광을 돌렸다.

그리고 그에게 그 역사가 CPM 운동으로 자리를 잡았는지 아닌지를 알고 싶어서 물었다. "그 교회들 중에 G1, G2, G3, G4세대가 각각 몇 개씩이나 있습니까?"

그 친구는 의아한 얼굴로 나를 쳐다보며 대답했다. "모르겠는데요. 한 번도 그런 식으로 생각해보지 않았어요." 몇 주 후 나는 그 형제로부터 이메일을 받았다. 그는 교회들을 세대별로 나누어 통계를 내서 보내주었다. 아직 CPM 운동이라고 평가하기는 이르다. 그러나 아주 가까이 다가갔다. 곧 CPM으로 자리매김을 할 것 같다.

"모르겠는데요. 한 번도 그런 식으로 생각해보지 않았어요"라고 한 그의 말이 놀라웠다. 우리의 사역이 CPM으로 자리 잡지 못하는 이유 중 하나가 우리 사역의 결실을 CPM 평가지표에 비추어 보지 않는다는 것이다. CPM 평가지표는 다름 아니라 4세대의 그룹이나 교회가 있는가 하는 것이다. 4세대에 걸친 새 성도들, 침(세)례받은 사람들, 그룹들, 그리고 교회들이 생겨나야 한다. 4세대가 나타나지 않는 한 교회개척운동이 아니다.

이유 2: 확고한 지도자를 세울 때까지 함께 하라

18개월 동안 함께 해야 할 첫 번째 이유는 4세대에 걸친 새로운 그룹을 얻기까지다.

T4T그룹과 9~18개월 동안 함께 해야 할 두 번째 이유는 각 세대에 확고한 지도자를 세우기 위해서다. 당신은 이 운동이 계속되게 하기 위해서 필요한 지도자를 세울 수 있는 제도적 장치를 마련해야 한다. CPM을 다른 말로 하면 지도자 배가운동이라고 할 수 있다. 지도자를 개발하는 것은 성령님께서 운동을 계속하시게 하는 엔진과도 같다.

그러면 이 기간 동안에 지도자들이 어떻게 세워질 수 있는가? 17장에서 자세히 배우게 될 것이다. 여기서는 지도자 훈련의 한 단면만을 설명하겠다.

매번 훈련을 위해 모일 때마다 세 부분으로 진행함을 기억하라. 전반부는 목회적 돌봄을 위한 시간이다. "어떻게 지내십니까?"라는 질문으로 시작한다.

	1월	2월	3월	4월	5월	6월	7월	8월	9월	10월	11월	12월	1월	2월	3월	4월	5월	6월	새그룹수
G0	×																		1
G1		×																	6
G2					×														17
G3								×											30
G4													×						10
																			64

그리고 위의 도표를 보라. 당신의 G0그룹원들이 최초 몇 주간 목회적 돌봄과 연관된 어떤 질문들을 가지고 있을지 생각해보기 바란다.

- "지속적으로 기도할 수 있는 시간을 어떻게 마련할 수 있나요?"

- "죄를 극복하는 삶을 어떻게 살 수 있습니까?"

- "나의 배우자를 믿음으로 어떻게 인도할 수 있겠습니까?"

- "지금 동거하고 있는 남자 친구 아파트에서 나가고 싶은데, 나를 위해 기도해주세요."

- "악한 영들이 나를 공격하는 것 같아요. 내가 보호받을 수 있도록 기도해주세요."

- "직장에서 별로 인정을 받지 못하는 것 같아요. 실직할 것 같은데 어떻게 하면 좋지요?"

대부분의 질문이 기초적인 제자도에 관한 것이거나 인간관계에 관한 것들이다.

이제 G0그룹이 6개월 정도 지나면 어떤 질문들을 갖게 될까?

- "나의 새로운 그룹과 만나는 시간을 언제로 하면 좋을까요?"

- "얼마 동안 만나야 하나요?"

- "어떻게 하면 그들로 하여금 하나님 말씀에 순종하도록 할 수 있을까요?"

- "사람들이 전도를 안 하는데, 어떻게 하면 좋지요?"

- "이미 두 개의 그룹을 인도하고 있는데, 이제 시작하려고 하는 그룹까지 하면 힘들 것 같아요. 저를 좀 도와주세요."

9~10개월 정도 지나면, 당신이 "요즈음 어떻습니까?"하고 물었을 때 그들은 무슨 일에 관심이 있을까?

- "G2그룹을 인도하는 한 형제가 죄 가운데 빠져 있어요. G1 리더로 하여금 그를 도와주게 해야 할 텐데 내가 어떻게 하면 좋지요?"

- "나의 G2그룹 리더 하나가 아직 G3그룹을 시작하지 못했는데, 그를 어떻게 도울 수 있을까요?"

- "거짓 리더들이 몇 있어서 그들을 모아 격려하고 싶은데 뭐 좋은 방법이 없을까요?"

- "G2 리더 중 하나가 이혼에 대한 신학적인 질문을 했는데, G1 리더가 대답

을 해주지 못했어요. 저도 잘 모르겠어요. 성경에서는 뭐라고 하는지요?"

- "여러 사람들과 여러 그룹을 돌보는 것이 무척 힘드네요. 저의 영혼도 점점 메말라가는 것 같아요. 새로운 마음을 가지기 위해 주님과 함께 수련회를 가질 수 있도록 도와주세요."

어떤 변화가 일어나는지 보셨죠? 당신이 이런 질문들에 대해 답해줄 때, 그들은 단지 개인적인 문제를 해결할 뿐만 아니라 지도자로서의 능력도 배양해가는 것이다. 리더 활동을 하면서 리더 훈련을 받는 것이 최상의 방법이다. 당신은 그때그때 적절한 반응을 보여줄 수 있고, 문제들을 전제적으로 다루어줄 수 있다. 하나님의 말씀을 깨닫고 순종하는 굳건한 생활 방식을 수립하도록 도와주어야 한다. 이 방식은 사도 바울이 디모데와 디도에게 편지로 말해준 것과 같은 내용이다(딛 1:5).

물론 리더를 훈련하는 더욱 체계적이고 전문적인 프로그램이 있지만, 초기 단계에서 가장 적절한 방법은 세 부분으로 모임을 진행할 때 하는 것이다. 당신이 그들과 충분히 함께할 수 있고, 그들도 그들의 그룹과 충분히 함께할 수 있으며, 모든 세대들이 그렇게 할 수 있다면 각각의 단계별로 필요한 지도력은 그때그때 생기는 문제들과 질문들과 필요들과 당황스러운 상황들에 대해 그때그때 주어지는 해결책을 통해 함양될 수 있다.

지도자를 세우는 운동

지도자의 필요가 급속히 증가할 때, 자칫 깊이 없는 운동이 되기 쉽다. 하지만 반대로 에베소서 4장 11~16절에 나타난 대로 성숙한 지도자들이 충분히 세워지면 성도들도 잘 세워지게 된다(4장을 보라). T4T 운동이 시작되기 전에 CPM이 많이 위축되었었다. 그때 많은 사람들에게 복음을 전하여 많은 그룹과 교회를 인도해야 하는 리더들이 여럿 있었다. 그런데 필요한 새로운 지도자들이 적절히 훈련되지 못했다. 시간이 흐르면서 지도자의 숫자가 새로운 교회의 숫자를 따라가지 못하게 되었다. 그 결과는 지도자들의 과중한 부담이었다.[19]

교회 증가 + 지도자 훈련 부족 = 지도자들의 과중한 부담
(CPM이 저조해지고 중단됨)

T4T 운동이 널리 보급되었을 때, 우리가 발견한 사실은 새로운 교회의 증가 숫자와 새로운 리더의 숫자가 엇비슷하게 맞는다는 것이었다. 종종 슈퍼 개척자에 의해 교회가 매우 빠른 속도로 개척되는 아주 특별한 경우(이럴 때는 거의 리더들이 탈진하게 된다)를 제외하고는 일반적으로 그렇다. 필요한 리더들이 채워질 수 있는 것은 모든 성도들이 훈련자로 훈련되기 때문이다.

잉 자신은 자칫 교만해지기 쉽기 때문에 '지도자'(리더)라는 용어를 사용하지 않으려 한다. 대신 그는 모든 그룹을 인도하는 리더를 '훈련자'라고 한다. 그의 훈련자들 중에는 수천 개의 그룹을 이끄는 사람도 있지만 그냥 '훈련자'라고 부를 뿐이다. 교만해지는 것을 피하기 위해 다른 명칭을 사용하지 않고 있다. '훈련자'라는 말은 제자훈련의 기본 원리를 배워서 받아들이고, 다시 다른 사람들에게 전해주는 역할을 하는 사람을 의미한다.

요점은 이것이다. T4T 운동은 당신이 세 부분 과정을 잘 진행하면 지도자 훈련은 거의 저절로 이루어지게 되어 있다. 당신의 훈련자들이 새로운 세대를 시작하게 되면 지도력에 관한 질문이 나오게 마련이고, 그런 문제들을 해결하다 보면 지도자 훈련은 저절로 되는 것이다. 명칭이야 뭐라고 부르든 상관없다.

19) 이 용어는 나의 동역자 빌 훠지(Bill Fudge)로부터 배운 것이다.

T4T는 당신이 사도 바울이 잘 수행했던 사역을 따라 배우도록 해준다. 그는 새 성도부터 시작하여 각 단계별로 적절한 지도력을 발휘하도록 가르쳤다.[20] 바울은 새 성도에게도 과제를 부여했고, 사역을 진행하는 가운데 직면하는 문제들을 함께 해결함으로 지도자들을 아주 빠르게 세울 수 있었다. 사도 바울이 3차 전도여행을 마치고 예루살렘으로 돌아갈 준비를 하고 있을 때, 매우 흥미로운 구절이 기록되었다.

> 아시아까지 함께 가는 자는 베뢰아 사람 부로의 아들 소바더와 데살로니가 사람 아리스다고와 세군도와 더베 사람 가이오와 및 디모데와 아시아 사람 두기고와 드로비모라(행 20:4).

이 구절에 등장하는 사람들을 한번 살펴보자.

바울이 8~10년 동안에 걸친 세 차례의 전도여행을 마무리 할 때, 그의 여정을 통해 형성된 운동 속에 나타난 지도자들이 함께 했다.

- 가이오는 더베 사람으로 7~8년 전 1차 전도여행 때 만났다.

- 디모데는 5~7년 전 2차 전도여행 때 루스드라와 이고니온에서 만났다 (행 16:1-3).

- 소바더는 베뢰아 사람 부로의 아들로서 4~6년 전 2차 전도여행 때 만났다.

- 아리스다고와 세군도는 데살로니가 사람으로서 4~6년 전 2차 전도여행 때 만났다.

20) 17장에서 사도 바울이 새 성도가 리더가 되면서 금지해야 할 것에 대한 설명을 볼 수 있다.

■ 두기고와 드로비모는 아시아 사람으로서 1~4년 전 3차 전도여행 때 만났다.

바울의 리더들은 매우 빠르게 성장했다. 그가 세 차례 전도여행을 마치고 예루살렘으로 돌아올 때, 그가 일으킨 주요 CPM 중심지로부터 온 성숙한 동역자들이 함께할 수 있었다. 우리는 사도 바울의 세 차례 전도여행 기간 동안 그의 추수 사역과 함께 길러진 핵심 지도자들(평범한 일꾼들은 말고)이 30명이 넘는다는 사실을 알 수 있다. CPM은 안디옥교회나 예루살렘교회로부터 지도자들을 공급받은 것이 아니라, 복음이 전해지던 바로 그 현장에서 시작되었다.

그의 다양한 사역 팀들의 존재는 바울을 모본으로 삼고 제자도의 형태를 따르는 새로운 지도자들이 얼마나 효과적으로 세워졌는지를 잘 보여주고 있다 (빌 3:17).

요약

하나의 운동을 일으키기 위해서는 9~18개월 동안(혹은 더 길게)의 멘토링이 매우 중요하다. 새로운 그룹이 시작되고 중단되지 않기를 원한다면 다음의 두 가지를 위해 당신의 멘토링이 충분한 기간 동안 반드시 필요하다.

1. 새 성도들이 4세대 성장을 할 수 있도록 지원.

2. 굳건한 지도자로 세워지도록 지원.

당신이 CPM을 조종하기보다는 성령님께서 조종하시기를 원할 것이다. 당신은 하나님의 도움을 받아서 새 성도들을 지도해야 한다.

시작하고 중단하지 마라! 이것만이 제자도의 혁명이 오래 지속되는 비결이 될 것이다.

우리는 지난 몇 장을 통해서 T4T의 핵심적인 과정을 공부했다. 이제 이런 내용을 당신의 상황 속에서 어떻게 적용하여 실천하겠는가? 생각해보라.

듣기만 하지 말고 행하는 자가 되라!

이 장의 공부를 통해 하나님께서 당신에게 말씀하시는 것이 무엇이며, 어떻게 순종할 것인지 기록해보라.

Part 3 **T4T의 적용**

11장 비전 제시

지난 몇 장에 걸쳐 당신은 T4T의 중심 과정인 혁명적 제자도의 생활 방식이 무엇인지를 보았다. 그러면 당신은 어떻게 당신이 있는 지역에서 T4T를 시작할 수 있는가?

당신이 있는 지역에서 T4T가 효과적으로 진행되기 위해서는 불신자가 훈련자로 변화되어야 하고 새로운 교회들이 생겨나야 한다. T4T 과정은 사람들이 "예" 하면서 다음 단계로 나가고자 할 때 그렇게 할 수 있도록 각 항목 마다 어떻게 하면 되는지를 알게 도와줄 것이다. 이 과정은 CPM이 일어나도록 주도하시는 왕이신 하나님과 동역하는 데 도움이 되는 모든 내용을 담고 있다. 이것은 하나님 나라의 확장 사업에 하나님과 인간의 동역에서 당신이 해야 할 것을 하도록 도와준다.

T4T의 내용이 무엇인가? 이제부터 몇 장에 걸쳐 T4T가 당신의 사역 속에 효과적으로 펼쳐질 수 있도록 도움이 되는 내용들을 배우게 될 것이다. 당신이 그 내용들을 제대로만 받아들인다면 T4T는 하나님과 인간의 동역을 통해 하나님께서 역사하시고 성령 하나님의 역사하심이 담기는 새 부대를 반드시 가지도록 당신을 도울 것이다.

반드시 된다. 그러나 안 될 수도 있다

T4T가 잘 안 되는 이유가 몇 가지 있다.

- T4T의 의미와 단계들을 제대로 이해하지 못하기 때문이다. 그래서 이 책이 있는 것이다.

- 종종 T4T의 내용을 우리 마음대로 변형시켜서 이 운동이 제시하는 단계들과 추구하는 본질을 놓치게 만들어 버리기 때문이다.

- 훈련자들이 "예" 하면서 다음 단계로 나가기를 원하지만, 훈련자들을 적절히 훈련시키지 못하기 때문이다.

당신이 T4T의 훈련 내용을 마음대로 바꾸어 당신의 훈련생들을 CPM의 과정을 따라 제대로 진행할 수 없도록 망쳐버릴 가능성도 얼마든지 있다. 이 장과 다음 장에서 당신이 그런 실수를 범하지 않도록 도와줄 것이다. 당신으로 CPM의 기본 과정을 잘 이루어가도록 돕기 위해 T4T의 중심 단계들에 초점을 맞추어 설명할 것이다.

- **1) 성도들을 동원하라.** 비전 제시를 통해 운동을 시작하도록 하나님께서 움직여주실 성도들을 찾는다.

- **2) 대상자를 발견하라.** 새 성도가 반응할만한 방법으로 복음이 증거될 때 영접할 준비를 시켜 주라.

- **3) 전도하라.** 새 성도라도 할 수 있다.

- **4) 제자로 훈련하라.** 새 성도라도 재생산할 수 있다.

- **5) 교회를 시작하라.** 새 성도도 능히 할 수 있다.

- **6) 지도자로 세우라.** 새 성도들도 경험할 수 있고 또 전해줄 수 있다.

T4T 사역을 하고 있는 곳에서는 새 성도들이 훈련 단계들을 잘 밟아 CPM에 이르도록 하기 위한 방법들의 '묶음'이 필요하다. 종종 어떤 과정에서 막혀서 CPM이 일어나지 않는 경우가 있다. 이 책에서는 T4T를 위한 효과적인 자료 묶음이 제공될 것이다. 그리고 보조자료들도 하나의 예시로 제시될 것이다. 당신은 이 책을 읽으면서 한 단계 한 단계 옮겨 갈 때마다 당신이 수행해야 할 것이 무엇인지를 명확하게 해줄 것이며, T4T를 당신의 사역 현장에 어떻게 적용하여 실시할 것인지 그리고 T4T 과정이 잘 이루어지기 위해서 당신이 피해야 할 것이 어떤 것들인지를 알게 해줄 것이다.

당신의 궁극적 사명

T4T는 세상을 보는 우리의 시선을 확실하게 해준다. 구원받은 사람과 구원받지 못한 사람. T4T를 당신의 사역 현장에 접목시키기 위해서, 첫 번째 할 일은 이 운동을 시작하기 위해 하나님께서 쓰실 수 있는 사람들을 찾아내는 것이다. 모든 성도들에게는 하나님께서 예비하신 궁극적 사명이 있다. 그리스도의 장성한 분량을 닮도록 성장하는 것과 하나님의 사명을 성취하기 위하여 선한 일을 수행하도록 준비되는 것이다. 이것은 됨과 함의 온전한 균형이 이루어지는 것이다.

> 하나님이 미리 아신 자들을 또한 그 아들의 형상을 본받게 하기 위하여 미리 정하셨으니 이는 그로 많은 형제 중에서 맏아들이 되게 하려 하심이니라 (롬 8:29).

> 우리는 그가 만드신 바라 그리스도 예수 안에서 선한 일을 위하여 지으심을 받은 자니 이 일은 하나님이 전에 예비하사 우리로 그 가운데서 행하게 하려 하심이니라(엡 2:10).

> 온 세계에는 모든 민족과 방언과 나라들 가운데에로부터 구원받아야 할 수 많은 영혼들을 구원의 길로 이끌기 위한 하나님의 거룩한 사역을 위해 부르심을 받아야 마땅한 성숙하지 못하고 준비되지 못한 많은 성도들이 가득 차 있다. 모든 성도들은 각 세대 속에서 하나님의 목적을 성취하기 위해 부름받아야 한다(행 13:36).

하나님께서 이 일을 위해 성도들을 준비시키고자 하신다면, 우리의 책임은 그들이 이 하나님의 뜻을 보고 성취하도록 그들을 향한 비전을 세우는 것이다.

됨과 함을 위한 비전 제시하기

비전 제시란 생활 속에서 지속적으로 형제자매들을 향해 그들에게 어떤 존재이며 그리스도 안에서 어떤 존재가 될 수 있는지(됨)와 하나님께서 자신을 통해 무엇 하기를 원하시는 지(함)를 알도록 도와주는 것이다. 우리가 타락한 세상에서 살고 있기 때문에 영적인 실재와 하나님께서 보고 행하여 성취하도록 예비해두신 거룩한 목적을 상실하기가 쉽다. 우리는 바라보지만 말고 행동으로 성취하도록 서로를 일깨우도록 변화되어야 한다.

> 서로 돌아보아 사랑과 선행을 격려하며 모이기를 폐하는 어떤 사람들의 습관과 같이 하지 말고 오직 권하여 그 날이 가까움을 볼수록 더욱 그리하자 (히 10:24-25).

예수님께서도 이 일을 하셨다. 요한복음 1장에서만 두 번 행하신 것으로 기록되어 있다.

시몬 베드로는 그의 형제 안드레에 의해 예수님께로 인도되었다. 시몬은 어떤 사람이었나? 밀려들었다가 밀려나가는 파도와 같은 사람이었고, 감정적으로 흔들리는 사람이었다. 그리고 과격함을 드러내기도 했다. 나는 개인적으로 한번 상상해보았다. 베드로가 예수님께 나올 때 아마도 이런 마음을 가지지 않았을까? "그래, 이 사람이 내가 누군지 잘 모를 테니 뭐 달라질게 있겠는가?"

그러나 예수님은 그에게 뭐라고 인사말을 던지셨습니까? "네가 요한의 아들 시몬이구나"(요 1:42). 아마도 시몬의 얼굴이 하얗게 변하면서 "아니 나를 아시네. 변할 수밖에 없겠구나."

예수님의 다음 말씀이 무엇이었나? "지금부터는 내가 너를 게바(반석)라 하리라" 와! 베드로가 어떤 사람이 될 것인지에 대한 비전을 제시해주신 것이다. 흔들림 없이 확고하게 시몬의 미래에 대해 말씀해주셨다.

그리고 조금 있다가 빌립이 나다나엘을 예수님께 데리고 왔다. 나다나엘은 회의적인 사람이었다. 그러나 예수님은 그에게 두 가지 비전을 제시해주셨다.

예수께서 나다나엘이 자기에게 오는 것을 보시고 그를 가리켜 이르시되 보라 이는 참으로 이스라엘 사람이라 그 속에 간사한 것이 없도다(요 1:47).

예수께서 대답하여 이르시되 내가 너를 무화과나무 아래에서 보았다 하므로 믿느냐 이보다 더 큰 일을 보리라 또 이르시되 진실로 진실로 너희에게 이르노니 하늘이 열리고 하나님의 사자들이 인자 위에 오르락내리락 하는 것을 보리라 하시니라(요 1:50-51).

예수님께서 베드로를 보시고 그런 말씀을 해주시기까지 얼마나 시간이 걸렸다고 생각하는가? 당신에게 시간이 많다면 좀 천천히 말할 수도 있겠다. 그러나 그럴 필요가 없다.

사도행전 11장 25~26절을 보면 바나바가 다소Tarsus에 가서 사울(바울)을 만나서 안디옥에 개척된 새로운 교회에 데려가고자 초청하는 장면이 기록되어 있다. 바나바가 사울에게 뭐라고 말했을 것 같은가? 다음과 같이 말하지 않았을까? "사울 형제, 당신의 마음속에 하나님께서 이방인을 품게 해주셨음을 압니다. 안디옥에 이방인 교회가 세워졌어요. 나와 함께 가서 그들을 향한 하나님의 계획을 모두 가르치도록 합시다. 아마 이 사역이 이방인을 향한 커다란 운동의 시작이 될 것입니다."

사울은 그와 함께 갔고, 안디옥교회는 운동의 중심지가 되었다.

운동이 시작되도록 성도들을 동원하라

아마도 T4T가 시작되어 CPM이 이루어지도록 하기 위한 가장 중요한 출발이 당신이 있는 곳에서 혹은 당신과 같은 문화권에 속한—같은 언어를 사용하는 사람들—성도들을 동원하는 것이 아닐까 한다. 동원한다는 것은 하나님께서 그들을 통해 하실 수 있는 일에 대하여 비전을 세워주고, T4T 과정을 따르기로 동의하고 훈련을 시작하게 하는 것이다.

T4T는 하나님께서 부르시어 생활과 사역을 이루도록 구원받은 사람을 훈련하는 것으로서 사역을 위하여 성도를 온전케 하는 것이다.

> 그가 어떤 사람은 사도로, 어떤 사람은 선지자로, 어떤 사람은 복음 전하는 자로, 어떤 사람은 목사와 교사로 삼으셨으니 이는 성도를 온전하게 하여 봉사의 일을 하게하며 그리스도의 몸을 세우려 하심이라(엡 4:11-12).

그러므로 T4T 과정의 중요 내용은 성도들에게 하나님을 위하여 그리스도의 성품을 닮고 하나님의 목적을 위하여 자신을 드릴 수 있도록 비전을 제시해주는 것이다.

아시아에서 풍성한 결실을 거두고 있는 선교사님들을 대상으로 2007년과 2008년에 한 조사를 실시했다. 일 년 동안 침(세)례 준 숫자, 새로 시작한 그룹 숫자, 새로 개척한 교회 숫자 등의 통계와 함께 다른 선교사들과 어떤 면이 다른지를 조사했다. 그런데 그 결과가 매우 놀라웠다. 가장 풍성한 결실을 맺은 사역자들의 중요한 특징은 전도활동이나 교회개척이 아니라, 그 지역의 성도들에게 비전을 세워주고 CPM을 향한 하나님 나라의 과업을 향해 움직이도록 동원했다는 것이다.

9군데의 도시 CPM 지역을 조사했을 때도, 선교사님들이 불신자들에게 직접 전도하여 얻은 것보다는 대다수의 결실이(한 군데서는 95%가) 선교사님들이 동원하여 훈련한 성도들에 의해 맺혀진 것으로 나타났다.

2010년에는 동남아시아 지역의 100군데 CPM 팀들을 대상으로 조사를 했는데, 그 결과 현지 성도들과 함께 연합으로 사역을 한 팀들이 그렇게 하지 않은 팀들보다 약 90% 정도가 더 많이 침(세)례를 베풀었고, 새로운 그룹을 시작했으며, 새로운 교회를 개척한 것으로 나타났다.[21]

어디서부터 동원을 시작하는가?

요점은 이것이다. T4T를 통해 당신과 함께 하며 훈련받는 지역 성도들을 동원하기(비전을 제시하고 훈련하기)에 충분한 시간을 갖는 것이 제자훈련의 새로운 혁명을 일으키는 데 가장 가치 있는 일이다. 당신이 어디로부터 동원 사역을 시작하는가는 당신의 상황에 달려 있다.

타문화권 사역자

당신이 타문화권에서 사역하고 있다면 그 문화권에 속한 성도들을 동원하는 것이 우선이다. 그들은 주님을 따르고자 할뿐만 아니라 가르쳐질 수 있기 때문이다. 여러 부류의 사람들 중에서 그 문화권에 속한 사람이 여러 가지 면에서 효과

---

21) 이러한 유익한 정보를 제공해준 브라이언 갤러웨이(Bryan Galloway)에게 감사를 표한다.

적이다. 나는 나의 사역을 펼치면서 이나Ina 지역과 함께 사역 대상자로서의 여러 문화권을 비교해보았다. 사역을 우선적으로 펼쳐야 할 문화적 그룹의 순서는 다음과 같다.[22]

1. 같은 문화권에 속한 사람들: 이나Ina 종족 성도들.

2. 국내 소수자들: 국내 다른 소수 종족 성도들.

3. 국내 다수자들: 국내 다른 다수 종족 성도들.

4. 국내 언어를 사용하는 아시아 종족들: 이 나라의 언어를 사용하는 다른 아시아 종족들.

5. 다른 나라 출신 아시아인들: 서양인처럼 드러나지 않는, 이 지역에 와서 살게 된 아시아인들.

6. 기타 사람들.

만약 당신이 있는 곳에 같은 문화권에 속한 성도가 있다면 동원을 위해 많은 시간을 할애하라. 그래서 그들에게 비전을 심어주고 훈련하라. 만약 아주 적은 수의 성도들만 있다면 당신은 앞에서 말한 우선순위의 순서를 따라 사람들을 동원해야 할 것이다. 당신은 가장 가까운 문화권에 있는 사람들이 누구인지를 잘 따져봐야 할 것이다. 예를 들면, 이집트계 아랍인 무슬림에게 전도하기 위해서는 이집트계 콥트Coptics 교인보다는 요르단계 아랍인 성도를 찾는 것이 더 효과적일 것이다.

[22] 이 내용을 이처럼 간결하게 정리한 사람은 빌 훠지(Bill Fudge) 선교사다.

만약 당신과 같은 문화권에 있는 사람들에게 전도한다면 그들 중에 있는 성도를 동원하는 것이 이미 언어와 문화를 잘 알고 있기 때문에 효과적일 가능성이 높은 것이다.

교회개척자

만약 당신이 국내에서 다른 지역에 새로운 교회를 개척하고자 한다면(교회개척운동을 한다면) 그 지역에 속한 성도를 찾고자 할 것이다. 그리고 함께할 교회개척 팀으로 그 지역 성도들을 동원하는 것이, 그 지역 내에 이미 오이코스를 구축하고 있기 때문에, 그 지역에 복음의 문을 열기 위한 하나님의 핵심 도구가 된다. 당신은 그들에게로 가서 그들을 향한 하나님의 계획이 무엇인지 그리고 하나님께서 그들을 통해 하실 수 있는 것이 무엇인지를 비전으로 제시해주어야 한다. 우선 하나님께서 일으키시려는 운동이 어떤 것인지에 대하여 이 책자를 그들과 함께 읽을 수 있다. 또는 다른 어떤 사람을 통해 이 주제에 대해 붙잡아야 할 내용을 들을 수도 있다.

교회지도자들과 교인들

만약 당신이 T4T를 당신 교회에 접목시키고자 한다면, 가장 먼저 해야 할 일은 이 책의 중심 개념에 대하여 교인들과 교회 스탭들과 대화하는 것이다. 당신은 그들과 제자훈련의 혁신을 위해 함께 배우고 함께 행동할 것에 대하여 그들과 언약을 맺을 수 있다. 당신은 당신이 있는 마을과 도시에서 운동을 일으키는 하나님께서 사용하시는 불씨가 될 수 있다. 그리고 그 운동의 기초를 놓기 위해 사람들과 이 책을 함께 읽을 수 있다.

비전 제시

T4T 과정을 진행함에 있어서 당신과 당신이 동원하는 성도들을 이어주는 다리는 비전 제시다. 예수님께서도 제자들에게 그렇게 하셨고, 사도 바울도 그렇게 했다. 우리도 그 발자취를 따라 그렇게 해야 한다. T4T 훈련 과정을 통해 자연스럽게 할 수 있지만 T4T 관계에서 당신이 우선해야 할 것이 무엇일까? 먼저 하나님께서 그들 가운데서 그리고 그들을 통해서 무엇을 하실 수 있는지에 대해 그들에게 비전을 제시해주어야 한다.

잠재적인 동역자인 성도들에게 비전을 제시해주는 것은 CPM에서 가장 큰 가치가 있는 과업이다. T4T 동원을 위하여 당신이 지침으로 삼을 수 있는 내용을 R-E-L-A-T-E (관련 맺다) 단어에 맞추어 다음과 같이 제시한다. 물론 이 내용을 참고자료에서도 볼 수 있지만 여기서는 간단하게 소개한다.

관계를 맺으라 R-elationship

모든 효과적인 제자훈련은 관계로부터 나온다. 당신의 목적은 당신의 의도를 충족시키기 위하여 사람들을 이용하고자 하는 것이 아니고 하나님의 목적을 향해 함께하는 관계 속에서 행하는 것이다. 관계는 생명을 주는 것이지만, 사람들을 이용하고자 하는 것은 계략일 뿐이다.

토착동역자들에게 비전을 심어주기 위한 첫 번째 키는 관계다. 그들을 알라. 그들을 사랑하라. 그들과 함께 차도 마시고 식사도 하라. 진실한 사랑 안에서 그들을 알아 가라. 당신의 비전을 이야기하고, 그들의 비전에 대해서도 들으라. 당신의 가슴 속에 있는 깊은 이야기들을 꺼내 놓으라.

통계를 평가하라 E-valuate the Status

당신의 잠재적인 동역자와 대화할 때 그들이 지난 몇 년 간 비전을 향해 가면서 무엇을 했는지를 물으라. 해마다 많은 사람들이 신앙을 길로 나온 것을 이야기 할 수도 있다. 하지만 현재는 어떤지, 앞으로도 계속하여 이웃에게, 지역과 도시에서 사람들을 인도하여 비전을 성취할 수 있다고 생각하는지를 물으라. 많은 경우 상황이 달라지고 있음을 말할 것이다.

이때 이렇게 질문해야 한다. "만약 우리가 우리의 비전을 가능한 속히 성취할 수 있는 성경적이고 장기적인 방법이 있다면 관심이 있으십니까?" 아마 "아니오"라고 대답할 사람은 아무도 없을 것이다.

하나님의 비전을 제시하라 L-ay Out God's Vision

사람들은 그들이 가고 있는 길의 문제를 발견하면 새로운 길에 대한 비전을 들을 마음을 갖게 된다. 우리 모든 인간은 인간의 비전보다 다 크고 위대한 비전을 볼 필요가 있다. 이것은 신앙적으로 충만하며 동시에 현실적인 비전이다. 당신은 신앙적으로 비전을 세워야 한다. 거짓 희망사항에 그치면 안 된다. 당신은 사람들에게 하나님의 마음, 하늘의 비전을 심어주어야 한다.

비전 제시를 시작하는 효과적인 방법은 3분간 비전 나누기다. 대부분의 경우 시간이 제한되기 때문에 또 갑작스럽게 대화할 기회가 주어지기 때문에 지역 성도들에게 비전을 언제라도 3분 안에 그들의 언어로 제시할 수 있어야 한다.

당신이 커피숍에 갔는데 그 지역 목사님 한 분을 만났는데 막 나가려는 참이어서 단 몇 분간만 대화할 기회가 주어진다면, 또는 당신이 타문화권 사역자인데 그 지역 성도를 만났는데 금방 헤어질 수밖에 없어서 몇 분간만 대화할 수 있는 상황이라면, 하나님 나라가 더욱 충만하게 임하도록 당신이 품고 있는 비전을 어떻게 하면 그 사람에게 전해줄 수 있을까?

당신의 비전을 3분 이내로 나누는 것이다.

구원받지 못한 사람이 어떻게 변화될 수 있는지에 대한 이야기가 될 수도 있다.

내가 이나Ina 지역에서 사역을 시작하던 때의 일이다. 나는 가까운 문화 지역의 동역자들을 동원하기 위해 애쓰고 있었다. 나는 어느 마을에서 죽어가고 있는 할머니에 대한 이야기를 자주 들려주었다. 나는 그 할머니에게 전도하기 위한 언어를 모르고 있었다. 그런데 나의 잠재적인 동역자는 그 언어를 말할 수 있었다. 그래서 나는 그에게 나와 함께 그 죽어가고 있는 할머니에게 복음을 전하자고 도전했다.

CPM이나 제자훈련 혁명에 관한 흥미진진한 비전을 나눌 수도 있다. 다음과 같은 내용이 될 수 있겠지요.

요즈음 신약성경이 말하는 제자훈련 혁명의 회복에 대한 책을 읽었다. (당신이 배운 바를 설명한다.) 하나님께서 우리가 살고 있는 이 지역에 그 혁명을 일으키시리라 믿는다. 이에 대하여 저와 함께 더 공부할 의향이 있는가?

당신이 이 책을 읽으면서 감동을 받은 비전이 무엇인가? 아마 당신의 마음 깊은 곳을 움직인 뭔가가 있을 것이다. 바로 그것을 잠재적인 동역자와 함께 나누는 것이다. 당신의 감정을 숨길 필요가 없다. 하나님께서 당신의 마음에 뜨거움을 불러일으키셨다면 그 사람의 마음에도 감동을 주실 것이다.

적용: 잠시 멈추시고 당신 자신의 마음을 생각해보라. 당신으로 하여금

당신 지역의 사람들에게로 나가게 하는 것이 무엇인가? 당신이 이 책을 읽으면서 당신의 마음에 갖게 된 것이 무엇인가? 그것을 기록해보라. 이것이 바로 당신의 3분 비전 나누기의 씨앗이 될 수 있다. 3분 비전 나누기를 연습하고, 외우기 바란다. 다른 성도들에게 들려주고 어떤 느낌을 받는지 그들의 반응을 들어보라.

다음 단계로 나가도록 요청하라
A-sk Them to Commit to the Next Step

사람들에게 비전을 제시할 때, 만약 그들이 심각하게 듣는다면 그들에게 무엇인가 다음 단계로 나가는 무엇인가를 하는 데 헌신하도록 제시하기 바란다. 그들에게 헌신하도록 촉구하는 내용은 당신과 그와의 관계, 그리고 그와 대화한 것과 연관 있는 것이어야 한다.

다음과 같은 내용의 헌신을 촉구할 수 있다.

- "주일 저녁에 모이는 T4T 훈련 모임에서 '5장 T4T 시작-첫 모임'을 공부할 때 참석하세요."

- "우리 매주 금요일 아침에 커피하면서 이 책을 같이 읽읍시다."

- "한번 당신의 참여를 위해 매일 기도해보시고 다음 주간에 점심 식사를 함께 합시다."

- "이번 주 토요일에 기도 산책Prayer-Walking을 함께 합시다."

- "이번 주말에 전도대상지역 탐방을 같이 가봅시다."

기억할 것: 깨닫는 것과 순종하는 것은 다르다. 누가 진정 순종하는지 안 하는지는 그가 헌신하여 행동하기 전에는 알 수 없다. 성경에 나오는 두 아들의 비유를 생각해보라. 한 아들은 "예" 하고는 순종하지 않았고, 다른 아들은 "아니오" 했지만 순종했다(마 21:28-32). 예수님께서 비전을 제시하시면서 사람들에게 들은 바에 대한 반응을 나타내도록 반복적으로 요구하셨다. 당신도 그렇게 해야 한다.

꺼리는 사람을 위해 시험적인 그룹을 만들어보라
T-rial group for the Reluctant Ones

당신이 이렇게 사람들을 동원하기 위하여 여러 가지로 노력한다 해도 "아니오"라고 하는 사람들이 있게 마련이다. 그럴 때는 포기하지 말고 다른 방도를 시도해보는 것이다. 다니엘 프로젝트Daniel Project라고 부르는 시험적인 그룹을 제안해보라. 다니엘 1장에 기록된 대로 유대의 청년들이 바벨론에 포로로 끌려갔는데, 바벨론 왕은 그들을 신하로 부리기 위하여 특별한 훈련을 시키고자 했다. 음식에 대한 문제 말고는 괜찮아 보이는 것이었다.

그들 중 몇 사람은 왕이 주는 특별한 음식을 거절하고 채소만 먹기를 청했다. 그 결과를 염려한 왕의 신하는 거절하였지만, 그 청년들은 시험적으로 허락해주고 그 결과가 어떨지를 보라고 제안했다. 그래서 소수의 청년들을 제한된 시간 동안 다른 음식을 먹도록 했고, 그 결과를 보고 어떻게 할 것인지를 결정하도록 했다.

이 책을 함께 읽은 후에 성경을 읽고, 실례를 살펴보기도 하고, 그들과 대화를 하라. 이런 가운데 마음속에 어떤 결심이 생길 텐데 그냥 이전 사역방식대로 돌아가지 말고 하나님의 나라를 위하여 다른 방도를 찾도록 하라. 당신이 만난 지역 성도들이 당신과는 다른 생각을 하고 있다면, 어떻게 하면 좋을까? 다니엘이 했던 것처럼 하라. 시험적인 그룹, 다니엘 프로젝트를 해보도록 요청하라.

많은 교회지도자들이 시험적으로 T4T 과정을 해보도록 허용할 것이다. 교인 전체를 대상으로 시작하겠다고 하기 전에 다음과 같이 할 수 있다.

- "10~20명의 소수 교인들만 허락해주세요. 교회에서 어떤 책임을 담당하고 있지 않은 사람으로."

- "그들을 나 혼자서 훈련할 수도 있지만 목사님도 저와 함께 훈련에 참여해 주시면 좋겠습니다. 또 훈련 과정 전부를 함께 하셔도 좋습니다."

- "T4T라고 부르는 CPM 방법을 하도록 해주세요."

- "약 6개월 간 훈련할 것입니다."

- "그 후에 목사님이 평가해주십시오. 그때 살펴보시고 전도에 효과가 있고 영적 성숙에 도움이 된다고 여겨지면 계속하게 하시고, 더 확대하시면 됩니다. 만약 아니다 싶으면 중단하게 하시던지 아니면 좀더 시간을 주실 수도 있을 것입니다."

내키지 않아 주저하고 있는 목회자들에게 시험적인 그룹을 해보도록 요청하는 것이다.

모든 훈련에서 비전을 제시하라
E-very training includes more vision casting

세 부분 진행에 대하여 설명할 때 비전 제시하기를 매번 모일 때마다 할 것을 언급했다. 토착동역자 훈련은 지속적으로 해야 한다. 비전 제시는 모일 때마다 해야 한다. 한두 번 비전 제시하기로 충분하다고 생각해서는 안 된다. 모일 때마다 짤막하게라도 비전 제시를 해야 한다.

모일 때마다 거창한 CPM 비전을 제시해야 하는 것은 아니다. 당신의 훈련생들이 하나님께서 구원하기를 원하시는 대상자들을 그들의 주변에서 어떻게 만날 수 있는 지에 대한 비전을 제시하면 된다. 매주 CPM을 품기에는 보통 성도에게는 너무 크다. 대신에 그들의 오이코스를 향한 비전을 갖도록 하고 그들의 명단을 작성하도록 하라. 사람들이 복음을 전하고, 결신자를 얻게 되고, 그들의 훈련자들을 훈련하게 되고, 자연히 그들 자신의 CPM 비전이 점점 커지게 될 것이다. 그러나 이 모든 역사는 당신이 그 사람에게 비전을 제시해주는 것으로부터 시작되는 것이다.

당신의 훈련생에게 계속적으로 거듭거듭 비전을 제시해주어야 한다. 왜냐하면 인간은 쉽게 포기하기 때문이다. 어떤 때는 설교로, 또는 성경공부로, 혹은 비전 제시의 메시지로 비전을 제시해줄 수 있다. 그러나 많은 경우 간단하게 할 수 있다. 간단한 예화를 사용하는 것이다.

비전 제시 예화는 간단하고, 사용하기도 쉽고, 그 내용을 용이하게 전달할 수 있다. 홍보 예화는 하나님께서 성도들 안에 그리고 그들을 통하여 이루시고자 하시는, 특히 CPM과 관련한 비전을 제시해준다.

이 책의 본문 내용과 여러 군데 나타나는 박스 안에 있는 예화들은 훈련자들에게 비전을 제시해주기 위한 훌륭한 홍보자료가 될 수 있다. 예수님의 지상사명, 하늘 아버지의 마음, 네 가지 부름, 간증 등을 홍보자료로 사용할 수 있다.

이러한 홍보 예화를 통해 한 세대에서 다음 세대로 비전이 이어질 것이다.

> ### 그룹 크기에 상관 말고 훈련하라
>
> _팅 카이 Ting Kai
>
> 만약 당신에게 어느 지역에서 훈련하도록 허락한다면 기다리지 말고 즉시 훈련을 시작하십시오. 협력자를 얻기 위해 기다릴 필요가 없다. 즉시 시작하십시오. 나는 한 사람도 좋고, 두 사람도 좋고, 숫자에 상관없이 훈련했다. 어떤 때는 20명도 했고 100명을 훈련한 적도 있다. 가장 큰 그룹은 1,500명을 한 방에서 훈련한 적도 있었다. 나는 사람들을 훈련하고자 했다. 어떤 크기든지 상관 않고 훈련하기를 원했다. 시간을 허비하지 마십시오. 기회를 놓치지 마십시오.

문지기[23]와 활동하는 사람: 누구를 동원할 것인가?

당신이 지역 성도들을 훈련하고자 할 때, 당신에게 훈련받는 데 동의하는 사람을 만나게 된다. 어떤 사람을 만나면 좋을까? 어떤 사람이든지 훈련할 수 있다. 하지만 제한된 인원만 훈련할 수 있다면 누구를 훈련할 것인가? 아래 표를 보라. 신앙생활을 한 기간과 사역을 담당하고 있는 정도를 나타내는 것이다.[24]

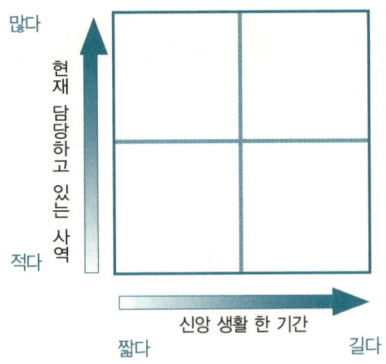

---

23) 여기에서 문지기는 방어하기 위하여 '지키는 사람'을 의미하기보다는 들어갈 사람과 들어가지 못할 사람을 거르기 위해서 '지키는 사람'을 의미한다.
24) 이 도표는 나의 동역자 빌 스미스(Bill Smith)로부터 얻은 아이디어다.

도표의 네 칸 중에서 T4T 훈련 효과가 가장 높을 것으로 여겨지는 사람들이 어느 칸에 속한 사람일지 한번 골라보라. 고르고 나서 통계적으로 가장 효과적인 것으로 나타난 칸이 어느 곳인지 확인해보라.

대다수의 사람들이 오른쪽 위 칸에 속한 사람이 T4T 훈련 효과가 가장 높을 것으로 생각한다. 그러나 실제로는 CPM 운동이 왼쪽 아래 칸에 속한 사람들을 통하여 가장 역동적으로 이루어졌다. 놀랍지 않은가? T4T의 가장 중요한 원리는 가장 풍성한 훈련자는 현재 사역하고 있는 지도자가 아니라 평범하고, 믿은 지 얼마 안 지난 새 성도라는 사실이다.

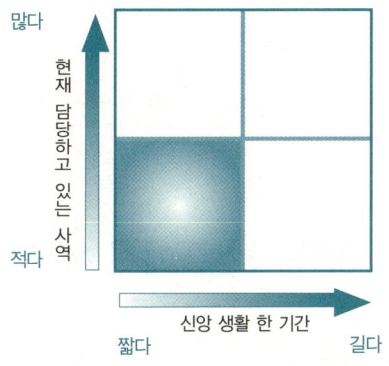

이러한 이유는 다음과 같다.

- 지금 사역하고 있는 지도자들은 이미 너무 헌신하고 있기 때문이다. 이들은 지금 하고 있는 사역에 이미 많은 시간과 열심을 드리고 있기 때문에 새로운 것으로 변경하기가 쉽지 않다.

- 지금 사역하고 있는 지도자들은 CPM과는 상당히 다른 기존의 사역에 익숙해 있기 때문에 새로운 것에 대해 마음 열기가 어렵다.

- 지금 사역하고 있는 지도자들은 현재의 사역을 내려놓을 때 잃어버리는 것이 많을 것으로 여기기 때문이다.

- 지금 사역하고 있는 지도자들은 실제로 믿지 않는 사람을 잘 모른다. 이미 만나고 있는 사람들은 구원받은 사람들이기 때문이다.

- 성도가 된 지 오래될수록 불신자와의 접촉이 적어지기 때문이다.

문지기 역할을 하는 사역 지도자들은 CPM을 인정하는 것이 중요하다. 그리고 새로운 패러다임의 사역을 위해서는 가장 적합한 사람에게 맡겨서 실행하도록 하는 것이 효과적이다. 만약 모든 사람들을 훈련할 수만 있다면 그것이 최선이다. 그러나 그럴 수 없다면 배울 수 있는 사람을 얻는 것이 필요하다.

비전을 많은 사람들에게 제시하라

당신은 많은 그룹들을 향해 비전을 제시할 것이다. 이 운동을 시작하도록 하나님께서 예비하신 사람을 찾아야 한다. 당신이 많은 사람들에게 비전을 제시해도 실제로 헌신하는 사람은 적을 것이다. 사람들에게 비전을 심어주기란 쉽지 않다. 그러나 CPM에서 가장 가치 있는 일이다.

카이 부부는 사람들에게 복음을 전하여 예수님께로 인도할 뿐만 아니라, 결신자들을 훈련하는 사역을 펼쳤다. 그들은 T4T 비전을 제시했다. 많은 성도들이 "예" 하고 응답하여 동참했다. 그런데 나의 사역에서는 수십 명에게 비전을 제시했지만 몇 명밖에 동역자가 되지 않았다.

CPM이 일어나기 위해서는 수십 명을, 아니 수백 명을 훈련해야 한다. 토양이 갖추어진 충성된 사람을 발견하기가 쉽지 않다.

첫 모임을 시작하라

새 성도들이 좀더 알기를 원할 때 첫 T4T 모임을 시작할 좋은 기회다. 5장을 보고 첫 모임 내용을 확인하라. 기본적으로 두 시간 모임을 계획하여 제자훈련 혁명을 위하여 '왜-누구를-어떻게' 시작할 것인지를 계획하라.

- 왜 – 하나님께서 그들을 통해 무엇을 원하시는지 비전을 제시하라. '지상명령' 홍보 예화나 다른 적당한 것을 사용하라.

- 누구를 – 예수님을 모르고 하나님과 멀리 떨어진 사람들의 명단을 작성하도록 한다.

- 어떻게 – 간단한 생명의 다리 방식으로 복음을 제시하여 전도할 수 있도록 준비시킨다.

이렇게 준비시킨 후 비전의 성취를 위해 그들을 보내고 다음 주에 모일 때 전도한 결과를 서로 나누도록 한다.

이런 방식으로 많은 성도들에게 반복하라. 당신의 달력에 첫 모임을 가짐으로 시작된 T4T 새 그룹을 기록하라.

이제 당신은 제대로 길에 들어선 것이다.

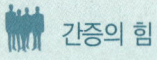 간증의 힘

_잉 카이

하나님께서는 당신을 구원하시고 당신을 통하여 당신에게 속한 모든 사람들을 구원하기를 원하십니다. 하나님은 갓 믿은 새 성도를 통해서도 이 일을 이루십니다.

마가복음 5장에 보면 예수님과 제자들이 바다를 건너 거라사인의 지방으로 가신 이야기가 나옵니다. 그런데 그곳에 귀신들린 사람이 있었는데, 예수님을 매우 두려워했습니다. 예수님은 그에게서 귀신을 내쫓아주셨습니다. 그러자 마을 사람들이 동네 밖으로 나와 모두 두려워했습니다. 사람들은 귀신 들렸던 사람이 전혀 다른 사람이 된 것을 보고 놀랐습니다. 전에는 옷을 벗어던지고 소리를 지르는 아주 난폭한 사람이었는데, 지금은 변하여 옷도 입고 조용히 앉아서 예수님의 말씀을 듣고 있었습니다. 동네 사람들이 예수님에게 동네에서 떠나주시기를 청했을 때, 그 사람은 예수님께 말씀드렸습니다. "주님, 어디로 가시든지 저도 따르겠습니다." 새 성도의 가장 아름다운 모습이 아닙니까!

그러나 예수님의 마음속에는 어떤 생각이 있으셨습니까? 예수님은 말씀하셨습니다. "나를 따르지 말고, 네 집으로 돌아가거라." 왜 그러셨을까요? "가서 너의 간증을 들려주어라. 가서 너의 주가 네게 해준 것을 말하도록 하여라. 너에게 베푸신 하나님 아버지의 은혜를 전하도록 하여라." 나는 이 장면을 보면서 새로운 교훈을 받았습니다.

첫째, 예수님께서 그 사람을 신뢰하셨다는 것입니다. 그는 방금 전에 귀신들림에서 해방된 사람입니다. 아직 심리적으로 안정되지 않았을 것입니다. 그런데도 사명을 주어 돌려보내신 것을 보면 예수님이 그를 신뢰하신 것이 분명합니다.

둘째, 그 사람이 어떤 훈련을 받았습니까? 아무런 훈련도 받지 않았습니다. 설교를 한 번 들었을 뿐입니다. 당신이라면 그런 사람을 신뢰할 수 있겠습니까? 그로 하여금 다른 사람들을 인도하도록 할 수 있을까요? 그의 집은 10개의 도시가 모여 있는 데가볼리에 있었습니다. 그런데도 예수님은 그를 신뢰하시고 보내셨습니다. "네 집으로 돌아가라. 그리고 너의 간증을 나누도록 하여라." 새 성도라도 자신의 간증을 즉시 나눌 수 있습니다.

예수님은 자신을 반대하는 여러 지역을 다니셨습니다. 사람들은 예수님에게 돌을 던지기도 하고 절벽에서 밀어 떨어뜨리려고도 했습니다. 나중에 예수님께서 데가볼리에 가셨을 때 그곳에서 예수님을 환영하는 많은 사람들을 만나셨습니다. 어떻게 그렇게 될 수 있었을까요? 아마 이 사람의 간증을 들었을 것입니다. 하나님께서는 사람을 통하여 역사하십니다. 데가볼리 10개의 도시를 귀신들렸던 그 사람에게 속하게 하신 것입니다.

요약

이 장의 내용은 제자도 혁신을 향한 T4T 훈련을 돕기 위한 첫 번째 자료다.

- 지역 내에 (혹은 가까운 문화권 내에) 있는 성도들을 부지런히 찾아서, 그들 안에 그리고 그들을 통해 하나님께서 하실 수 있는 비전을 열심히 제시해주라.

- 사람들을 동원하기 위하여 R-E-L-A-T-E 방식을 사용하라.

- 언제든지 3분 비전 제시하기를 말할 수 있도록 준비하라.

- 가능한 많은 성도들에게 비전을 제시하고, 가능한대로 첫 모임을 시작하라.

문제는 이것이다. 사람들이 훈련받기로 헌신했다면 어떻게 성령 하나님께서 이미 작업을 시작하신 믿지 않는 사람들을 만나도록 도울 수 있는가 하는 것이다. 이것이 다음 장의 내용이다.

듣기만 하지 말고 행하는 자가 되라!

이 장의 공부를 통해 하나님께서 당신에게 말씀하시는 것이 무엇이며, 어떻게 순종할 것인지 기록해보라.

Part 3 **T4T의 적용**

12장 복음의 다리 놓기

자, 성도들이 첫 모임에 왔다. 어떻게 할 것인가? 당신은 그들로 하여금 어떻게 지역에서 성령님께서 인도하시는 믿지 않는 사람들을 발견할 수 있는지 알게 할 필요가 있다.

그리고 T4T를 적용하는 두 번째 단계로 훈련생으로 하여금 믿지 않는 사람을 인도할 확실한 방도를 알려주어야 한다. 첫 모임 시간에서 '누가-왜-어떻게'를 소개할 때부터 시작할 수 있다. 물론 두 번째 모임에서 충분히 다루겠지만 첫 모임의 세 부분 과정에서도 할 수 있다.

전반부

T4T 모임의 전반부는 목회적 돌봄, 예배, 책임 그리고 비전 제시의 네 부분으로 진행된다. 첫 모임은 말 그대로 첫 번째 모임이기 때문에 다 진행하지 못하고 목회적 돌봄과 예배만을 진행할 수도 있지만, 책임과 비전 제시도 진행해야 한다.

비전 제시: 왜

이 주제에 대해서는 5장를 참고하기 바란다. 첫 모임의 목적은 하나님을 위하여 살고 하나님의 목적을 성취하고자 하는 마음을 갖게 하는 것이다. 하나님의 비전을 공유함으로 시작할 수 있다. '지상명령' 홍보 내용(오라가 아니라 가라, 몇 사람이 아니라 모두를, 교인이 아니라 훈련자를 만들라. 2장과 5장을 보라)이나 다른 적당한 자료를 사용할 수 있다.

책임: 누구를

훈련생들에게 기도하는 마음으로 자신의 오이코스 중에 믿지 않는 사람들의 이름을 적고, 그들 중에서 이 주간에 전도하고자 하는 사람 이름에 동그라미를 치게 한다. 이렇게 함으로 책임의 단계를 시작하는 것이다. 이것은 성령님의 역사와 함께 하도록 만들어 준다. 작성된 명단의 사람을 매주 방문하게 된다.

성도들로 하여금 명단에 적힌 성령님께서 인도하시는 믿지 않는 사람을 한 주간에 다섯 명씩 전도하여 전도가 생활양식이 되게 해야 한다.[25] 물론 명단에 없는 사람에게도 전도해야 한다. 당신과 당신의 새 그룹에 속한 사람들이 매주

---

[25] 그룹에 속한 사람들의 형편에 따라 전도하는 횟수는 적어질 수도 있고 많아질 수도 있다. 선교사들의 경우에는 횟수가 더 많아질 것이다. 하지만 홈 스쿨링하는 엄마는 그 횟수가 적어질 것이다. 그러나 보통의 직장인의 경우 다섯 번이 평균치다.

다섯 명에게 전도하기 시작하면 하나님께서 당신을 통해 놀라운 일을 행하실 것이다.

지역에 처음 온 사람들이나 오이코스가 적은 사람도 매주 다섯 명에게 통성 명하면서 전도해야 한다. (전도할 사람을 발견하는 것에 대해서는 'CPM의 근본 요소들'이라는 보충자료를 보기 바란다.) 잘 모르는 사람에게 말을 걸고자 할 때 두 사람씩 서로를 격려하면서 움직이는 것이 효과적이다.

중반부와 후반부: 어떻게

T4T 모임의 세 부분 중 중반부와 후반부(새로운 공부, 연습, 목표 설정과 기도)는 밀접하게 연결된다. 모임이 끝나기를 기다렸다가 연습하지 말고 훈련생으로 하여금 배우면서 그때그때 연습하도록 한다.

첫 모임의 세 부분 중 중반부와 후반부는 '어떻게'를 다루고 있다. 이 부분에서 두 가지를 해야 한다. 복음 제시를 위한 다리 놓기와 효과적인 복음 제시 방법. 이 장에서는 복음 제시를 위한 다리 놓기를 공부하고, 다음 장에서는 효과적인 복음 제시 방안을 공부하도록 한다.

전도를 하지 않는 사람들의 경우 대다수 복음 제시를 위한 다리 놓기가 잘 안 된다. 첫 모임의 목적은 바로 이 문제를 극복하는 것이다.

하나님께서 예비하신 사람의 발견

T4T 훈련 과정에서 중요한 요소의 하나는 하나님께서 어떻게 믿지 않는 사람을 준비시키시고 복음을 받아들이게 하시는지에 대한 하나님 나라의 역동적인 역사에 대하여 알게 하는 것이다.

4장에 나타난 대로, 성령님께서는 믿지 않는 사람들에게 감동을 주셔서 죄를 깨닫게 하시고, 올바른 사람이 되는 데 무엇이 필요한지를 알게 해주시고, 변화를 얻지 못하면 나쁜 일이 기다리고 있음을 알게 해주신다(요 16:8). 영접할 사람은 영적으로 준비된 사람이다. 우리는 영적인 방편으로 그들을 알아낼 수 있다. 누가복음 10장을 통해 우리가 그런 사람을 발견할 수 있는 3P, 즉 존재Presence, 능력Power 그리고 선포Proclaim에 관해 잘 보여준다.

- 존재 – 복음에 관심이 있는 사람을 찾아내어 그를 하나님의 존재 앞으로 인도한다(눅 10:5-7).

- 능력 – 치유, 영적 결박으로부터 벗어남 그리고 다른 영적 개입하심을 통해 하나님 자신을 놀라운 방식으로 나타내시기를 열망한다(눅 10:9).

- 선포 – 복음 메시지를 알아듣기 쉽게 잘 제시하고 결신하게 한다(눅 10:9).

우리는 영적인 사람을 발견하기 위해 영적인 방법을 사용해야 한다. 잘 훈련된 훈련자가 이렇게 말했다. "우리는 복음을 사용하여 평안을 받을 사람을 찾을 수 있다."

어느 훈련 시간에 오랫동안 사역한 형제와 그의 팀이 매우 '거부하는' 사람들 가운데서 놀라운 결과를 얻은 간증을 했다. 그들은 약 7년 동안 열심히 사역을 펼쳤지만 아무런 결실도, 단 한 사람의 성도도, 한 개의 교회도 얻지 못했었다. 얼마나 낙심되었겠는가! 그런데 8년째 되는 때부터 급작스럽게 열매를 맺기 시작했다. 그래서 물었다. "무엇이 달라졌기 때문인가요?"

그는 쑥스럽게 대답했다. "우리는 그저 복음을 나누기 시작했다." 그래서 되물었다. "잠깐만요. 뭐라고요?" 그러자 나를 응시하더니 힘주어 말했다. "우리는 복음을 나누기 시작했다고요."

"무슨 말입니까? 그럼 그 전 7년간은 뭘 하신 것입니까?"

"스티브, 7년 동안 우리는 우선 관계를 형성하고 천천히 우리가 그리스도인임을 나타내려고 했다. 우리는 복음의 씨앗을 뿌리기 위하여 돌을 골라내는 작업을 먼저 하고자 했었지요. 물론 진리를 조금씩 언급하기는 했습니다. 그러나 복음을 전하지는 않았습니다. 그들과의 관계 형성에 노력하여 매우 가까운 사이가 되었는데, 그런데 막상 복음을 말하려니 오히려 어려워지는 것이었습니다. '만약 그들이 거절하면 어떻게 하나?' 하는 생각이 들었습니다. 그러는 사이 우리는 이 곳에 왜 왔는지에 대해 잊어버렸습니다.

그래서 7년이 지나도록 아무런 열매도 맺지 못하고 만 것입니다. 우리는 낙심천만했습니다. 그래서 그 친구들에게 복음을 전했습니다. 그들 대부분이 거절했습니다. 우리는 '관계 후 전도' 접근 방식이 우리에게 소용이 없었음을 알게 되었습니다. 그래서 먼저 복음을 전하고 그리고 난 후에 관계를 세워 나가기로 했습니다.

우리는 가는 곳마다 어디서든지 복음을 전했습니다. 우리는 할 수 있는 대로 많은 사람들과 복음 대화를 위해 다리를 놓았습니다. 많은 사람들에게서 아무런 반응도 얻지 못했습니다. 그러나 마침내 소수에게서 '예' 라는 답을 들을 수 있었습니다. 그리고 그 소수의 새 성도들을 통해 하나님께서 그의 나라를 세우기 시작하셨습니다."

7년 동안 그들은 성령 하나님께서 하시는 일, 즉 돌을 골라내는 일(겔 11:19)을 했던 것이다. 결국 그들은 사람들에게 거절당했다. 그들이 방법을 바꾸었을 때 평안을 받을 사람을 발견할 수 있었다. 그들은 열매를 거두기 시작했다. 이 선교사는 복음 제시를 위한 신속한 다리 놓기를 열렬히 주장하는 사람이 되었다.

다른 팀이 매우 '완고한' 사람들 속에서 사역을 하고 있었다. 예수님 이야기를 위해 입 떼는 것조차 어려운 분위기였다. 영적으로 준비된 사람을 만나기가 여간 어려운 것이 아니었다. 그래서 '믿지 않는 사람을 만나면 무조건 5분 이내에 당신 자신이 예수님의 제자라는 사실을 밝히도록 한다' 는 '5분 법칙' 전략을 세웠다.

이것은 그들의 예수님에 대해 대화하기 위한 다리 놓기였던 것이다.

많은 사람들을 그리스도께로 인도한 다른 사역자에게 물었다. "어떻게 큰 반응을 보이는 사람들을 만날 수 있었습니까?" 그가 대답했다. "열심히 복음을 나누었습니다. 내가 복음을 전하지 않은 사람들은 100% 전부 응답하지 않았습니다."

하나님께서 예비하신 사람을 찾아 복음의 다리를 놓아라

당신의 T4T 자료에는 하나님께서 준비시키신 사람들을 어떻게 만나고 그들에게 복음 대화를 위한 다리 놓기를 어떻게 할 수 있는지 알도록 성도들을 돕는 방법에 대한 내용이 포함되어 있다. 만약 일주일에 다섯 명에게 전도하고자 한다면 그들과의 대화를 어떻게 시작할 수 있겠는가? 그들은 일상적인 대화(날씨, 스포츠, 가족, 등)에서 예수님에 대한 대화로 어떻게 넘어갈 수 있는지에 대한 다리 놓기 방법을 알아야 한다.

다음과 같은 다리 놓기의 예들이 있다. 보조자료에서 더 자세히 설명하도록 하겠다.

간증

T4T에서의 다리 놓기는 아주 간단하다. 첫 모임에서 훈련자들은 1~2분 동안 간증하는 방법을 배웠다. 목적은 복음에 귀를 기울이도록 어떤 사람의 마음을 움직이는 것이다. 간증은 당신 자신의 이야기다. 그리고 복음은 그분의 이야기다.

훈련자가 그의 간증을 한 후 즉시 믿지 않는 사람에게 T4T 1과 '구원의 확신을 갖는 법'을 진행한다. 훈련자는 주머니에서 1과 내용을 꺼내어 어떻게 그 사람이 하나님 아버지와의 구원의 관계로 들어갈 수 있는지를 가르친다.

축하한다. 하나님 아버지의 자녀(행 17:28-29)이니 당신은 하나님과의 새로운 관계를 가질 수 있으며 하나님의 모든 언약을 얻을 수 있다.

당신은 간증을 다음과 같이 마치면서 복음 제시로 넘어갈 수 있다. "제가 하나님과의 새로운 관계를 가지게 되었을 때 하나님께서 저의 모든 것을 변화시켜 주셨습니다. 저를 하나님의 자녀로 삼아주셨고 영생을 주셨습니다. 성경에 의하면 하나님께서는 당신도 자녀로 삼기를 원하십니다. 문제는 당신이 하나님께 나올 때까지 잃어버린 상태에 있다는 것인데, 당신이 어떻게 하나님의 자녀로 돌아올 수 있는지에 대해 말씀드리고자 합니다."

[1과를 꺼내서] "성경은 우리가 하나님에게서 떨어져 있다고 말합니다. 그러나 하나님께서는 우리를 더이상 잃어버린 상태에 있는 것을 원치 않으시고 그의 가족으로 회복시키기를 원하십니다." 성경 사도행전 17장 27~28절은 우리 인간이 모두 하나님의 소생(자녀)이라고 말한다. 그런데 문제는 누가복음 15장에 기록된 대로 우리가 아버지 집을 떠난 탕자와 같다는 것이다. 우리는 하나님과의 관계가 단절되어 영원한 관계에서 주어지는 안식을 누리지 못하는 잃어버린 자녀가 된 것이다.

간증은 매우 긍정적인 방법이다. 잉은 그의 훈련자들에게 그들 주변에 있는 믿지 않는 사람들에게 이 새 생명을 전해주도록 가르치고 있다. 수많은 사람들이 이와 같은 방법에 응답하고 있다. 간증은 다리 놓기를 위한 좋은 방법이다.

TRT: 농촌 지역의 훈련자 훈련(구두 T4T)

이나Ina 의 사역에서 T4T의 구두 버전을 발전시켰다. 이것은 '창조로부터 그리스도까지' C2C, Creation to Christ의 이야기를 통해 복음을 전하는 것이다. C2C의 자세한 내용은 13장 복음 제시에서 자세히 설명할 것이다. 우리는 기적과 간증 등 두 가지 다리 놓기를 섞어서 사용하면서 C2C를 시작할 수 있다.

기적: 전도자가 한 마을을 지나고 있을 때 사람들이 왜 왔느냐고 물었다. 전도자는 가장 높으신 하나님의 사자라고 대답했다. 그리고 하나님의 사랑을 나타내기 위하여 오신 하나님의 아들 예수님의 이름으로 그들을 위해 기도해주겠다고 했다. 그리고 기적이 일어났을 때 사람들은 복음 메시지 듣기를 원했다.

간증: 사람들의 필요를 위해 기도하기 전 또는 후에 전도자는 이렇게 자신의 간증을 나눌 수 있다. "나는 전에 당신과 같이 영적으로 어두운 가운데 있었습니다. 그러나 가장 높으신 하나님께서 나를 자유롭게 해 주셨습니다. 나는 당신에게 우리를 변화시켜 주시는 그 이야기를 해드리고 싶습니다." 그리고 C2C를 이야기하고 그들을 위해 기도해준다.

기적이 복음을 전할 수 있는 길을 열어주는 것은 정말 놀라운 일이다.

언제나-어디서나-누구에게나

무슬림 에서 가장 빠른 성장을 나타낸 방법이 바로 '언제나-어디서나-누구에게나' Any3: anyone, anywhere, anytime이다.[26] 이 방법을 개발한 사람은 무슬림 배경이 있는 성도들 가운데서 가장 빠른 속도로 성장한 CPM의 중심이 되었다. 그와 그의 동료들은 누가 수용적이고 누가 아닌지를 알아내기 위해 애를 썼다. 그러다가 수용적인 사람을 찾아내기 위해서 복음을 사용하기로 결정했다. 그래서 그들은 언제나, 어디서나, 누구에게나 복음을 나눌 수 있도록 준비했다.

이 방법은 힌두교 지역, 불교 지역 그리고 무신론 지역에서도 유용하다. 이 내용을 조금 수정한다면 모든 에서 사용할 수 있을 것이다. 아직 믿지 않는 사람

26) 이에 대한 자료는 www.T4TOnline.org 사이트에서 볼 수 있다.

들이 우리에게 복음을 전해주어서 고맙다고 할 것이다. 그들은 우리가 그들의 말에 귀를 기울여 주고 그들의 견해에 대하여 우리의 의미 있는 견해를 나눈 것에 대하여 고마워할 것이다.

Any3의 내용은 이것이다.

물론 당신은 서로를 알기 위한 대화를 나눌 것이다. 그의 가족, 직업 등에 대해서 이야기를 나누라. 그리고 가능한대로 속히 그의 종교적인 배경에 관한 대화로 넘어가라.

1. 중심 대화로 넘어가라: 이렇게 물어보라. "어떤 종교를 가지고 있습니까?"

"힌두교 신자입니까? 무슬림입니까? 조상을 숭배하십니까?" 그는 자신의 종교를 말해줄 것이다. 그러면 당신은 예수님을 따르는 그리스도인임을 밝혀라.

종종 그들이 이런 반응을 보일 것이다. "결국 모든 종교는 다 마찬가지 아닙니까?" 그들은 별 차이가 없다고 하면서 넘어가려고 할 것이다.

많은 사람들이 이런 식으로 대화를 끝내려고 한다. 그러면 당신은 뭐라고 말해주면 좋겠는가?

우리는 그의 말에 동의하면서 대화를 이어갈 수 있다. "예, 모든 종교는 어떤 면에서 비슷합니다. 대부분이 우리의 죄 문제(혹은 천당에 가는 것, 덕을 쌓는 것 등)를 이야기하고 있지요."

그리고 당신은 그들이 가지고 있는 행위로 구원을 얻는다는 종교적 견해를 다루면서 다음 '잃어버린 상태를 깨닫게 하라' 단계로 넘어가야 한다.

2. 잃어버린 상태를 깨닫게 하라: 이렇게 질문하라. "당신이 믿는 종교에서는 어떻게 죄를 용서받을 수 있다고 합니까? (죄값을 치른다, 하늘에 들어간다, 충분한 덕을 쌓는다 등.)

그들과의 대화를 통해 그들이 믿고 있는 종교 속에서도 잃어버린 상태에 빠져 있음을 알게 해주라. 사도 바울도 율법을 믿는 사람들에게 율법으로는 스스로 천국에 들어갈 수 없음을 말했다(롬 7:7-10). 어떤 종교도 선행으로 구원을 줄 수 없다(엡 2:8-9). 그에게 행위로 구원을 얻는다는 종교적 견해가 전혀 적절치 않음을 알도록 질문하라.

예를 들어, 무슬림에게 전도한다고 하자. 그에게 다섯 가지 계율을 지키고 있는지 물어보라. 매일 다섯 번씩 기도하고 있는지, 계명을 다 지키고 있는지, 라마단 때 완전한 금식을 하고 있는지, 메카 순례를 했는지.

그의 대답을 들은 후 질문하라.
① 그래서 당신이 어떻게 되었습니까?
② 당신의 죄가 완전히 사해졌습니까?(당신이 천국에 갈 것을 언제 알 수 있을까요?)
③ 그런 것들이 심판의 날에 당신을 구해줄까요?(혹은 불교 신자에게, 니르바나, 즉 열반에 들어가려면 얼마나 많은 생을 지내야 할까요?)

이런 대화를 하다보면 대다수의 사람들은 자신이 믿고 있는 종교에 확실성이 없음을 알게 된다. 그 시점에서 당신은 행위에 기초하지 않은 당신의 신앙적 견해를 나눌 수 있을 것이다.

3. 복음을 제시하라: 다음과 같이 말하라. "음, 제가 믿는 것은 다릅니다. 저는 저의 죄가 용서되었음을 압니다. (이 말이 제가 선한 사람이라는 뜻은 아니다. 당신이 나보다 더 선할 수도 있다.) 저의 죄가 용서되었음을 어떻게 알 수 있는가 하면 … " 하면서 복음을 제시한다(혹은 "하나님께서 충분한 업적을 쌓지 않아도 되도록 해주셨다." 또는 "영들의 공격에서 자유함을 얻었다" 하면서 복음을 전한다).

Any3 방법에서는 그 사람의 종교를 그의 잃어버린 상태와 복음의 필요성을 깨닫는 도구로 삼을 수 있다.

 아래로부터의 부름

_잉 카이

누가복음 16장에 보면 아래로부터의 부름이 나옵니다. 지옥에서의 부름입니다. 한 부자가 누군가를 보내서 자기 가족이 지옥에 오지 않게 경고해달라고 지옥에서 부르짖고 있습니다. 매우 긴급한 부르짖음입니다. 지옥에 있는 영혼이 당신에게 복음을 전해달라고 호소하고 있습니다. 우리는 복음을 전해야 합니다. 그것도 매우 긴급하게 전해야 합니다. 기다리지 마십시오. 시간을 흘려보내지 마십시오. "다음에 하자, 다음번에 하자"라고 생각하지 마십시오. '내일'로 미루지 마십시오. 만약 그렇게 한다면 기회를 잃어버리고 말 것입니다.

제가 원목으로 일했던 병원에서 있었던 일입니다. 오후 3시 30분쯤 되었는데 간호사가 저를 불렀습니다. 그리고 매우 큰 고통 중에 있는 한 환자를 보고 저에게 말했습니다. "저 사람을 좀 도와주시겠어요."

저는 그 환자를 방문했습니다. 30세쯤 된 아주 건강한 사람이었는데 마약 때문에 경찰에 붙잡혀 병원에 보내진 것이었습니다. 그는 매우 큰 고통 중에 평안이 없었습니다. 그를 만나면서 저의 마음속에는 이런 생각이 떠올랐습니다. '지금 이 사람에게 복음을 전해야 하는가? 별로 좋은 여건은 아닌데.' 그래서 저는 그를 좀 안정시키고자 했습니다. 그를 위해 기도했고 그에게 말했습니다. "저와 이야기하고 싶으면 간호사에게 말하세요."

제가 기도했을 때 그는 안정을 되찾았습니다. 저는 그에게 "내일 다시 올게요"라고 말했습니다. '오늘은 그도 매우 지쳐 있고 매우 피곤한 상태이니까 복음을 전하기에 좋지 않아'라는 생각이 들었기 때문입니다.

다음 날 아침 7시 30분에 출근을 했습니다. 저는 환자 명단을 보면서 기도를 하고, 30분쯤 지난 후 그 마약 중독자를 보기 위해 발걸음을 옮겼습니다. 그리고 생각했습니다. '오늘은 그에게 복음을 전하기 좋은 날이야.' 그런데 그의 침대가 비어있었습니다. 저는 간호사에게 물었습니다. "그 마약 중독 환자가 어느 병실로 옮겼지요?"

간호사는 차트를 훑어보더니 "그 환자는 어제 밤에 사망했는데요"라고 대답하는 것이었습니다. 그 순간 저는 앞이 깜깜해졌습니다. 그리고 주님의 음성이 들려왔습니다. 제가 훗날 주님을 만났을 때 이렇게 말씀하실 것입니다. "그 영혼이 어디에 있느냐?" 저에게 기회가 주어졌었습니다. 그런데 저는 스스로 전문가라고 생각했던 것입니다. '오늘은 적당하지 않아. 그에게 더 시간이 필요해. 좀더 마음이 안정된 후에야 복음을 전할 수 있어.' 아닙니다. 단 하룻밤 사이에 나는 한 영혼을 잃어버렸습니다. 나는 더이상 어떤 기회도 잃어버리지 않기를 원했습니다.

당신은 저 아래에서 들려오는 부르짖음이 들리십니까? "누가 저의 가족을 좀 도와주세요. 누가 그들에게 복음을 전해주세요."

연습, 연습, 연습하라!

당신의 사람들에게 통할 수 있는 다리를 발견하라. 첫 모임에서 이에 대하여 훈련자들을 훈련하라. 복음 제시를 가르치기 전에 잠꼬대로 할 정도로 반복하여 다리 놓기에 대하여 가르치고 거듭거듭 훈련하라. 한 주간 동안 최소한 다섯 번을 연습해야 T4T그룹에서 자신감 있게 할 수 있을 것이다.

한 가지로 시작하라

다리 놓기든, 복음 제시든, 제자훈련 공부이건 처음에는 한 가지로 훈련을 시작하라. 한 가지 방법을 충분히 알고, 할 수 있고, 다른 사람에게 가르칠 수 있게 만들어라. 당신의 목표는 훈련자들과 세대를 증대시키는 것이다.

새 성도들은 처음에는 한 가지 방법만을 배울 필요가 있다. 만약 여러 가지를 가르친다면 혼돈을 일으키고 어떤 것도 잘 할 수 없게 된다. 여러 지역에서의 CPM을 조사해본 결과 공통점은 한 가지 방법을 사용한 곳에서 CPM이 일어났다는 것이다.

내가 아는 선교사가 지구상에서 가장 전도되지 않은 곳에서 사역을 하고 있었다. 그런데 지난해에 첫 성도들을 얻었다. 그 새 성도들 중에 매우 재능이 있는 사람이 있는데 그의 부족에게 복음을 전할 다리를 놓고자 했다.

그런데 새 성도들이 다른 사람을 전도하지 못하는 것이었다. 그 재능 있는 사람조차도 전도에 실패했다. 복음을 이렇게 저렇게 여러 가지 방식으로 설명했지만 문제가 있었던 것이다. 그래서 이러한 상황을 검토한 선교사는 새 성도들에게 단 한 가지 방법으로만 복음을 전하도록 했다. 그랬더니 그때부터 전도에 효과가 있었다. 한 가지 방법을 확실하고 분명하게 사용했기 때문이다.

복음을 제시할 다리를 놓기 위한 한 가지 방법을 시작하라. 그 방법을 효과가 있을 때까지 거듭거듭 사용하라. 아주 익숙해질 때까지.

요약

당신이 첫 모임을 시작할 때 그 모임에서 세 가지 내용을 꼭 다루어야 한다. 왜(비전 제시), 누구에게(명단 작성), 어떻게(복음 다리 놓기 공부와 연습).

당신의 지역에서 효과 있는 다리 놓기 방법을 새 성도들도 배우게 하라. 그리고 그것을 많이 연습하게 하라.

그리고 그 방법을 한 주에 다섯 번씩은 실천하도록 격려하라.

당신과 당신의 훈련자들이 복음을 전하기 위해 다리 놓는 방법을 알게 되었다. 그러면 이제 당신의 지역에서 어떻게 효과적으로 복음을 제시할 것인지를 알아야 한다. 다음 장의 내용이 바로 이것이다.

듣기만 하지 말고 행하는 자가 되라!

이 과의 공부를 통해 하나님께서 당신에게 말씀하시는 것이 무엇이며, 어떻게 순종할 것인지 기록해보라.

Part 3 **T4T의 적용**

13장 복음 제시

첫 모임을 끝내기 전에 당신의 훈련생들에게 분명하고도 효과적으로 복음을 제시할 수 있도록 훈련하기를 원할 것이다. 복음의 다리 놓기는 사람들의 마음을 복음에 귀 기울이도록 해준다. 그러나 인간의 영혼을 구원하는 것은 복음이다.

성경은 주님의 이름을 부른 자만이 구원을 얻을 수 있다고 한다. 주님의 이름을 부르려면 복음을 들어야 한다(행 2:21; 4:12).

누구든지 주의 이름을 부르는 자는 구원을 받으리라 그런즉 그들이 믿지 아니하는 이를 어찌 부르리요 듣지도 못한 이를 어찌 믿으리요 전파하는 자가 없이 어찌 들으리요 보내심을 받지 아니하였으면 어찌 전파하리요 기록된 바 아름답도다 좋은 소식을 전하는 자들의 발이여 함과 같으니라 그러나 그들이 다 복음을 순종하지 아니하였도다 이사야가 이르되 주여 우리가 전한 것을 누가 믿었나이까 하였으니 그러므로 믿음은 들음에서 나며 들음은 그리스도의 말씀으로 말미암았느니라(롬 10:13-17).

이 구절에서 바울은 믿음은 들음에서 온다고 했다. 무엇을 들어야 하는가? 그리스도에 관한 복음의 말씀을 들어야 한다.

복음이 무엇인가?

많은 사람들이 성경이 말하는 것보다 더 넓게 복음에 대해서 정의하고 있다. 어떤 사람은 전혀 성경적이지 않은 정의를 내리기도 한다. 영적인 진리를 나눈다고 다 복음인 것은 아니다.

복음이 무엇인가? 이것은 예수 그리스도께서 우리에게 구원을 베풀어주시는 복된 소식으로서 우리는 그를 믿음으로써 구원을 얻는다. 다음 성경 말씀이 복음에 대한 매우 좋은 설명을 해주고 있다.

이에 그들의 마음을 열어 성경을 깨닫게 하시고 또 이르시되 이같이 그리스도가 고난을 받고 제 삼일에 죽은 자 가운데서 살아날 것과 또 그의 이름으로 죄 사함을 받게 하는 회개가 예루살렘에서 시작하여 모든 족속에게 전파될 것이 기록되었으니 너희는 이 모든 일의 증인이라(눅 24:45-48).

> 형제들아 내가 너희에게 전한 복음을 너희에게 알게 하노니 이는 너희가 받은 것이요 또 그 가운데 선 것이라 너희가 만일 내가 전한 그 말을 굳게 지키고 헛되이 믿지 아니하였으면 그로 말미암아 구원을 받으리라 내가 받은 것을 먼저 너희에게 전하였노니 이는 성경대로 그리스도께서 우리 죄를 위하여 죽으시고 장사 지낸 바 되셨다가 성경대로 사흘 만에 다시 살아나사 게바에게 보이시고 후에 열두 제자에게와 그 후에 오백여 형제에게 일시에 보이셨나니 그 중에 지금까지 대다수는 살아 있고 어떤 사람은 잠들었으며 (고전 15:1-6).

복음이 무엇인가? 이것은 예수님께서 우리 죄를 위해 죽으시고 장사 지낸 바 되었다가 선언하신 대로 다시 살아나셨고, 누구든지 회개하고 예수님을 믿음으로 구원을 얻는다는 진리다.

당신이 T4T에서 사용하는 어떠한 복음 제시든지 예수님께 대한 이 내용이 중심 진리로 들어있어야 하고 사람들이 어떻게 응답할 수 있는지가 포함되어야 한다. 이것이 복음이다.

분명하고 효과적으로

당신의 지역에서 T4T를 할 때 사용하는 복음 제시의 중요한 특징은 보통 사람들이 이해할 수 있고, 그들을 구원의 길로 이끌기에 효과적이어야 한다. 하나님께서 그들의 마음에 덮개를 벗겨주실 때 납득할 수 있는 정도로 단순해야 한다. 사람들에게 진정 복된 소식이 되어야 한다.

> 아무나 천국 말씀을 듣고 깨닫지 못할 때는 악한 자가 와서 그 마음에 뿌려진 것을 빼앗나니 이는 곧 길가에 뿌려진 자요(마 13:19).

우리에게는 사람들이 이해하기 어려운 방식으로 복음을 전하지 않아야 할 책임이 있다. 복음은 듣는 사람의 세계관에 맞게 이해 가능해야 한다. 이것은 잉이 복음을 전할 때 맨 첫마디가 "축하합니다. 당신은 하나님의 자녀입니다. 문제는 당신이 잃어버린 자녀라는 것입니다. 제가 어떻게 구원받을 수 있는지 말씀드리겠습니다"라고 말하는 이유다. 이런 복음 제시가 전도하고자 하는 사람에게 매우 효과적이다.

믿지 않는 사람들의 기본적인 세계관을 언급하는 것이 필요하다. 당신의 복음 제시는 복음 진리를 담고 있어야 하며 또 그 복음이 사람들의 세계관에 적용되어야 한다.

- 정령숭배자들을 위한 복음이 무엇인가? 예수님의 능력이 모든 영들을 이긴다.

- 불교 신자와 힌두교 신자들을 위한 복음은 무엇인가? 예수님의 능력은 윤회의 사슬을 끊고 그들을 천국으로 인도한다.

- 무슬림이나 유대교인들을 위한 복음은 무엇인가? 예수님의 능력은 선행으로 구원을 얻을 수 있다는 헛된 그들의 종교 체계를 파하고 그들에게 참된 구원을 준다.

- 포스트모던주의자들을 위한 복음은 무엇인가? 예수님께서 참되고 영원한 해답이시며, 예수님만이 그들의 삶을 진정으로 변화시켜주신다는 것이다.

당신은 이해 가능한 방식으로 복음을 제시해야 하며 사람들의 필요를 겨냥하여 전해야 한다. 복음의 본질은 항상 동일하다. 예수님의 죽으심, 장사, 부활, 그리고 예수님의 이름을 믿음으로 얻는 구원이다. 그러나 전하는 방식은 때와 장소에 따라 얼마든지 달라질 수 있다.

당신의 상황에서는 어떤 방식이 가장 효과적인가? 어떤 사람이 다른 사람들을 꾸준히 예수님께로 인도하고 있는지 잘 살펴보라. 그리고 그 사람이 어떻게 복음을 나누고 있는지 눈여겨보라. 그 사람이 사용하는 방식을 따르든지 아니면 조금 조정해서 사용할 수 있을 것이다. 어디에 있는 사람들이 믿음의 길로 나오는지, 그들의 세계관 중에 어떤 것이 당신의 세계관과 비슷한지를 잘 살피라. 그리고 당신의 복음 제시에 그 내용들을 적절하게 적용하기 바란다.

재생산을 위한 간단한 복음 제시

대부분의 CPM에 나타나는 공통 요소는 단순한 복음 제시 방법을 사용하며 새 성도라도 쉽게 따라 할 수 있는, 그 방법을 배우게 하는 것이다.

세 가지 방법도 아니고, 두 가지 방법도 아니다. 한 가지 복음 제시 방법으로 시작하라. 어디로 가든지 그 방법을 적용하라. 사람들이 이해하기 쉽지 않거나, 사람들의 세계관에 나타난 필요를 충족시켜주는 것이 아니라면 약간 수정할 수 있다. 그러나 기본적으로 한 가지 방법을 사용하라.

복음 제시 방법은 단순하고 재생산할 수 있어야 한다. 새 성도라도 능히 따라 할 수 있어야 한다. 너무 복잡하면 따라 할 수 없고, 제자훈련 혁명을 일으킬 수 없다.

효과적이고 재생산적인 복음 제시 방법은 교실에서나 이론 공부 시간에 개발되지 않는다. 좋은 생각은 떠오를 수 있다. 그러나 효과적인 복음 제시 방법은 계속적이고 반복적인 시도와 실수를 통해 만들어진다. 어떤 사람들은 사용하기 전에 계속 수정하고 완전하게 만들기를 원하지만 계속 사용하고 실천하는 가운데 온전한 방법이 만들어지는 것이다.

재생산적인 복음 제시 방법은 새 성도들이 사용할 때 개발된다. 새 성도들이 사용하기에 어려운지 쉬운지를 잘 살펴보고 조금씩 수정하여 누구나 잘 사용할 수 있는 것으로 만들어 가야 한다. 효과적인 방법인지 아닌지를 아는 유일한 길은 사용해보는 것이다.

당신이 두 가지 이상의 복음 제시 방법을 사용하면 훈련생들이 혼돈을 일으킬 것이다. 나중에 더 성숙하면 다른 방법을 소개해줄 수 있을 것이다. 처음에는 한 가지 방법만을 사용하기 바란다.

'예수 영화' 같은 보조적인 시청각자료를 사용하기도 하지만 모든 사람이 기본적인 복음 제시 방법을 가지고 있어야 한다. 누구에게나, 어디에서나, 어느 때나 전도할 수 있는 한 가지 방법을 모든 성도들이 알고 있어야 한다.

복음 제시의 예

T4T에서 사용할 수 있는 복음 제시 방법을 웹사이트의 참고자료에서 찾아볼 수 있다. 효과적인 세 가지 방법이 있다.

- 구원의 확신을 갖는 법: 잉이 사용하는 기본적인 복음 제시 방법이다.

- 창조에서 그리스도까지C2C: 약 40개의 성경 이야기를 15분 이내에 요약해서 들려준다. 글을 모르는 사람들에게 구두로 복음을 제시할 때 매우 유용하다. 지금은 모든 대상자들에게 효과적인 것으로 알려져 있다.

- Any3: 무슬림을 부딪침이나 갈등 없이 그리스도께로 인도할 수 있는 가장 빠르고 효과적인 방법이다.

당신 자신의 복음 제시 방법을 사용할 수 있다. 사영리, 하나님과 화목하는 길, 생명의 다리 등과 같은 것도 좋은 방법이다. 아무튼 당신 자신에게 효과적이고 당신의 훈련생들이 따라 하기에 쉬운 방법을 알아내라.

결신 초청을 포함하라

어떤 방법으로 복음을 제시하든지 결신을 촉구해야 한다.

침(세)례 요한과 예수님, 그리고 사도들과 전도자들은 모두 복음을 제시한 후에 결신을 촉구했다. 예수님을 영접할 것을 초청하기 전까지는 어느 사람이 복음을 영접할 준비가 되어 있는지 알 수 없다.

우리는 종종 사람들이 큰 회심의 마음을 가지고 우리에게 "그러면 제가 어떻게 해야 구원을 얻을 수 있습니까?" 하면서 나오기를 기다리는 데, 그런 경우는 아주 드물다. 성경에서도 매우 드문 경우다. 사도행전 2장 37절에 기록된 대로 베드로와 사도들은 거듭 설득했고, 거듭 회개를 촉구했다(행 2:40).

효과적인 전도는 사람들을 하나님 나라로 이끄는 지도력을 필요로 한다. 깨달음을 주시는 분은 하나님이시지만 우리는 설득해야 한다. 성경적인 설득은 하나님께서 죄를 깨닫게 하실 때 응답하도록 촉구하는 것이다. 이것은 사람들의 마음을 훔치는 술수가 아니다. 하나님께서 말씀하신 것에 대하여 사람들로 하여금 응답하도록 이끌어주는 것이다. 27)

그들이 이 말을 듣고 마음에 찔렸다. 그래서 베드로와 다른 사도들에게 물었다. "형제들아 우리가 어찌할꼬?" 베드로가 말했다. "너희가 회개하여 각각 예수 그리스도의 이름으로 침(세)례를 받고 죄 사함을 받으라 그리하면 성령의 선물을 받으리라." 또 여러 말로 확증하며 권했다. "너희가 이 패역한 세대에서 구원을 받으라"(행 2:37-38, 40).

우리는 주의 두려우심을 알므로 사람들을 권면하거니와 우리가 하나님 앞에 알리어졌으니 또 너희의 양심에도 알리어지기를 바라노라(고후 5:11).

사람들은 당신이 응답하기를 권할 때까지 "예"라는 대답을 하지 않을 것이다.

한 CPM 운동가가 전도를 꽤 많이 했다. 그런데 신앙을 가지는 사람이 없었다. 그 유능한 전도자는 결신을 촉구하고 "당신은 지금 예수님을 따르고자 하십니까?"라고 물어야 한다는 것을 배웠다. 그래서 그는 자신의 전도 방식을 바꾸어서 복음 제시를 끝내는 맨 마지막에 결신을 촉구하기로 했다.

하루는 그 전도자와 그의 동역자가 양로원에서 전도하고 있었는데, 한 노인에게 복음 제시를 다 마쳤다. 그 노인은 의식이 가물가물한 상태였기 때문에 응답하기가 어려웠다. 같이 있던 동료가 "갑시다. 전도가 잘 안되겠어요"라고 말했다. 그래서 막 일어서려다가 전도자가 머리맡으로 가서 물었다. "할머니, 예수님

27) 사람들에게 결신하도록 초청하는 것과 연관된 성경 말씀을 보려거든 참고자료에서 '결신 초청의 예'를 찾아보기 바란다.

믿으시겠어요?" 그러자 할머니가 대답하는 것이었다. "예, 물론이지요." 그날 겉으로 보이기에는 아무런 반응도 할 수 없는 것 같았지만 그 노인은 자신을 그리스도께 드렸다.

촉구하는 전도자가 되라. 잉은 놀라운 촉구자다. 그는 어디서나 전도를 하고는 꼭 예수님을 믿겠느냐고 물어본다. 많은 사람이 "예"라고 답한다. 그가 인도하는 훈련자들 대다수가 그렇게 전도하여 얻은 결신자들로서 훈련을 시작한 사람들이다. 잉의 전도 철학은 '허락을 받으려 하지 말고 그냥 말하라'이다. 복음을 전할 때 그의 철학은 '믿겠느냐고 묻지 않으려거든 전도하지 말자'이다.

효과적인 전도자는 사람들에게 예수님을 따르겠느냐고 묻는다. 기억하라. 당신이 전도하고 결신을 촉구하지 않으면 100% 응답하지 않을 것이다.

복음을 전하기 위한 다리 놓기를 가르칠 때 훈련생에게 복음 제시를 거듭 연습하도록 하고 일주일에 적어도 5명에게 전도하도록 강조하라. 함께 연습한 후에는 각자 자신이 기록한 전도대상자 명단을 보고 그의 이름을 불러가면서 기도하고, 서로를 위해서도 기도한다. 매 주일 5명에게 복음을 제시하고 결신을 촉구한다는 목표를 위하여 기도해야 한다.

첫 만남을 가진 후 각 사람을 영적 혁명을 위하여 내보내라.

요약

T4T에서 효과적이고 재생산적인 복음 제시는 반드시 결신 초청으로 이어져야 한다. 당신이 있는 곳에서 그렇게 할 수 있는 한 사람을 찾으라.

첫 만남(어떻게)에서 당신의 훈련생에게 이 내용을 가르치라. 그들이 떠나기 전에 연습을 시켜서 다음 주간에 5명에게 전도할 수 있는 자신감을 갖게 하라. 연습을 한 후에 그들이 적은 명단에서 대상자 이름에 동그라미를 치게 하고 다시 한번 사명을 강조하고 기도한다.

그들의 목표는 한 주 동안 5명에게 복음을 제시하고 결신을 촉구하는 것이다.

사람들이 신앙을 가진 후 어떻게 하면 그들이 제자훈련을 통하여 다음 세대를 만들게 할 수 있을까? 다음 장의 주제다.

듣기만 하지 말고 행하는 자가 되라!

이 장을 통해 하나님께서 당신에게 말씀하시는 것이 무엇이며, 어떻게 순종할 것인지 기록해보라.

Part 3 **T4T의 적용**

14장 제자훈련

다음 주간 당신의 훈련생이 나가 복음을 전해서 예수님을 따르기로 "예"라고 응답한 결신자를 얻었다. 그러면 그 결신한 새 성도로 하여금 다음 세대를 생산할 수 있는 제자로 키워야 하는데 체계적으로 제자훈련을 하려면 어떻게 해야 하는가?

단기 훈련과 장기 훈련

지금까지는 훈련자를 세우기 위한 제자훈련 과정에 대해서 다루었다. 세 부분 과정을 강조했다. 이 장에서는 단기 훈련이든 장기 훈련이든 T4T에서 말하는 제자훈련의 내용을 다룰 것이다.

이 내용은 단기 제자훈련을 위한 재생산하기 쉬운 과목들을 포함하고 있다. 훈련생들이 쉽게 배우고 순종하고 또 다른 사람에게 전해줄 수 있을 것이다. T4T는 둘째 만남에서 사용할 수 있는 6~10개의 성경적인 단기 제자훈련용 주제들을 필요로 한다. 그 주제들은 당신의 상황에 적절하고 또 재생산되기 쉬워야 한다. 만약에 새 성도들이 그 교훈들을 다른 사람에게 전달하지 못한다면 그것은 내용이 재생산하기에 어렵기 때문이다.

단기 제자훈련을 마친 후 장기 제자훈련으로 넘어가야 한다. 장기 제자훈련은 새 성도 스스로가 하나님의 말씀을 섭취하고 성령님의 인도를 따라 살 수 있도록 하기 위한 과정이다. 장기 제자훈련 과정은 몇 달 동안 또는 수 년 동안 독립적으로 신앙생활 할 수 있도록 하기 위한 귀납적인 성경연구와 말씀의 적용 방법을 포함한다.

T4T를 진행하면서 당신은 새 성도들로 하여금 CPM의 다음 단계, 즉 제자의 재생산 단계로 나아가도록 도와주어야 한다. 당신은 훈련자들로 하여금 그들의 새 성도들이 모임에서 배운 것들에 대해 어떻게 "예" 하고 순종하게 할 수 있는지를 알도록 무장시켜주어야 한다. 당신은 그들이 꾸준히 그리스도를 닮아가고 그들의 세대를 향한 하나님의 목적을 성취하게끔 챙겨주어야 한다. (어떻게 CPM 계획에 적합한 제자훈련을 할 수 있는지에 대해서는 보조자료 'CPM의 기본 요소들'을 보라.)

재생산 없는 교훈의 위험성

단기와 장기 제자훈련 과정에 있어서 재생산적이지 못한 경우가 종종 있다. 그 이유는 무엇인가? 6~10개의 과정 속에 구약성경 전부와 신약성경 전부, 그리고 조직신학의 모든 내용을 집어넣으려 하기 때문이다.

나도 그런 적이 있었다. 이나Ina 부족 사람들을 위한 사역을 할 때 초창기에 영생과 경건에 대한 모든 내용을 8개의 과목에 다 집어넣으려는 마음으로 교재를 만들었다. 자연히 신학적인 무게가 더해졌고, 내용이 너무 복잡하고, 순종을 요구하는 것이 너무 많았으며, 다른 사람에게 전해주기도 어려웠다. 신학대학원을 다닌 나에게는 그런대로 무슨 소리인지 알겠는데, 공부할 기회가 없었던 사람들에게는 아주 난해한 내용이었다. 몇 차례 시행착오를 거치면서 어떤 것이 효과적이고 어떤 것이 효과적이지 않은지 알게 되었고, 나의 사역 팀은 내용을 대폭 수정하여 8개의 중점 사항으로 새로 정리했다. 그래서 새 성도들로 하여금 예수님을 사랑하고, 다른 사람을 사랑하며, 지상사명을 성취하기 위한 올바른 삶을 시작하도록 할 수 있었다. 8개의 과목 속에 모든 것을 집어넣고자 하는 마음을 내려놓으면 단순화시킬 수 있다. 이것은 제자도의 여정을 시작하는 단계다. 점차 다른 내용을 첨가시킬 수 있다. 이나Ina 사람들이 8개의 제자훈련 과목을 말로 잘 배웠고 다음 세대로 전해주게 되면서 단기 제자훈련 과정이 잘 만들어졌다.

당신이 초기에 사용하는 6~10개의 주제는 시작이라는 것을 기억하라. 그러므로 전해주기 용이하도록 아주 쉽고 단순하게 할 필요가 있다.

당신의 T4T 자료 내용

당신은 현재 개발되어 있는 다양한 T4T 훈련을 위한 주제들을 사용할 수 있다. T4T 인터넷 사이트에 보면 여러 언어로 각기 다른 세계관에 적합하게 만든 다양한 종류의 자료들이 있다. 그것들 중 당신에게 적합한 것을 하나 고르라. 그리고 당신의 상황에 맞게 수정하여 사용하라. 일단 사용해보고 필요한 수정을 하라. 훈련하기 전에 수정하고 준비할 생각에 훈련을 미루지 마라. 수정하는 가장 빠른 방법은 훈련 모임을 시작하고 훈련하면서 조정하는 것이다.

만약 당신이 단기 제자훈련 과정에 10개 이상의 주제를 포함시키고자 한다면 너무 많아서 대다수의 새 성도들이 기억하기도 어렵고 다른 사람에게 전해주기도 어려워할 것이다. 대신 단기 제자훈련 과정에서는 6~10개의 주제만 다루고 이어서 장기 제자훈련을 통해 훈련생으로 하여금 그리스도인 생활의 기초를 닦을 수 있는 성경 본문(마가복음이나 에베소서 등)을 연구하도록 할 수 있다.

단기 제자훈련에서 양보할 수 없는 것

단기 제자훈련 과정에서 빼놓을 수 없는 필수적인 내용이 있다. 예를 들면, 구원의 확신, 기도, 경건의 시간, 말씀 등이다.[28] 하지만 교회개척운동이 이루어지기 위해서는 이런 것들 외에 단기 제자훈련 과정에서 빼놓을 수 없는 필수적인 주제가 있다.

- 침(세)례 – 대다수의 T4T 운동가들은 신앙을 고백한 후 몇 시간, 며칠 또

[28] 당신은 잉이 6개의 최초 주제를 선정한 이유에 대한 설명을 보충자료 제목 'An Overview of the Original Six T4T Lessons'(T4T의 처음 6개 주제 개관)에서 볼 수 있다.

는 몇 주간이 지난 후에 침(세)례를 베푼다. 하지만 많은 사람들이 구원받은 후 가장 먼저 제자훈련의 주제로 침(세)례를 다루고 있다.[29] 침(세)례는 확고한 신앙고백을 하는 가장 중요한 순종일 것이다(15장을 보라).

- 교회 – T4T 훈련 과정에서는 CPM이 이루어지도록 교회를 개척하기 위해서 의도적으로 초기에 이 주제를 다룬다. 그래야 새 성도들의 그룹이 교회로 탈바꿈할 수 있기 때문이다. 보통 단기 제자훈련 과정에서 네 번째나 다섯 번째 주제로 다룬다. 이 말은 새 성도 그룹이 보통 네 번째 모임이나 다섯 번째 모임에서 교회로 변화되기 때문이다. 침(세)례에 대해 공부하지 않으면 그룹이 교회로 변화되지 못할 것이다(16장을 보라).

- 주님의 만찬(성만찬) – 주님의 만찬에 대한 내용은 교회를 공부할 때 포함시키기도 하고 따로 공부하기도 한다(16장을 보라). 어떻게 공부하든지 간에 주님의 만찬은 올바로 행해져야 한다. 주님의 만찬은 교회 예배에서 가장 거룩한 행위 중 하나다. 주님의 만찬은 성도들을 교리적으로 또 행습 면에서 순결하게 지켜준다.

- 핍박을 견딤 – 어떤 사람은 이 주제를 공부하는 것에 대해 놀랄 것이다. 그러나 많은 성도들이 핍박과 고난에 부딪히고 있다. 신약성경의 저자들은 핍박의 주제를 믿음의 기초로 항상 포함시키고 있다. 핍박을 견디어야만 교회개척운동이 일어날 수 있다(20장을 보라). 핍박을 견디고 용기를 갖는 것은 새 성도들로 하여금 새로운 세대를 일으키는 가장 중요한 요소가 될 것이다.

- 지상사명 – 재생산이 세 부분 과정에서 다루어지기는 하지만 그래도 지상사명에 대하여 종합적으로 공부하는 것이 성공적인 세대 증식을 위해 필요하다.

[29] 잉 카이는 그렇게 하지 않는다. 그는 네 번째 주제로 교회형성을 다룰 때 침(세)례에 대해 공부한다. 그렇다 하더라도 구원 후에 침(세)례를 빨리 공부하는 것이다.

문서 자료를 사용하는 것과 말로 하는 것

당신은 제자훈련을 하면서 가능한 빨리 문서 자료를 사용하는 것과 말로 하는 것 중 어느 것이 자연스러운지를 결정해야 한다. 어떤 교회개척운동을 일으킨 사람들은 말로 하는 것이 그들 상황에 더 효과적이었기 때문이 아니라 말로 훈련하는 것을 더 좋아했기 때문에 말로 훈련했다. 재생산에 효과적이기 때문이 아니라 사용하기가 좋기 때문에 어떤 훈련 방식을 채택하는 것은 매우 위험한 생각이다. 우리는 사람들에게 더 좋고 효과적인 것을 생각하지 않고 자기 자신의 선호도에 따라 방법을 결정해서는 안 된다.

말로만 훈련하는 것은 마치 브레이크를 걸어 놓고 자동차를 운전하는 것과 같다. 자동차가 가기는 할 것이다. 그러나 힘들 것이다. 말로 하는 훈련 방식은 많은 제한 사항이 내재되어 있다. 매우 드문 경우를 제외하고는 재생산에 이르기까지 많은 노력이 필요하다.

예를 들어보자. TRT(이나 Ina 사람들을 위하여 개발된 농촌 지역을 위한 훈련자를 위한 훈련으로써 글을 모르는 사람들을 위하여 이야기 식으로 만들어진 훈련)를 할 때, 이야기를 들려주고, 그 내용을 배우게 하고, 성경구절들을 외우게 하고, 노래를 가르치고, 적용 사항을 기억하게 하는 등 많은 수고를 기울여야 했다. 그들이 들은 이야기를 다른 사람에게 전할 수 있는 확신을 가지게 하기 위해서 이야기 하나하나를 5~10번씩 연습시켜야만 했다. 게다가 지난주에 배운 이야기들을 되살리기 위하여 복습하는 것도 필요했다. 많은 시간이 필요했고, 다른 사람에게 전해주기 위해서는 이야기를 포함하여 모임 내용 전체를 외우고 거듭 연습해야만 했다. 매우 많은 시간이 들었다. 말로 하는 훈련은 보통 문서 자료를 사용하는 것보다 훨씬 많은 노력이 필요하다.

당신이 문서로 된 훈련자료를 사용하여 훈련할 때, 이미 그 나라의 교육 제도를 통해 갖추어진 읽을 줄 아는 능력이 당신의 훈련을 돕고 있는 것이다. 당신은 문서 자료를 읽으면서 훈련할 수 있고, 그들로 하여금 문서 자료로 된 성경 이야기를 읽고 공부하는 주제에 대한 교안을 읽음으로 내용을 따라 오게 할 수 있다. 그들은 아마 1~3번만 연습하면 그 내용을 다른 사람에게 전할 수 있는 확신을 갖게 될 것이다. 교육 제도를 통해 갖추어진 훈련생들의 글 읽는 능력은 적은 노력으로 효과적인 훈련을 가능하게 해준다.

어떤 사람은 노래나 이야기 또는 스킷 드라마 같은 방식으로 말로 하는 훈련의 가치를 설명하기도 한다. 물론 그런 면이 있기는 하다. 하지만 결코 쉽지 않은 방식이다. 일반적으로 글을 아는 사람들을 훈련하는 것보다 훨씬 더 많은 노력을 필요로 한다.

글을 모르는 사람들 가운데서도 CPM이 일어날 수 있다. 실제로 문맹 지역에서 이야기 T4T를 사용하여 CPM이 발생한 적이 있다. 그러나 재생산을 위하여 다른 사람에게 제대로 전해주도록 하기 위해서 많은 시간이 소용된다. 당신의 훈련생들이 제대로 재생산하게 하기 위해서는 정말 많은 시간을 드리고 노력을 기울여야 한다.

당신은 문서 자료 방식과 말로 하는 방식 중 어느 것을 선택하겠는가? 당신 자신의 선호도가 아니라 당신이 대상으로 삼는 사람들의 형편에 따라 방법이 선정되어야 한다. 앞으로 생길 미래의 3세대 혹은 4세대 성도들을 생각해보라. 어떤 방식이 그들에게 더 적합하고 더 효과적이겠는가? 당신이 처음 대상으로 삼아 전도한 1세대 사람들은 글도 알고 도시에서 사는, 교육을 잘 받은 사람들일 것이다. 그들에게는 당연히 문서로 된 T4T 자료를 가지고 훈련해야 한다. 그런데 그들의 시골집에 있는 그들의 할아버지와 할머니는 글을 모를 수 있다. 그러면 당신의 글 아는 1세대 새 성도가 글을 모르는 2세대, 3세대 새 성도를 효과적으로 만나기 위해서는 처음부터 이야기 T4T를 사용하는 것이 더 지혜로울지도 모르겠다.

만약 당신이 사역하는 지역에서 처음 몇 세대 새 성도들이 글을 아는 사람들일 가능성이 높으면 문서 자료 방식을 선택하라. 많은 사람들이 이야기 방식을 선호하는 이유는 재미있고 쉽기 때문이라고 한다. 그렇다. 당신은 문서 자료를 사용하면서 이야기를 사용할 수 있다. 꼭 외워서 말로만 하는 것을 택하지 마라. 문서 자료를 사용할 때 재생산이 더 빨리 일어나는 것을 볼 것이다.

구두 전달 방식을 생각할 때 필요한 것이 오직 이야기만이라는 선입견은 버려야 한다. 우리는 예수님께서 이야기를 많이 하신 것을 기억하고 이야기만으로도 충분하다고 결론 내린다. 예수님의 방식을 잘 생각해보라. 예수님이 이야기를 많이 하셨지만, 항상 어떤 진리와 교훈적인 적용을 해주시기 위하여 명제적 분위기의 말씀을 하셨다. 구두 교육이 이야기뿐이라고 생각하지 마라. 사람들이 이야기를 더 선호할 수 있다. 그러나 그들에게 교훈이 필요하고 이야기를 그들의 삶의 현장에 적용하기 위한 확실한 적용에 대한 명제적 설명도 필요하다. 우리는 TRT의 초창기에 이야기 후에 교훈과 적용을 분명하게 제시해주지 않았다는 잘못을 알게 되었다. 이 문제를 해결한 후 사람들은 배운 진리를 더 많이 실천했고, 다른 사람에게 더 잘 전해주었다. (구두 T4T 방법의 사용에 대한 더 자세한 설명은 www.T4TOnline.org 사이트에 있는 보조자료 '말로 훈련하는 방법'을 찾아보기 바란다.)

훈련생을 훈련자로 바꾸기

초창기 CPM 운동가들이 T4T 초기에 경험했던 어려움 중 하나는 훈련생들에게 '세 부분 과정'을 잘 따라오게 만드는 것이었다. 훈련생들이 초기 T4T 훈련 주제들(중반부에서 하는 단기 제자훈련 주제들)을 공부할 때 그들 뒤에 마땅히 따라야 할 재생산의 열매가 없었다.

잉이 성도 그룹을 개인적으로 훈련하여 '세 부분 과정'을 진행할 때, 그 사람들에게 필요한 것은 매 단계마다 해야 할 것을 훈련하기 위한 기초적인 주제들이었다. 그는 세 부분 과정을 사용했다. 그런데 T4T 주제들을 세상에 있는 다른 CPM 운동가들에게 참고하도록 제공해줄 때 T4T의 과정 거의 전부를 놓치고 말았다. T4T 주제들은 얼핏 훈련 과정이나 훈련 주제가 아니라 하나의 내용으로 보인다. 바로 이점 때문에 이 책이 있는 것이다.

T4T를 시작하는 대다수의 사람들이 T4T를 어떤 활동이나 움직임이 아니라 어떤 내용이라고 생각한다. 사람들의 관심이 어떻게 운동을 일으킬 것인가가 아니라 주제를 어떻게 가르칠 것인가에 맞추어져 있다. 그들은 세 부분 과정을 잊어버리고 있고, 훈련자를 여러 세대로 확대하는 중요성을 망각하고 있다.

당신의 T4T 사역에서 이런 문제가 생기지 않게 하기 위한 방법은 단기 제자훈련을 하기 위한 세 부분 공부 교안을 만들어서 사용하는 것이다. 당신은 세 부분 과정을 따로따로 구분하여 계획한 교안을 가지고 훈련자들이 각 단계에서 무엇을 해야 하는지를 잘 알게 일깨워줄 수 있다. 세 부분 과정의 진행에 대해 아는 것이 내용을 아는 것만큼이나 도움이 된다. 30)

당신은 이미 첫 모임을 위한 교안 계획은 알고 있을 것이다. 그렇다면 두 번째 모임을 위한 교안 계획은 어떻게 할 것인가? 여기에 당신이 참고하여 발전시킬 수 있는 교안 계획의 기본 형태를 제시한다.

30) 세 부분 교안 자료의 예를 www.T4TOnline.org 사이트의 'The Training Rural Trainers - TRT Curriculum'(농촌 지역을 위한 T4T 커리큘럼)에서 찾아볼 수 있다. 또 참고자료 'How to Train Orally'(구두 방식으로 훈련하는 방법)도 참고하기 바란다.

T4T 모임 전반부(40분)

- 목회적 돌봄: 서로에 대해 진심으로 "어떻게 지냈습니까?"라고 물음으로 모임을 시작한다. 그리고 기도하고, 서로 상담하고, 격려해준다.

- 예배: 찬송을 두세 곡 부른다.

- 책임: 지난주 모임을 생각하며 질문한다. 지난주에 배운 대로 순종하기 위하여 당신 자신이 노력한 것을 나누라.
  ≫ 누구에게 전도했습니까? 누가 믿었습니까?
  ≫ 믿음을 가진 새 성도와 첫 만남을 진행했습니까? 그랬다면, 진행은 어땠습니까?

- 비전 제시: 약 5분간 다음 내용을 나눈다.
  ≫ '하늘에 계신 아버지의 마음' (3장을 보라).
  ≫ 만약 그들이 전도했는데 거절당했다면 하나님께서 여전히 그 대상자들이 구원받기 원하신다는 것을 말해주며 격려한다.

T4T 모임 중반부(40분 이내)

- 제자훈련 공부-침(세)례: 침(세)례에 대해 가르친다(침(세)례에 대한 내용을 적어둔다). 그룹원 숫자만큼 인쇄물을 준비하여 나누어주고 설명한다. 훈련자들에게 그들의 새 성도에게 침(세)례를 주기 위한 시간을 계획하게 하라.

T4T 모임 후반부(40분)

- 연습
  ≫ 그룹원들이 둘씩 짝지어 침(세)례에 대해 배운 내용을 연습하도록 한다. 연습하는 동안 돌아다니면서 질문에 답해주고, 혹시 잘못하는 것이 있

으면 부드럽게 수정해준다.
- ≫ 사람들이 확신을 가질 때까지, 그리고 내용을 잘 전달할 수 있을 때까지 연습한다.
- ≫ 오늘 만남의 세 부분에 대하여 그룹원들과 대화하고, 한 주간 동안 그들의 새 성도에게 잘 전할 수 있게 한다.

■ 목표 설정과 기도
- ≫ 그룹원에게 적당한 목표를 세우도록 한다.
  - 그룹원 중에서 아직 침(세)례를 받지 않았다면 침(세)례를 주기 위한 시간 계획을 잡도록 한다.
  - 훈련생들에게 대상자 명단에서 5명에게 전도할 목표를 세우도록 한다(이미 지난주 간에 전도한 사람이 다시 포함될 수도 있다).
  - 훈련생으로 신앙을 가진 사람이 생기면 즉시 훈련하는 목표를 세우도록 한다. 첫 모임에서 공부한 '누가-왜-어떻게' 내용과 확실한 복음 제시 방법을 확인하게 한다. 그리고 침(세)례에 대하여 공부한다.
- ≫ 그룹원들이 돌아가면서 자신의 목표를 간단하게 나누도록 한다. 그리고 나서 기도한다. 시간이 부족하면 두 사람씩 혹은 세 사람씩 나누어 발표하게 한다.

단기 제자훈련 커리큘럼

웹사이트에서 보조자료 'Examples of T4T Curriculum Packages'를 찾아보라. 단기 제자훈련을 위한 다양한 주제들에 대한 자료가 소개되어 있다. 대부분의 자료를 다운받을 수 있다. 쉽게 재생산 가능한 6~10개의 제자훈련 주제를 선정하는 데 좋은 도움이 될 것이다.

단기 제자훈련 적용

- 당신의 상황에서 새 성도들이 예수님을 따르기 시작하는 데 필요한 6~10가지 중요한 주제가 무엇인지를 결정하라.

- www.T4TOnline.org 사이트의 보조자료에서 얻은 훈련 과정의 예에서 아이디어를 얻으라.

- 제시된 주제들에 대한 내용으로부터 당신의 그룹원들을 위해 필요한 것을 취하라. 이때 그 자료가 성경적이며 적절하고 재생산 가능한지를 따져보라.

- 교안 계획을 작성하라(세 부분 전부에 대하여).

- 당신의 훈련생들에게 재생산하기가 어려운지 아니면 쉬운지를 보면서 적용할 준비를 하라.

장기 제자훈련을 위해 빼놓을 수 없는 것

단기 제자훈련 과정을 마칠 때, 어떻게 장기 제자훈련 과정으로 넘어갈 수 있는지에 대한 내용이 반드시 포함되어 있어야 한다. 이것을 효과적으로 하려면 귀납적 성경연구를 위한 질문들을 준비해서 제시해주어야 한다. 어떤 성경 본문부터 연구하는 것이 좋은지 안내해주어야 한다. 모든 그룹이 귀납적 성경연구 방법을 배울 수 있다. 그룹원 모두가 함께 성경 본문에 대해 질문하면서 답을 찾아가고 성령님께 그 말씀에 대한 적용거리를 알게 해달라고 기도한다.

이것은 일방적으로 설교하거나 가르치는 것과는 다르다. 그룹원들이 스스로 영적 양식을 얻기 위한 과정이다. 그들 스스로가 서로에 대하여 하나님의 제사장적 역할을 하는 것이다. 만약 이렇게 하지 않는다면, 그들은 '자격을 갖춘' 성경 교사나 그들을 방문하는 설교자가 없으면 성경 말씀을 섭취할 수 없게 된다.

당신은 장기 제자훈련 과정을 소개하는 시간에 귀납적 성경연구의 모델을 제시해줄 수 있다. 훈련생들에게 연습시간에 귀납적 성경연구의 질문을 해보도록 할 수 있다. 그럴 때 그들은 확신을 가지고 그 과정을 그들의 새 성도에게 반복하여 가르쳐줄 것이다.

귀납적 질문 형태

귀납적 방법이 처음에는 쉽지 않다. 그룹원들은 귀납적 방법이 몸에 배도록 거듭하여 훈련받아야 한다. 귀납적 방법이라고 해서 그룹 리더가 아무런 교훈도 준비하지 않고 깨달은 바를 나누지 않아도 되는 것은 아니다. 다만 탁월한 교사가 되지 않아도 된다는 부담감을 감소시켜주기는 할 것이다. 그룹 리더가 자신이 발견한 진리와 깨달음을 나누면서 그룹원들이 배우도록 안내해주어야 하지만 그룹원으로 하여금 스스로 진리의 우물을 파도록 해주어야 한다. 그리고 성경공부 시간에 여러 사람들이 돌아가면서 그룹을 인도할 수 있도록 능력을 배양해주어야 한다.

당신은 사람들에게 과제로 1) 외울 수 있고, 2) 그 의미가 잘 드러나고, 3) 적용과 순종을 강조하는 질문을 제시해주어야 한다. 여기 몇 가지 예문이 있다. 각각의 질문은 대화와 토론을 이끌어 내기 위한 이어지는 질문을 생각해두어야 한다.

T4T에서는 'SOS' 라고 불리는 질문을 사용한다.

- 말하는 것Say: 이 본문이 말하는 것이 무엇인가?
- 순종해야 할 것Obey: 이 본문에서 내가 순종해야 할 것이 무엇인가?
- 나눌 것Share: 이 본문에서 다른 사람과 나눌만한 것이 무엇인가?

다른 질문 형태가 있다.

- 이 본문이 말하는 것이 무엇인가? (그중에서 가장 좋은 것이 어떤 내용인가?)
- 잘 모르는 것은 무엇인가?
- 하나님에 대해 무엇을 가르쳐주는가?
- 실천해야 할 것이 무엇인가?
- 다른 사람과 나눌 수 있는 것이 무엇인가?

성경 어디에서부터 시작하나

귀납적 질문에 대해서 가르쳤으면, 다음으로 그 질문들을 사용하여 적당한 성경 본문을 연구하도록 해야 한다. 어느 성경부터 시작하는 것이 좋은가? 대다수 마가복음으로부터 시작한다. 말로 훈련하는 사람들을 위해서는 성경의 어느 이야기를 고르는 것도 좋다. 공부할 성경 본문을 고를 때는 공부를 통해 예수님과 제자도, 어떻게 예수님을 따르는지에 대한 개괄적인 교훈을 제공해주는 성경 본문으로 그 본문에 대한 기본 이해를 그룹원들에게 안내해줄 수 있는 말씀이 좋다.

장기 제자훈련 내용의 예를 보려면 웹사이트의 참고자료에서 'Examples of T4T Curriculum Packages'를 찾아보라.

글을 모르는 사람을 위한 방법

글을 모르는 사람을 훈련시킬 때가 있다. 어떻게 하면, 그들에게 장기 제자훈련을 하는 동안 하나님의 말씀을 들려주어 성경을 배우고 순종하게 할 수 있을까?

하나님께서는 글을 모르는 사람에게도 하나님의 말씀을 듣고 순종하도록 방법을 제공해주기를 원하신다. 어떤 상황에서도 하나님의 말씀은 가르쳐져야 한다. 여기 몇 가지 예가 있다.

- 그룹원 중에서 글을 읽을 줄 아는 사람에게 다른 사람들을 위해 성경 본문을 읽어주도록 부탁한다. 아마 나이 어린 사람 중에 글을 배운 사람이 있을 것이다.

- 성경 낭독이 녹음된 자료를 사용해 그것을 듣도록 한다.

- 성경 이야기를 외우도록 하고 한 주간 묵상하게 한다.

장기 제자훈련 적용

당신이 단기 제자훈련 과정으로 6~10개의 교안 계획을 개발할 때, 한 과를 더 편성해야 한다. 그것은 장기 제자훈련을 위한 귀납적 성경연구 방법을 가르쳐주기 위한 과다. 그룹원이 함께 성경을 연구하도록 해주어야 한다.

그래서 만약 당신이 다음과 같이 과를 편성했다고 하자.

- 첫 모임: 왜(비전 제시 문구), 누구에게(명단 작성), 어떻게(다리 놓기와 복음 제시)
  ≫ 이 모임에서 사람들의 짧은 신앙고백을 할 수 있다.

- 두 번째 모임부터 아홉 번째 모임까지: 세 부분 과정으로 여덟 개의 단기 제자훈련 주제들을 공부한다.

그렇다면 한 과를 더해서 열 번째 모임을 계획하라.

- 열 번째 모임: 귀납적 성경연구 방법 소개 시간이다. 한 주간 사용할 귀납적 질문들을 알려주라. 장기 제자훈련 과정을 성경연구로 시작하는 것이다. 10장을 모이는 동안에 당신은 그들이 자신 있게 성경을 연구할 수 있도록 귀납적 질문들을 소개하고 다음 주간에 한번 스스로 해보도록 만들어주어야 한다.
  ≫ 열한 번째 모임이 있다면 사람들은 이 방법을 그때까지도 사용하게 한다.

T4T 자료는 새 성도들로 하여금 단기 제자훈련 과정과 장기 제자훈련 과정을 거쳐 성장하도록 도움이 되어야 함을 기억하라. 당신의 T4T 자료는 단기 제자훈련이 장기 제자훈련을 가능하게 하는 귀납적 성경연구 방법으로 마무리 되어야 한다.

이 제자훈련 과정에서 두 개의 중요한 일은 1) 침(세)례와 2) 교회 구성이다. 이 두 개의 과제를 어떻게 넘어갈 수 있는지 다음의 두 과에서 공부하겠다.

듣기만 하지 말고 행하는 자가 되라!

이 장의 공부를 통해 하나님께서 당신에게 말씀하시는 것이 무엇이며, 어떻게 순종할 것인지 기록해보라.

Part 3 T4T의 적용

15장 침(세)례

단기 제자훈련에 있어서 중요한 이정표는 침(세)례의 문제다. 침(세)례는 예수님께서 그의 제자들로 하여금 마음의 결단을 공고히 하도록 하기 위해 베푸신 결정적인 수단이다.

제자훈련 재再혁명에 착수하기

불행히도, 침(세)례의 역할은 새 성도나 그가 속해 있는 문화권을 언짢게 하리라는 염려 때문에 이따금 경시되어 왔다. 우리는 믿기로 결정을 내리라고 밀어붙이지만, 제자가 되라고 밀어붙이지는 않는다. 침(세)례를 빠뜨리거나 침(세)례를 평가절하하는 것은 신앙을 고백한 새 성도에게 심각한 영적 손실을 일으킨다.

침(세)례를 소홀히 여기는 것은 밭에 감추어 둔 보화와 매우 값비싼 진주에 관한 하나님 나라의 법칙에 위배된다. 사람들이 하나님과 하나님 나라 생활의 가치를 알게 된다면, 예수님을 따르기 위해 자신들이 가진 모든 것을 기꺼이 드릴 것이다.

침(세)례는 하나님 나라의 제자들이 순종과 기쁨의 삶을 살게 하는 제자훈련 재혁명을 일으킨다. 이것은 그들이 왕의 가치에 대해 숙고하고 그를 따르는 데 드는 비용을 계산하도록 도와준다. 이는 왕의 통치 속으로 나아가는 가장 중요한 첫 걸음이다.

확실함인가, 성숙함인가?

어떤 사람은 침(세)례가 한 사람이 정말로 예수님의 제자라는 명백한 증거가 있기까지 미뤄져야한다고 생각한다. 이러한 유보기간은 신앙고백을 하고 나서 몇 달 혹은 심지어 일 년이나 그 이상이 될 수도 있다. 그 의도는 좋다. 사람들이 그리스도를 닮아서 자라가는 것을 확인하려는 것이기 때문이다. 그러나 침(세)례를 미루는 것은 성경적인 해결 방법이 아니다.

침(세)례는 당신이 신앙에 있어서 확실하다는 표이지, 성숙하다는 표가 아니다.[31] 그것은 새 성도와 그의 주변의 다른 이들에게 있어서, 그가 예수님을 따르

---

31) 나의 담임목사님이신 톰 울프(Thom Wolf) 목사님께서 처음으로 내게 이 원리를 가르쳐주셨다.

기 원한다는 것이 확실하다는 표다. 성숙함의 표는 성령님의 열매인데, 이것은 시간이 경과함에 따라 발전할 것이다. 만일 당신이 이 한 가지 원리를 기억할 수 있다면, 당신은 침(세)례를 늦추기보다는 침(세)례를 서두를 것이다. 사실 침(세)례는 새 성도가 자신의 옛 생활을 버리고 그리스도에게 복종하는 새 생활을 시작할 것을 확실히 하도록 도와주는 확고한 결단이다. 침(세)례를 미룸으로써, 우리는 예수님께서 우리에게 주신 견고한 헌신을 초래하는 수단을 지연시키게 된다.

이나Ina 부족 성도들의 초기 제자훈련에서, 우리는 일련의 단기 제자훈련 과정을 개발했다. 구원 얻은 이후에 우리가 첫 번째로 가르친 내용이 구원의 확신이었고, 그다음이 침(세)례였다. 우리는 새 성도에게 가장 필요한 것이 그가 구원받았으며 안전하다는 사실을 확실히 아는 것이라고 생각했다. 이런 생각은 우리 자신의 제자훈련 경험에서 비롯되었으며, 성경에서 비롯된 것은 아니었다. 우리가 구원의 확신 과정을 통해 새 성도들을 가르쳤지만 흥미로운 현상이 되풀이 되었다. 새 성도들은 많은 성경구절을 사용하여 가르쳤음에도 불구하고 확신감을 거의 갖지 못했다.

나는 당혹스러워 머리를 긁적일 수밖에 없었다. 그래서 나는 해답을 찾기 위하여 신약성경을 읽고 또 읽었다. 사도행전에서, 한 경우만 제외하고 모든 경우에, 성도들은 즉시―그들이 믿은 바로 그날에―침(세)례를 받았다는 사실을 발견했다. 내가 사도행전 2장 38절을 읽었을 때, 로마서 10장 9~10절에서 입으로 시인하는 것과 마찬가지로, 침(세)례는 신앙고백의 중대한 요소임이 분명함을 알았다.

우리의 새 '성도들'은 그들이 예수님을 따르기 원하는지 온전히 확실치 않았기에 확신을 갖고 있지 않았다! 그들은 침(세)례를 통하여 예수님께 대한 신앙을 고백하지 않았기에, 여전히 그들의 결신에 대하여 마음으로 동요하고 있었다. 그들은 자신이 실제로 예수님을 따른다는 표를 아직 취하지 않았기에 확신으로 인한 평안을 누리지 못했다.

그 이후로, 우리는 처음의 두 모임의 주제를 '확신과 침(세)례'에서 '침(세)례와 확신'으로 바꾸었다. 그렇게 바꾸었을 때 모든 것이 변했다. 그리스도께 대한 신앙을 고백하는 사람들은 즉시 순종의 첫걸음—침(세)례—에 대해 배웠으며, 곧바로 침(세)례받을 것을 도전받았다. 어떤 사람들은 "아니요"라고 말했다. 많은 사람들은 침을 꿀꺽 삼키고는(비용을 계산하고는) 모래 위에 그은 선을 넘어갔다(침(세)례를 받았다). 침(세)례를 베푼 후에 그들을 확신 과정으로 이끌었을 때, 그들은 몇 시간 이내에 자신의 구원에 대하여 확신과 깊은 평안을 경험했다.

우리는 단지 올바른 순서를 따라야 했다. "확신하십시오, 그러면 분명히 될 것입니다!"

전 세계에 걸쳐 CPM의 효과를 경험한 동역자들은 똑같은 사실을 확증한다. 그것은 예수님의 열심 있는 제자를 삼는 데 있어서 일찍 침(세)례받는 것이 중요하다는 것이다. 당신의 T4T의 단기 제자훈련 내용 가운데 침(세)례에 대한 공부가 필요하다.

사도행전에 나타난 침(세)례 유형
-누가, 언제, 어디서, 어떻게

침(세)례의 성경적인 관점은 사도행전을 기초로 활용하여 잘 가르칠 수 있다. 사도행전이 그토록 유용한 한 가지 이유는, 그것이 예수님께서 마태복음 28장 19~20절에서 말씀하신, 사람들에게 침(세)례를 주고, 예수님께서 분부하신 모든 것을 가르쳐 지키게 함으로써 제자를 삼으라는 명령을 잘 나타내 주고 있기 때문이다. 제자를 삼으라는 명령은, 제자를 삼으면서 우리가 믿음으로 인도한 사람들에게 우리가 침(세)례를 주라는 명령인 것이다.

그리스도인 지도자들이 즉각적인 침(세)례에 대하여 갖고 있는 많은 관심은, 지상명령과 더불어 사도행전에 그 답변이 있다. 사도행전은 즉각적인 성도의 침(세)례에 대한 성경 이외의 일반적인 반론들을 극복함에 있어서 유용한 모델이다. 본래 사도행전에는 침(세)례에 대한 열 개의 예가 나와 있다(바울의 침(세)례가 두 번 언급된다, 행 9:18-19; 22:14-17). 아래의 연구는 침(세)례에 대한 당신의 연구를 위하여 손쉬운 토대가 될 것이다. 그러나 대다수의 새 성도들과 함께 학습하기에는 이 중 한두 구절만으로도 충분할 것이다.

사도행전의 열 가지 예를 조사하고, 이 성경구절들에 대하여 몇 가지 기초적인 질문들을 던져보라.

- 누가 침(세)례를 받았는가?
- 누가 그들에게 침(세)례를 주었는가?
- 언제 그들은 침(세)례를 받았는가?
- 어떻게 그리고 어디서 그들은 침(세)례를 받았는가?

(1) 사도행전 2:41 – 3,000명이 신앙고백을 한 뒤에 한 날 침(세)례를 받았다.

(2) 사도행전 8:6~13 – 이전에 귀신들렸거나, 마술사였거나, 병자였던 사마리아인들.

(3) 사도행전 8:36~38 – 길을 가던 에디오피아 내시.

(4) 사도행전 9:18~19 - 박해자 사울.

(5) 사도행전 10:47~48 - 이방인들, 베드로가 동료들에게 지체하지 말라고 명령했다.

(6) 사도행전 16:13~15 - 강가에 모인 여자들.

(7) 사도행전 16:33 - 로마의 간수와 그의 가족.

(8) 사도행전 18:8 - 회당장과 그의 가족과 많은 성도들.

(9) 사도행전 19:1~5 - 요한의 침(세)례로는 충분하지 않았다.

(10) 사도행전 22:14~17 - "왜 주저하느냐?"(아나니아가 사울에게 말함).

이 질문들에 대한 답변은 매우 의미심장하다.

- 누가 침(세)례를 받았는가?
  - 새 성도들, 대개는 몇 시간 전에 예수 그리스도께 대한 믿음을 막 고백함.
  - 교훈: 침(세)례는 그리스도께 대한 믿음을 고백하는 사람들에게 순종의 첫 걸음이며, 이것은 아마도 입으로 하는 외적인 고백과 가장 잘 동일시된다(롬 10:9-10).

- 누가 그들에게 침(세)례를 주었는가?
  - 대부분의 경우에, 그들을 믿음으로 인도한 사람이었던 것으로 나타난다.
  - 교훈: 다른 사람에게 침(세)례를 주는 것은 지상명령을 성취하는 모든

성도들에게 주어진 명령이다. 성경에서는 성직 임명이나 특별한 증명이 요구되지 않는 것으로 보이며, 그보다는 지상명령에 대한 순종이 요구되는 것으로 보인다. 성도라면 누구나 다른 사람들을 신앙으로 인도하는 사명을 감당함에 있어서 그들에게 침(세)례를 줄 수 있다.

- 언제 그들은 침(세)례를 받았는가?
  - 즉시. 사울을 제외하고는 모든 경우에, 그들은 믿은 바로 그날에 침(세)례를 받은 것으로 나타난다. 사울의 경우에, 그는 침(세)례받기 전에 3일을 금식했다.
  - 교훈: 즉각적인 침(세)례는 명령이며(마 28:19-20; 행 2:38) 성경의 모범이다. 빠르면 빠를수록 좋다. 침(세)례는 예수님을 따르겠다는 새 성도들의 결심을 확고히 해주며 그들이 담대함을 갖도록 격려해주는 것으로 보인다.

- 어떻게 그리고 어디서 그들은 침(세)례를 받았는가?
  - 물에서 침수례를 통하여 받았고, 물이 있는 곳이면 어디에서나 침례를 받았으며, 반드시 전용 침례탕이어야 할 필요는 없었다.[32] 내시의 경우처럼, 그들은 명백하게 물속으로 들어갔다. 침례는 침수/잠수라는 의미를 가진 헬라어 밥티조baptizo에서 나온 말이다.
  - 교훈: 침수례는 그리스도와 함께 장사되고 새 생명으로 되살아나는(롬 6:4) 영적인 실상을 가장 잘 묘사해주는 성경적인 방식이다. 침례는 침수례를 행하기에 충분한 물이 있는 곳이면 어디서나 시행할 수 있다.

침례에 대한 제자훈련 교안의 훌륭한 예는 조지 터퍼George Tupper의 'Acts Hammer of Baptism'(침례로 못 박음)이다. 이는 웹사이트 www.T4TOnline.org에 올

---

32) 전용 침례탕이 있으면 좋지만 꼭 필요한 것은 아니라는 뜻이다.

라와 있는 보충자료들 중 '침례자료들'에서 찾아볼 수 있다. 기존의 지도자들을 위해서 이와 같은 자료들을 활용해서 설명해야 하지만 대다수의 새 성도들은 침(세)례에 대한 고정 관념을 갖고 있지 않으므로, 이것이 성경에서 나온 명령이란 사실을 알게 되면 그들은 기꺼이 침(세)례받는다.

왜 이것이 사실인가-신앙고백으로써의 침(세)례

침(세)례가 그토록 중요한 이유 중 하나는 그것이 신약 시대 이래로 나타내온 그 기능 때문이다. 침(세)례는 성경에서 분명히 모든 성도들에게 주도록 명해진 것이고(마 28:19-20; 행 2:38), 지상명령은 모든 제자들이 침(세)례를 줄 권위가 있음을 매우 명백히 하고 있다. 이 명령은 왜 그토록 중요한가?

오늘날 우리는 그리스도께 대한 신앙을 고백하는 열망을 다양한 방식으로 표현한다. 통로를 따라 걸어 나오기, 손을 들기, 군중들 가운데서 일어서기, 기도하기 등이다. 이 모든 방식들은 마음으로 믿는 사람들이 내적 헌신을 외적으로 표현함으로써 신앙에 따라 행동하도록 도우려는 선한 의도에서 비롯되었다. 아마 가장 두드러진 방식은 모든 사람들이 보는 앞에서 교회의 통로를 따라 걸어 나오는 것이라고 생각한다. 하지만 이들 중 어느 것도 잘못된 것은 없다.

그러나 이들 가운데는 위험성이 있다. 예수님을 믿기로 한다는 표시 행위가 신앙고백으로써의 침(세)례를 대체할 가능성이 있다는 것이다. 성경에서, 그리고 역사상 침(세)례는 그리스도께 대한 신앙을 공적으로 고백하는 표시가 되어 왔다. 신앙을 고백하는 다른 여러 방식들로 인하여 침(세)례가 뒤로 밀려날 수 있고, 따라서 침(세)례받는 것이 지연될 수 있다. 그러나 만일 우리가 계속 침(세)례를 증인들 앞에서 신앙을 고백하는 가장 중요한 수단으로 여긴다면 우리는 그것을 한 개인이 그리스도를 따르기로 인격적으로 결단하는 시점과 매우 가까이에 놓게 될 것이다.

다음의 구절들에서 병행구조를 보라.

때가 찼고 하나님의 나라가 가까이 왔으니 회개하고 복음을 믿으라 (막 1:15).

너희가 회개하여 각각 예수 그리스도의 이름으로 침(세)례를 받고 죄 사함을 받으라 그리하면 성령의 선물을 받으리니 이 약속은 너희와 너희 자녀와 모든 먼 데 사람 곧 주 우리 하나님이 얼마든지 부르시는 자들에게 하신 것이라 (행 2:38).

그러므로 너희가 회개하고 돌이켜 너희 죄 없이 함을 받으라 이같이 하면 새롭게 되는 날이 주 앞으로부터 이를 것이요(행 3:19).

네가 만일 네 입으로 예수를 주로 시인하며 또 하나님께서 그를 죽은 자 가운데서 살리신 것을 네 마음에 믿으면 구원을 받으리라 사람이 마음으로 믿어 의에 이르고 입으로 시인하여 구원에 이르느니라(롬 10:9-10).

물은 예수 그리스도께서 부활하심으로 말미암아 이제 너희를 구원하는 표니 곧 침(세)례라 이는 육체의 더러운 것을 제하여 버림이 아니요 하나님을 향한 선한 양심의 간구니라(벧전 3:21).

위의 본문들에서 사람을 향한 믿음에로의 초청은 1) 내적으로 회개하고 믿는 것과 2) 외적으로 그것을 고백하는 것의 형태로 대략 구성된다. '회개하고 침(세)례를 받으라'는 사도행전 2장 38절은 '회개하고 돌이키라'는 사도행전 3장 19절이나 '마음으로 믿고 입으로 시인하라'는 로마서 10장 9~10절과 병행구조를 이룬다.

침(세)례는 외적으로 표현하는 우리의 신앙고백이기 때문에 중요하다. 침(세)례를 받기 전에는 마음으로 동요하기 쉽지만, 침(세)례를 받음으로 '나는 예수님을 따른다' 는 분명한 결단을 창출해낸다. 침(세)례는 마음으로 믿는 사람들이 외적으로 주님의 이름을 부르도록 도와준다.

이것이 왜 성경의 기록자들이 침(세)례를 회심의 실제적인 시점과 그렇게 가깝게 연결지었는지에 대한 이유다.

침(세)례가 그와 같은 외적인 행위이기 때문에, 한 개인이 그리스도를 따르겠다는 내적인 결단을 확증하도록 도와준다. 한 사람의 마음에 있는 구원을 향한 내적인 갈망이 곧 거듭남이 발생하는 출발점이라는 사실에는 의심의 여지가 없다. 침(세)례는 그러한 내적인 결단을 확실하게 하도록 도와주는 외적인 행위다. 기억하라, 그것은 당신이 확실하다는 표이지, 성숙하다는 표가 아니다.

침(세)례는 구약성경에서 아브라함이 할례를 받았을 때 그에게 일어났던 일과 유사하다.

> 무릇 우리가 말하기를 아브라함에게는 그 믿음이 의로 여겨졌다 하노라 그런즉 그것이 어떤 상황에서 여겨졌느냐 할례 후냐 할례 전이냐 할례 후가 아니요 할례 전이니라! 그가 할례의 표를 받은 것은 할례 전에 믿음으로 된 의를 인친 것이니(롬 4:9-11).

첫째로, 아브라함은 믿음으로 의롭게 여기심을 받았다. 그의 구원은 하나님을 믿음으로써 주어진 것이다. 믿음은—그의 마음의—내적인 결단이었다. 둘째로, 그는 그의 헌신을 인치기 위해 할례의 표를 받았다. 그가 할례를 받음으로 하나님을 향한 그의 충성심에는 더이상 의심의 여지가 없었다. 할례를 받기에 이르기까지는 아브라함이 신앙을 부인하거나 뒤돌아서기 쉬웠을 것이다. 왜냐하면 그가 아직은 더이상 돌이킬 수 없는 단계를 밟지 않았기 때문이다. 만약 할례받기 이전에 아브라함의 마음 가운데 하나님을 따르는 것에 대하여 어떠한 의심이라도 있었거나, 헌신하는 것에 대하여 어떠한 동요라도 있었다면, 할례는 이러한 모든 의심에 종지부를 찍어주었다! 그런 점에서, 할례는 주 하나님을 따르는 자가 되기로 한 그의 결단을 인쳐주었다. 할례가 그를 구원해주지는 않지만, 그를 견고하게 해주었다. 이제 되돌아가는 일은 없다. 이스라엘 백성이 아닌 사람은 누구라도 쉽게 아브라함의 신앙적 헌신을 쉽게 확인할 수 있었을 것이다.

침(세)례는 신약성경에서 제자들을 위하여 비슷한 역할을 수행한다. 침(세)례는 우리가 더이상 동요하지 않도록 우리 마음의 결단을 확고하게 해준다. 뒤돌아서는 것이 훨씬 더 어렵게 된다. 침(세)례는 모래 위에 그은 선이다. 그 이전까지는, 믿음을 고백한 한 개인이 쉽게 뒤돌아설 수 있다. 그러나 침(세)례 후에는, 뒤돌아서는 것이 훨씬 어렵다.

만일 당신이 예수님의 확실한 제자를 원한다면, 그에게 침(세)례를 받게 하라.

충성심 이동

침(세)례는 새 성도가 그의 옛 우상들과 신앙으로부터 충성심이 이동되었음을 표현하는 것이다. 침(세)례를 받음으로 예수님을 여러 신들 중 하나가 아니라, 믿고 따라야 할 유일하신 하나님이라는 사실을 명백하게 고백한다. 침(세)례는 예수님을 많은 신들 가운데 또 하나의 신으로 추가하는 혼합주의적 경향을 수정하는 데 도움이 된다.

침(세)례받을 때 성도들이 이전의 종교에 대해 가졌던 충성심을 포기하도록 돕는 것은 매우 유용하다. 그렇게 하기 위한 한 가지 방법은 침(세)례받을 때 질문을 하는 것이다. 종종 행해지는 몇 가지 질문들은 다음과 같다.33)

1. "당신은 예수님을 따르되 오직 그분만을 따르기로 결심했습니까?"

2. "당신은 예수님이 당신의 모든 죄를 사해주셨음을 알고 있습니까?"

3. "당신은 이 모든 증인들 앞에서 당신이 예수님을 따를 것이며 결코 뒤돌아서지 않겠다고 고백하십니까?"

4. "사람들이 예수님을 믿는다는 이유로 당신의 집에 쳐들어 와서, 당신을 끌고 가서는, 감옥에 던져 넣고, 당신을 죽이겠다고 협박한다면, 당신은 그래도 예수님을 따를 것입니까?" (또는 사람들이 예수님을 믿는다는 이유로 당신을 조롱하고 학대할 때, 당신은 그래도 예수님을 따를 것입니까?)

침(세)례의 중요한 요소는 사람들이 의지적으로 충성심 이동을 하도록 돕는 것이다. 중국의 리수Lisu족을 담당했던 위대한 노老선교사 프레이저J. O. Frasier는, 종종 침(세)례받은 후에도 오랜 우상숭배 방식으로 되돌아가려는 리수족 개종자들과 고투를 벌였다. 그가 개종한 사람들이 우상의 제단을 부숴 버리고, 부적들을 던져 버리고, 우상숭배로 돌아가게 만드는 어떠한 유혹거리도 파괴해 버리도록 했을 때, 마침내 그 싸움에서 이길 수 있는 돌파구가 마련되었다.

만약 당신이 오래된 종교로 되돌아가려는 유혹을 받을 수 있는 사람들을 대

---

33) 다른 질문들의 예를 보려면 웹사이트 www.T4TOnline.org의 보충자료들 중에서 '침(세)례 자료들'을 보라.

상으로 사역하고 있다면, 그들이 침(세)례받을 때 자신의 가정과 생활로부터 유혹거리들—제단, 우상, 부적, 서적 등—을 제거하도록 하는 것이 매우 필요하다. 그렇게 함으로 그들이 연약할 때나 유혹받을 때—몸이 아플 때, 종교적인 축일, 또는 문화적인 통과의례 등—되돌아가지 않게 도와준다.

만일 당신이 이끄는 사람들에게 되돌리게 하는 현저한 유혹거리가 있다면 당신의 T4T 침(세)례 공부의 한 부분으로 만드는 것이 좋다.

어디서 침(세)례를 주어야 하는지, 또는 누가 침(세)례를 줄 수 있는지에 대한 실제적인 견해를 위해서는 www.T4TOnline.org의 보충자료들 중에서 '침(세)례 자료들'을 보라.

침(세)례와 담대함

새 성도의 신앙과 간증 면에서 그들을 담대해지도록 돕기 위해서 성령님 말고는 아마 가장 중요한 요인이 침(세)례일 것이다. 성령님께서 첫 번째 순종인 침(세)례를 받을 때 어떤 복을 주시는지 놀랄 만하다. 그들은 사도행전 2장의 약속을 받기 시작한다.

> **너희가 회개하여 각각 예수 그리스도의 이름으로 침(세)례를 받고 죄 사함을 받으라 그리하면 성령의 선물을 받으리니 이 약속은 너희와 너희 자녀와 모든 먼 데 사람 곧 주 우리 하나님이 얼마든지 부르시는 자들에게 하신 것이라 (행 2:38-39).**

성도들이 침(세)례를 통하여 예수님을 따르기 위해 기꺼이 모든 것을 포기할 때, 성령님은 그들을 보다 강력하게 통치하신다. 사도행전에서, 제자들은 종종 성령님으로 충만해졌다. 사도행전에서 언제나 나타난 표지는 담대히 하나님의 말씀을 전하는 것이었다(행 4:31).[34] 침(세)례는 성도들이 담대해지도록 도와준다.

만일 당신이 담대하고 견고한 예수님의 제자들을 얻기 원한다면, 그들이 가능한 한 빨리 예수를 따른다는 표—침(세)례—를 받도록 그들을 격려하라. 그것이 예수님의 방법이다.

당신의 T4T 훈련 내용에 침(세)례 공부를 추가하라

침(세)례 공부를 구원 이후의 첫 번째 과정으로 추가하는 것은 여러 가지 유익을 가져다준다. 그렇기 때문에 일단 한 개인이 복음을 듣고 그리스도에 대한 믿음을 고백하면, 가능한 한 빨리 그에게 침(세)례 공부를 시킬 준비를 하라.

새 성도들이 예수님께 대한 신앙을 고백할 때 시행하는 전형적인 T4T 방식은 이렇다.

1. 즉시 그와/그들과 함께 첫 모임을 가지라(왜-누구에게-어떻게). - 이것은 그들이 구원받은 후 처음 몇 분 동안에 할 수 있다. 그들이 자신에게 방금 일어난 구원의 경험을 나누기에 가장 좋은 대상자와 그에게 나누는 데 적합한 방법에 대하여 이야기해주라.

2. 이어서 침(세)례에 대한 공부를 하라. - 이와 동시에, 또는 몇 시간(혹은 하루

[34] 미국에 있는 사우스웨스턴 침례신학대학원에서 신약학 교수님이셨던 잭 맥고먼 박사님(Dr. Jack McGorman)은 내가 처음으로 이것에 주의를 기울이도록 하셨다.

나 이틀)이내에 하는 것이 좋다. 그들에게 침(세)례에 관해 가르치고 질문에 대답할 때, 혹 누군가가 그들의 신앙에 대하여 핍박할 수 있지만, 예수님께서 그들의 편이 되어주실 것이라는 사실을 깨닫도록 도와주라.

CPM의 중심에 있는 한 선교사가, 많은 사람들이 신앙을 갖게 되고 교회가 세워지는 것을 보고 있었다. 신앙고백의 비율은 높았지만, 침(세)례의 비율은 낮았다. 선교사는 자신이 신앙고백한 뒤에 즉시 침(세)례받는 것에 대하여 열심히 교육하지 않았다는 사실을 깨닫게 되었다. 그는 침(세)례에 대한 간단한 교육을 추가하고 나서 그의 핵심 리더들을 침(세)례에 대해 가르치도록 훈련시켰고, 그들은 교인들에게 가르쳤다. 몇 주일 이내에, 침(세)례 비율은 최고치로 급상승했다. 그것은 많은 부차적인 작업을 필요로 하지 않았다. 단지 몇 가지 집중적인 내용의 보완이 필요했을 뿐이었다.

만일 당신이 예수님의 견고한 제자들을 원한다면, 그들이 즉시 침(세)례받도록 하라.

당신이 이 사역을 성취한다면 당신은 제자훈련 재혁명으로 가는 첫 번째 중요한 이정표를 통과하는 것이다. 그리고 뒤 이어 나오는 두 번째 이정표는 새 성도들의 그룹이 교회가 되도록 돕는 것이다. 그 이정표도 성공적으로 통과하기 위해서는 이 책을 계속 읽기 바란다.

듣기만 하지 말고 행하는 자가 되라!

하나님이 당신에게 무엇이라고 말씀하셨으며, 당신은 그 결과로 무엇을 순종할 필요가 있는지 적어보라.

Part 3 **T4T의 적용**

16장 교회 세우기

당신은 T4T 과정을 시작했다. 당신은 많은 성도들에게 비전을 제시해주었고, 몇 개의 T4T그룹을 시작했다.

당신은 새 성도들에게 첫 모임(왜-누구에게-어떻게)을 지도했고, 그들은 이제 간증을 나누며 새로운 T4T그룹을 시작하고 있다.

당신은 그들에게 단기 제자훈련의 여정을 출발하게 했다. 당신은 당신의 초기 제자훈련에서 이미 침(세)례에 대한 중요한 교육을 포함하는 몇 개의 교육을 거쳐 왔다. 당신의 훈련생들은 훈련자가 되기 시작하는데, 이는 그들이 자신들의 새 성도들로 T4T그룹을 형성하고, 세 부분 일곱 항목을 통한 제자훈련 방식을 전수하고 있기 때문이다.

그런데 이 그룹을 어느 지점에서 교회로 전환하는 것이 좋은가? 그룹이 언제 교회가 되는 것인가?

새 성도들은 모여서 교회를 이루어야 한다. 이것은 역사의 시작부터 하나님의 계획인 것이다. 교회개척이 필요한 이유는 그렇게 하는 것이 사람들을 믿음으로 인도하는 실용적인 방법이기 때문이 아니다. 교회를 세우는 것은 아들을 위하여 신부를 준비하는 것(엡 1:23; 3:21; 5:27; 계 19:7-8; 21:9)이 창조의 목적이기에 우리에게 가치가 있는 것이다. 교회로서의 공동체 안에서 살아가는 것은, 그분의 백성으로 하여금 그들이 원래 계획된 대로의 사람들이 되도록, 그리고 그들이 원래 부르심 받은 그 일을 하도록 무장시키시는 하나님의 방법이다.

당신의 T4T 내용에서 단기 제자훈련 과정의 중요한 단계에서 의도적으로 그룹을 교회로 만들어야 한다. 이것이 교회개척운동이 이루어지는 제자훈련 재혁명을 위한 두 번째 중요한 이정표다. 당신의 T4T 훈련 과정에 네 번째나 다섯 번째 정도의 시간에 그룹이 의도적으로 교회가 되도록 돕기 위한 것을 포함시켜야 한다.

종종 그룹들은 집이나 다른 편안한 장소에서 모이는 교회가 된다. 때때로 그들은 보다 큰 교회의 가정그룹들이 되기도 하며, 모두가 그리스도의 몸으로서의 기능을 수행한다. 중요한 것은 새 성도들이 그들의 공동체에 적합하게 재생산할 수 있는 형태로 그리스도의 몸이 되도록 돕는 것이다.

CPM 교회들에게 적용되는 두 가지 가이드 라인이 있다.

- 성경적인: 이 교회 모델 및 또는 모든 국면이 성경과 일치하는가?

교회가 어떠해야 하는가에 대해서 성경적인 단일 모델은 없다. 우리는 성경에서 문화적으로 조정된 수많은 모델들을 볼 수 있다. 예를 들어, 교회들은 문화적으로 적합한 다양한 리더십 모델들을 갖고 있었다. 목사들, 장로들, 그리고 감독들은 모두 이러한 예들이었으며, 상황에 따라 달랐다. 그러나 각각은 감독자로서 섬기는 지도자들을 두라는 성경의 명령을 이행했다.

마찬가지로 T4T는 한 가지 교회 모델을 유일한 성경적 모델로 제안하지 않는다. 많은 교회 모델들이 성경적일 수 있다. 따라서 질문은 '이것이 유일한 성경적 모델인가?' 가 아니라, '이 모델(및 그것의 구성요소들)은 성경의 가르침과 일치하는가?' 하는 것이다.

- 문화적으로 재생산 가능한: 이 교회 모델은 새 성도가 시작하고 조직할 수 있는 보편적인 것인가?

많은 교회 모델들이 충실하게 성경의 가르침을 만족시킬 수 있기에, 두 번째의 질문은 '성경에 충실한 많은 모델들 (또는 요소들) 중 어느 것을 우리가 따라야 하는가?' 라는 것이 된다. 그 대답은 우리 공동체에서 가장 문화적으로 적합하고 재생산 가능한 것이어야 한다는 것이다. 일반적인 가이드 라인은 이렇다. '보통의 어린 성도가 그와 같은 교회를 시작하고 조직할 수 있을 것인가?" 그렇지 않으면, 교회개척은 극소수의 고도로 훈련된 사람에게만 위탁될 것이다.

이 두 가지 가이드 라인을 마음에 간직하고서, T4T는 성도들이 그리스도의 몸으로서 충실하게 예수님을 따를 수 있게 해주는 단순한 형태의 교회를 시작하도록 돕기 위해 노력한다. 이것은 다른 형태의 교회들에 대한 비판이 아니다. 하나님 나라 공동체에는 여러 유형의 교회들을 용인한다. 그러나 모든 믿지 않는 자들에게 전도하기 위하여 CPM을 펼쳐가는 데 있어서, 우리는 적절하고 재생산 가능한 CPM 교회를 권장한다. 그러한 유형의 교회는, 구입하거나 건축하는 데 비용이 많이 드는 장소들보다는, 가정, 커피숍, 공원 등과 같이 찾아내기 쉬운 장소에서 갖는 소그룹 모임 형태임을 강조할 필요가 있을 것이다.

교회를 시작하는 데 대한 네 가지 도움말

한 그룹의 성도들이 교회가 되도록 돕는 당신의 초기 T4T 제자훈련에 있어서 당신은 명확한 단계를 취해야 한다. 재생산하는 교회들이나 소그룹들을 세우는 데 있어서, 특별히 유용하다는 사실을 우리가 알게 된 네 가지 실천사항들이 있다. 목표는 훈련그룹이 교회가 되도록 의도적으로 돕는 것이다.

1. 당신이 성취하려는 것이 무엇인지 알라: 언제 하나의 그룹이 교회가 되는가에 대한 분명한 정의

만일 당신이 언제 하나의 그룹이 셀 그룹 또는 성경공부 그룹에서 하나의 교회로 바뀌는가에 대하여 마음에 분명한 견해를 갖고 있지 않다면, 교회를 시작하는 것이 어렵다.

> 시나리오: 한 그룹이 어느 교회와도 상관없이 석 달 동안 독자적으로 만남을 가져 왔다. 그들은 훌륭한 예배 시간과 감동 깊은 성경공부 시간을 갖고 있다. 그들은 성경에 귀 기울이고 성경이 말하는 것은 무엇이든지 순종하려고 노력한다. 그들은 양로원을 방문하여 거기 있는 사

람들의 필요를 채우기 위해 봉사할 계획을 세우고 있다. 그들은 교회인가?

당신이 이름 붙여 부르기에는 여기 나와 있는 정보가 아마도 충분치 않을 것이다. 이것은 교회인가? 아니면 훌륭한 성경공부 그룹인가? 언제 하나의 그룹이 교회가 되는지에 대한 당신의 정의가 불분명하다면, 당신은 이 그룹을 교회라고 부르고 싶은 유혹을 받을 것이다. 교회를 시작함에 있어서 첫 번째 단계는 교회란 무엇인가?—교회의 기본적인 필수 요소들—에 대하여 명확한 정의를 수립하는 것이다.

명확한 정의

사도행전은 여기서 도움이 될 수 있는 구체적인 예를 제공한다.

> 활동: 사도행전 2장 36~37절을 읽으라. 일을 너무 복잡하게 만들려고 하지 마라. 요약해서, 무엇이 이 그룹을 교회로 만들었는가? 당신의 답을 기록하라.

여기에 사도행전 2장의 구절들에서 만들어 낸 교회의 정의에 대한 예가 있다. 이것은 교회의 3C를 강조한다. 언약Covenant, 특성Characteristics, 돌보는 지도자 Caring leaders.

- 언약: 한 그룹의 침(세)례받은 성도들(마 18:20; 행 2:41), 스스로를 그리스도의 몸으로 자각하고 정기적으로 함께 모이는 일에 헌신된 무리(행 2:46).

- 특성: 그들은 정기적으로 교회의 특성들을 통하여 그리스도 안에 거한다.

- 예배: 하나님의 현존을 찬양하고 즐거워함.
    - 교제: 서로를 사랑으로 돌봄(필요를 채울 뿐 아니라, 예배의 행위로써 헌금을 포함).
    - 기도
    - 말씀: 성경을 권위 있는 것으로 연구하고 순종하기.
    - 주의 만찬[35]
    - 그들은 세상에 복음을 나누고 다른 사람들의 필요를 섬기기 위해 헌신을 실천한다.

  - 돌보는 지도자들: 교회가 발전해 감에 따라, 성경적인 기준에 의해 지도자들이 임명되고(딛 1:5-9), 교회 규율을 포함하여 공동의 책임을 실행한다.

교회개척을 위하여, 3C는 우선권의 순서대로 되어 있다. 가장 중요한 C는 '언약' Covenant이다. 그룹은 스스로를 교회로 여기고(정체성), 함께 예수를 따르기로 서약을 했다(언약). (이것에 그들이 기록된 계약서를 지녀야 한다는 의미를 부여하지는 마라.)

정의의 두 번째 부분은 '특성' Characteristics이다. 하나의 그룹이 스스로를 교회라고 부를 수는 있겠지만, 만일 그것이 반복적으로 교회의 기본적인 기능들 또는 특성들을 결여한다면, 그것은 실제로는 교회가 아니다. 만일 어떤 동물이 짖고, 꼬리를 흔들고, 걷는다면, 당신은 그것을 오리라고 부를 수도 있겠지만, 그것의 실제는 개다.

마지막으로, 건강한 교회는 언젠가는 '돌보는 지도자들' Caring Leaders을 계발하게 될 것이다. 돌보는 지도자들이 계발되기 전에도 교회를 세우는 것은 가능하

---

35) 새로운 교회에서의 주의 만찬의 중요성에 대하여 더 많은 정보를 얻기 원한다면, www.T4TOnline.org 웹사이트의 보충자료들 중 'Church Formation Resources'(교회 형성 자료들)을 보라.

다. 이것의 좋은 예가 바울의 첫 번째 여행의 마지막 부분에 나온다. 사도행전 14장 21~23절에서 바울과 바나바는 몇 주일 또는 몇 개월 전에 개척했던 교회들을 방문했다. 그러나 교회의 장기적인 건강을 위해서, 돌보는 지도자들은 육성되어야 한다.

T4T를 통하여 교회를 시작함에 있어서 첫 번째 단계는 당신이 무엇을 성취하려는지 알라는 것이다. 하나의 그룹이 언제 교회가 되는가에 대한 분명한 정의를.

2. 당신이 훈련그룹을 시작할 때, 처음부터 위에 언급된 교회생활의 부분들을 모형화하라. 당신은 훈련자들을 훈련하는 세 부분 과정을 통하여 할 수 있다

한 교회개척자가 그가 훈련하는 그룹들이 교회가 되도록 돕기 위하여 힘을 기울이고 있었다. 그가 자신의 훈련그룹들을 묘사했을 때, 그 과정은 삭막한 교실처럼 들렸다. 그 그룹이 모임을 진행해 나가는 동안, 분위기는 매우 지적이었고 활발하지 않았다. 이 교실 같은 환경의 모임을 하면서, 그는 그들에게 집에서는 뭔가 색다른 것을 시작하라고 가르치고 있었다. 그가 본으로 보여주고 있는 것과 그들에게 하라고 가르치는 것 사이에는 연결성이 전혀 없었다. 인도하는 훈련 모임을 그가 추구하는 교회의 모습을 지닌 모임 형태로 바꾼다면, 그룹이 교회가 되게 하는 일은 훨씬 더 쉬워질 것이다.

새로운 훈련그룹을 교회로 전환하는 가장 손쉬운 방법은 첫 모임부터 교회로 모이고 교회로서의 형태를 갖추는 것이다. 그렇게 할 때 당신이 교회에 대한 T4T 훈련에 이르렀을 때, 그 내용은 당신이 이미 그들과 함께 실천해온 것이 될 것이다. 만일 당신이 세 부분 과정의 일곱 항목 모두를 성령 충만하여 사랑하는 태도로 실행한다면, 당신은 이미 교회로 존재하는 것에 매우 근접해 있게 되는 것이다.

T4T로 모이는 첫 모임에서부터 종국적으로 새로운 교회로서 갖추게 될 모습을 지닌 모임이 되게 하기 위하여 당신은 최선을 다해야 한다. 당신이 교회에 대한 공부에 도달하기까지 교회 같지 않은 분위기의 훈련 모임으로 느껴지게 만들지 마라. 교회에 대한 내용이 느닷없이 제시하는 뜻밖의 내용이 되어서는 안 된다. 당신은 4~5주간을 '훈련 모임'으로 모이다가 갑자기 이렇게 선언하고자 하는가? "오늘 우리는 교회에 대하여 공부할 것이고, 우리는 이제 교회가 될 것입니다." 그러고 나서, 그들과 이제껏 가졌던 모임의 모든 내용과 방식을 한 순간에 완전히 바꿀 수 있겠는가? 교회가 되는 것은 함께 만나는 일이 진전되어 가면서 자연스럽게 그다음 단계가 되어야 한다.

3. 당신의 T4T 훈련 내용을 통해 교회와 그 규례에 대한 특별한 공부를 하고 있다는 사실을 확실히 하라

만일 당신이 교회에 대한 분명한 정의를 가지고 있고, 모임을 가질 때마다 교회다운 모임으로 진행하고 있다면, 단기 제자훈련 과정에서 '교회'에 관한 공부를 진행할 때 그룹이 교회가 되도록 돕는 것은 어려운 일이 아니다. 만일 빨리 교회를 세우고 교회를 재생산하기 원한다면, 교회로의 전환을 뒤로 미루지 말고 네 번째 모임이나 다섯 번째 모임에서 교회에 관한 공부를 하도록 하라. (웹사이트에서 보충자료 중 '교회 세우기 자료들' 속에서 적당한 공부 내용을 발견할 수 있을 것이다.)

교회에 관한 공부를 진행할 때, 특별한 목표를 마음에 간직하라. 이번 주 모임에서 우리는 교회가 되기로 서약할 것이고, 교회의 특성들 중 빠진 것이 있다면 추가할 것이다.

T4T그룹이 교회에 관한 공부를 진행할 때, 보통 두 가지 일 중 한 가지가 발생한다.

1단계: 어떤 그룹은 그들이 교회이고, 교회의 특성들을 이미 실천하고 있음을 깨닫는다. 그럴 때에는 구성원들이 함께 교회가 되기로 서약함으로써 교회 되는 최종적 단계를 완성한다(교회로서의 정체성과 언약을 얻게 된다).

2단계: 종종 어떤 그룹들은 그들이 교회의 특성 중 일부가 빠졌음을 깨닫는다. 그럴 때는 속히 두 가지의 의식적인 단계를 취한다. 1) 빠진 특성들(예를 들면, 주의 만찬이나 헌금 등)을 추가하고 나서 2) 함께 교회가 되기로 서약한다.

4. 만일 그룹이 교회생활의 모든 요소를 갖추고 있다면, 그들의 평가를 돕기 위하여 교회건강점검표를 사용하라[36]

교회건강점검표(또는 교회 서클)라 불리는 훌륭한 진단 도구가, 한 그룹에 의해, 또는 그룹의 지도자나 그룹과 연관된 지도자들에 의해서, 그 그룹이 교회인지 확인하는 것을 돕기 위하여 사용된다. 이 점검표는 그들의 부족한 점들을 발견하고, 그것을 바로잡도록 도와준다. 그것은 또한 어떤 그룹을 교회라고 할 수 있는지 아니면 아직 교회라고 할 수 없는지를 알도록 도와준다.

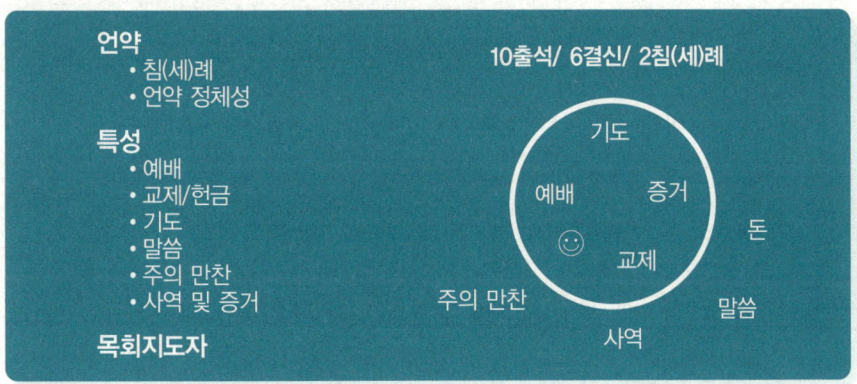

---

[36] 현재 많은 에서 채택되고 널리 사용되고 있는 교회건강점검표(Church Health Mapping)의 개념에 대하여, 제프 선델(Jeff Sundell)과 나단 섕크(Nathan Shank)에게 감사를 표한다.

교회건강점검표의 기본적 개념은 어떤 그룹을 분석하여 교회로서 가능한지를 가장 잘 설명할 수 있다. 예를 들어 보자. 당신은 함께 만나는 그룹이 있다. 그룹 모임을 표현하기 위해 점선으로 원을 하나 그려라.

만일 이 그룹이 스스로를 교회라고 부르거나 교회라고 본다면(언약 정체성), 점선을 실선으로 만들라.

원의 위쪽에는, 그 그룹에 참여하는 사람들의 수와, 그리스도에 대한 신앙을 고백한 사람들의 수, 그리고 침(세)례받은 사람들의 수를 나타내는 세 개의 숫자들을 기록하라. 여기서는 한 예로 모두 10명의 참석자들 중에 신앙고백한 성도 6명, 침(세)례받은 자 2명이라고 하자.

10출석/6결신/2침(세)례

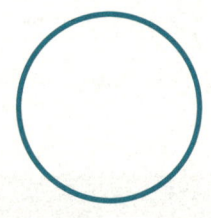

이 숫자들은 여러 가지를 알려준다. 아직 믿지 않는 사람들이 많으므로 기존의 참석자들에게 복음을 나누기 위하여 보다 많은 일을 해야 할 필요가 있어 보인다. 게다가 침(세)례 비율이 매우 낮다. 그들에게 침례에 대한 공부가 필요하거나, 또는 침(세)례의 중요성이 보다 강력하게 적용될 필요가 있다.

당신은 교회의 첫 번째 구성요소인 언약에 대한 평가를 방금 한 것이다.

이제 교회의 두 번째 구성요소인 특성들을 평가할 시간이다.

10출석/6결신/2침(세)례

교회에 대한 당신의 단순한 정의로 되돌아가서(도움말 1번), 각각의 특성에 한 단어로 된 설명이나 상징을 붙이라. 만일 한 교회가 지속적으로 어떤 특성을 실천하고 있다면, 그것을 원 안에 놓으라. 만일 그들이 그

것을 실행하고 있지 않거나 외부로부터 누군가가 그것을 해주러 오기를 기다리고 있다면 그것을 원의 바깥에 놓으라.

이 그림에서는 그룹이 기도하고, 증거하고, 예배하고, 교제하고, 돌보는 데 있어서 지도자들 '☺'을 가지고 있다고 평가했다. 그래서 당신은 그들 모두를 원 안쪽에 두었다.

그런데 당신이 그룹을 계속해서 평가해 나갈 때, 아직도 그 그룹에서 결여하고 있는 몇 가지 것들이 있다고 하자. 아직 주님의 두 가지 명령 중의 하나인 주의 만찬을 실행하지 않고 있다. 또한 그들은 그들의 공동체 안에 있는 필요를 지닌 사람들을 목적의식을 갖고 섬기는 사역을 하고 있지 않다. 그들은 아직 헌금도 드리지 않는다. 비록 그들이 때때로 말씀을 배우기 위해 성경공부를 한다 하더라도, 그것을 외부의 교사에게 의존하고 있고 그것도 한 달에 한 번 정도만 온다. 이럴 때는 실제로는 아직 스스로 말씀을 섭취하지 못하고 있는 것이기 때문에 이 모든 것들을 원의 바깥에 둔다.

10출석/6결신/2침(세)례

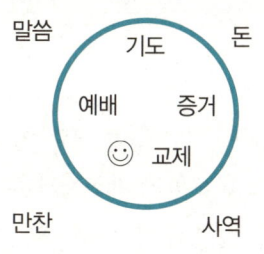

이때 무엇이 이 그룹이 진정한 교회가 되는 것을 가로막고 있는지 발견하기란 비교적 쉽다. 그들은 언약을 갖고 있지만, 나머지 참석자들을 결신시키고, 모든 사람들을 침(세)례받게 함으로써 교회가 되기 위하여 진전이 될 수 있을 것이다. 주의 만찬 및 헌금을 하는 것은 교회를 매우 강건하게 해줄 것이다. 이 그룹은 어떻게 그들이 스스로 성경을 공부하고 적용할지에 대한 자신감을 갖는 것이 중요하다. 당신은 또 그들이 원 바깥쪽에 있는 사람들의 필요를 어떻게 섬겨야 할지 알도록 도울 필요가 있다.

그들이 조금 부족하다고 하더라도 당신은 이 그룹을 어떻게 하면 교회로 전환할 수 있는지 그 방법을 알고 있으며, 그룹원들도 알고 있다! 그룹이 열심히 기도하면서 어떻게 각각의 요소들을 원 안으로 들어가게 할지에 대해서 활발히 토의하게 하는 것은, 그렇게 되기 위한 놀라운 능력을 얻는 좋은 과정이다. 이렇게 하는 것은 그룹이 교회 되게 하는 분명한 실천 방안이 된다.

당신은 교회건강진단 과정을 그대로 사용할 수도 있고, 또는 당신은 그것을 교회에 대한 공부의 일부로 삼을 수 있다. 당신과 당신의 훈련자들이 여러 교회들을 개척하고자 할 때, 모든 그룹을 이런 식으로 진단하고 평가하는 것은 당신이 각 그룹의 교회가 되기 위한 세부사항들과 더욱 강화해야 할 필요가 있는 것을 이해하도록 도와줄 것이다.

적용: 교회를 형성하기

당신은 단기 제자훈련 과정의 중요한 단계에서 교회가 되는 것에 대하여 특별한 공부를 함으로써, 당신의 훈련자들이 목적의식을 가지고 그룹이 교회가 되는 것을 돕도록 훈련해야 한다.

만일 교회에 대한 당신 자신의 분명한 정의를 갖고 있고, 각 모임을 갖는 동안에 교회생활을 모형화한다면 교회로 전환되는 것은 그룹 모임의 자연스러운 다음 단계가 될 것이다. 이 과정에서 교회건강진단 또한 큰 도움이 될 것이다.

그리고 당신은 제자훈련 재혁명으로 가는 그다음 중요한 이정표를 통과하게 될 것이다. 다음 세대 훈련자들이 대략 네 번째 모임이나 다섯 번째 모임에서 모두 그룹에서 교회로 전환될 때 얼마나 신날지 생각해보라! 바로 그런 과정이 교회개척운동의 모습이 드러나게 되는 때다!

교회에 대한 공부를 하지 않는다면, 아주 적은 소수의 교회들만 기대하라!

교회에 대한 공부를 초기 때부터 하는가? 그렇다면 새로운 세대의 교회들을 기대하라!

교회들이 발전해감에 따라, 교회지도자들을 계발하는 것은 대단히 중요하다. 지도자의 배가는 교회개척운동을 지탱해주는 비결이다. 하지만 당신의 성도들이 비교적 새롭게 신앙을 가진 사람들일 때 당신은 어떻게 이 일을 할 수 있겠는가? 그것을 알기 위해 다음·장을 읽으라.

듣기만 하지 말고 행하는 자가 되라!

하나님께서 당신에게 무엇이라 말씀하셨는지, 그리고 그 말씀에 순종하기 위해 당신에게 필요한 것은 무엇인지를 적어보라.

Part 3 **T4T의 적용**

17장 지도자 재생산

당신의 제자훈련 모델은 멋지게 실행되고 있다. 사람들은 믿음을 갖게 되고 T4T그룹들은 교회가 되어 간다. 하지만 교회의 지도자들은 어디서 오는 것인가? 당신의 T4T 훈련 내용은 교회의 배가와 더불어 지도자의 배가를 돕는 구체적인 방법들을 포함해야 한다.

무엇이 당신의 T4T 훈련 내용 안에 있어야 하는지 설명하기 전에, 우리는 하나님 나라에서의 지도자 계발의 반反직관적인 특성을 탐구할 필요가 있다. 만일 당신이 이것을 이해하지 못한다면, 당신의 운동은 매우 **빠르게** 멈추고 말 것이다.

지도자 배가 운동

지속적인 CPM은 본질적으로 지도자 배가 운동이다. 지도자의 계발과 배가는 성령님께서 이 운동을 추진하시기 위해 사용하시는 것이다. 이것은 CPM이 지속하게 하는 영적인 기관차다. CPM은 효과적인 지도자 계발과 지도자 배가 없이는 시작할 수 없으며, 이것 없이는 단명할 수밖에 없다. 당신은 재생산하는 지도자들의 세대를 낳을 준비가 되어 있는 체제를 갖추어야만 한다.

T4T 이전에, 지도자의 과중한 책임은 CPM의 일반적인 병폐였다. T4T의 효과적인 실행과 더불어, 이 문제는 대체로 극복되었다. 이것은 T4T가 세 부분 과정에서 자체적으로 지도자를 계발하고 지도자를 배가하기 때문이다.

4장에서 언급한 대로, 성도들은 섬김을 위한 책임이 그들에게 즉시 주어졌을 때 보다 빠르게 성숙한다(엡 4:11-16). T4T가 훈련생들이 1) 예수님을 따르고 2) 사람을 낚는 훈련자들이 되도록 돕기 위하여 애정 어린 책임감을 사용하는 것을 기억하라. 모든 사람이 자기가 배우는 것을 다른 이들에게 전수하도록 격려받기에, 모든 사람은 지도자로 성장할 기회를 갖게 된다.

T4T에서 당신은 일반적인 방식으로 지도자를 선발하지 않으며, 그들은 제공된 순종의 과정을 통해 스스로 지도자임을 드러냄으로 선발된다. 그들은 자신의 그룹을 시작하고, 그들을 위한 책임감을 가짐으로써 지도자가 된다. 그렇다고 사람들 마음대로 지도자가 되게 한다는 것은 아니다, 앞으로 설명하겠지만 당신은 그들에게 삶 속에서의 비전을 제시해주고, 우선 그들에게 적당한 책임을 부여하

여 지도자로 임명하고, 뜨거운 열정을 가지고 영적인 지도자가 되어가는 거룩한 분위기가 조성되도록 많은 노력을 기울여야 한다.

처음 필요와 나중 필요

지도자 계발에 있어서 중요한 전제는 이것이다. 작은 가정교회의 새로운 지도자가 인격과 기술면에서 필요로 하는 것은, 대형교회의 성숙한 지도자가 필요로 하는 것과는 아주 다르다. 둘 다 지도자들이지만, 인격 됨됨이와 기술 됨됨이는 현저하게 다르다. 당신은 CPM을 추구함에 있어서 이것을 명심하라. 새로운 지도자를 계발함에 있어서 당신은 어떤 단계에 필요한 영적 지도자의 가장 기본적인 자질들을 기대해야 한다.

500명의 구성원을 지닌 교회의 지도자는 인격 면에서(인내심, 영적 비전, 자기훈련), 그리고 기술면에서(경영능력, 가르치는 능력, 시간사용, 대인관계, 갈등조정), 20명의 구성원을 지닌 교회의 지도자보다 훨씬 많은 것을 필요로 할 것이다. 지도자가 처음에 필요로 하는 것(인격과 기술들)은 그가 나중 단계에서 필요로 하게 될 것들과는 다를 것이다.

계발 과정

우리는 CPM에서 어떻게 새로운 지도자들을 계발할까? 우리는 이 일을 예수님과 바울이 했던 것과 같은 방법으로 한다. 많은 기회를 제공하는 것을 통해서. 예수께서 처음에 네 제자들을 선발하시는 모습은 지도자 선택의 실제적인 과정을 보여준다. 전에 한 번도 만난 적이 없는 분을 따르기 위하여 자신의 그물과 모든 것을 선뜻 버려두고 떠나는 그들의 모습은, 우리 내면에 지도자가 된다는 것에 대하여 가지고 있는 개념과 어떻게 대조를 이루는지 생각해보라. 그들의 그러한 모습은 천진스럽기까지 하다. 사복음서를 대조해볼 때 이 제자들을 부르시는 장면은 많은 의미를 담고 있다.

연습문제: 예수님께서 열두 사도를 선발하시는 것과 관련된 아래의 각 구절을 읽으라. 각 구절을 읽은 뒤에, 아래의 두 가지 질문에 대답하라.

- 첫 번째로 만나심 – 요 1:35~51

- 두 번째로 해변에서 그들을 부르심 – 막 1:16~20; 눅 5:1~11

- 마지막으로 열두 명을 선발하심 – 눅 6:12~16; 막 3:13~19

  ≫ 예수님은 그들이 적격자라는 사실을 어떻게 식별하셨는가?

  ≫ 예수님은 각 단계에서 그들을 어떻게 계발하셨나?

1단계: 첫 번째 만남 – 요 1:35~51

예수님께서 네 명의 형제들에게 그들의 배를 버리고 자신을 따르라고 부르시기도 훨씬 전에, 그들과 몇 번이나 만나셨다. 첫 번째 만남은 침(세)례 요한이 예수님에 대하여 그들에게 언급했을 때 일어났다.

그들이 예수님께 관심을 보이기 시작했지만, 예수님은 그들을 전적으로 '추종자'가 되도록 부르시거나 사도로 삼으실 의향을 내비치지 않으셨다. 대신에 작은 요구나 단순한 말씀으로 그들을 탐색하셨다. 예수님은 그들이 그러한 사소한 요구나 말씀에 어떻게 반응하는지 주목하셨다.

예수님은 어떻게 그들을 계발하셨는가? 예수님은 사람들에게 아주 작은 것에 순종하도록 요청하셨다. 오늘밤 나와 함께 머물라, 가서 너의 형제를 데려 오라, 네가 무엇이 될 수 있을지 생각해보라 등. 이에 덧붙여, 그들이 예수님의 삶을 관찰하는 동안, 예수님은 그들의 삶을 관찰하시면서 그들과 함께 잠시 시간을 보내셨다. 예수님은 이때까지도 아직 제자들에게 무거운 요구를 하지 않으셨다.

2단계: 해변에서 그들을 제자를 부르심 - 막 1:16~20; 눅 5:1~11

예수님께서 사업 파트너였던 네 사람—안드레, 베드로, 야고보, 요한—을 부르신 일에 대하여 우리 모두가 알고 있는 유명한 이야기는, 요한복음 1장 이후 몇 주 또는 몇 개월 뒤의 일이었다. 그들은 예수님을 알고 있었고 예수님과 함께 시간을 보냈다. 그렇기 때문에 예수님께서 그들에게 다가가 다음과 같은 중대한 말씀을 하실 수 있으셨을 것이다. "자, 이제 때가 되었다. 그대들의 생업을 떠나서 나를 전적으로 따라오라." 이 시점에서 그들은 자신들이 예수님에 대하여 아는 것이 있었기 때문에, 비용을 계산하고도 그렇게 하는 것이 그럴 만한 가치가 있다고 결정했다.

예수님은 어떻게 그들이 적격자라는 것을 식별하셨는가? 예수님은 이미 그들과 함께 시간을 보내셨다. 예수님이 여러 가지 큰 요구로 그들을 시험하셨을 때 (네 배에 나를 태우고 가라, 네 그물을 내리라, 네 그물을 버려두고 나를 따르라 등), 그들은 계속하여 순종했다.

예수님은 어떻게 그들을 계발하셨는가? 예수님은 방해받지 않고 그들과 함께 하심으로 그들을 아셨고, 그들에게 더 많은 주의를 기울이실 수 있었기에 그들이 수행해야 할 보다 중대한 과업을 주심으로써 계발해주셨다.

3단계: 열두 명 선발하기 - 눅 6:12~16; 막 3:13~19

그러나 열두 명의 제자들이 아직은 사도들이 되지 않았음을 알기 바란다. 실제로 사도가 될 열두 명 외에도 많은 사람들이 예수님의 제자였다(눅 6:12). 그러나 이제 열두 명을 세워, 더 큰 권세를 주고, 더 큰 지도자의 책임을 떠맡을 '사도들'이 되게 해야 할 시간이 되었다. 그들에게는 더 큰 지도자의 역할이 주어지게 된다. 사도들을 선발하신 뒤에도 예수님은 계속해서 다른 여러 제자들에게도 관심을 쏟으셨지만 (예를 들어, 누가복음 10장의 70제자들), 열두 사도들에게 가장 큰 관심을 기울이셨다.

예수님은 어떻게 이들이 적격자라는 것을 식별하셨는가? 밤새운 기도와 금식을 통해서(눅 6:12).

그분은 어떻게 이 시점에서 그들을 계발하셨는가? 그들에게 보다 많은 주의를 기울이시고, 그들의 더 많은 사역 책임을 담당시킴으로써(막 3:14-15).

 잉 카이의 기도생활

―빌 스미스의 '왜 T4T는 성공적인가'에서 발췌함.

마지못해 하면서, 잉은 한 그룹의 선교사들에게 자신의 개인적인 기도생활에 대하여 이야기했다. 그는 성공하지 못한 복음 증거의 경우를 이야기했는데, 그가 여러 가지 어려운 상황 속에서 전도대상자를 위하여 사전에 기도하지 않고 전했을 때, 사실상 악한 영들의 방해로 실패했다고 말했다. 전에 병원 원목으로 일할 때였는데, 기도 없이 병실에 들어가 전도하고자 했을 때 실패를 겪었다고 했다. 복음 증거에 실패하고 나서, 그는 돌아가 그의 증거를 거절한 사람을 위하여 한 시간 이상을 기도했다.

여러 참석자들이 그에게 전도하기 전에 항상 기도해야 하는 것에 대해 더 많은 질문을 했으며, 잉 카이는 매일 일찍 일어나 한 시간 내지 두 시간씩 자신의 사역을 위해 기도하고 있다고 말했다. 그 이야기를 하면서 그는 자신의 바짓가랑이를 걷어 올리고서 굳은살이 박힌 두 무릎을 보여주었다. 그는 자신의 '훌륭한 훈련자들'과 함께 기도의 사람이 되어야 할 것을 주장했다. 그는 사역을 하러 나가기 전에 매일 아침 최소한 두 시간씩 기도하는 것이 좋다고 강조했다.

잉이 다른 사람들을 위하여 기도하는 것에 대해 질문받았을 때, 그는 기도를 요청한 다른 사람들을 위하여 자신이 항상 기도한다고 했다. 치유의 주제가 나왔을 때, 그는 자신은 사람들을 위하여 무엇을 기도해야 할지 사전에 하나님께 여쭈어보며, 하나님께서 그 상황에 대한 하나님의 뜻이 무엇인지 그에게 말씀해주시기를 기도한다고 했다. 잉은 치유를 위해 기도할 때나, 축사를 위해 기도할 때, 죄악된 습관으로부터의 벗어나기를 위해 기도할 때, 관계의 회복을 위해 기도할 때, 그리고 기타 다양한 내용을 위해 기도할 때, 하나님의 뜻을 먼저 구하는 데 아무런 거리낌이 없다고 했다. 그가 놀라운 결과를 위하여 기도함으로써 공개적으로나 개인적으로 '하나님을 곤란하게 하는 데' 아무런 거리낌이 없는 것은 그가 항상 무엇을 구해야 할지 먼저 하나님께 여쭤보기 때문이다.

우리에게 주는 교훈

예수님은 성령님이 그들 안에 거하지 않으셨음에도, 그들을 매우 빠르게 계발하셨다. 그러나 이 일은 한 순간에 일어난 것은 아니었다. 상당기간의 과정이 필요했다. T4T에서도 지도자를 계발하기 위하여 매우 비슷한 과정을 거친다.

예수님께서 적격자를 식별하시고 그들을 계발하신 방법으로부터 우리는 무엇을 배울 수 있는가?

- 새로운 제자들에게 사소한 과제를 주고 누가 성실한지 살펴본 뒤에, 더 많은 책임을 맡긴다(마 25:21).

- 성실한 사람을 취하여 그에게 기술을 가르치는 것이, 능숙한 사람을 취하여 그에게 성실성을 가르치는 것보다 더 쉽다.[37]

---

[37] 이는 나의 담임목사님이자 멘토이신 톰 울프 목사님이 나의 사역 초기에 가르쳐 주신 것으로 지난 25년간 나에게 진실이었던 말씀이다.

T4T에서는 이렇게 하는 것이 매우 쉽다. 처음에는 새로운 훈련생들이 운동을 이끌 것이라고 기대하지 않는다. 그들은 단지 누가 좋은 토양인지 살필 것이다. 누가 말씀에 순종할 것인가? 누가 간증을 시작할 것인가? 누가 자신들의 새로운 회심자들과 함께 새로운 그룹을 시작할 것인가?

그다음에 그들은 그 사람들을 훈련시킬 것이다. 당신은 그들이 지도자의 책임을 갖는 것을 쉽게 해준다.

- 사람들이 성실하다는 것이 입증되면, 그들에게 더 많은 시간과 관심을 기울이라. 가장 훌륭한 지도자와 훈련자는 일을 하면서 계발된다.

누가 좋은 토양인지가 분명하게 드러나면, 그때 좋은 토양인 그 사람에게 더 많은 관심을 기울여야 한다. 지도자로서 우리가 저지르는 일반적인 실수는 시간의 90%를 가장 반응 없는 10%의 사람들과 보낸다는 것이다. 우리는 그들을 일깨워 안식처를 떠나 바깥으로 움직여 나가도록 하기 위해 우리가 할 수 있는 모든 것을 해야 한다. 성공적인 CPM 실천가들은 예수님께서 하셨던 대로 하여 그들의 시간의 대부분을 가장 생산적인 소수와 함께 보낸다.

생산적인 사람들은 증가된 책임과 그에 따르는 문제를 담당하고 있기 때문에 특별한 관심을 필요로 한다. 그들은 사역을 위해 계발될 필요가 있다. 당신은 그들의 성장을 도울 수 있도록 T4T 체계를 구성해야 한다. 그러기 위한 방법론을 이 장 후반부에서 설명할 것이다.

- 하나님은 종종 전망이 없어 보이는 사람들도 지도자로 선발하시는 때가 있는데, 그 이유는 그들이 예수님을 갈망하고 배우려는 자세를 갖고 있기 때문이다(삼상 22:2; 대상 11:10).

- 가능성 있는 사람의 미래 모습은 현재 그들의 모습과는 판이하게 다를 수 있기 때문에 우리는 사람들의 잠재력을 보아야 하고, 그들에게 그에 대해 이야기해야 한다(시몬에게 반석(게바) 즉 베드로라고 하신 것, 요 1:42).

CPM의 지도자들은 추수 현장에서부터 일어난다(다윗의 용사들이 광야에서 일어난 것처럼, 삼상 22:2). 나의 동료인 케빈 그리슨Kevin Greeson은 "화목얻을 사람들은 하늘에서 내려오는 게 아니라 지옥에서부터 올라온다!"고 말했다. CPM의 미래 지도자들은 과거에는 죄로 가득한 삶을 살았던 사람들이다. 그들은 문제로 가득한 삶을 사는 죄인들이었지만, 변화에 굶주려 있었다. 당신이 그들과 함께 기도하고, 그들과 함께 시간을 보내는 동안, 당신은 그들의 명백한 죄와 문제들 속에 숨겨져 있는 잠재력을 보게 될 것이다.

만일 당신이 그들의 잠재력을 못 보고, 그들에게 그 잠재력에 대하여 말해주지 않는다면, 누가 말해줄 수 있겠는가? 잠재력 있는 사람들을 계속적으로 성실하게 계발해주면 그들은 당신이 제시해주는 비전을 품게 될 것이다. 그것은 위험을 감수하는 모험이다. 그러나 발전에 굶주린 사람들은 종종 장애물을 타개할 것이다. 예수님은 밭에 있는 보물을 얻는 데 방해가 되는 것은 그 어떤 것이라도 허용하지 않는 그들을 '침노하는 자' 또는 '강력한 자'라고 표현하셨다(마 11:12; 눅 16:16). 그들이 침노하는 자가 되어야 하는 이유는 가로막고 있는 존재가 있기 때문이다(마 23:13).

침(세)례 요한의 때부터 지금까지 천국은 침노를 당하나니 침노하는 자는 빼앗느니라(마 11:12).

T4T는 안전한 환경에서 그들을 계발하고, 그들의 성실성을 관찰하도록 도와주는 많은 기회를 당신에게 제공한다. 당신은 그들이 넘어질 때 붙들어주고, 이

여정의 각 단계마다 그들을 도와주기 위해 거기에 있다.

오순절 이후

4장에서 언급한 대로, 바울은 그의 지도자들을 매우 빠르게 계발했는데, 왜냐하면 예수님은 오순절 이전의 상황에서 사역하셨던 반면에, 바울은 오순절 이후의 상황에서 사역했기 때문이다. 일단 성령님이 부어지자, 열두 사도들 또한 훨씬 빠르게 발전했으며 괄목할 만한 담대함을 보여주었다(행 2장). 바울은 자신의 지도자들을 계발하는 동안에 그들을 성숙시키시는 성령님의 역할을 신뢰했다.

CPM에서 우리는 오순절 이후의 전망으로 사역한다. 우리는 예수님의 지도자 계발 원리를 사용하지만, 성령 하나님을 통하여 각 성도의 삶에 계시는 예수님의 임재하심으로부터 큰 유익을 얻는다. 당신의 훈련자들이 예수님과 함께 있도록 하기 위하여 당신이 항상 그들과 함께 있어야만 하는 것은 아니다. 대신에 당신의 역할은 그들이 예수님으로부터 듣고 반응하는 법을 배우도록 돕는 것이다.

그러므로 오순절 이후의 지도자 계발은 예수님이 지상에서 제자들과 함께 행했을 때보다 훨씬 빠른 것이다.

내가 진실로 진실로 너희에게 이르노니 나를 믿는 자는 내가 하는 일을 그도 할 것이요 또한 그보다 더 큰 일들도 하리니 이는 내가 아버지께로 감이라 (요 14:12).

기본적인 자질들: 그레데 대 에베소

CPM에 대한 가장 일반적인 반론 중 하나는, 아주 새로운 성도들이 그룹과 교회의 지도자들로 계발되는 것이다. 이것은 바울이 감독의 자질에 대하여 이야기한 것과 모순되는 것처럼 보인다.

새로 입교한 자도 말지니, 교만하여져서 마귀를 정죄하는 그 정죄에 빠질까 함이요(딤전 3:6).

그런데 이것은 바울이 제시한 감독의 자격에 대한 유일한 목록은 아니다. 기억하라, 당신은 지도자들에 대한 성경적인 기대를 그들의 책임과 계발의 단계에 적합하게 발전시켜야 한다. 위에서 말하는 새로운 회심자들을 지도자로 세우지 말라고 한 것은 올바른 모습을 위해 매우 중요하다.

바울은 실제로 그의 서신서에서 교회의 지도자들(장로들 또는 감독들)의 자격에 대하여 두 개의 리스트를 제시한다(딛 1:5-9; 딤전 3:1-7). 두 개의 목록 모두가 중요하지만, 그들은 완전히 서로 다른 상황들에 적합한 것들이다.

디도서에서, 바울과 디도는 그레데 섬으로의 교회개척 여행을 막 끝마쳤다.[38] 디도서 1장의 어휘는 그 섬 주변의 여러 도시에 수많은 새로운 교회들(몇 주나 몇 개월 된)이 있다는 사실을 명확히 해준다. 바울은 그레데에서 일어난 운동의 기초를 완성하는 사도적인 역할을 감당하도록 디도를 뒤에 남겨 두었다(딛 1:5). 마지막 단계는 이 새로운 교회들의 지도자들을 임명하는 것이다. 그런데 그때 그레데 교회의 모든 성도들이 신앙 면에서 어렸다는 사실을 기억하라. 바울은 그 사람들로부터 지도자로 세울 사람들의 특징에 대하여 명확한 지침을 준다. 그러므로 디도서 1장에서 주어진 목록은 새로운 교회가 세워진다는 상황에서 사용하기 위한 목록이다.

[38] 사도행전은 이것에 대하여 말하지 않는다. 대다수의 학자들은 이 일이 바울이 로마에서 첫 번째 재판을 받은 뒤에 일어났다고 여긴다. 그는 풀려났을 것이고, 그때 잠시 동안 여행을 했을 것이다. 이 기간 동안 그는 그레데를 여행했을 것이다. 그리고 후에 그는 다시 로마에서 투옥되었다. 우리가 그 시기를 확신할 수는 없지만, 그럴 가능성이 높다.

이것을 디모데전서 3장의 목록과 대조해보라. 바울이 디모데에게 편지할 때, 그는 하나님이 자신을 감독으로 섬기도록 부르신다고 느끼고 있는 새로운 지도자들에게서 무엇을 기대해야 하는지를 그에게 가르친다. 그 교회와 그 CPM은 성숙하며, 아마도 10~15년쯤 된 것이다! 디도서 1장에 제시된 지도자의 자격 요건들은 새로운 교회 상황에서 사용하기 위한 것이다.

이런 사실은 두 개의 목록 사이에 차이점이 있음을 설명해준다.

그레데와 에베소로부터 배우는 교훈

감독의 자격	새로운 교회 그레데 – 딛 1:5~9 '임명함'	성숙한 교회 에베소 – 딤전 3:1~7 '열망함'
인격	책망할 것이 없음.	책망할 것이 없음.
	한 아내에게 충실함.	한 아내에게 충실함.
	방탕하지 않음.	존경할 만함.
	불순종하지 않음.	다투지 않음.
	제 고집대로 하지 않음.	
	급히 분내지 않음.	관용함.
	술을 즐기지 않음.	술을 즐기지 않음.
	구타하지 않음.	구타하지 않음.
	더러운 이득을 탐하지 않음.	돈을 사랑하지 않음.
	나그네를 대접함.	나그네를 대접함.
	선행을 좋아함.	외인에게서도 선한 증언를 들음.
	신중함.	신중함.
	의로움.	
	거룩함(하나님께 헌신됨).	새로 입교하지 않음(교만해지지 않도록).
	절제함.	절제함.
기술	권면하기 위하여 말씀을 그대로 지킴.	말씀 가르치기를 잘함.
	믿는 자녀를 둠.	자기 집을 잘 다스림, 자녀를 복종케 함.
	(한 아내에게 충실함?)	(한 아내에게 충실함?)

인격이 먼저다: 두 개의 리스트로부터 배울 수 있는 첫 번째의 명확한 교훈은 기술보다는 인격에 초점이 맞추어져 있다는 것이다. 교회지도자로서의 기본적인

자질을 기대함에 있어서 인격은 가장 중요하다.

학력 증명서, 경험, 감동적으로 설교하는 능력 등, 우리가 주로 기대하는 것들과는 얼마나 대조적인지요! 만일 우리가 인격 면에서 성장하고 있는 사람들을 얻는다면, 우리는 적합한 일련의 기술을 계발해낼 수 있는 훌륭한 자원을 갖고 있는 것이다.

중요한 차이점들

이 두 개의 리스트에 관하여 두드러진 점은 네 개의 중요한 차이점들이다. 새로운 교회 상황에서 이 차이는 매우 필요하다. 이것은 우리가 새로운 그룹과 운동에 있어서 새로운 지도자에 대한 우리의 기대를 바로잡을 수 있게 해준다.

차이점 1: '임명함' 대 '열망함'

아시아의 성숙한 CPM의 중심지인 에베소에서는 우리가 보통 생각하는 영적으로 성숙한 모습 그대로의 영적 특성이 있었다. 성도들과 교회들이 성숙하고 있었고, 교회지도자들도 능력이 출중했다. 매주 모임을 토대로 하여, 많은 경건한 지도자들의 모범이 어린 성도들에게 확실하게 보였고, 어린 성도들은 그 본을 보고 주님을 따랐기에 주님은 그들에게 교회지도자나 선교사 등으로 주님을 섬기고자 하는 열망을 부어주셨다. 그들은 하나님으로부터의 '부르심'을 느꼈던 것이다. 우리도 마찬가지다.

> 미쁘다 이 말이여 곧 사람이 감독의 직분을 얻으려 함(열망함)은 선한 일을 사모하는 것이라 함이로다(딤전 3:1).

디모데는 열망함이 있는 여러 사람들 중에서 누가 지도자가 될 자격을 갖추었는지 분별해야만 했다.

이와는 대조적으로 그레데에서 일어난 운동에서는 새 성도들이 교회의 지도자가 어떠해야 하는지에 대한 개념을 거의 갖고 있지 않았다. 그들은 지도자가 되고자 하는 열망을 갖고 있지 않았다. 따라서 지도자가 되기를 열망하는 영적인 분위기가 무르익을 때까지는, 새로운 지도자들을 임명하거나 선발하는 것은 디도의 책임이었다. 그는 자격을 갖춘 사람들을 찾아서, 그들에게 그들의 잠재력에 대하여 말해주고, 그들이 지도자의 자리에 익숙해지도록 도와주어야만 했다.

내가 너를 그레데에 남겨 둔 이유는 남은 일을 정리하고 내가 명한 대로 각 성에 장로들을 세우게 하려 함이니(딛 1:5).

여기서 '세운다' appoint에 해당하는 똑같은 헬라어가 사도행전 14장 23절에서도 사용되었다.

각 교회에서 장로들을 택하여 금식기도 하며 그들이 믿는 주께 그들을 위탁하고(행 14:23).

첫 번째 여행이 끝나갈 무렵 몇 주일이나 몇 개월 밖에 안 된 새로운 교회들에 대하여 바울과 바나바는 지도자를 택하여 세웠다. 바울은 바로 그 일을 디도에게 하라고 요구했던 것이다. 즉, 새 성도들 중에 누군가를 임명하여 새로운 교회들을 이끌게 했다. CPM의 초기에 또는 새로운 교회를 시작할 때, 당신은 지도자들을 선발하고 계발함에 있어서 매우 적극적인 마음을 가져야 한다. 당신은 그들이 성실함과 열매를 맺는 생산성을 통해 자신의 지도자적 역량을 나타내기 시작할 때, 그들의 가능성을 보고 그들을 지도자로 임명해야 한다. 약간의 위험을 감수하고 모험을 감행해야 하며, '그들을 하나님의 돌보심에 위탁해야' 한다. 어떤 때는 성공하지 못할 수도 있지만(예를 들어, 유다처럼), 지도자들을 계발하기 위해서는 당신이 감수해야 하는 모험이다. 이렇게 하는 이유는 그들이 아직 스스로 열망할 만큼 성숙하지 않았기 때문이다. 그래서 당신이 임명해야 하는 것이다.

이런 상황에서 도움이 될 수 있는 한 가지 원리는, 각 교회마다 복수의 지도자를 임명하는 것이다. 그것이 사도행전 14장 23절에 나오는 헬라어의 숨은 의미다. 바울과 바나바는 그들이 개척한 각 교회마다 복수의 '장로들'을 임명했다. 당신이 세우고자 하는 새로운 지도자들이 아직 많은 기술을 갖추지 않은 매우 어린 성도들이기 때문에, 복수로 임명하는 것은 그들의 짐을 나누어지도록 도와주고 두려움의 요인을 감소시켜 주는 효과가 있다. 그리고 성장할 수 있는 보다 안전한 환경을 제공해준다.

차이점 2: 새로 입교하지 않음

두 개의 자격 요건 목록 사이에 두 번째로 중요한 차이점은 바울이 금지조항('새로 입교하지 않음')을 그레데 상황에서는 제거했다는 것이다. 왜일까? 왜냐하면 사도행전 14장 23절에서처럼 그에게 있었던 모든 사람들이 새로 입교한 자들이었기 때문이다!

바울은 새로 입교한 자의 지도자 금지규정을 디도서의 목록에서 제거하지만, 디모데서의 목록에는 없는 '거룩함'을 추가한다. 본질적으로 그가 말하고자 하는 의미는 이것이다. "디도야, 네가 새로 입교한 자를 지도자로 임명해야 한다 할지라도, 그의 거룩함(예수님께 헌신됨)만큼은 확실해야 한다."

왜 디모데전서 3장 6절에 새로 입교한 자는 안 된다는 지도자에 관한 금지규정이 나올까? 바울은 말하기를 '교만하여져서 마귀를 정죄하는 그 정죄에 빠질까 함'이라고 했다.

바울은 본래 이렇게 말하고 있는 것이다. "성숙한 교회에서, 새로 입교한 자를 성숙한 그룹의 지도자로 세우지 말도록 하시오. 그가 자만하게 되고, 그래서 금방 실패하게 될 것이오!"

필연적인 결론은 이것이다.

모든 사람이 새 성도들인 새로운 교회에서, 새로 입교한 자에 대한 금지규정은 제거된다. 당신은 필요에 따라 자유롭게 새로 입교한 자들을 계발하여 지도자가 되게 할 수 있다.

차이점 3: 디도서 1장의 '더이상 않음' 조항들

디도서의 목록에 나온 자격요건들을 살펴보라. 얼마나 많은 것이 '않음' 으로 끝나는지 주목하라.

- 방탕하지 않음.
- 불순종하지 않음.
- 제 고집대로 하지 않음.
- 급히 분내지 않음.
- 술을 즐기지 않음.
- 구타하지 않음.
- 더러운 이득을 탐하지 않음.

헬라어에서, 이와 같은 문맥에서 '않음' 을 번역하는 또 다른 방법은 '더이상 않음' 이다. 이 목록을 새로운 표현으로 바꾸어보자.

- 더이상 방탕하지 않음.
- 더이상 불순종하지 않음.
- 더이상 자기를 위해 살지 않음.
- 더이상 쉽게 화내지 않음.
- 더이상 술을 즐기지 않음.

- 더이상 구타하지 않음.
- 더이상 돈을 위해 살지 않음.

'않음' 조항들 또는 '더이상 않음' 조항들이 의미하는 것은 지도자로 세움 받는 사람들 중 상당수가 그렇게 살았었다는 것이다. 그들은 어떤 사람들이었었는지 보라.

> 그레데인 중의 어떤 선지자가 말하되 그레데인들은 항상 거짓말쟁이며 악한 짐승이며 배만 위하는 게으름뱅이라 하니 이 증언이 참되도다 그러므로 네가 그들을 엄히 꾸짖으라 이는 그들로 하여금 믿음을 온전하게 하고 (딛 1:12-13).

디도와 함께 했던 사람들은 훌륭한 성품의 사람들이 아니었다. 그는 도덕적인 유대인이나 구약의 율법에 복종하는 하나님을 경외하는 자들과 함께 사역하지 않았다(딛 3:3). 그는 정욕적인 이교도였다가 최근에 하나님의 자녀가 된 사람들을 상대하고 있었다! 따라서 바울이 디도에게 준 교훈은 이것이었다. "쓰레기 같은 과거로부터 자신의 삶을 청산하고 있는 사람들을 찾아라. 더이상 이기적인 쾌락주의자나, 술주정뱅이나, 싸움꾼이나, 반역자나, 물질주의로부터 벗어나고자 하는 변화하고 있는 사람들을 찾아라."

이와 반대로 에베소에서는 자격요건들이 더 엄격했다. 이 대조를 보라. 디모데에게는 디도의 목록에 비추어 더 '성숙한' 형태가 요구되었다.

그레데 (초기)	에베소 (후기)
더이상 방탕하지 않음. 급히 분내거나 사납지 않음. 더러운 이득을 탐하지 않음.	존경할 만함. 관용함. 돈을 사랑하지 않음.

이는 새로운 교회에서 지도자들을 선발함에 있어 우리에게 주는 교훈이다. '더이상 않음' 조항들을 보라. 그들이 아직 완전하거나 성숙하지는 않지만, 그들은 경건한 인격 면에서 자라나고 있다. 그러므로 그들은 양떼에게 본보기로써 입증될 수 있다(벧전 5:3). 그들은 다른 새 성도들이 삶의 변화에 있어서 배울 것이 있는 사람들이다.

차이점 4: '그대로 지킴' 대 '가르치기를 잘함'

교회의 지도자들에게 최소한으로 필요한 한 가지 매우 중요한 기술이 있다. 그것은 하나님의 말씀을 잘 다루고 양떼가 말씀을 이해하고 복종하도록 지도할 수 있어야 한다는 것이다. 이것은 타협의 여지가 없다. (한 가지 더 꼽는다면 자신의 집을 잘 다스리는 능력이다.)

그런데 두 목록 간의 차이점은 말씀과 관련된 그들의 능력이다.

> 미쁜 말씀의 가르침을 그대로 지켜야 하리니, 이는 능히 바른 교훈으로 권면하고 거슬러 말하는 자들을 책망하게 하려 함이라(딛 1:9).

> 가르치기를 잘하며 … (딤전 3:2).

지도자들이 성실하게 교회를 이끌며 그들의 교리적 순수함과 도덕적 청렴함을 간직하게 할 수 있는 유일한 방법은 성경의 권위를 존중하며 성경이 무엇이라고 말씀하든지 순종하도록 돕는 것이다. 말씀을 권위 있는 것으로 붙잡고, 성경이 무엇을 말씀하든지 간에 순종하는 것은 교회개척운동이 교리적 정통성과 도덕적 순수성 안에서 흘러가도록 지켜주는 양쪽 강둑과 같다.[39]

---

39) 더 많은 자료를 원한다면 웹사이트 www.T4TOnline.org에 올라와 있는 보충자료들 중에서 '운동의 강둑'을 보라.

새로운 교회의 상황에서는 새로 입교한 자는 아직 말씀을 가르칠 수 없으며, 가르친다 해도 유창하게 가르칠 수 없다. 그러나 성숙한 교회 상황에서는 지도자의 기본적인 기술은 하나님 말씀의 뜻을 양떼에게 잘 가르칠 수 있는 능력이다.

새로운 교회에서는 무엇이 요구되는가? 새로운 지도자는 말씀을 그대로 지켜야 하며, 그래서 양떼를 격려하고 교정하기 위한 권위로써 말씀을 사용할 수 있어야 한다. 그는 아직 잘 가르칠 수는 없을지 몰라도(그가 배우게 될 기술이다), 말씀을 존중해야 하고 해답을 얻기 위해 말씀 앞으로 나아가야 한다. 성경을 자신의 지침으로 삼음으로써, 그는 사람들을 바른 교훈으로 권면/격려하고 책망할 수 있다. 바른 교훈이란 그가 다른 자료들이 아니라 성경 말씀에서 해답을 찾는 것을 의미한다.

새로운 교회 상황에서의 지도자들에게는 디도서의 자격요건들을 적용하라. 그들이 말씀을 사랑하며 양떼를 인도하기 위한 권위로써 하나님의 말씀을 의지하는지 확인하라.

 삶을 변화시키는 감사의 능력

—잉 카이

제가 지금보다 젊었을 때, 저는 늘 화를 내는 사람이었습니다. 저는 어린 시절에 항상 말을 더듬었습니다. 심지어 한 문장을 온전히 말하지도 못했습니다. 그리고 저는 늘 주먹을 앞세웠고, 태도도 불량했습니다. 어느 날 저의 아버지가 말씀하셨습니다. "우리는 네가 항상 화내는 것을 알고 있고, 우리가 그것을 어떻게 할 수 없다는 것도 안다. 하지만 다음번에 네가 화를 내고 싶을 때, 3분 동안만 중지하고 기도해라. 네가 3분 동안 기도한 뒤에, 그래도 네가 화를 내고 싶다면, 좋다, 그때는 아무 말 안 하겠다."

저는 "아빠, 만일 제가 기다릴 수 있고 3분 동안 기도할 수 있다면, 저는 화를 내지 않을 거라고 생각해요. 하지만 그건 불가능해요"라고 말했습니다. 저는 제가 공격당할 때, 1초도 기다릴 수 없었습니다. 그런 저를 위해 기도했고, 다른 많은 사람들도 저를 위해 기도했지만, 아무 변화도 없었습니다.

제가 그레이스와 결혼하기 전에, 그녀는 제 성질이 그리 좋지 않다는 것을 알았습니다. 하지만 그녀는 아마도 제가 자기와는 싸우지 않을 것이고 그런 행운이 있을 거라고 생각했던 거 같습니다. 그러나 결혼 후, 우리는 매일 싸웠습니다. 저는 항상 그녀에게 버럭 화를 내곤 했습니다. 그러고 난 뒤에 매번 함께 무릎을 꿇고 앉아서 저의 나쁜 성질을 위해 기도했습니다. 그러나 저는 변화되지 않았습니다. 그것은 너무나 어려웠습니다. 매번 화를 폭발시키고 난 뒤에, 다음번에는 절대로 안 그러겠다고 맹세했습니다. 다음번에 또 그랬을 때, 저는 스스로를 혐오했습니다. 제가 아무리 양심의 가책을 느껴도, 아무런 변화가 없었습니다.

그 무렵에 우리는 신학교에서 공부하고 있었습니다. 어느 날 제가 집에 왔을 때, 그레이스가 이미 와 있었습니다. 이날, 그녀는 다른 때와는 무척 달랐습니다. 그녀는 매우 행복했습니다! 저는 말했습니다. "무슨 일이야?"

그녀가 말했습니다. "오늘 하나님이 내게 말씀하셨는데, 내가 당신을 위해 어떻게 기도해야 할지 말씀하셨어요. 저는 당신의 나쁜 태도에 대해 하나님께 감사를 드렸고, 찬양을 했어요."

저는 말했습니다. "뭐라고? 좋은 일들에 대해서야 주님께 감사하고 그분을 찬양하지만, 나쁜 일인데도 그랬단 말이야?" 그때 주님은 제게 시편 22편 3절 말씀을 주셨습니다.

"이스라엘의 찬송 중에 계시는 주여, 주는 거룩하시니이다."

하나님은 우리의 마음으로 드리는 찬양 중에 계십니다. 만일 우리가 그분을 찬양하면, 하나님은 우리의 마음 안에서 거하실 것입니다! 성경은 범사에 감사하라고 말합니다.

"범사에 우리 주 예수 그리스도의 이름으로 항상 아버지 하나님께 감사하며" (엡 5:20).

이것은 좋은 일과 나쁜 일 모두에 대해서라는 의미이지, 좋은 일에 대해서만이라는 의미는 아닙니다.

저의 아내는 말했습니다. "하나님이 당신을 창조하셨고, 그분은 당신을 사랑하세요. 당신은 나의 남편이고, 당신이 매일 화를 낸다고 해도, 나는 하나님이 당신을 사랑하실 것이라는 사실을 알기에, 하나님께 감사하기로 했어요. 그분이 당신을 변화시키실 거예요. 그분이 당신을 도와주실 거예요. 당신은 혼자 힘으로 아무것도 할 수 없어요. 당신은 모든 노력을 다 했어요. 하지만 오늘 당신은 무릎을 꿇고 나와 함께 기도할 필요가 있어요. 하나님께 감사하세요. 당신의 나쁜 태도에 대해서 하나님을 찬양하세요."

저에게 그것은 매우 낯설었습니다. 어떻게 되는지 믿을 수가 없었습니다. 그래도 저는 하나님께 기도했습니다. "하나님, 저는 이것이 무척 낯설지만 저는 주님이 저를 창조하셨기에 주님께 감사하기 위해 노력하겠습니다. 저의 태도는 나빴고 저는 늘 화를 내곤 했지만, 저는 제가 주님께 속해 있기에 감사드립니다. 저는 제가 스스로를 변화시키거나 스스로를 치유할 수 없다는 것을 알기에 주님께 기도합니다. 오늘 제가 아무것도 아니라는 것을 알게 해주십시오. 오직 주님만이 저를 도우실 수 있습니다." 저는 단지 주님께 감사드리고, 그분을 찬양하기 위해 노력했습니다. 저는 날마다 그렇게 했습니다.

어느 날, 저의 아내는 제게 와서 달력을 보라고 했습니다. 그녀는 우리가 결혼하고 나서 매일 달력에 내가 화를 낼 때마다 표시를 해두었습니다. 어떤 날들은 세 번 표시가 되어 있었고, 어떤 날들은 다섯 번씩이나 있었습니다. 그 달력을 보여준 아내는 말했습니다. "당신이 지난번 화를 내고 나와 싸운 뒤 얼마나 시간이 지났을 거라고 생각해요? 6개월이에요!"

저는 26년 동안 기도했고, 다른 많은 사람들도 저를 위해 기도해주었습니다. 저는 구하고, 구하고, 또 구했었습니다. 그런데 단지 주님께 노래하고 주님을 찬양했을 뿐인데, 하나님은 저의 마음을 변화시키셨습니다. 그분은 저의 태도를 변화시키셨습니다. 그렇습니다. 우리가 주님을 찬양할 때 그분은 모든 것을 변화시켜주십니다. 그레이스는 말했습니다. "당신이 주님을 찬양할 때, 그것은 당신이 하나님과 그분의 능력에 영광을 돌리는 것을 의미해요." 만일 하나님이 허락하지 않으신다면, 우리에게 아무 일도 일어날 수 없습니다. 오늘 당신이 누구를 만나든지, 무슨 일이 일어나든지, 그것은 하나님께서 그 일이 일어나도록 허락하셨기 때문입니다.

그리하여 나는 이 진리를 배웠으며, 따라서 이제 나의 훈련자들에게 범사에 감사하고 하나님을 찬양하라고 가르칩니다.

새 성도들을 지도자로 계발한 사례연구

우리의 사역에서, 외부에서 온 토착동역자들이 이나Ina 부족 사이에서 상당수의 교회들을 개척하던 시기가 있었다. 더욱이 이나Ina 부족 새 성도들은 그들 스스로 새로운 교회들을 개척하고 있었다. 우리가 이 시점에서 겪었던 어려움은 이나Ina 부족 새 성도들을 계발하고 임명해서 교회를 이끌게 하는 일이었다. 그들은 아직 그들을 이끌어줄 성숙한 토착동역자들을 원했으며, 성숙한 토착동역자들도 그들을 이끌어주기를 원했다!

내가 나의 토착동역자들과 가진 훈련 모임에서 이 문제가 쟁점으로 부각되었다. 우리는 이나Ina 부족 가운데서는 왜 극소수의 지도자들만 세워지고 있는지 조사하기 시작했다. 우리는 그런 현상이 새롭게 나타나고 있는 운동을 약화시킬 수 있다는 것을 알았다. 우리가 토론하는 동안 나의 토착동역자들에게 누가 지도할 수 있고, 어떻게 그들을 계발해야 하는가에 대하여 성경 외적인 견해를 갖고 있다는 사실이 분명하게 인식되었다.

그 당시 우리의 사역에는 대략 30~40개의 새로운 교회들이 있었다. 나는 그들이 디모데전서 3장과 디도서 1장의 지도자 자질에 대하여 학습하도록 이끌었다. 나는 기술보다는 인격이 더 중요함을 강조했다. 그런데 그들의 마음속에는 그들을 파송한 교회에서 보던 지도자들의 인격, 즉 성숙하고 경건한 사람들(딤전 3장)의 모습이 새겨져 있었던 것이다! 물론 이나Ina 부족 성도들이 파송 교회에서 본 신앙생활의 경험이 많고, 오랫동안 주님과 동행했던 지도자들에게 미칠 수는 없었다.

이것을 깨달은 나는 토착동역자들과 다음과 같은 대화를 나누었다.

"각 교회에서 이나Ina 부족 중에 다수의 지도자들을 임명할 필요가 있습니다" (행 14:23).

"우리 중에는 자격 요건을 갖춘 사람이 아무도 없습니다!" 그들이 대답했다.

"그래요, 좋습니다. 그렇다면 여러분 교회 안에 거짓말쟁이가 있나요?"

많은 사람이 손을 들었다. "오, 교회 안에 거짓말쟁이들이 많이 있군요."

"좋아요." 내가 대답했다. "여러분 교회에 술주정뱅이나 폭식가들이 있습니까?"

또 많은 사람이 손을 들었다. "여러분은 이나Ina 부족 남자들이 매일 밤 술에 취한다는 사실을 알아야 합니다!"

"좋습니다." 나는 계속 물었다. "여러분 교회에 자기는 아무 일도 안 하고 아내와 자녀들에게만 모든 일을 시키는 게으른 짐승 같은 남자들이 있습니까?"

대다수가 손을 들었다. "이 남자들은 정말 게으릅니다. 그들은 자기 아내가 모든 일을 다 하게 만들고, 자기는 손가락 하나도 까딱하지 않습니다!"

또 물었다. "여러분 교회에 아주 평범한 보통 사람들이 있습니까?" 또 다시 많은 사람이 손을 들었다.

"훌륭합니다!" 나는 대답했다. "당신은 지도자를 선발할 수 있는 훌륭한 사람들을 가지고 있습니다." 그들의 얼굴에는 당혹스러운 표정이 가득했다. 그들은 내가 정신이 나간 것은 아닌가 하고 생각하는 것 같았다. 우리는 함께 디도서에서 장로의 자격 요건 다음에 이어 기록된 구절을 찾아 큰 소리로 읽었다.

그레데인 중의 어떤 선지자가 말하되 그레데인들은 항상 거짓말쟁이며 악한 짐승이며 배만 위하는 게으름뱅이라 하니 이 증언이 참되도다 그러므로 네가 그들을 엄히 꾸짖으라 이는 그들로 하여금 믿음을 온전하게 하고 (딛 1:12-13).

나는 그들에게 설명했다. "바울은 디도에게 인격 면에서 성장하고 있는 사람들을 선발하라고 명령했습니다. 이 사람들은 다 거짓말쟁이들이요, 비열한 사람들이었으며, 게으른 술주정뱅이들이었고, 폭식가들이었습니다. 그러나 그들은 변화하고 있었습니다. 외형상으로는 그들이 아직 그리 선하게 보이지 않았지만, 그러나 변하고 있었습니다. 그래서 제가 당신에게 질문을 좀 하겠습니다. 당신 교인 중 누구라도, 과거에 매일 밤 술에 취했었지만, 더이상은 그렇지 않은 사람이 있습니까?" 몇몇 사람이 손을 들었다.

"여러분 교회에 항상 비열하게 행동했었지만, 이제는 사람들을 친절하게 대하기 시작한 사람이 있습니까?" 더 많은 사람이 손을 들었다. "여러분 교회에 아내와 자녀들의 집안일을 돕고 있는 남자들이 있습니까?" 훨씬 더 많은 사람이 손을 들었다.

"훌륭합니다! 그 사람들을 지도자로 선발하십시오. 그들은 다른 사람들에게 예수님께서 어떻게 그들의 삶을 변화시키실 수 있는지에 대한 좋은 본보기가 될 것입니다."

내켜하지는 않았지만 이 동역자들은 이해하기 시작했다. 그들은 경건함에 있어서 성장하고 있는 사람들의 이름을 작성하기 시작했다. 나는 동역자들을 붙잡고 그들이 이름을 적은 사람들 중에서 교회를 위하여 새로운 책임 있는 자리에 임명하는 가르침을 주고 그들을 파송했다. 그들은 각 교회에서 최소한 두 명을 선발해야 할 필요가 있었다.

그들이 다음 훈련을 위하여 돌아왔을 때, 그들은 각 교회에서 복수의 지도자들을 임명했다. 우리는 마침내 미래를 위하여 그들에게 투자할 만한 일단의 Ina 부족 자체 지도자들을 갖게 되었다. 이 모든 것은 교회개척자들이 그들의 기대를 조정하고, 사역의 적절한 단계에 대하여 적절한 자격요건을 적용했기 때문이었다.

당신의 T4T 훈련 내용: 지도자 계발 과정으로써의 T4T

하나님 나라에서의 지도자 세우기에 대한 역설적인 방법과 관련하여 당신의 기대치를 조정했는데, 그렇다면 T4T 과정을 통해 어떻게 지도자들을 선발하고 계발하도록 도울 수 있을까? 당신의 기본적인 T4T 과정 속에 어떤 내용이 들어 있어야 하겠는가?

지도자를 세우는 데 있어서 우선 지도자의 책임 수준에 따라 세 가지 종류의 지도자를 생각할 수 있다. 우리가 지도자를 세울 때는 그 책임에 있어서 세 단계 중 하나에 속할 것이다.

- 훈련자들
- 중간 훈련자들
- 고위 훈련자들

각 단계의 지도자들은 T4T 과정의 다른 부분에서 계발될 수 있을 것이다.

훈련자들(교회지도자들): 9~18개월에 걸친 각 모임의 전반부를 통한 계발 과정

10장에서 당신은 각 모임의 전반부의 목회적 돌봄 항목을 통해 지도자를 계발하기 위하여 T4T그룹과 최소한 9~18개월을 함께하는 것의 중요성을 배웠다. 만일 당신이 그들에게 "어떻게 지내십니까?"라는 질문에 대답할 적당한 시간을 준다면, 당신은 그들이 훈련자를 훈련하는 훈련자들을 훈련할 때 발생하는 리더십 질문들에 대답해줄 수 있을 것이다.

T4T 훈련 과정을 진행하는 내내 세 부분 과정을 유지하는 것은 당신으로 하여금 다른 세대의 훈련자들을 훈련하는 가운데 그들을 지도자로 계발하게 해준다. 지도자로서의 사역을 시작하기 전에 먼저 그들을 선발하고 준비시키기보다는 그들 스스로가 자신의 지도자적 역량을 나타내고 지도자로 세움 받은 후 지도자로 사역을 하면서 지도력을 계발하게 하는 방식을 통해 교회개척운동이 확산될 수 있다. 만약 새로운 T4T그룹이 생길 때 이런 원리가 적용되어 지도자가 세워진다면 계발되고 배가될 수 있는 지도자의 수에는 아무런 제한이 없을 것이다.

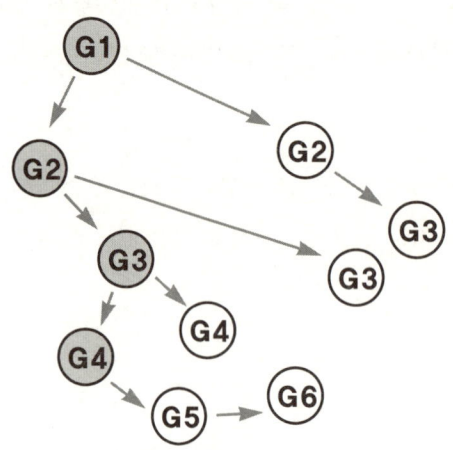

중간 훈련자들(여러 세대를 이끄는): 중간 훈련자 수련회를 통한 지도자 계발

세대가 늘어남에 따라, 그룹의 어떤 지도자들(회색 원으로 표현된)은 여러 세대의 교회들을 감독하게 된다. 그들은 새로운 그룹들과 교회들을 생산해 냄으로써 그 열매를 통해 저절로 중간 훈련자가 된다.

사역적 책임의 증가로 말미암아 중간 지도자에게는 추가적인 관심이 요구된다. 그들은 당신과 다른 지도자들의 격려와 도움을 필요로 한다.

T4T에서 중간 지도자들을 돕는 가장 적절한 방법은 종종 그들을 위한 별도의 수련회를 여는 것이다. 그 수련회를 통해 그들로 하여금 다음 단계의 사역으로 힘차게 나가도록 하기 위해 쉬고, 원기를 회복하고, 격려받고, 무장되도록 돕는 것이다. 그들은 교회개척운동이 제대로 일어나기 위한 교회개척의 흐름이 시작되는 중요한 역할을 담당한다. 그들을 지탱하도록 돕기 위하여 그들에게 특별한 관심을 기울이라.

중간 지도자들을 위한 수련회는 형편에 따라 하루(예를 들어, 매달 첫 주 토요일) 동안이나, 또는 주말, 휴가 기간, 농한기(추수기 이후와 같은) 동안의 장시간(4-10일) 동안 가질 수 있다.

중간 훈련자들은 일반적으로 여러 세대의 그룹들을 결실로 맺음으로써 중간 훈련자가 된다. 중간 훈련자 수련회를 통하여 그들을 훈련하라.

잉이 처음으로 새롭게 출현한 그의 CPM에 대하여 보고서를 쓰면서 '훈련 센터'라는 말을 사용했다. 어느 에 대한 1월달 보고서를 보자. '1,503명의 새 성도들, 174개의 새로운 교회들, 85명의 사람들이 훈련받고 있는 여덟 개의 활발한

훈련 센터들.' 훈련받고 있는 사람들과 훈련 센터에 대하여 언급하고 있는 이 마지막 표현이 알쏭달쏭했다. 잉은 기본적인 T4T 훈련을 받고 있는 사람들에 대해서는 언급하지 않았다.

그 대신 잉은 이렇게 말했다. "이 운동은 성장하고 있다. 우리는 많은 새 성도들과, 성도들이 T4T 훈련을 받고 있는 많은 새로운 교회들을 가지고 있다. 게다가 우리는 우리가 지도자들을 위하여 중간 수준의 훈련을 하고 있는 여덟 개의 장소를 갖고 있다. 85명의 중간 훈련자들이 이달에 훈련을 받았다."

잉이 하고 있던 일은 이 중간 훈련자들과 그들 위의 고위 훈련자(교회의 네트워크를 이끌고 있는 사람)를 일정한 구분된 장소에 따로 데려가 4~10일 동안 그들과 함께 머무는 것이었다. 이 기간 동안 그는 새로운 방법으로 그들과 함께 기본적인 세 부분 과정을 훈련했다.

6일간의 수련회에서, 그들은 이틀간은 뒤돌아보고, 쉬고(자고!), 평가하고, 상담받고, 보고하고, 예배하고, 기도하고, 서로를 돌보는 등의 일을 하면서 보냈다.

그다음 이틀간은 잉에 의해 또 다른 사람을 통해 말씀으로 먹이기만 했을 것이다. 예를 들어, 골로새서를 가르쳤을 수도 있다. 그들에게 다른 사람에게 전달하도록 하기 위한 훈련이 아니라 그들 자신의 영혼을 위한 말씀이었다.

마지막 이틀간은 미래에 대하여 생각하고 다음 사역 기간을 위하여 계획을 수립하는 데 쓰였을 것이다.[40]

---

[40] www.T4TOnline.org 웹사이트에 올라 있는 보충자료들 중에서 '지도자 계발 자료들'은 잉 카이가 쓴 중간 훈련자 컨퍼런스에 대한 지침이다. 그것은 어떻게 수련회를 진행하는지에 대하여 매우 상세한 설명을 제공한다.

시간이 지나면서, 잉과 고위 훈련자들은 이 중간 훈련자들을 가능한 한 자주, 평균적으로 일 년에 서너 번씩은 불러 모았다.

각기 상황은 다 다르다. 당신은 중간 훈련자들과 단지 한 번밖에 시간을 보낼 수 없더라도 그들이 쉬고, 신선한 비전에 대하여 듣고, 개인적인 상담을 받고, 말씀을 공급받고, 기도하고, 미래를 위해 계획할 수 있도록, 그들을 구분된 곳으로 데려갈 수 있는 시간을 찾아라. 결코 간과해서는 안 된다.

동일한 세 부분 원리를 가지고 당신의 전체 모임을 조직하도록 계획하라.

- 돌아보라: 개인적 돌봄, 예배, 비전 제시, 책임, 상담, 휴식, 개인적 경건시간, 기도 등.

- 올려보라: 영혼을 먹이기 위한 말씀. 다른 사람들을 먹이는 데 소용되는 곳이 아니라 그들 자신을 먹이기 위한 시간.

- 내다보라: 계획하기, 함께 기도하기, 결정하기 등.

째깍거리는 시계

교회개척운동이 시작되면, 그것은 빠르게 진행된다. 시계가 째깍거리기 시작하면, 당신이 중간 훈련자들을 갖게 되기 전에, 당신의 첫 번째 중간 훈련자 수련회를 계획할 필요가 있다. CPM 흐름에 한 발 앞서 나가라. 필요들을 예상하라. 지도자의 과중한 사역 부담이 운동을 약화시키지 못하게 하라.

고위 훈련자들(운동의 전체 흐름을 이끄는 사람들): M.A.W.L.을 통한 지도자 계발 모든 CPM 흐름은 수많은 '지류들'을 통하여 전체적으로 커다란 흐름을 형성한다. 지류들은 보통 서로 상관없어 보이는 다른 관계망을 통하여 시작되고, 또 크게 확장된 서로 다른 사역의 부분들이다. 일반적으로 한 두 명의 성도들(아마도 본래는 평온한 사람들이었을)이 전체 성도들과 교회들의 흐름을 위한 사역의 맨 앞에 서 있다. 그들은 교회의 여러 세대들을 감독한다. 그들 중에는 이 운동이 계속 발전되도록 이끌고 나가는 은사와 비전을 갖고 있다. 우리는 이러한 사람들을 고위 훈련자라고 부른다.

고위 훈련자는 CPM이 형성되도록 첫 단계에서 사역한 창시자들(선교사들이나 원래의 교회개척자들 등)이 CPM의 조류를 적극적으로 감독해야 하는 짐으로부터 벗어날 수 있게 해준다. 그들은 디모데나 디도처럼, 운동을 이끌 수 있는 특별한 은사 혹은 자질을 갖추고 있다.

그들을 훈련하는 방법은 예수님과 바울이 고위 훈련자들을 훈련했던 방법이다. M.A.W.L.이란 본을 보이고Model, 돕고Assist, 지켜보고Watch, 그리고 위임하라Leave는 것이다. 본래 이것이 의미하는 것은 당신이 각 단계에 적합한 방식으로 고위 훈련자들을 멘토링하는 데 특별한 관심을 갖는 것이다. 당신은 고위 훈련자들이 전반적으로 성숙하도록 또한 어떤 특정한 과업을 성취하는 것을 위해서도 MAWL할 수 있다. MAWL 과정에 대해 더 배우기 위해서는, 웹사이트 www.T4TOnline.org에 올라와 있는 보충자료 '지도자 계발 자료들'을 보라.

고위 훈련자에 대한 당신의 목표는 그들이 당신의 지속적인 관심 없이도 중간 훈련자들을 위한 수련회를 인도하는 것을 포함하여 CPM의 과업들을 이끌 수 있게 하는 것이다. 당신은 많은 기도와 금식을 통하여 그들을 찾아낼 수 있다.

싹트기 시작한 운동이 당신의 통제 능력 범위를 넘어서게 될 때, 어떻게 그

운동이 성경적인 정통성과 도덕적 순결함의 둑 안에 머물게 할 수 있을까? 그 방법을 알고자 한다면 보충자료 '운동의 둑'을 읽으라.

요약

지도자 배가는 성령님께서 운동을 지속시키기 위하여 사용하시는 기관차다.

CPM에서 지도자를 계발하는 것은 예수님께서 열두 사도들을 선발하실 때 사용하셨던 것과 유사한 과정이다. 지도자들은 사역을 통해 스스로를 입증하는 가운데 계발된다.

아울러 우리가 새로운 교회 상황에서 지도자들을 선발하여 세우기 위해서는 그에 적합한 지도자 자격조건(디도서 1장에 나오는)을 사용해야 한다.

끝으로, T4T 과정은 사역 중에 있는 세 가지 유형의 지도자들을 계발하는 방법들을 포함해야 한다. 훈련자들, 중간 훈련자들, 그리고 고위 훈련자들.

당신의 T4T 과정에는 그러한 지도자 계발 계획들이 준비되어 있는가?

이제 성도들을 동원하여 믿지 않는 사람들을 구원하여 단기·장기 제자훈련을 하는 데서부터, 교회를 형성하여 한 세대 한 세대 계속하여 지도자 계발을 하기까지, 이 모든 사역을 위한 T4T 과정과 내용과 자료 등 모든 것을 충분히 생각했다.

무엇이 조정 가능하고 무엇이 그렇지 않을까? 그것을 알기 위하여 다음 장을 읽으라.

듣기만 하지 말고 행하는 자가 되라!

하나님께서 당신에게 무엇이라 말씀하셨는지, 그리고 그 말씀에 순종하기 위해 당신에게 필요한 것은 무엇인지를 적어보라.

Part 3 **T4T의 적용**

18장 조정 가능한 것과 불가능한 것

이 책은 기본적으로 어떻게 T4T의 제자훈련 재혁명 과정을 통하여 CPM을 시작하느냐에 대한 것이다.

CPM을 시작하는 하나님 나라의 원리들은 영원하다.

하나님 나라의 원리들을 실행하는 실제 방법들은 조정이 가능하다.

이 책의 첫 번째 목적은 당신으로 하여금 하나님께서 그의 왕국 안에서 역사하시는 방법을 배워, 당신의 돛을 올리고 성령님의 바람을 타고 항해하는 법을 배우게 하는 것이었다.

두 번째 목적은 당신이 이 원리들을 실행하는 데 도움이 되는 실제적인 방법을 제공하는 것이었다. T4T는 CPM의 원리들을 이행하기 위한 매우 입증되고 조정 가능한 방법(또는 과정)이다. 그것은 당신이 하나님과의 동역 관계에서 당신의 역할을 하도록 도와준다.

하나님은 기꺼이 하실 것이다. 당신은 어떤가?

혼동의 위험성

CPM과 T4T를 혼동하지 마라. CPM은 하나의 운동이고, T4T는 하나의 방법이다. 나는 이 책에서 논의된 CPM의 원리들이 지금으로부터 50~100년이 지난 또 다른 세대에도 유효할 것이라고 믿는다. 이 책이 그런 원리를 제시하게 되기를 기도했는데, 시편 78편에 기록된 대로 모든 세대에 적용 가능한 진리를 나누는 것이었다.

> 이는 그들로 후대 곧 태어날 자손에게 이를 알게 하고 그들은 일어나 그들의 자손에게 일러서(시 78:6).

동시에 이 책은 인쇄되기도 전에 이미 지나가버린 것이 될 수도 있는 내용이 들어 있을 것이다. 그렇기 때문에 우리는 항상 CPM을 어떻게 시작할 수 있는지에 대해 새로운 방법을 배워야 한다. 특히 T4T에 대해서도 그러한 태도를 가져야 한다.

T4T가 방법(혹은 과정)이기 때문에 그것은 언제나 조정할 수 있다. T4T와 같은 방법을 이행함에 있어서 두 가지 위험이 있다.

- 방법을 변할 수 없는 것으로 높이는 것이다. 방법에는 '힘'이 있다고 생각한다. 그러므로 주어진 방법 그대로 이행해야 한다. 한 가지도 바꾸면 안 된다.

- 방법을 그 기초 원리가 손상될 정도로 조정하는 것이다. 다른 하나의 극단은 그 방법의 근저에 있는 하나님 나라의 원리를 무시한 채 당신의 선호도에 따라 방법을 마음대로 조정하는 것이다. 조정하고자 할 때는 그럴듯한 논리를 앞세운다. 하지만 실상은 역설적인 하나님 나라의 원리들을 침해하는 것이 된다.

만약 하나님 나라의 방법들을 이해하지 못한다면, 당신은 틀림없이 그 방법이 실현될 때 그것을 환영하지 않을 것이며, 심지어 반대할 것이다! 만일 당신이 CPM을 진정으로 이해하지 못한다면, 당신은 아래 두 가지 중 하나를 따르게 될 것이다.

- 방법을 높이기: 당신은 잉 카이가 자신의 사역 상황에서 행한 그대로를 맹목적인 마음으로 T4T를 이행하고서, 왜 동일한 결과를 얻지 못하는지 이해할 수 없어 할 것이다.[41]

- 원리를 침해하기: 당신은 T4T에 대하여 모든 것을 끊임없이 조정하고, 개조하고, 변경한다. 결국 당신은 훈련자를 훈련하며 CPM을 발전시키는 것

---

41) 앞에서 언급했듯이, 나는 잉만큼 널리 그리고 빠르게 동일한 결과를 낸 사람을 알지 못한다. 이유 중 하나는 잉의 상황 및 그와 그의 아내와 그와 동역한 지도자들이 지칠 줄 모르고 훈련한 수많은 사람들과 그룹들 때문이다. 아무튼 많은 T4T 실행자들이 여러 세대의 빠른 성장을 목도하고 있다.

보다 당신이 특별하게 추구하는 일련의 교육을 실시하는 데 마음을 기울이게 된다. 당신은 최선을 다해 성실하게 조정했다고 생각할 것이다. 그러면서 왜 당신이 잉과 동일한 결과를 얻지 못하는지 의문이 들 것이다.

T4T는 법칙이 아니다. 그것은 방법이다. 따라서 당신의 상황이 사실상 잉의 상황과 동일하지 않다면 당신은 일부를 조정해야만 한다. 이 책의 11~17장은 많은 조정점들과 적용점들을 설명하고 있다.

그렇다면 무엇이 조정 가능하고 무엇이 그렇지 않을까? 어떤 기본적인 T4T 과정에도 꼭 들어가야 할 필요가 있는 것은 무엇일까? 이제 이 모든 것들을 함께 정리해보자.

여기서 몇 가지 추천사항이 있다.

당신의 목회 상황을 평가하라(세계관, 문맹률, 복음을 들은 정도, 기타).

- 이러한 평가를 통해서 당신의 T4T 내용의 여러 부분들을 어떻게 조정할지 알게 될 것이다.

- 이것은 몇 년씩 걸리는 일이 아니다. 다음 단계에서 해보라.

적합하고 재생산 가능한 구성요소들을 T4T 과정에 포함시키고 실행하라.

- 당신의 T4T 과정의 각 부분이 자연스럽게 운동을 일으키며 다음 단계로 흘러가는지 확인하라.

먼저 T4T를 당신 자신의 것으로 만든 후에, 당신의 상황에 적합하게 하기 위하여 그것을 당신이 원하는 다른 명칭으로 불러도 좋다.

당신이 훈련자들을 훈련하기 위한 훈련자들을 훈련하는 훈련자들을 훈련하기 위한 보다 더 효과적인 방법을 찾아내지 않고서는, 절대로, 훈련자를 훈련하는 일의 핵심인 세 부분 과정을 침해하지 마라.

그것을 실행하라! 그리고 나서, 무엇이 재생산을 하고 무엇이 안 하는지 관찰하면서 필요한 내용을 조정하라. 당신의 모든 공부 계획을 아직 적합하게 조정하기 전부터라도 성도들이 훈련을 시작하도록(또는 믿지 않는 자들을 구원하고 나서 그들을 훈련하도록) 동기부여하고 동원하기를 시작하라.

만일 당신이 성도들과 교회들의 새로운 세대들을 얻지 못한다면, 당신이 하고 있는 모든 일을 냉정하게 검토하고, 지혜로운 조언을 듣고 난 뒤에, 조정하라.

조정 가능한 것

당신의 T4T 과정에는 각 세대의 성도들이 CPM의 앞 단계에서 "예"라고 할 때 그다음 단계로 어떻게 이동하는지를 알 수 있게 해주는 내용이 들어있어야 함을 기억하라. 다음의 목록에서 첫 번째 단계는 괄호 안에 들어 있는데, 이것은 이 내용이 새 성도들에게 적용되는 것이 아니라 당신 자신에게 적용되는 것이다.

1. (비전 제시를 통하여, 하나님께서 하나의 운동을 일으키시기 위해 구원받은 자들을 동원함.)

2. 어떤 새 성도라도 쉽게 따라할 수 있는 방법으로, 하나님이 일하셔서 잃어버린 자(믿지 않는 자)를 찾음.

3. 어떤 새 성도라도 할 수 있는 복음 전도.

4. 어떤 새 성도라도 따를 수 있는 제자훈련.

5. 어떤 새 성도라도 재생산할 수 있는 교회개척.

6. 어떤 새 성도라도 경험할 수 있고 전수할 수 있는 지도자 계발.

이들 첫 단계 이후의 각각의 단계들은 자연스럽게 그다음 단계로 이끌어주어야 한다. 그리고 적어도 3세대 혹은 4세대의 새로운 성도들과 새로운 교회들이 생기도록 모든 과정이 반복적으로 이루어져야 한다. 전체 과정이 완벽하게 순차적이지는 않다는 것을 기억하라. 이 일들은 대부분 동시적으로 일어난다.

예를 들어, 당신이 단기 제자훈련을 하고 있는 동안에, 교회들은 대략 네 번째 모임을 시작하게 될 것이다. 단기 제자훈련을 끝내기도 전에, 당신은 아마도 첫 번째 교회지도자들을 세웠을 것이다. 당신이 당신의 단기 제자훈련을 끝내기도 전에, 첫 번째 세대의 많은 훈련자들이 잃어버린 사람들을 만나고, 그들에게 복음을 전하고, 그들을 제자훈련함으로써 이 과정을 반복하고 있을 것이다.

만일 당신이 누군가 다른 사람이 기록한 구성 요소들을 사용하려고 하거나, 당신과 당신의 팀이 기록한 구성요소들을 사용하려고 한다면, 그것들이 이 세 가지 기준을 만족시키는지 확인하라. 1) 성경적이다, 2) 당신의 상황에서 효과적이다, 3) 당신의 상황에서 재생산이 가능하다.

그래서 당신은 이 훈련 과정에서 각 부분을 어떻게 시작해야 하는지에 대한 명확한 이해를 필요로 한다. 당신은 누군가가 각 단계에서 "예"라고 할 때, 그에게 그다음 단계로 무엇을 해주어야 할지 알아야 한다. 당신의 T4T 과정은 그렇게 할 수 있는 내용을 포함하고 있어야 한다. 모든 T4T 과정은 다음의 구성 요소들을 포함해야 한다. 만약 누군가 다른 사람이 작성한 내용을 사용하고자 하거나, 당신과 당신의 사역 팀이 작성한 내용을 사용하려고 한다면, 그것이 다음 세 가지 기준을 만족시키는지 확인하라. 1) 성경적이다, 2) 당신의 상황에서 효과적이다, 3) 당신의 상황에서 재생산이 가능하다. 완전한 T4T 훈련 과정은 T4T 웹사이트에서 찾아볼 수 있다.

중요한 내용들

아래의 개요는 당신이 이 책 앞부분의 일곱 장에서 배운 것들을 요약하고 있다. 짙은 글씨들은 당신이 T4T 내용을 작성할 때 포함시켜야 할 중요한 내용이다.

- 성도들을 동원함: T4T 훈련을 받도록 **성도들에게 비전을 제시함** (3분 비전 제시 그리고 첫 모임, 11장을 보라).

  - **첫 모임**에는 다음 내용을 포함해야 한다(5장을 보라).
    - ≫ **왜**: 비전 제시 예화(11장을 보라).
    - ≫ **누구에게**: 오이코스 명단 작성하는 방법.
    - ≫ **어떻게**: 다리 놓기(12장을 보라)와, 결신 초청을 수반하는 복음 제시(13장을 보라)가 포함된 사랑 담긴 전도 방법. 매주 다섯 사람에게 복음을 나누도록 촉구함.

- 새 성도가 그리스도 안에서 자라나는 데 꼭 필요한 기본 사항들을

제시하는 6~10차례의 단기 제자훈련 과정(14장을 보라). 생략해서는 안 되는 공부 내용은 다음과 같다.

- 침(세)례(15장을 보라).
- 주의 만찬.
- **교회 형성에 대한 1~2회 공부.** 교회가 되기로 하는 (혹은 교회에 참여하겠다는) 서약을 하도록 돕기 위한 분명한 계획(16장을 보라).
- 박해와 견딤(20장을 보라).
- 지상명령 비전.

처음 시작하여 몇 주간의 훈련 모임을 할 때, 전반부 진행을 위하여 **비전을 제시하는 짧은 예화들**(11장을 보라)을 보고 준비하라. 덧붙여 비전 제시 예화들에 대한 보충자료를 보라.

그룹을 4세대의 성도들과 교회들로 점진적으로 나아가게 하고, 그 이상으로 나아가게 하는 **책임 질문들**이 포함되어야 한다(7장을 보라).

- 장기 제자훈련에 착수: 귀납적 성경공부를 소개하는 공부와 어느 성경을 먼저 공부할 것인가에 대한 계획(목표는 그들이 스스로 말씀을 섭취하는 사람들이 되도록 돕는 것, 14장을 보라).

성경공부 계획 추천: 마가복음이나 40개의 연대기적 성경 이야기 등.

- 훈련 모임의 전반부를 진행하는 동안 **교회지도자들**(훈련자들)을 계발하기 위한 계획: 그룹을 시작하는 대다수의 사람들은 자연스럽게 리더가 되지만 처음에는 당신이 약간 지시해야 할 필요도 있다(17장을 보라).

- ≫ 중간 훈련자 수련회 또는 훈련 기간들(17장을 보라).
  - ≫ 고위 훈련자에게 MAWL(본보이기, 도와주기, 지켜보기, 위임하기) 하기 위한 계획(17장을 보라).

- **발달 과정 기록 시스템:** G4, 즉 4세대의 출현을 위해서 올바른 질문들을 따라 책임이 강조되어야 하고, 새로운 세대들이 시작되고 있음을 확실하게 하기 위해 기록을 남겨두어야 한다. 이 일이 일어나는 것을 확인하기 위하여 기록 체계를 필요로 한다. 당신은 발달 과정을 평가할 수 있도록 훌륭한 보고 체계를 마련해야 한다.

조정할 수 없는 것

복음 제시 및 제자훈련 공부와 같은 내용을 조정할 때, 그것이 1) 성경적이며, 2) 당신의 상황에서 효과적이고, 3) 새 성도들에게 재생산이 가능해야 한다는 것을 기억하라.

당신이 조정해서는 안 되는, 혹은 아주 지혜롭게만 조정해야 하는 과정들이 여럿 있다.

- 당신이 재생산하도록 해주는 필수적인 항목들을 포함하는 훈련 과정의 세 부분들.

  - ≫ 일곱 개 항목의 순서를 바꾸는 것이 가능하기는 하지만, 만일 당신이 재생산을 원한다면 필수적인 항목 네 가지를 제외시키지 마라. 책임, 비전 제시, 연습, 목표 설정과 기도.

- 종종 결신 초청과 함께 나누는 분명한 복음 제시 방법을 가지고 있는지 확인하라. 어떤 CPM도 개인에게, 또는 입에서 귀로, 복음을 전하는 수많은 사람들 없이는 시작되지 않는다.

- 그룹이 교회가 되는 단계에 접어들도록 하기 위해서 교회에 대한 1~2차례의 명확한 공부를 반드시 하라(다음 장에 나오는 교회에 참여시키는 상황에 대한 가능한 조정점들을 보라).

- 전달하기 쉬운 비전 제시 예화를 준비했는지 확인하라.

- 책임 질문들을 통해 점진적으로 사람들이 4세대를 향하여 나아가도록 하고 있는지 확인하라.

  ≫ 증인: 당신은 누구에게 복음을 전하고 있습니까? 누가 믿었습니까?
  ≫ 개시자: 당신은 언제 동일한 과정으로 그들을 훈련하고 있습니까?
  ≫ 훈련자: 새 성도들이 어떻게 다른 사람에게 복음을 전하고 그들을 결신시키고 있습니까?
  ≫ 훈련자들의 훈련자: 그들은 언제 그들의 그룹을 훈련하고 있습니까?
  ≫ 훈련자들을 훈련하는 훈련자들의 훈련자: 당신이 훈련하는 훈련자들은 어떻게 그들의 새로운 그룹에서 훈련하고 있습니까?

- 이 운동이 순종에 기반을 두게 하고, 두 개의 위대한 계명과 지상명령(또는 마가복음 1:17 추종자들과 어부들)에 중점을 두게 하라.

≫ 사랑의 환경이 중요한다 - 하나님에 대한 사랑과 서로에 대한 사랑. 삶과 삶이 밀착된 애정 어린 사랑의 관계는 훈련하는 훈련자들에게 가장 중요한 것이다. 사랑은 이 운동이 메마르지 않게, 그리고 일 중심이 되지 않도록 지켜줄 것이다. 그러므로 복음 전도와 훈련을 위해서 뿐만 아니라, 하나님을 향한 마음을 나타내는 개인적인 경건을 위해서도 책임이 있어야 한다.

내가 네 행위와 수고와 네 인내를 알고 또 악한 자들을 용납하지 아니한 것과 자칭 사도라 하되 아닌 자들을 시험하여 그의 거짓된 것을 네가 드러낸 것과 또 네가 참고 내 이름을 위하여 견디고 게으르지 아니한 것을 아노라 그러나 너를 책망할 것이 있나니 너의 처음 사랑을 버렸느니라(계 2:2-4, 신약성경에서 가장 위대한 CPM의 중심지에 있는 교회에게 예수님께서 하신 말씀).

- 몇 주가 진행됨에 따라, 훈련자들에게 한 개 이상의 그룹을 시작하도록 도전하라. 매 훈련자마다 최소한 두 개의 그룹을 갖게 되면, 그 힘은 운동을 일으키는 데 도움이 될 것이다.

- 각 단계의 훈련자들이 하나의 내용에서 다음 내용으로 매끄럽게 진행하는 방법을 알고 있는지 확인하라. 그들은 사람들이 각 단계에서 "예"라고 말할 때 그다음으로 무엇을 해야 하는지 알아야만 한다.

  ≫ 종종 복음 증거를 위해 한 번 이상 여러 번 만나야 함을 인식하라. 사람들을 믿음으로 인도하기 위하여 앉은 자리에서 한 번에 나눌 수 있는 간단한 복음의 개관을 항상 지니고 있으라. 복음에 관심을 갖고 있지만 시간이 더 필요한 사람들에게 복음을 전하기 위해 확장된 복음 증거(몇 주간에 걸쳐 복음을 전함)를 고려하라(예를 들어, 창세기에서 그리스도까지 **C2C** 공부하기).

만일 당신이 적절한 내용을 조정하고 CPM 과정(조정 불가능한 내용들)을 유지한다면, 당신은 효과적인 CPM 계획과 더불어 순조롭게 나아갈 것이다.

CPM과 T4T. 하나는 하나님의 운동이고, 다른 하나는 이 운동의 원리들을 실행하도록 우리 스스로를 움직이게 하기 위한 과정 또는 방법이다. 하나님 나라의 영원한 원리들을 간직하라. 그것들을 잃어버리거나 임의로 조정하지 마라. 동시에 당신이 CPM의 원리들을 실천하도록 도와줄 T4T의 방법들을 취하고, 조정하고, 적용하라. 그것들을 조정하라, 그러나 본질을 잃어버리지는 마라. 오직 그렇게 할 때에만 제자훈련 재혁명은 시작될 것이다.

CPM이 북미, 오스트레일리아, 뉴질랜드, 유럽, 혹은 라틴 아메리카와 같은 지역의 교회와 관련된 또는 후기교회 문화에서도 가능할까? 이를 알기 위해서는 다음 장을 읽으라.

듣기만 하지 말고 행하는 자가 되라!

하나님께서 당신에게 무엇이라 말씀하셨는지, 그리고 그 말씀에 순종하기 위해 당신에게 필요한 것은 무엇인지를 적어보라.

Part 3 **T4T의 적용**

19장 교회적인 또는 후기교회 문화에서의 T4T

T4T는 미국, 유럽, 또는 라틴 아메리카와 같은, 교회적인 문화Churched Culture 또는 후기교회 문화Post-Churched Culture에서도 작용할까?

대답은: 그렇다.

CPM은 어떤 상황에서도 나타날 수 있다. 당신은 CPM 원리들의 적용점을 당신이 속한 사회의 세계관과 문화에 맞게 조정해야 한다. 당신이 효과적으로 그렇게 할 때, 다른 사람들이 볼 수 있는 하나의 모델이 나타날 것이다. 한번 CPM이 일어난 뒤에는 그것은 많은 사람들에게 상식이 될 것이다. 그러나 하나의 효과적인 모델이 출현하기까지는 회의적인 여론이 지배적일 것이다.

어떠한 상황에서도 하나님 나라 CPM의 원리들을 이해하는 것이 필요하다. 그리고 나서 성공적인 조정이 나타나기까지 실험하고, 시도하고, 실수하는 기간이 시작된다. 이즈음에 문화적으로 적합한 모델이 출현한다.

나는 CPM이 처음 아시아에서, 그다음 아프리카에서 발전했다고 믿는다. 그곳의 선교사들과 지도자들이 직면했던 잃어버린 순수한 영혼들을 위하여 위험을 감수하면서까지도 새로운 방법들을 시도해야만 했던 절망적인 상황 때문이었다. 접근제한이 심한 나라에서는 전통적인 교회개척 모델들을 사용하기가 불가능한 상황이다. 그러한 상황은 외부의 지도자나 재정적 후원 없이도 계속하여 지속적으로 퍼져나갈 수 있고, 작은 교회들 속에서 새 성도들을 무장시켜 빠르게 재생산하게 하는 방법을 찾게끔 우리를 몰고 갔다.

이렇게 하다가 뜻밖에 어떠한 상황에서도 활용될 수 있는, 원래의 제자훈련 혁명의 몇 가지 원리들과 방법들이 발견된 것이다. 우리는 그때 필요에 의해 강요받는 상황이었다. 그러나 그렇게 발견된 원리들은 복음에 열려있는 그리고 교회가 이미 있는 교회적인 나라들에서도 활용될 수 있다.

하지만 CPM이 이미 교회적인 에서 나타나기 위해서는, 성도들은 전통이 초래할 수 있는 장애를 벗어버려야 하고, 초기에는 어느 정도 기꺼이 조롱을 받을 의향이 있어야 하며, 믿지 않는 사람들의 세대 속으로 복음이 퍼져가는 것을 보기 위하여 믿음 안에서 기꺼이 인내할 각오가 있어야 한다.

어떤 사람들은 교회적인 문화에서는 핍박이 거의 존재하지 않기 때문에 CPM이 나타날 수 없다고 생각한다. 반대로 CPM이 출현하는 순간, 이 운동의 급진적인 특성 때문에 온갖 종류의 박해가 일어날 것으로 예상한다. 미국에 있는 한 교회개척 네트워크는 CPM의 방향으로 점차 옮겨 가고 있다. 이보다 한층 앞서서, 그들은 1) 예수님을 따르고 2) 사람을 낚음으로써 예수님을 사랑하고자 하는 그들의 급진적인 열망 때문에, 어떤 이들에 의해 '사이비 종교집단 같은' 또는 '이단분파'로 여겨지기도 한다.

또 어떤 사람들은 이렇게 말한다. "우리가 교회적인 문화에서 처음 가정교회로 갔을 때, 우리는 무언가 빠져 있다고 생각했다. 그것은 왠지 교회 같이 느껴지지 않았다. 그러나 해외에 나가서 우리는 그처럼 위대한 공동체와 영적인 자극을 경험한 가정교회들을 개척하고, 다시 우리의 자리로 돌아오게 되었을 때 전에 가정교회에 대해 가졌던 첫 인상에 웃음을 지을 수밖에 없었다. 우리는 결코 우리의 이전 방식으로 되돌아가지 않을 것이다."

기억하라. 오늘 급진적인 것이 내일 일반적인 것이 될 것이다.[42] CPM이 아시아와 아프리카에서 생소했던 적이 있었다. 그러나 지금은 모든 사람이 그것에 대해 이야기한다.

훌륭한 CPM 모델들이 교회적인 문화 및 후기교회 문화에서 분명해질 때가 오고 있다 (이미 나타나고 있다). 최근 새로운 세대가 확실성에 대하여 외치는 가운데, CPM 교회들은 중대한 필요를 채워줄 것이다. 여기에 특별한 순서로 배열하

---

[42] 작자미상의 격언. 변호사 Preston A. Trimble, 'Well, Here It Is Tomorrow Already,' American Bar Association Journal, August 1969.

지 않은, 교회 문화에서 CPM을 추구하는 사람들에게서 나온 몇 가지 교훈들이 있다.

중요한 조정점들

- 축제의식을 늘리라. 축제의식Celebration은 가정교회들이 연합으로 모이는 축제집회를 말한다. 많은 사람들은 훌륭한 설교가 있는 큰 규모의 예배를 기대한다. 그런 기대를 가진 사람들과 갈등할 필요가 없다. 오히려 그런 모임을 이용하라(게다가, 설교가 올바른 상황에서는 중요한 역할을 한다). 계속하여 정기적으로(매주 또는 매달) 대규모의 축제의식을 가지라. 만일 가능하다면 교회시설을 사용하라. 그러나 모든 교회들(축하의식들)은 자연스러운 규모로 제한해야 함을 알고, 새로운 가정그룹들의 축제의식 모임을 당신의 도시나 지역의 다른 곳에서 시작하라.

- 소그룹들이 가정교회로 기능하게 하라-당신이 그것들을 뭐라고 부르건 간에. 당신의 가정그룹 모임들이 교회로서의 요건을 수행하도록 허용하라(침(세)례, 주의 만찬, 헌금, 기타). 당신이 그들을 교회라고 부르지 않을지라도. 그들은 계속해서 더 큰 교회에 연결될 수 있으며, 또는 어떤 그룹들은 필요에 따라서 완전히 새로운 교회나 교회 네트워크를 시작할 수도 있다. 당신의 목표는 그들에게 당신의 축복 및 후원과 더불어 운동을 시작할 수 있는 권위를 부여하는 것이다. 그들에게 보다 큰 비전 안에서 자치권을 부여하라(초기에 '교회' 라는 용어를 피하는 예를 보려면 이 장의 마지막에 있는 사례연구를 보라).

- 키우기보다 시작하게 하라. 당신이 소그룹을 이끄는 방법에 있어서 미묘한 변화가 이루어져야 한다. 새 성도들을 주요 그룹에 초청하여

그룹의 크기를 키우기보다는 소그룹 구성원들을 격려하여 그들에 의해 사람들이 믿음을 갖게 될 때, 그들의 오이코스와 함께 새로운 그룹을 시작하게 하라.

- 시작하게 하기 위해서, 소그룹을 이끄는 데 필요한 지도자 훈련 단계를 줄이거나 없애라. 당신의 T4T그룹 과정은 훈련자체다. 위험을 감수하라. 사람들이 다른 이들을 믿음으로 이끌 때, 그들이 T4T 훈련을 받기 위하여 계속해서 당신의 그룹에 나오려 할 때 그들을 격려하여 새로운 그룹을 시작하게 하라. 많은 교회들이 우선 능력 있는 사람에게 지도자 훈련을 시키고 공동지도자가 되게 하고 점진적으로 자신의 그룹을 이끄는 독자적인 지도력을 행사하는 지도자가 되게 한다. 이렇게 하는 길고도 '안전한' 방법을 없애라. 지도자 훈련 단계는 계속되어야 한다. 그러나 지도자 훈련은 그 사람이 당신의 T4T 훈련 모임에 나오고 그리고 자신의 그룹을 이끄는 동안, 사역을 하면서 계발된다는 사실을 인식하라.

- 믿지 않는 사람들에게 초점을 맞추되, 특별히 영접할 사람들POP, Persons of Peace에게 하고, 이동 성장이나 신앙회복 성장에 맞추지 마라. 세상의 모든 CPM은 한 가지를 잘 한다. 그것은 믿지 않는 수많은 사람들에게 복음을 전하는 것이다. 많은 교회가 있는 문화에서, 대다수의 교회성장은 1) 이동 성장(교회 구성원들이 다른 교회로 적을 옮기는 것), 또는 2) 신앙 회복 성장(어린 시절 교회에 다니다가 안 다니고 있는 사람의 신앙을 회복시켜 교회에 나오게 함으로 이루어지는 성장)이다.

  ≫ 믿지 않는 사람들이 있는 곳으로 나아가는 문화를 계발하라. 영접할 사람POP들을 찾아가야지, 그들이 당신을 찾도록 하지 마라. 이렇게 하려면 복음을 나누고자 하는 새로운 담대함과 믿지 않는 사람들이 있는 곳으로 가겠다는 새로운 사랑의 분

위기를 필요로 한다. 교회가 있는 문화에서 나타나는 운동들은 중독자들, 매춘부들, 노숙자들, 무신론자들, 지식인들, 파티꾼들, 세속적인 사업가들 등의 사람들에까지 이르고 있다. 일반적으로 들어본 적이 없는 시간과 공간에서 교회들이 생겨나고 있다.

> 사람들이 그들의 오이코스에서 믿지 않는 사람들을 재정의하도록 도우라. '믿지 않는' 사람들을 '하나님으로부터 멀어진' 사람들로 정의하는 예를 보려면 이 장의 마지막에 있는 사례 연구를 보라.

- 복음 전도와 훈련과 교회를 위하여 밖으로Off-Site 나가라. 미국의 바이블 벨트(기독교가 강하고 보수적인 미국 남부와 중서부 지대)에서 전도유망한 CPM의 결과들을 보고 있는 한 CPM 개시자는 그의 가장 생산적인 T4T 훈련이 교회시설 안에서가 아니라 식당, 커피숍, 가정 등에서 이루어진다고 언급했다. 일단의 사업가들을 식당에서 훈련함으로써, 그들의 잃어버린 친구들을 데리고 동일한 일을 하는 것을 쉽게 마음속에 그려볼 수 있다. 이것은 가정에서도 마찬가지다. 그러나 훈련이 교회시설 안에서 이루어질 때, 시설의 딱딱함과 종교적이고 어색한 특성은 훈련생들의 마음속에 공연한 장벽을 만든다. "이 일이 다른 상황에서는 어떻게 보일 것인가?" 만일 당신의 그룹과 교회들이 가정에서 모이기 원한다면, 가정에서 훈련하라. 만일 당신이 그룹과 교회들이 식당에서 모이기 원한다면, 식당에서 훈련하라.

> 같은 방법으로, 복음 전도는 술집, 레스토랑, 식당, 커피숍, 사업체, 공원, 가정 등에서, 사람들이 여유가 있는 시간에— 사람들이 의미 있는 방식으로 삶의 주제들을 논의할 수 있는

곳 어디서나—이루어져야 한다. 아울러 많은 복음 전도가 실패하는 것은 대개 저녁 시간과 주말 등 믿지 않는 사람들이 시간을 낼 수 있을 때 우리는 교회 모임 하느라고 시간을 낼 수 없기 때문이다.

- 쉽게 소그룹으로 이어질 수 있는 장기 복음 추적을 고려하라. 만일 당신의 사람들이 복음 대결(공격적으로 복음을 전하고자 하는 접근으로써 종종 애정 어린 사랑의 분위기는 아니다)에 대하여 경계한다면, 당신의 교회구성원들에게 믿지 않는 사람들과 함께 발견 그룹 또는 발견 공부를 위한 새로운 그룹을 시작하도록 권위를 부여하라. 이것은 믿지 않는 사람들이 성경의 진리를 알도록 도와줄 귀납적인 방법을 사용하며 6~10주(혹은 그 이상) 동안 만날 수 있다. 세 부분 모임 과정을 사용하면 그들이 성경의 이야기나 구절들을 다른 믿지 않는 친구들에게 전달하기 시작할 수 있게 된다. 최소한 마지막 모임까지는, 사람들에게 믿음을 갖도록 하기 위한 초청이 주어질 수 있을 것이다. 그리고 나서 그룹은 세 부분 과정을 실행하는 가정교회 또는 가정그룹으로 이어진다.

- 우산을 제공하라. 당신의 지역에서 운동의 초기에 십중팔구 비웃음이 있을 것이다. 그러므로 새로운 그룹이나 가정교회에게 보호의 우산을 제공하라. 보다 전통적인 교회들에게 무슨 일이 일어나고 있는지 설명해주고, 그것에 대해 이해하고 용납할 수 있도록(공적으로 그것을 비난하지 않고) 도와주라. 비록 당신이 여러 개의 가정교회를 개척하고 있다 할지라도 그들을 다른 이름으로 부를 수 있고, 그들을 사람들이 용인할 수 있는 교회의 한 부분으로 포함시킬 수 있다. 이런 방식으로 그들은 각기 그들의 의식을 집행하면서 새로운 지역으로 뻗어나갈 때 보호를 받는다. 가정교회들과 그 구성원들은 "우리는 OOO교회의 '△△△ 네트워크'의 일부다"라고 말할 수 있다. 이

러한 종류의 보호는 새 성도들 내에 비록 그들이 '전통적인' 교회의 일부가 아닐지라도 정체성과 확신을 확립하도록 도와준다.

- 처음에는 너무 많이 말하지 말고 우선 성장할 기회를 얻으라. 핍박이나 조롱이 심하고 운동에 방해가 되는 일들(심지어 양을 훔쳐가는 것 등)이 발생할 가능성이 높은 지역에서는 운동이 싹트기 시작할 때 무슨 일이 일어나고 있는지 지나치게 많이 광고하지 않는 것이 좋다. 싹트는 운동이 우선 자라나도록 기회를 얻으라. 때가 되면 당신의 사역에 대하여 보다 공적으로 나눌 수 있는 기회가 주어질 것이다. 이렇게 하는 것이 그 운동에 해로운 영향을 미치지 않을 것이다.

- 다니엘 프로젝트를 행하라. 만일 CPM 때문에 교회가 분열될 것 같으면, CPM을 막무가내로 시행하거나 CPM을 위하여 교회의 현재 프로그램과 예배들을 폐지하지 마라. 대신에 뭔가 다른 것을 갈망하는 소수의 사람들과 함께 다니엘 프로젝트(11장을 보라)를 시작하라. 교회지도자도 아니고 교회에서 많은 시간을 들여야 하는 책임을 맡고 있지 않은 사람들을 선발하라. 보다 새로운 성도들과 함께 이 프로젝트를 시작하고 보다 순수한 T4T 접근법을 사용하라.

- 가치가 낮은 활동들을 스스로 벗어버리고 비전과 간증과 훈련을 제공하라. 더 많은 CPM들이 아직 교회가 있는 문화에서 출현하지 않고 있는 한 가지 이유는, 교회 및 목회지도자들이 이미 다른 책무들을 너무나 과중하게 떠맡고 있기 때문이다. 만일 당신이 CPM을 시작하기 원한다면, 스스로 가치가 낮은 활동들(CPM에 도움이 되지 않는 활동들)을 벗어버릴 방법을 찾아내고, 가치가 높은 활동들에 투자하라. 믿지 않는 사람들에게 간증하고, 구원받은 사람들에게 비전을 제시하고, 기꺼이 들으려 하는 모든 사람들을 훈련하기 위해, 스스로 시간을 내라. CPM은 오직 가치가 높은 활동에 귀중한 시간을 사

용하는 것과 함께 발전한다. 어떤 사람이 그가 전임사역자로서 CPM 활동을 위해 단지 일주일에 5~10시간을 낼 때, 그가 CPM을 시작하도록 돕는 것이 가능한지 질문했다. 대답은 '아니오'다. CPM의 시작을 감독하고자 하는 사람은 누구나 최소한, 대부분의 시간을 이 운동을 지도하는 데 사용하는 다른 지도자들이 생기기까지는, 그것에 보다 많은 주의를 기울여야 한다.

- 모든 사람들을 훈련하라. 당신의 현재의 교회 모임들에 대하여 다시 생각해보라. 당신은 아마도 이미 예배, 성경공부, 주일학교, 가정그룹 등에서 많은 성도들을 갖고 있을 것이다. 이 모임들 중 많은 것들을 훈련 중심의 모임으로 바꾸기 위하여 주도권을 잡으라. 성경의 원리들과 이 책의 도움말들을 살펴보기 위하여 한 주말이나 한 주간의 휴가를 가지고, 이 일을 개시할 것을 고려하라. 당신은 교회구성원들과 이 책을 함께 읽는 것을 계획할 수도 있다. 이전과 같은 모임을 계속하고 멈추지는 마라. 그러나 모든 사람을 훈련시켜 다른 사람을 얻게 하고 훈련하게 하는 데 목적을 두라.

- 필수 항목을 포함시킴으로써 가정그룹들을 세 부분 과정에 적응시키라. 한 교회 네트워크는 그들의 가정그룹들에 단순한 변화를 꾀했다. 그들은 모임의 형식을 일곱 항목들을 강조하여, 특히 그들이 무시해왔던 필수적인 항목을 강조하는 세 부분으로 개조했다. 이것은 그들에게 아무런 상처도 주지 않았다. 그것은 급진적인 변화가 아니었다. 그들은 이미 가정그룹 안에서 만나고 있었으며, 일곱 항목들 중의 일부를 행하고 있었다. 오히려 그들에게 일보 진전이 이루어졌다. 그들은 그들의 가정그룹 지도자들을 재훈련함으로써 그 일을 시작했는데, 어떻게 이것이 그들이 살고 있는 도시의 모든 사람들에게 도달하려는 비전을 향하는 진전이 되는지 그들에게 설명함으로써 가능했다.

- 교회시설을 훈련 센터로 전환시키라. 우리는 당신의 재산을 싸게 팔아치우고 당신의 교회 구성원들을 해산시키라고 주장하고 있는 것이 아니다(주님이 당신에게 그렇게 하라고 명령하시지 않는 한, 절대로!). 많은 목사들은 이미 현재의 체제에 매우 적응되어 있다. CPM이 그 체제를 바꾸는 것을 의미한다면 그것을 바꾸는 것을 내켜하지 않을 것이다. 그러나 목회지도자 또는 목사로서 당신은 당신의 지평을 사람들을 목양하는 데서부터 목자들을 목양하는 데로 옮김으로써 쉽게 CPM으로 이동할 수 있다. 당신의 목회 지평을 당신의 교회당이 교회의 모임 장소가 되는 데서부터 이 운동의 중심인 훈련센터가 되게 하는 데로 옮길 수 있다! 당신의 교회 구성원들을 그들을 통하여 이 운동이 시작될 때 미래의 지도자들과 목자들로 보기 시작한다. 상당수가 훈련자들을 훈련하는 사람들이 되지는 않겠지만, 일부는 반드시 그렇게 될 것이다(6장을 보라). 결국 당신의 교회시설은 세상으로 뻗어나가기 위한 훈련센터가 될 것이다.

- 이 운동을 위해서 기꺼이 이중 직업을 가지라. 나는 로스앤젤레스에서 교회를 개척하면서 운동을 일으키는 중심센터가 아니라, 그냥 하나의 교회를 세우는 사역을 하고자 했다. 지금 우리가 주장하고 있는 것과는 정반대 방향으로! 우리가 대학생 몇 명과 이웃 사람들 몇 명을 알고 접촉하고 있었기 때문에, 우리는 교회를 '시작하기' 전에 먼저 그들과 작은 교회개척 팀으로 모임을 가졌다. 우리는 거실에 둘러앉아서 기타를 치며 찬송도 부르고, 예배하고, 기도하고, 말씀으로 서로 도전하는 등의 일을 했다. 그러다가 '교회를 시작했을' 때, 우리는 여전히 같은 집에서 모였음에도 소파들을 옆으로 밀어놓고 의자들을 줄지어 배열했다! 그룹은 그 시점에 이르기 전까지는 매우 자연스러운, 가족 같은 느낌을 갖고 있었다. 그러나 우리의 마음속에 있는 교회에 대한 그림은 보다 조직되고 구성된 그 어떤 것이었다. 우리가 그 당시에 매우 혁신적이었지만 내가 이중 직업을

가지고 있는 것에 대해 부담을 느끼면서 마음속으로 언젠가는 전임 목사가 되는 것을 꿈꾸었다. 만일 우리가 단지 새로운 그룹 모임을, 우리의 거실에서 공간을 늘리기보다, 다른 집과, 커피숍과, 공원에서 시작했더라면, 그리고 나서 학교 건물로 이동하고, 마침내 우리 소유의 전용 시설로 옮겼더라면 얼마나 더 좋았을까! 우리는 운동을 시작할 잠재력을 가지고 있었지만, 교회가 무엇이어야 하는지에 대한 우리의 기존 의식을 떨쳐버리지 못했던 것이다. 만일 내가 그것을 다시 할 수만 있다면, 가능한 한 장기적으로 이중 직업을 가질 것이며, 사람들이 공간을 마련할 수 있는 곳이면 어디서나 모이는 예수님을 사랑하는 제자들의 운동을 이끌기 위해 노력할 것이고, 그리고 나서 아마도 모든 사람들을 모아서 몇 주간 계속해서 비전을 제시하고, 함께 예배하고, 보다 방향성 있는 가르침을 제공할 것이라고 생각한다. 이 운동을 위해서 생활비 전부를 공급받는 전임 지원을 내려놓는 희생적인 자발성은 당신이 취할 수 있는 가장 전략적인 행동일 것이다. 영국과 미국의 많은 초기 운동들은 이중 직업을 가진 지도자들에 의해 시작되고 이끌렸다.

- 맨땅에서(아무런 투자 없이)부터 시작하라. 현재의 교회체제에서 더 이상 투자하지 말고 시작하라. 책임 맡은 것이 있으면 계속 담당하라. 믿지 않는 사람들이 있는 곳으로 가서 그들을 얻음으로써 출발점을 삼으라(아무런 대가도 기대하지 말고). 덧붙여 당신은 대안적인 접근법을 통하여 기꺼이 예수님을 만나고자 하는 소속교회가 없는 몇몇 성도들을 만나게 될 수도 있다. 그들 또한 기꺼이 당신과 함께 이 길을 걸으려고 할지도 모른다. 이것은 미국의 태평양 연안 북서부 지역과 같이 교회적인 문화이지만 교회에 가지 않는 사람들이 있는 지역에서 가장 쉽다. 그것보다는 더 교회적인 문화 지역에 잘 작용하는 모델을 수립하는 것이 더 쉬울 것이다. 그런데 미국에서의 두 가지 예를 보면, 운동들이 교회적인 문화의 중심부에서 발생하고 있다(텍사스와 노스캐롤라이나).

- 비전을 제시하라. 마침내 CPM이 교회적인 문화에서 나타나기 시작할 때, 당신의 네트워크 안에 있는 성도들은 운동에 비非CPM의 DNA를 주입하는 의견들을 말하는 보다 전통적인 그리스도인들과 곧 마주치게 될 것이다. 당신이 아무리 열심히 노력해도 당신의 성도들을 계속해서 그들로부터 격리시켜줄 방법은 없다. 이것은 전 세계적으로도 마찬가지다. CPM 성도들은 전통적인 성도들과 부딪치고 아주 다양한 갈등이 일어난다. 어떻게 당신은 그들이 다른 성도들과 부딪치면서도 운동의 DNA를 보존할 수 있을까? 한 가지 방법은 당신이 왜 지금 하는 일을 하고 있는지에 대해서 비전을 제시하는 것이다. 이 비전 제시는 사실상 고무적이고 결집시키는 것이어야 하며, 신랄하거나 비하적이면 안 된다. 오히려 이와 같은 것을 말하는 단순한 비전 제시 예화를 개발하라.

"이 세상에는 온갖 유형의 성도들과 교회들이 있다. 예수님의 신부인 교회는 불가사의하다! 당신은 밖에서 많은 다른 성도들을 만날 것인데, 그들 중 많은 사람은 우리와 다르게 살고 있거나 우리와 다른 모습의 교회에 속해 있을 것이다. 그것은 정상이다. 그들이 그런 식으로 살고 있는 데는 다 이유가 있다. 그것이 반드시 더 낫거나 더 못한 것이 아니다. 단지 우리가 가지고 있는 비전 때문에 다른 것이다. 우리의 비전은 우리의 도시에 (복음이) 전해지는 것을 보는 것이고, 만일 우리가 우리 자신을 이런 식으로 조직하고 이러한 일들(개념을 세워주는 일)을 강조하면 이 일이 일어나리라고 생각한다. 그러므로 당신이 다른 성도들을 만날 때, 즐겁게 교제하라. 그들을 격려하고, 그들로 당신을 격려하게 하라. 그러나 속으로 왜 우리가 지금처럼 살고 있는가를 기억하라. 하나님의 나라가 우리의 도시(또는 지역)에 완전하게 임하도록 하기 위함이라는 것을."

사례연구: 미국에서의 T4T

이 책을 쓰는 1년이라는 기간 동안, 하나의 T4T 운동이 보수 기독교가 강한 미국 노스캐롤라이나 지역에서 나타났다. 아무것도 없었는데 1년 사이에 30개 이상의 그룹들로 발전했고, 계속 확산되면서 믿지 않는 사람들 속으로 뻗어나갔다. 이 일의 개시자는 남아시아의 성공적인 CPM 개척자였는데, 그는 자신이 아시아에서 사용했던 동일한 T4T 원리들을 취해서 그것을 미국에 적용시키기 위해 몇 가지를 조정했다. 이것은 그의 관점에서 본 T4T 조정을 요약한 것이다.[43]

T4T의 실행을 아시아 지역으로부터 교회적인 문화권 속으로 옮겨가는 데 있어서, 우리는 교회적인 문화권 속에 자리 잡은 기존 형태의 교회들과 씨름해야 했다. 우리의 첫 번째 조정은 '가정교회' '단순한 교회' '유기적 교회'와 같은 용어들로부터 벗어났으며, T4T 과정을 제자훈련 반복 사이클이라 부르는 것도 그만두었다. 이것은 T4T 과정을 잘 설명했지만 의미를 담고 있지는 않았다. 사실상 T4T 과정을 미지의 것으로 남겨두었으며, 이는 우리가 현재의 교회에 대한 이해를 해체하는 대신에 앞으로 나아가는 것에 초점을 맞출 수 있게 해주었다.

매주 우리는 세 부분 구조의 내용을 나누기 위해 모임을 가졌다. 그 내용은 모든 성도들이 사회 안에서 누구에게 복음을 전해야 할지, 자신의 간증과 복음을 어떻게 나누어야 할지, 그리고 그가 전도한 사람이 믿을 경우 어떻게 그를 제자삼아야 할지 알아야 할 필요가 있다는 것이었다. 처음에 우리는 우리의 오이코스에 있는 우리의 잃어버린 친구들을 위하여 매주 기도했으며, 지속적으로 모든 사람이 그들의 간증을 나눌 책임감을 갖도록 격려했지만, 아무도 이 일을 행하지 않았다. 그 이유는 그룹 내의 오래 된 그리스도인들 중 많은 사람들이 실제로 믿

---

43) T4T를 노스캐롤라이나에서 적응시키고 있는 나의 동료 제프 썬덜(Jeff Sundel)에게 감사를 표한다.

지 않는 사람들을 한 사람도 알고 있지 않았기 때문이었다.

이 일로 인해 우리는 두 번째 조정을 하게 됐다. 모든 사람에게 어디서 시작해야 할지에 대한 분명한 생각을 갖게 하기 위하여 '믿지 않음'을 재정의하는 것이다. 우리는 이 질문에 대하여 이중의 대답을 갖고 있었다.

1. 우리는 '믿지 않는'이라는 용어를 사용하는 것을 그만두었고, 사람들에게 그들이 10명의 '하나님으로부터 멀어진' 사람들을 알고 있는지 질문하기 시작했다. 이 문구 뒤의 숨은 추론은 사람들이 교회 안에서 자랐지만 현재는 세속적인 생활방식으로 살면서 더이상 교회에 다니지 않고 있는 사람들에 대하여 생각할 수 있게 하려는 것이었다. 이 시점에서 우리의 훈련생들은 용어의 전환으로 인해 많은 이름을 적어 내려갈 수 있었다. 이것은 모든 그룹에게 있어서 대단한 돌파였다.

2. 우리는 그들에게 자신의 명단에 있는 10명 중에서, 하나님께서 그 사람의 삶을 어떤 식으로든 휘젓고 계신 (최근에 그리스도를 영접했거나, 삶이 혼란 가운데 있거나, 특별한 필요가 있거나, 기타 등) 한 사람을 찾아낼 것을 요청했다. 그리고 나서 그들에게 자신의 간증을 그 사람 및 그의 가족 구성원들과 나누라고 말했다. 하나님은 분명히 이 완전한 '영접할 가정' 안에서 역사하고 계셨다. 이 새로운 영접할 가정들이 예수님을 믿을 때 확고한 것이 되도록 하기 위하여, 한 교회 목사는 이런 상황에서 가족구성원들에게 침(세)례를 주는 것을 시작하라고 우리를 격려했다.

우리의 T4T그룹들 및 교회들과 행한 세 번째 조정은 복음 전도적인 성경공부를 인도하기 위하여 하나님으로부터 멀어진 사람들의 집에 들어갈 수 있는 방법을 찾기 시작하는 것이었다. 우리는 사람들을 교회로 초청하는 것을 멈추고 그들을 예수님께로 초청하기 시작했다. 이것은 우리에게 새로운 전략이 되었는데,

왜냐하면 사람들과 이야기를 나누면서 사람들을 교회로는 초청하지만 예수님께로는 초청하지 않는 불이행이 여전했기 때문이다. 그래서 사람들이 믿음을 갖게 될 때, 그들에 대한 제자훈련은 우리의 책임이 되었다. 우리는 사람들이 교회에 나가는 것을 저지하지는 않지만, 우리는 그들이 어떤 유형의 교회 일부가 되든지 상관없이 훈련자들에게 작은 T4T그룹 안에서 그 사람들을 제자훈련 하도록 격려한다.

하나님 나라에서 서기관들의 약속을 수확하라

하나님 나라에 나오는 서기관의 비유를 기억하라(4장을 보라).

예수께서 이르시되 그러므로 천국의 제자된 서기관마다 마치 새것과 옛것을 그 곳간에서 내오는 집주인과 같으니라(마 13:52).

4장에서 우리가 행한 적용은 다음과 같았다.

> T4T는 우리가 새 성도들을 얻는 데 있어서 투자 없이(맨땅에서) 시작하도록 도와줄 뿐만 아니라, 하나님 나라의 역설적인 방법을 이행하기 위하여 많은 성경 지식을 지니고 있는 기존의 성도들을 동원하기 위한 실제적인 과정을 제공한다. 그들이 행할 때, 그들은 위대한 영향력을 지닌 배가자들이 될 수 있다. 기존 그리스도인들을 동원하고 훈련하는 것 또한 전 세계에 걸친 CPM에서 높은 가치를 지닌다.

교회적인 및 후기교회 문화들은 성경 지식으로 가득 찬 '서기관들'로 가득 차 있다. 이러한 사람들이 하나님과 하나님 나라의 진정한 본질을 이해하게 될 때, 그들은 새로운 렌즈를 들이댈 성경의 거대한 창고를 갖고 있는 것이다. 이 창고로부터 그들은 빠르게 성숙할 수 있고 위대한 자원들을 제공할 수 있다.

위대한 교회개척운동을 하기에 세상에서 가장 무르익은 모든 지역들 중에서, 교회적인 문화가 으뜸일 것이다! 바라건대 당신이 살고 있는 곳에서 하나님 나라로 들어오고 그것을 가속화하는 많은 서기관들의 약속을 당신이 수확하기를!

당신이 교회적인 배경에 놓여 있든지 교회와 관련되지 않은 배경에 놓여 있든지 간에, 질문들이 남아있다. 당신이 CPM을 발전시키기 위하여 지불해야 할 대가는 무엇인가? 당신은 기꺼이 그 대가를 지불할 것인가? 더 배우기 원한다면 다음 장을 읽으라.

듣기만 하지 말고 행하는 자가 되라!

하나님께서 당신에게 무엇이라 말씀하셨는지, 그리고 그 말씀에 순종하기 위해 당신에게 필요한 것은 무엇인지를 적어보라.

Part 3 **T4T의 적용**

20장 죽음: CPM을 위해 지불해야 할 대가

모든 CPM을 위해 요구되는 영적 방아쇠가 있다. 바로 죽음이다. 전에 언급했던 모든 계획들, 방법들, 예상들은 시작할 준비가 되어있을 수 있지만, 방아쇠가 당겨지기 전까지는, 실제로 아무 일도 일어나지 않는다. 이것이 방아쇠다. CPM을 보기 위해 많은 것을 기꺼이 인내하는 것이다. 당신은 담대히 그리스도를 알리기 위해 기꺼이 참아야 하고 심지어 기꺼이 죽어야 한다.

영적 방아쇠: 죽음

내가 진실로 진실로 너희에게 이르노니 한 알의 밀이 땅에 떨어져 죽지 아니하면 한 알 그대로 있고 죽으면 많은 열매를 맺느니라(요 12:24).

이 책에 나오는 하나님 나라의 마지막 원리는 이것이다. 풍성한 열매를 맺기 위한 유일한 길은 우리의 생명을 포기하는 것—죽음—을 통해서다. 그것은 예수님께서 걸으셔야 했던 속죄를 위한 십자가의 길이었다. 그것은 그 속죄의 선언을 완수하기 위해 우리가 걸어야만 하는 십자가를 지는 길이다. 죽음은(육신의 죽음이든지, 삶의 희생이든지 간에) 운동의 생명을 탄생시키기 위하여 하나님께서 사용하신다고 생각되는 영적 방아쇠다. 담대하고 희생적인 성도는 자기에게 초점을 맞춘 삶과 개인적인 꿈들을 내려놓는다. 이러한 토양으로부터 혁명적인 제자훈련 운동의 싹이 트는 것이다. 당신은 운동을 보기 위하여 인내해야 한다.

바울이 말한 다음 구절들을 상고해보라.

나는 이제 너희를 위하여 받는 괴로움을 기뻐하고 그리스도의 남은 고난을 그의 몸된 교회를 위하여 내 육체에 채우노라(골 1:24).

그런즉 사망은 우리 안에서 역사하고 생명은 너희 안에서 역사하느니라 (고후 4:12).

그리스도의 고난에 무엇이 남아있는가? 속죄를 위해서는 아무것도 남은 것이 없다. 그러나 아직도 많은 것들이 지상명령의 완수를 위해서 남아있다. 그리스도는 우리의 구원을 획득하시기 위하여 그분의 역할을 감당하셨다. 우리는 그 일을 세상에 선포하는 우리의 역할을 감당해야 한다. 그리스도는 뒷걸음치지 않으셨다. 우리는 어떤가? 우리는 영원한 생명을 얻었는데, 우리가 잃어야 할 게 무엇인가?

바울은 그의 교회들에게 이렇게 말했다.

나는 너희에게 복음을 선포하는 것이 고달픈 일이 되리란 것을 알고 있었다. 하지만 내가 달리 어떻게 할 수 있었겠는가? 그리스도가 나를 강권하셨다. 너희는 잃어버린 자였고, 그래서 우리는 구원의 소식을 가지고 갔다. 우리의 입을 열었을 때 욕설이 우리에게 퍼부어졌고, 결국은 돌들이 우리에게 날아왔다. 우리는 체포되었고 수감되었다. 우리는 두들겨 맞았지만, 하나님의 말씀은 옥에 갇히지 않았다. 우리가 대가를 지불하면서 기쁘게 우리의 입을 열었기 때문에, 너희는 영원한 생명을 얻었다! 따라서, 죽음은 우리의 유한한 몸에 역사했지만, 생명은 너희의 영적인 몸에 역사했다!

누군가 제자 삼으라는 왕의 명령을 이행하고 착수하기 위하여 담대하게 기꺼이 모험을 감수하기까지는, 개인적인 대가 지불과는 무관하게, 운동은 잠자고 있는 것이다. 예외란 없다. 모든 CPM은 CPM 개시자들에게, 외부인과 내부인 모두에게 무척 큰 개인적 대가를 지불하게 했다. 모든 CPM은 한 평안을 받을 사람이 즐거이 예수님을 영접하고 그의 사회에서 첫 번째로 예수님을 알리는 일을 하기로 결심했을 때(비록 그 일이 매우 평판이 나쁜, 심지어 목숨을 위협하는 것이 될지라도) 발생하는 것이다.

십자가의 길은 운동의 방아쇠를 당기는 효과다. 모든 운동에 박해가 찾아올 것이다. 그것은 만약의 문제가 아니다. 그것은 언제 오고 얼마나 오래 계속되느냐의 문제다.

누가 고통받는가?

복음 선포를 위하여 고통받는 것과 제자훈련 혁명을 위한 삶을 사는 것은 소수에게 국한되지 않는다. 그것은 많은 사람들에게 영향을 미친다.

CPM 개시자들이 고통받는다

운동의 탄생을 위하여 담대히 노력하기를 시작할 때 무슨 일이 일어나는지 보라. 우리는 종종 CPM 개시자들에게 질문한다. "당신은 정말로 CPM을 시작하기 원하십니까? 그것이 고통을, 심지어 죽음을 가져올지라도?" 원대한 꿈들을 잠시 옆으로 밀쳐놓으라. 한 지하교회의 지도자가, 내가 매우 제한 접근적인 한 국가에서 국내 교회개척자들을 준비시키는 것을 돕고 있었다. 나는 비전과 방법을 묘사했다. 그녀가 일어나서 말했다. "스티브 형제님은 여러분에게 천상의 비전을 보여주셨습니다. 저는 여러분에게 지상의 실상을 보여 드리겠습니다!" 그리고 나서 그녀는 그들이 향하고자 하는 새로운 도시와 마을들에 그들이 들어갔을 때 직면하게 될 어려움들에 대하여 말하기 시작했다.

비전을 잃지 말고, 단지 잠시 그것을 옆으로 밀쳐놓으라. 당신의 눈을 크게 뜨라. 만일 이것이 당신이 기도하는 동안에 지나간다면, 당신은 당신의 몸에 흔적을 지니게 될 것이다.

> 이 후로는 누구든지 나를 괴롭게 하지 말라 내가 내 몸에 예수의 흔적을 지니고 있노라(갈 6:17).

하지만 CPM은 그럴 만한 가치가 있다! CPM 센터의 수많은 CPM 개시자들은 그들의 사역 때문에 고통받고 있다. 잉은 거의 죽음 직전까지 갔었다. 나의 가족과 나는 우리의 몸에 흔적을 지니고 있다. 부인할 수 없을 만큼, 그분은 그럴 가치가 있다!

그들의 가족들이 고통받는다

이것은 벨트 아래 급소를 치는 것과 같은 느낌이다. 종종 원수는 당신을 직접 공격하기보다 당신이 사랑하는 사람들을 공격한다. 만일 그가 당신의 가족을 공격함으로써 당신을 멈추게 할 수 있다면, 그는 그렇게 할 것이다. CPM 개시자들의 수많은 가족들이 그들의 몸과 마음에 예수님의 흔적을 갖고 있다.

나는 우리 세 아들이 국립학교 다닐 때 그 나라 사람들에게 찍혀서 위협을 받고 학대당했던 것을 기억한다. 나는 이렇게 생각했다. "좋다, 사탄아, 나를 쫓아와라. 하지만 내 아들은 건드리지 마라! 그것은 공정한 싸움이 아니다." 그러나 사탄은 공정하게 싸우지 않는다. 내 아내와 나는 우리가 복음을 선포하는 것 때문에 우리의 아들들이 고통을 받을지라도 그것이 그럴 만한 가치가 있는 것인지를 결정해야만 했다. 쉽지 않았지만, 우리는 복음 선포는 그럴만한 가치가 있다고 결론내렸다. 우리는 많은 눈물을 흘렸다. 그 당시를 회상할 때면 지금도 눈물이 흐른다. 우리 아들들도 그때의 자신들의 삶을 조금이라도 바꾸려 하지 않았다. 그들은 주저 없이 당신에게 말할 것이다. "그것은 그럴 만한 가치가 있었어요!"

그렇다, 그것은 그럴 만한 가치가 있다.

 대하기 어려운 아버지와 복음을 나누는 담대함

_잉 카이

몇 해 전에, 저는 텍사스에 있는 우리 교회에서 똑똑하고 교육을 잘 받은 중국계 미국인 청년의 간증을 들었습니다.

그는 말했습니다. "목사님, 지난주에 우리에게 '시간을 낭비하지 마십시오. 예수님을 믿지 않는 당신의 가족과 어떤 사람에 대해 생각해보십시오. 그들에게 편지나, 이야기나, 당신의 간증을 보내십시오'라고 말씀하셨습니다. 그때 저는 불신자였던 아버지가 생각났습니다. 저는 이미 예수님을 믿은 지 11년이 넘었습니다. 그러나 저는 아버지와 복음을 나눈 적이 없습니다. 왜냐하면 겁이 나기 때문입니다."

그의 아버지는 대만에서 유력한 장군이었습니다. 지난 10년간 그는 워싱턴 D.C.에서 살았습니다. 11년 동안이나 이 청년은 그의 아버지와 복음을 나누지 못했습니다. 그는 말했습니다. "저는 매일 아버지를 위해 이렇게 기도했습니다. '하나님, 저의 아버지를 구원하시기 위해 어떤 사람들을 보내어주십시오. 하지만 저는 아닙니다. 왜냐하면 저는 아버지에게 말할 수 없기 때문입니다. 아버지는 제게 무척 화를 낼 것입니다'라고 간구했습니다. 그런데 목사님께서 지난 주일에 바로 이 메시지를 주신 것입니다. 그래서 저는 집에 돌아가서는 아버지를 위해 기도했습니다. 그리고 나서, 저의 간증을 쓰기 시작했습니다. 그것은 세 페이지나 되었습니다. 월요일 아침에 저는 그것을 우편함에 넣고 기도했습니다. '성령님, 이 편지를 제 아버지의 손에 가져다주십시오.' 수요일 밤, 아버지한테서 전화가 왔습니다. 아버지의 첫 말씀은 '너, 그리스도인이냐?'였습니다. 저는 '예'라고 말했습니다. '얼마나 오래 됐냐?' 아버지가 물었습니다. 저는 '11년이오'라고 말했습니다. 아버지가 물었습니다. '왜 내게 말하지 않았느냐?' 저는 대답했습니다. '왜냐하면 저는 아버지께서 저에게 화를 내실까 봐 겁이 났기 때문입니다.' 그러자 아버지는 '그 말은 너는 천국에 가고 네 아비는 지옥에 가라는 뜻이냐?'라고 말씀하셨습니다."

그는 그날 밤 전화로 아버지와 복음을 나누었습니다. 그리고 그는 아버지가 그리스도를 믿도록 인도했습니다. 그는 말했습니다. "저는 아버지를 위해 11년 동안 기도했지만, 그 책임은 저의 손 안에 있었습니다. 하나님은 제가 아버지와 복음을 나누기를 기다리고 계셨습니다."

그것이 바로 하늘에 계신 우리 아버지의 마음입니다. 그분은 당신을 통해서 일하십니다. 훈련받는 모든 훈련자들을 이렇게 격려하라. "당신의 명단에 있는 모든 이름들을 구원하시기 위하여, 하나님은 당신을 통해서 일하실 것이다." 따라서 만일 그들이 하나님의 마음을 안다면, 그들은 확신을 갖게 된다. 그들은 믿음을 갖게 될 것이기에, 어떠한 염려도 하지 않을 것이고, 겁도 내지 않을 것이다.

새 성도들이 고통받는다

이것은 아마도 가장 어려운 일일 것이다. 세상의 많은 지역에서, 선교사들이 복음을 나누다가 붙잡히면, 그들은 그 나라에서 추방당한다. 그러나 새 성도들은 그렇지 않다. 그들은 계속 그곳에 머물러야 하고, 그 결과를 견뎌내야 한다. 그래서 선교사들이 새 성도들에게 담대하라거나 힘을 내라는 격려의 말을 하는 것에 있어서 움츠러들게 된다.

선교에 대해 적대적이지 않은 상황에서도 마찬가지다. 우리가 신앙생활을 시작하도록 도운 것 때문에 새 성도들이 고통받는 것을 볼 때, 우리는 죄책감을 느끼며 뒤로 물러나고 싶은 유혹을 받는다. 우리는 그들이 그러한 어려움을 견딜 수 있을 만큼 성숙하지 않다고 걱정한다.

이 책의 출판을 앞둔 몇 개월 동안, 카이가 사역하는 곳의 토착지도자들이 심각한 박해로 고통을 받았다. 심지어 한 사람은 고문을 당해 죽었다. 그러나 그들은 당신에게 그럴 만한 가치가 있는 것이라고 말할 것이다.

박해에 맞선 위대한 돌파들에 대한 보고가 이나Ina 부족 사이에서 시작되었을 즈음에, 또 다른 일련의 소식들이 조금씩 전해졌다. 우리와 함께 사역하는 토착 동역자들에 관한 보고들이었다.

- 자쿠스 형제와 그의 동역자는 수감되어 고문당했다.

- J와 Y형제는 성난 군중에게 추적당하며 도망 다니는 중이었다.

- 붉은 계곡 팀은 뿔뿔이 흩어졌고, 그들 중 몇 명은 수감되었다.

- 녹색 골짜기 팀은 실종되어 며칠째 아무런 소식이 없었다.

이런 보고들이 들어왔을 때 무거운 짐이 점점 가중되면서 내 어깨와 머리를 짓누르는 듯 했다. 날마다 소식들이 계속해서 조금씩 전해지면서 나는 거의 한계점에 다다랐다. 나의 팀 동료들은 나쁜 소식들을 내게 가져오는 것을 걱정했다. 왜냐하면 내가 미칠까 봐 염려했기 때문이다.

그러던 어느 날 아침 경건시간에 나는 심히 무거운 내 짐을 주님께 표현하며, 왜 나의 사람들이 그토록 고통당할 필요가 있는지 주님께 묻고 있었다. 그때, 나는 그분이 내게 분명하게 말씀하시는 것을 느꼈다. "스티브야, 이 사람들은 나의 사람들이지, 너의 사람들이 아니다. 내가 그들을 돌볼 것이다." 그 순간 모든 근심의 짐이 내 어깨에서 벗겨졌고, 나는 원수가 나를 잡으려고 놓았던 덫으로부터 자유하게 되었다. 이 일이 일어나고서 바로 그 직후에, 나의 동료들이 내게 최근에 들어온 최악의 소식을 전해주려고 들어왔다. 그들은 나에게 말하는 것을 매우 주저하고 있었다. 나는 그들에게 담담하게 말했다. "무슨 소식이든지 내게 전해 주시오." 그들은 소식을 전했다. 그러나 그 최악의 소식은 더이상 내게 짐이 되지 않았다. 우리 모두는 정말 주님의 은혜에 놀랐다.

모두 합쳐서 33명의 토착동역자들 중 75%가 체포되었고, 구타당했으며, 그들의 지역에서 추방당했다. 한 사람은 거의 죽음에 이르렀다. 2~3개월 뒤에 이나Ina 지역에서 우리는 그들을 잠시 동안 철수시켜야 했다. 그들은 그 지역을 떠나 집으로 돌아갔다. 두 달 뒤에 나는 처음으로 그들과 재회 모임을 가졌다.

불안감이 나의 가슴에 스멀스멀 퍼져나갔다. 나는 이 사람들에게 뭐라고 말할 것인가? 그들은 고통받았고 나는 고통으로부터 벗어나 있었다. 그들은 자신의 몸에 예수님의 흔적을 지니고 있었고, 나는 아니었다. 내가 어떻게 그들에게 내 얼굴을 보여줄 수 있단 말인가? 그들이 고통받은 것은 나의 비전 때문이 아니었나. 내가 그들에게 나눠주었던 비전 말이다. 나의 마음은 착잡했다.

나는 기도하면서 그들에게 나갈 방법을 찾기 위해 성경을 뒤적였다. 내가 그들을 다시 만나는 그날이 마침내 찾아왔지만, 나는 아직 내가 뭐라고 말해야 할지 모르고 있었다. 나는 그들의 가정교회들이 있는 산에 오르기까지 몇 시간을 여행했다. 나는 산 중턱에 지어진, 검소한 방 두 개짜리 집 안으로 안내되었는데, 방 하나는 다른 방 뒤에 있었다. 나는 뒤쪽에 있는 방으로 안내되어 들어갔는데, 거기는 아무도 없었다. 그러나 뒷벽에 커다란 옷장이 하나 있었다. 나니아 연대기의 옷장을 연상케 했다.

주인이 옷장의 문을 열었을 때, 노랫소리가 갑자기 들려왔다. 나는 옷장을 통과하여, 또 다른 세계로가 아니라, 산 중턱 안쪽에 지어진 방음장치 된 방 안으로 들어갔다. 내가 불빛 속으로 걸어 들어갔을 때, 나의 토착동역자들이 둥그렇게 둘러서서 손뼉 치며 즐겁게 춤추고 있었다. 그들의 입술로부터 그들의 노랫말이 울려 퍼졌다.

우리가 누구인데 당신의 이름을 위해 고통받기 합당한 자로 여기심을 받습니까?!

그들이 자신의 왕을 경배하면서 그들의 얼굴에는 기쁨의 눈물이 흘러내렸다. 나는 그 모습을 분명히 보았다. 그리고 그때 성령님께서 내게 말씀하셨다. "스티브야, 너는 아무 말도 할 필요가 없다. 그들은 고통받은 사실 때문에 더 큰 기쁨을 누리고 있단다."

그것이 십자가의 길이다. 그것은 그럴 만한 가치가 있다. 내가 나의 형제들과 함께 앉아서, 그들과 함께 울고, 그들과 함께 웃고, 그들의 이야기를 들었을 때, 그림은 더 완벽해졌다. 그들은 각기 자신의 지역으로 갔다. 그들은 애정을 갖고 화평의 사람들을 찾았으며, 그의 가족 전체에게 복음을 전했다. 그들은 병든 자들을 위해 기도했고 그로 인해 많은 사람이 치유되었다. 박해가 시작되기까지 여전히 구원받은 사람들은 드물었다. 이나Ina 부족 불신자들은 토착동역자들이 복음을 전하다가 고통받는 것을 보았을 때, 이나Ina 부족은 주님을 믿기 시작했다. 그들은 "만일 그것을 위해 그들이 고통받을 만한 가치가 있는 것이라면, 그것은 우리에게도 또한 그것을 위해 고통받을 가치가 있는 것임에 틀림없다!"라고 느꼈던 것이다.

그다음 몇 달과 몇 년에 걸쳐, 이나Ina 부족 새 성도들은 그들을 위해 준비된 희생과 담대함의 모범을 따랐다. 그들 중 훨씬 더 많은 사람이 고통을 받았고, 한 사람은 죽었다. 그들은 오늘까지도 당신에게 말할 것이다. 왕은 그럴 만한 가치가 있다. 왕국은 그럴 만한 가치가 있다.

내가 가장 소중히 여기는 것 중에 하나는 요한복음 3장 16절 말씀을 노래하는 한 이나Ina 부족 여인을 촬영한 비디오테이프다. 그녀는 그것을 두 번 노래했는데 감사함으로 너무나 목이 메어 일부분을 제대로 부르지 못했다. 그녀의 눈빛은 이렇게 말하는 듯하다.

그가 모든 사람을 대신하여 죽으심은 살아 있는 자들로 하여금 다시는 그들 자신을 위하여 살지 않고 오직 그들을 대신하여 죽었다가 다시 살아나신 이를 위하여 살게 하려 함이라(고후 5:15).

그것은 그럴 만한 가치가 있다.

사도행전의 박해 연구

당신과 당신의 가족과 새 성도들은 개인적으로 어떻게 신앙의 대가를 계산하는가? 그것은 예수님과 그의 왕국의 가치에 초점을 맞출 때 가능하다. 그분은 극히 값진 진주이시며, 밭에 감춰진 보화이시다.

사도행전에 나오는 박해를 연구함으로써 그 대가를 가장 잘 알 수 있다. 토착 동역자들이 복음을 나누러 가기도 전에 그들과 함께 이와 비슷한 것을 했다. 그것은 앞에 놓여있는 일을 위해 우리 모두를 아주 잘 준비시켜 주었다. 여기에 하나의 실례가 있다.[44]

연구를 위한 사도행전의 아홉 구절들

(아홉 개의 소그룹에서 하나씩 연구하든지, 또는 원한다면 개인적으로 연구해도 좋다.)

1) 3:1-4:3   베드로가 걸인을 고친 일로 잡힘.
2) 5:12-42   많은 사람이 고침 받고, 사도들이 체포되고, 천사가 그들을 풀어줌.
3) 6:8-8:4   스데반이 돌에 맞아 죽고, 교회가 흩어짐.
4) 12:1-24   야고보가 죽임당하고, 베드로는 수감됨.
5) 13:13-52   바나바와 사울 #1.
6) 14:1-28   바울과 바나바 #2.
7) 16:16-40   빌립보에서의 바울과 실라.
8) 17:1-9   데살로니가와 베뢰아에서의 바울과 실라.
9) 18:1-17   고린도에서의 바울과 실라.

각각의 구절에 대하여 묻고 그 답을 그룹에 보고하기 위한 여섯 개의 질문들.

---

44) 나의 동료인 닐 밈스(Neill Mims)가 이 특별한 연구의 첫 번째 양식을 개발했다.

1. "어떻게 그들은 말하기 시작했으며 뭐라고 그들은 말했습니까?"
2. "무엇이 박해를 유발했습니까?"
3. "어떤 유형의 박해가 일어났고 누구에 의해 일어났습니까?"
4. "그 박해 뒤에 무슨 일이 일어났습니까?"
5. "박해에 대한 복음 선포자들의 전반적인 반응은 어떠했습니까?"
6. "지역의 성도들에게 미친 영향은 무엇이었습니까?"

한 그룹에서 연구를 마치고 보고하는 내용을 아홉 줄로 나란히 적어놓으라. 당신이 그렇게 할 때, 많은 유사점들이 나타날 것이다. 그리고 확연히 드러나는 하나의 진리를 보게 될 것이다. 사도행전에 나오는 모든 박해 사건들을 보면, 예수님에 대하여 이야기할 때 박해가 초래됨을 알 수 있다. 만일 당신이 예수님에 대해서 담대히 말한다면 아마도 당신은 박해를 받을 것이다. 이 결론은 아마도 사실일 것이다. 만일 당신이 박해받기를 원치 않는다면 침묵을 지키라.

그리고 박해를 받는 것에서부터 달라지기 시작한다. 어떤 때는 하나님께서 기적적으로 간섭하시기도 하고, 어떤 때는 안 하시기도 하신다. 그들은 탈출하기도 하고, 붙잡혀 구타당하고, 심지어 죽기까지 한다.

하지만 이후의 결과는 한 가지로 합치된다. 만일 성도들이 박해에 담대함과 희생으로 반응하면, 거의 언제나, 그 결과는 증가된 기쁨과 능력이다. 그리고 언제나, 거기에는 그들의 희생 때문에 더 많은 사람들이 믿음을 갖게 되었다는 언급이 나온다.

박해받은 사람들의 반응은 다양하다. 달아나기, 서서 얻어맞기, 박해자들을 위해 기도하기, 숨기, 그들의 원수들을 뚜렷하게 사랑하기, 박해자들에게 복음 전하기, 기뻐하며 하나님을 찬양하기. 박해에 대한 반응이 다양한데 똑같은 반응은 딱 한 가지다. 무엇을 말해야 하고 어떻게 대답해야 할지 당신에게 알려주시는 성령님을 신뢰하는 것이다.

너희를 넘겨 줄 때에 어떻게 또는 무엇을 말할까 염려하지 말라 그 때에 너희에게 할 말을 주시리니(마 10:19).

우리 자신과 우리의 동료들이 비용을 계산하도록 준비시키기 위해 이 성경구절을 사용한다. 그것은 하나님께서 박해 시에 우리에게 행하라고 말씀하실 수 있는 것의 범위를 우리가 알도록 도와준다. 때로 하나님은 우리에게 달아나라고 말씀하실 것이고, 때로는 서서 그것을 견디라고 말씀하실 것이다.

방법보다는 사람

_빌 스미스Bill Smith의 '왜 T4T는 성공적인가' 에서 발췌함.

잉 카이가 몇몇 선교사들을 며칠 동안 훈련하는 것을 관찰한 뒤에 알게 된 한 가지 중대한 요점은, 사역에 생명을 주는 거룩한 능력에 대한 문제와 관계된 것이다. 그렇다, 잉은 간단한 도구를 사용하여 훈련자들을 가르쳤는데, 자신도 그렇게 배웠다고 하면서 그 회심자들에게 성경 이외의 다른 어떤 책자도 사용하지 말라고 이야기한다.

중요한 것은 어떤 도구를 사용하느냐가 아니라, 그의 모범, 거룩한 삶, 천국과 지옥과 심판과 구원의 필요성에 초점이 맞춰진 사역 등이 사역의 효용성을 높이는 것이었다.

모임에 참석하여 공부 내용만을 습득하고 돌아가서 방법만을 되풀이하는 사람들보다 모임에 참여하여 '잉의 영성을 붙잡고' 그 정신을 모델로 삼아 자기 사람들에게 동일한 방식으로 사역하는 사람들에서 같은 유형의 결과를 보게 될 가능성이 더 많다는 사실이다.

두려움은 전염성이 있지만, 믿음 또한 그러하다!

투옥되고 구타당한 많은 성도들과 나눈 대화에서, 그들의 대답은 거의 항상 일치한다. "저는 그때가 오기 전에는 박해받는 것을 두려워했습니다. 그러나 제가 박해를 겪었을 때, 하나님은 저와 함께 계셨습니다. 박해받는 것은 제가 그럴 것이라고 상상했던 것만큼 그렇게 어렵지는 않았습니다."

우리를 얼어붙게 하는 것은 박해에 대한 두려움이지, 박해 그 자체가 아니다. 정말이다. 박해가 CPM을 낳는 것이 아니라, 박해에 직면했을 때의 담대함과 인내심이 CPM을 낳는 것이다. 박해는 돌밭의 비유에서처럼 싹트는 믿음을 죽일 수 있다.

> 그 속에 뿌리가 없어 잠시 견디다가 말씀으로 말미암아 환난이나 박해가 일어날 때에는 곧 넘어지는 자요(마 13:21).

박해에 대한 두려움은 성도들이 예수님을 위하여 담대하게 살고 말하는 것으로부터 얼어붙게 할 수 있다. 그들은 사도행전의 박해 연구를 통해 한 가지 추론을 생각해냈다. 만일 당신이 아무 말도 하지 않는다면, 당신은 박해를 받지 않을 것이다.

두려움은 전염성이 있다. 그것은 한 그룹의 성도들에게 퍼져서 그들 모두를 얼어붙게 한다. 언제든지 일단의 성도들이 복음을 전하지 않거나 재생산하지 않는 것을 볼 때면, 제일 먼저 조사하는 것은 '그들이 두려워하고 있는 것은 아닌지' 이다. 대부분의 경우 이것이 문제다.

두려움은 전염성이 있다. 그러나 믿음도 마찬가지다! 하나님의 섭리적인 돌보심을 신뢰하는 좋은 땅과 같은 성도는, 다른 많은 사람들에게 격려가 되어줄 담대한 삶을 살 수 있다. 하나의 그룹은 한 사람에 의하여 두려움으로 얼어붙었던 모습으로부터 믿음으로 충만하여 담대한 모습으로 바뀔 수 있다.

 훈련할 때 하나님의 보호하심

_잉 카이

하나님은 모든 일에서 당신을 보호하실 것입니다. 날마다 당신이 일을 시작하기 전에 기도하면 당신은 달라진 점을 느낄 것입니다. 한번은 어떤 사람이 그의 공장에서 관리자들과 지도자들을 훈련해달라고 저를 초청했습니다. 그곳에는 40명이 넘는 사람들이 있었으며, 저는 그들을 훈련하는 것이 아주 즐거웠습니다. 그러나 어느 날, 제가 훈련을 마쳤을 때 밖에서 공안이 저를 기다리고 있었습니다. 저는 이 나라에서의 저의 사역이 끝났구나라고 생각했습니다! 이 나라에는 서로 다른 여러 유형의 공장들이 있습니다. 한 가지 유형은 정부가 지어서 매우 저렴한 임대료를 받는 공장이 있는데, 이러한 공장은 정부로부터 모든 것을 지원받습니다. 그리고 공장주는 단지 생산품을 만들기 위하여 돈을 투자하면 되는 것입니다. 그리고 정부는 이러한 공장에 당원 중 한 사람을 관리자로 파견합니다.

제가 사역한 공장이 바로 그런 공장이었습니다. 정부의 정보원이 저의 훈련 강의를 듣고 나서 공안을 불렀습니다. 그러나 그들은 저에게 매우 친절했습니다. 그들은 저를 그 공안 사무실로 안내했습니다. 그 공안은 무척 화가 나 있었습니다! 그는 사람들에게 나가라고 명령했고, 저에게는 "당신은 그대로 있으시오!"라고 했습니다. 그래서 저는 그대로 있었습니다.

저는 기도했습니다. '오, 주님, 저를 도와주십시오! 저는 감옥에 가고 싶지 않습니다.' 다른 모든 사람들이 나간 뒤에, 그 공안은 문을 닫고는 말했습니다. "당신은 운이 좋은 줄 아십시오. 다시는 이렇게 하지 마십시오. 왜냐하면 나도 그리스도인이기 때문이오. 나는 당신에게 주의를 주는 것이오. 나는 당원인데, 2년 전에 암에 걸려 의사에게 여섯 번이나 죽는다는 말을 들었었소. 그런데 나를 찾아온 어떤 두 명의 목사님의 기도를 받게 되었고, 하나님은 나를 고쳐주셨소!"

그는 계속 말합니다. "지금부터 공장주에게 당신의 훈련을 위해 아파트를 임대해달

> 라고 부탁하십시오. 나는 당신에게 그곳에서 훈련할 수 있도록 허가증을 줄 테니, 그 공장에서는 하지 마십시오."
>
> 그렇게 하나님은 저를 보호하셨습니다.

담대함을 격려하기 위한 세 가지 방법들

T4T는 당신과 당신의 성도들이 요한복음 12장 24절 말씀을 이행하도록 도울 수 있다.

> **내가 진실로 진실로 너희에게 이르노니 한 알의 밀이 땅에 떨어져 죽지 아니하면 한 알 그대로 있고 죽으면 많은 열매를 맺느니라(요 12:24).**

T4T 훈련에서, 당신은 담대함을 증명해야 하고, 당신의 훈련자들로 그들이 들은 것에 따라 행동하도록 격려하기 위해서 담대함의 간증을 나누어야 한다. 잉이 훈련하는 것을 들을 때마다 얼마나 많은 담대함의 간증을 그가 나누는지 놀라곤 한다.

또 다른 상황에서 교회를 개척하기 위해 특정한 지역으로 나갔던 한 교회개척자가 체포되었고 감옥에 수감되었다. 두려움이 그의 마음을 사로잡았다. 왜냐하면 전직 군인으로서, 그 나라에서 장군들이 감옥에 있는 사람들에게 어떤 짓을 하는지 잘 알고 있었기 때문이다. 그날이 지나기 전에, 그는 믿음으로 행할 것을 결심했다. 그래서 그는 감옥의 창살을 붙잡고 서서 밖에 있는 간수들에게 떨리는 목소리로 말했다.

"만일 당신들이 나를 이 감옥에서 석방시켜 주지 않는다면 50,000명의 믿지 않는 사람들의 피가 당신들의 머리로 돌아갈 것입니다."

그는 그런 말을 하는 것이 두려워 죽을 지경이었지만, 그래도 어쨌든 그는 그것을 해냈다. 담대함이란 두려움에도 불구하고 행동하는 것이다. 그가 이렇게 말한 뒤에, 그는 하나님께서 그와 함께 계시는 것을 깨달았다. 믿음과 담대함으로 그는 그렇게 할 수 있었다. 그다음 날에 그는 더 크게 말했다.

"만일 당신들이 나를 이 감옥에서 석방시켜 주지 않는다면 50,000명의 믿지 않는 사람들의 피가 당신들의 머리로 돌아갈 것입니다!"

계속하여 매일 그는 감옥 문 곁에 서서 목청껏 외쳤다.

"만일 당신들이 나를 이 감옥에서 석방시켜 주지 않는다면 50,000명의 믿지 않는 사람들의 피가 당신들의 머리로 돌아갈 것입니다!"

마침내 간수들은 너무나 불안해져서 그를 감옥에서 빼내어 그 경계선까지 호위하고 가서 그를 돌려보냈다! 이 형제는 담대하게 살 것인지 두려워하며 살 것인지 선택의 기로에 섰을 때 그는 담대함을 선택했다.

T4T 과정에 당신은 담대함과 인내에 대한 공부를 포함시켜야 한다. 그것은 사도행전의 박해 연구와 비슷한 내용일 수 있다. T4T에서의 애정 어린, 격려하는 책임은 당신을 두려움에서 믿음으로 나아가도록 도와준다. 당신은 또한 당신의 훈련생들을 위하여 담대함과 인내와 희생의 생활방식을 본으로 보여주어야 한다. T4T에서 사람들에게 명단을 작성하게 하고, 복음 전하는 일을 시작하도록 돕는 것은, 그들을 소심함에서 담대함으로 나아가게 한다.

덧붙여, 많은 성도들에게서 담대함을 격려하도록 도왔던 세 개의 실천사항이 있다.

1. **즉시 침(세)례를 주라.** 새 성도들의 침(세)례가 빠를수록, 그들은 더욱 담대하게 된다. 이것은 그들이 대가를 계산하는 첫 번째 기회다.

2. **성경의 약속들을 암송하고 신뢰하라.** 그들로 하나님께서 그들을 돌보신다는 약속의 말씀들을 암송하도록 격려하고, 어려운 시기에 그 약속의 말씀들을 의지하도록 격려하라.

3. **비용을 계산하라.** 그들이 대가를 지불하게 하고, 그리고 하나님의 마음을 추구하는 것에 대한 현실적인 문제를 이해하도록 도와주라. 그것은 그들을 진지하게 만들어 그들이 밭에 감춰진 보화를 얻기 위해 모든 것을 즐거이 팔 수 있게 해준다.

당신이 훈련을 받은 후 박해를 당하고 있는 형제자매들과 함께 있다면, 함께 지불해야 할 대가를 지불하고 있다는 느낌으로 위로를 받기 바란다. 당신은 눈을 크게 뜨고 어려움 가운데로 들어왔다. 그리고 박해 가운데서만 나타내주시는 특별한 하나님의 축복을 수확하고 있다. 그들은 더 많은 보화를 획득하고 있다.

너희가 그리스도의 이름으로 치욕을 당하면 복 있는 자로다 영광의 영 곧 하나님의 영이 너희 위에 계심이라(벧전 4:14).

우리가 잠시 받는 환난의 경한 것이 지극히 크고 영원한 영광의 중한 것을 우리에게 이루게 함이니(고후 4:17).

운동을 보기 위하여 인내하라

많은 다른 교회개척운동 개시자들의 사역 간증은 CPM을 시작함에 있어서 하나님과 협력하는 것은 믿을 수 없을 만큼 큰 어려움과 인내를 요한다는 것을 입증한다. 박해를 견디는 것 외에도, 성공적인 CPM 개시자들은 CPM을 시작하기 위해 많은 시간을 희생한다. 그들은 CPM의 가치 높은 활동들에 초점 맞추기 위해, 그들의 주중 시간을 재조정하고, 가치 낮은 활동들에 투자하는 것을 줄인다. 높은 가치를 지닌 하나님 나라의 활동들에 중요한 시간을 투자하지 않고서는 어떠한 CPM도 순조롭게 시작하지 못할 것이다. 바울은 에베소의 CPM에 대한 그의 투자를 다음과 같이 묘사했다.

> 그러므로 당신이 일깨어 내가 삼 년이나 밤낮 쉬지 않고 눈물로 각 사람을 훈계하던 것을 기억하라(행 20:31).

지나치게 간편한 마음으로 사역에 임하거나 숙련되지 않은 태도는 결코 작용하지 않을 것이다. 만일 당신이 CPM을 위해 가고자 마음을 먹는다면 당신은 하나님 나라 운동을 위해 확실히 헌신해야 하고, 많은 시간을 그것을 위해 투자해야 한다. 당신과 당신 주변에 성도들의 마음과 사고방식을 바꾸고, 제자훈련 재혁명이 발생할 수 있도록 엄청난 인내를 나타내야 한다. 그리고 당신은 모든 장애와 박해를 겪으며 인내해야 한다.

그렇다, 이것은 그럴 만한 가치가 있다! 그분은 그럴 만한 가치가 있는 분이다!

당신은 아직 제자훈련 재혁명을 못 보았을지 모른다. 하지만 용기를 내라! 대부분의 지역에서 돌파가 일어나기 전에는 담대함이 있어야 한다. 운동이 현실이 되기 위한 한 가지 방법이 있다. 이것을 알려면 마지막 장을 읽으라.

듣기만 하지 말고 행하는 자가 되라!

하나님께서 당신에게 무엇이라 말씀하셨는지, 그리고 그 말씀에 순종하기 위해 당신에게 필요한 것은 무엇인지를 적어보라.

Part 3 **T4T의 적용**

21장 선례와 약속

당신은 이 책의 모든 교훈에 통달할 수 있지만, 그러나 부족한 믿음이 여전히 당신을 가로막을 수 있다.

CPM 훈련자 및 CPM을 위한 대화의 중심으로서 나는 종종 선교사들과 선교지도자들, 교회개척자들, 교회지도자들로부터 그들의 사역을 위해 CPM의 사례들을 보내달라는 요청을 받는다. 그들은 그들의 상황에 정확하게 부합되는 사례연구를 선호한다. 나는 이런 식으로 요청받는다.[45]

---

[45] 나는 보안상의 이유로 실제 명을 제시하지는 않겠다.

당신은 서유럽에 살고 있는 교육받은 탈근대적인 중동의 아랍인들 가운데 CPM의 실례를 갖고 있습니까?

'흠! 나에게는 그러한 그룹에 대한 사례연구는 없다.'

나의 답을 들은 그들의 반응은 말로 표현되었건 아니건 간에 이런 메시지를 보내온다.

그렇군요. 바로 그것이 증명해줍니다. CPM은 내가 사역하고 있는 사람들에게서는 일어날 수 없다는 것입니다!

그러나 그들의 논리는 말이 안 된다. 사례연구가 없다는 것은 우리가 그 사람들의 가운데서 아직 CPM을 갖고 있지 않다는 사실 외에는 아무것도 증명하지 않은 것이다!

그래서 나는 그들에게 중국에서 일어났던 몇 개의 CPM 사례연구들을 보냈다. 그들은 나에게 종종 이런 응답을 보낸다. "내게 이런 사례연구들을 보내지 마십시오. 물론 CPM은 거기서 일어날 수 있습니다. 거기는 중국이니까요!" 하지만 그들이 깨닫지 못하고 있는 것이 있다. 그중 하나는 1990년대 후반에 중국에서 최초의 CPM 개시자들 중 몇 명이 그들이 도착했을 때 들은 말이다. "무신론자 중국인 한 명이 주님께 돌아오는 데는 평균 4년이 걸립니다."

그래서 나는 그들에게 아마도 세상에서 가장 오래되었고 가장 대규모의 CPM인 인도의 사례연구를 인도인들에 대한 다른 몇몇 사례연구와 함께 보냈다. 그들은 그것을 살펴보고 대답한다. "내게 이런 사례연구들을 보내지 마십시오. 물론 CPM은 거기서 일어날 수 있습니다. 거기는 인도니까요. 아주 많은 사람들이 거기서는 영어를 말합니다!" 그러나 그들이 깨닫지 못하고 있는 사실은 대규모의 CPM이 출현한 지역은 최근까지 그 무반응성 때문에 '선교사들의 묘지'라고 불렸다는 것이다.

그래서 나는 그들에게 몇 개의 도시 CPM의 사례연구들을 보냈다. 그러나 그들의 반응은 "내게 이것들을 보내지 마십시오. 물론 CPM은 도시에서 일어날 수 있습니다. 거기서는 익명성이 아주 크게 보장되니까요! 당신은 거기서라면 뭐든지 잘 해낼 수 있습니다." 그런데 그들이 깨닫지 못하고 있는 사실은 겨우 2~3년 전에 어느 선교 단체의 선임 지도자들이 복음이 도시에서 뻗어나갈 방법을 찾기 위해 곤욕을 치렀으며, 그들은 이런 영적 황무지에서 CPM의 실례들을 갖고 있지 않다고 말했다는 것이다!

이런 반응들을 대하면서 나는 다소 실망하게 된다. 그들은 나에게 무슬림들에게 다가가기 위한 몇몇 훌륭한 사례연구들을 진정으로 원한다고 한다. 그래서 나는 그들에게 세상에서 가장 큰 무슬림 배경의 CPM에 대한 사례연구를 보냈다. 그러나 그에 대한 반응은 "내게 이것을 보내지 마십시오. 거기는 남아시아입니다. 거기서는 쉽습니다!" 그들이 깨닫지 못하고 있는 것은 그 운동에 속한 성도들이 낸 헌금의 사용용도 중 하나가 박해받는 그리스도인들의 불타버린 집들을 다시 짓는 일과, 박해자들에게 강간당한 그리스도인 여성들을 원조하는 일이라는 사실이다.

그래서 나는 그들에게 동남아시아의 무슬림 배경의 CPM에 대한 두 개의 사례연구들을 보냈다. 이번에 그들의 반응은 "그들은 진짜 무슬림들이 아닙니다!" 그들이 깨닫지 못하고 있는 것은 이 CPM들이 번창하고 있는 바로 그 지역들에 무슬림 테러리스트 집단들의 전통적인 양성소와 훈련장소가 있다는 것이다.

마지막으로, 나는 그들에게 중동의 가장 제한된 지역들 중 한 곳에서 일어난 무슬림 배경의 CPM에 대한 극히 비밀스러운 사례연구를 보냈다. 내가 이것에 대하여 마지막으로 듣는 응답은 이렇다. "그들은 틀림없이 거짓말을 하고 있는 것입니다!" 나는 이 말을 몇 번씩이나 들었다. 이 말에 나는 두 손 두 발 다 들었다. 어떤 사람들은 아무리 많은 사례연구에도 불구하고 결코 확신을 갖지 못한다. 하나님의 참된 본성과 온 세계에 다가가기 원하시는 그분의 마음에 대한 그들의 믿음에는 근본적인 단절이 있다.

누군가는 개시자가 되어야 한다

우리가 아직까지는 CPM의 실례들을 갖고 있지 않은 지역들이 많이 있다. 우리가 CPM을 갖고 있는 지역들의 숫자와 다양성은 매년 증가하고 있다. 새로운 운동들에 대한 나 자신의 인식은 매년 깜짝깜짝 놀라게 한다. 불과 몇 년 전에 나는 10~15개의 CPM을 세어볼 수 있었다. 올 한 해 대략 30~35개가 있다고 확신한다. 그러나 다른 CPM 훈련자들 및 선교지도자들과 교류해보면, 그 숫자는 훨씬 더 상당히 높다는 것을 알게 된다. 우리가 알고 있는 것은 하나님께서 실제로 행하시는 일의 단편에 불과하다.

예수께서 행하신 일이 이 외에도 많으니 만일 낱낱이 기록된다면 이 세상이라도 이 기록된 책을 두기에 부족할 줄 아노라(요 21:25).

당신의 마음에 의심이 생길 때 하나님은 당신이 알고 있는 것보다 훨씬 많은 일을 하고 계시다고 여기면서 살아야 한다.

오늘날 사역 현장에 나갈 젊은 선교사들을 데리고 우리는 CPM이 발전할 것을 기대하면서 그들을 동아시아, 남아시아, 동남아시아와 같은 곳으로 가도록 준비시킨다. 우리는 같은 종류의 지역에서 다른 CPM들의 훌륭한 선례들을 갖고 있기에 그렇게 하는 것은 어렵지 않다.

그러나 그러한 지역들에 CPM이 전혀 없었던 때가 있었다.

중국에 CPM이 전혀 없었던 때가 있었다.
따라서, 누군가는 처음 개시자가 되어야 했다.

인도에 CPM이 전혀 없었던 때가 있었다.
따라서, 누군가는 처음 개시자가 되어야 했다.

동남아시아에 CPM이 전혀 없었던 때가 있었다.
따라서, 누군가는 처음 개시자가 되어야 했다.

당신이 살고 있는 곳에 CPM이 전혀 없을는지도 모른다. 좋다! 누군가는 처음 개시자가 되어야 한다. 그 처음 개시자가 되라! 처음 사역을 펼치는 개시자, 아무 선례가 없을 때, 누군가는 처음 개시자가 되어야 한다.

선례

다행히도 세상의 많은 것에서는 CPM의 선례들을 갖고 있다. 이 선례들은 다른 교회개척자들에게 CPM이 가능하다고 믿게 하는, 그리고 그들에게 그것이 어떤지에 대한 모델을 제공하는 훌륭한 격려가 된다. 사무엘하에 이 진리가 잘 예증되어 있다.

블레셋 사람이 다시 이스라엘을 치거늘 다윗이 그의 부하들과 함께 내려가서 블레셋 사람과 싸우더니 다윗이 피곤하매 거인족의 아들 중에 무게가 삼백 세겔 되는 놋 창을 들고 새 칼을 찬 이스비브놉이 다윗을 죽이려 하므로 스루야의 아들 아비새가 다윗을 도와 그 블레셋 사람들을 쳐 죽이니 그 때에 다윗의 추종자들이 그에게 맹세하여 이르되 왕은 다시 우리와 함께 전장에 나가지 마옵소서 이스라엘의 등불이 꺼지지 말게 하옵소서 하니라

그 후에 다시 블레셋 사람과 곱에서 전쟁할 때에 후사 사람 십브개는 거인족의 아들 중의 삽을 쳐 죽였고

또다시 블레셋 사람과 곱에서 전쟁할 때에 베들레헴 사람 야레오르김의 아들 엘하난은 가드 골리앗의 아우 라흐미를 죽였는데 그 자의 창 자루는 베틀채 같았더라

또 가드에서 전쟁할 때에 그 곳에 키가 큰 자 하나는 손가락과 발가락이 각기 여섯 개씩 모두 스물 네 개가 있는데 그도 거인족의 소생이라 그가 이스라엘 사람을 능욕하므로 다윗의 형 삼마의 아들 요나단이 그를 죽이니라

이 네 사람 가드의 거인족의 소생이 다윗의 손과 그의 부하들의 손에 다 넘어졌더라(삼하 21:15-22).

이것은 주목할 만한 기록이다. 네 명의 거인들이 다윗의 부하들의 손에 죽었다. 첫 번째인 이스비브놉과 관련된 상황을 상상해보라. 본문은 그가 '거인족'—골리앗일 가능성이 가장 높은—의 자손이었다고 말한다. 다윗은 전쟁에서 골리앗의 아들들 중의 한 명과 대치하고 있는 것이다. 그 거인은 마음에 복수심을 갖고 있다. 그는 전장에서 다윗을 발견하고는 다윗을 죽여 자기 아버지의 죽음에 대해 복수하려고 새 칼을 들고 그를 향해 돌진한다.

그러나 다윗은 그를 죽인 사람이 아니었다. 그 대신에 군대장관 중의 한 명인

아비새가 죽인다.

그런 직후에 골리앗의 또 다른 자손인 삽이 이스라엘을 대항하여 싸운다. 다윗은 역시 그를 죽이지 않는다. 십브개가 죽인다.

이후에 골리앗의 아우 라흐미가 이스라엘과 싸운다. 다윗은 역시 그를 죽이지 않는다. 엘하난이 죽인다.

마지막으로, 남아있는 자손들 중에 이름이 알려지지 않은 가장 장대한 자가 이스라엘을 대항하여 싸운다. 이번에도 다윗은 그를 죽이지 않는다. 그의 조카 요나단이 죽인다.

자, 여기서 무슨 일이 일어나고 있는 것인가? 한 세대도 지나기 전에 이스라엘 백성 전체가(이스라엘에서 가장 장신이었던 사람, 사울을 포함해서) 두려움으로 위축되어 있었다. 그런데 어떻게 네 사람의 장수들이 차례차례 복수심에 불타는 블레셋의 거인들을 죽일 수 있게 되었을까? 무엇이 달라졌기에 그렇게 된 것일까? 그들이 어떻게 거인을 죽이는 법을 배웠을까?

그들은 선례를 가지고 있었다.

다윗이다. 다윗은 그들에게 어떻게 거인을 죽일 수 있는지 보여주었고, 이제 그들은 하나의 모범과 그것을 재생산하는 믿음을 가지고 있었다. 그들은 어떻게 거인을 쳐부수는지 알고 있었다! 이 사람들은, 심지어 다윗의 조카까지도 한 사람씩 한 사람씩 차례로 죽였다. 한 세대 전에는 군대 전체를 얼어붙게 했던 그 거인을 말이다.

이것이 선례의 힘이다. 당신이 선례를 가지고 있을 때, 당신은 당신이 처한 상황에서 어떻게 승리에 이를 수 있는지 알게 된다. 선례는 당신에게 하나의 모범과 같은 일을 시도할 용기를 제공한다.

기억하라. 오늘은 급진적으로 보이는 것이 내일은 일반적인 것이 될 것이다. CPM들이 아시아와 아프리카에서 생소한 것이었던 때가 있었다. 그러나 지금은 모든 사람이 그것들에 대해 이야기한다. 그리고 그것들은 어느 때보다 더 빠른 비율로 나타나고 있다. 그것이 선례의 힘이다.

그러나 당신이 선례를 가지고 있지 않을 때 당신은 무엇을 하는가?

약속

이스라엘에 거인들을 죽이는 데 대한 선례가 없었던 때가 있었다. 한 세대도 지나지 않은 과거에 이스라엘 백성은 백병전으로 거인과 싸우기 위해 다가간다는 생각에만 사로잡혀서 두려움으로 얼어붙었던 것이다. 사무엘상 17장은 우리에게 잘 알려진 이야기를 기록하고 있다. 골리앗은 키가 2m 70cm가 넘는 거인이었고(4절), 그의 갑옷은 무게가 570kg이나 되었다(5절)!

사울은 키가 모든 백성보다 어깨 위만큼 더 컸지만(삼상 9:2), 자신의 힘으로는 어찌 할 수 없는 두려움으로 위축되어 있었다. 몇 주 동안 엘라 골짜기에 진을 친 이스라엘 백성들은 그들의 지도자 사울의 본을 따라 두려움으로 얼어붙어 있었다(삼상 17:10-11, 23-24). 골리앗은 그들을 날마다 모욕하며 도전했다. 날마다 그들은 전선에서 옴짝달싹도 못하고 있었다. 그들은 두려움과 믿음 부족의 생활방식 가운데 살았다.

목장과 양우리에서 갓 나온 다윗이 이 장면을 보고 깜짝 놀랐다. 그 전장에 있던 사람들과는 다른 관점을 가지고 참여했을 때 불합리한 두려움과 믿음 부족의 위축은 그에게 터무니없어 보였다.

바로 그날을 위해 다윗이 양우리와 목장에서 준비해온 것이 무엇이었나?

- 하나님의 주권과 약속들에 대해 묵상하면서, 이것을 노래로 적어 내려가는 일(시편).

- 그의 양들을 보호하기 위해 사자와 곰들과 싸우는 일(34-36절).

그의 생각에, 거인이 거리가 떨어진 곳에 서 있다는 것이 이해하기 어려웠다. 그런 상태로는 그 거인에게 전혀 승산이 없었는데도 사람들은 그것을 보지 못했던 것이다! 거인을 죽이는 데 대한 선례가 없었기 때문에 백성들은 그것을 보지 못했던 것이다.

다윗은 하나님이 바라시는 것이 무엇인지를 알고 있었기 때문에 하나님께서 이 거인을 이기실 것이라는 약속을 믿었다. 그는 하나님의 마음을 알았다. 하나님은 그분의 백성들에게 그 땅을 주시겠다고 약속하셨으며, 그들의 원수에 대한 승리를 주시겠다고 약속하셨다. 하나님의 마음에 합한 사람으로서 다윗은 하나님의 마음을 알았고, 그래서 그는 그 약속을 믿었다. 이 거인은 할례 받지 않은 자였다. 거룩한 언약 밖에 있는 자였다(26절). 다윗의 생각에, 골리앗은 하나님께 대항하고 있었다. 그리고 골리앗에게는 승산이 없었다.

당신이 선례를 가지고 있지 않을 때 당신은 무엇을 하는가? 당신이 가진 것은 약속이 전부다. 그러나 약속만으로도 충분하다!

다윗은 약속을 믿었다. 그리고 그는 개인적인 선례도 가지고 있었다. 그는 거인을 죽인 적은 없었지만, 사자들과 곰들은 죽인 적이 있었다. 만일 하나님이 자신의 양떼를 보호하기 원하신다면 이 거인이 사자나 곰과 무엇이 다르겠는가 (36절)?

이 단락에서 세 번씩이나, 다윗은 약속을 인용한다. 자신에게, 하나님의 백성들에게, 그리고 대적에게. 그는 선례를 가지고 있지 않았지만 약속을 가지고 있었다. 그리고 그것으로 충분했다.

자신에게: 다윗이 그의 주변 사람들에게 물어볼 때, 그는 그들의 의중을 떠보고 스스로 혼잣말을 한다.

이 블레셋 사람을 죽여 이스라엘의 치욕을 제거하는 사람에게는 어떠한 대우를 하겠느냐 이 할례 받지 않은 블레셋 사람이 누구이기에 살아 계시는 하나님의 군대를 모욕하겠느냐(삼상 17:26).

다윗은 개인적으로 그 약속을 받아들인다. 하나님이 이 거인을 넘겨주실 수 있다면, 다윗이 왜 그것을 성취하는 사람이 될 수 없단 말인가?

하나님의 백성들에게: 다윗이 사울과 그의 군장들 앞에 섰을 때, 그는 하나님의 약속을 개인적으로 받아들이고, 이제 그것을 하나님의 백성들에게 선포한다. "하나님이 이 일을 하실 것이고, 그분은 나를 사용하실 것이다!"

주의 종이 사자와 곰도 쳤은즉 살아 계시는 하나님의 군대를 모욕한 이 할례 받지 않은 블레셋 사람이리이까 그가 그 짐승의 하나와 같이 되리이다 (삼상 17:36).

다윗은 백성들에게 용기를 내어 그와 함께 위험을 무릅쓰자고 격려했다.

대적에게: 이제 다윗은 골리앗에게 다가간다. 그가 점점 더 가까이 가자 그 거인은 그를 조롱하기 시작한다. "너는 내가 개라고 생각해서 막대기를 가지고 나를 쫓아오느냐? 나는 너의 살을 공중의 새들에게 주겠다, 꼬마야!"

이 말은 다윗의 용기를 꺾어놓아야 마땅하다. 그러나 다윗의 마음속에는 무슨 일이 일어났는가? 우리는 듣지 못하지만, 그는 그 약속을 대적을 향해 큰 소리로 외치기 시작한다.

> 너는 칼과 창과 단창으로 내게 나아 오거니와 나는 만군의 여호와의 이름 곧 네가 모욕하는 이스라엘 군대의 하나님의 이름으로 네게 나아가노라 오늘 여호와께서 너를 내 손에 넘기시리니 내가 너를 쳐서 네 목을 베고 블레셋 군대의 시체를 오늘 공중의 새와 땅의 들짐승에게 주어 온 땅으로 이스라엘에 하나님이 계신 줄 알게 하겠고 또 여호와의 구원하심이 칼과 창에 있지 아니함을 이 무리에게 알게 하리라 전쟁은 여호와께 속한 것인즉 그가 너희를 우리 손에 넘기시리라(삼상 17:45-47).

다윗의 마음속에 두려움이 스며들었는지 아닌지 우리는 모른다. 그러나 그의 마음은 대적의 면전에서 하나님의 약속을 되새겼다. 골리앗은 다윗의 몸을 새들에게 주려고 했다. 그러나 다윗은 골리앗의 몸뿐 아니라 모든 블레셋 군대의 몸을 새들에게 주리라고 했다!

약속으로 충분하다

결국 가장 중요한 것은 만일 당신이 제자훈련 재혁명을 위한 선례를 가지고 있지 않고, 당신이 가진 전부는 하나님의 약속 하나 뿐이라면 그것으로 충분하다는 것이다. 다윗은 약속에 따라 행동했고, 거인을 죽인 자가 되었다. 그의 예는 다른 이들이 그로부터 배울 수 있는 선례(본보기)로써 유용하다. 오늘은 급진적인 것이 내일은 일반적인 것이 될 것이다.

15년 전에 현재의 CPM은 대체로 꿈에 불과한 것이었다. 하지만 오늘날 CPM은 수많은 상황에서 거의 당연시되는 현실이다. 왜 그럴까? 그것이 선례의 힘이다.

인도에서 몇몇 사람들이 하나님의 약속을 의지하여 우리가 알고 있는 현대 최초의 CPM 중 하나를 탄생시켰다. 중국에서 다른 그룹이 하나님의 약속을 의지하여 우리가 알고 있는 그 나라 최초의 CPM 중 하나를 탄생시켰다. 그리고 그 드라마는 온 세계 속으로 퍼져 나갔다. 소수의 믿음이 충만한 사람들이 얼어붙은 군대에게 도전했으며, 단지 하나님의 약속 하나를 붙들고 전진했던 결과다.

그런데도 우리는 말한다. "내게 그곳의 CPM 사례연구를 보내지 마십시오. 거기는 중국이 아닙니까?" 그러나 언제까지나 그럴 수는 없다. 누군가가 처음 개시자가 되어야 한다. 그것이 선례의 힘이다.

당신의 사역 상황에서 첫 번째로, 그리고 나서 두 번째로, 그리고 나서 세 번째로 CPM이 있게 될 때가 올 것이다. 그리고 사람들이 당신의 상황을 듣고 이렇게 말할 때가 올 것이다. "내게 그곳의 CPM 사례연구를 보내지 마십시오. 거기는 OOO이니까요!"

그러나 당신이 아직 선례를 가지고 있지 않다면, 성경의 약속은 분명하다. 하나님이 당신 스스로 모든 민족 집단으로부터 아주 많은 군중을 추수하실 것이고, 그분이 세상을 진동시킬 제자훈련 재혁명을 일으키실 것이다(마 24:14; 계 7:9; 요 4:35; 마 9:37-38; 막 1:15-17; 마 13:23, 31-32; 막 4:26-29; 행 19:10).

하나님이 원하시지 않는 일을 위하여 당신이 기도하기를 원하신다고 생각하는가? 하나님의 약속은 분명하다. 당신은 그것에 기반을 두고 사시기 바란다. 하나님은 그 약속을 당신이 있는 곳에서, 바로 이때에, 당신을 통하여 성취하기를 원하신다!

맺는 말: 잊혀진 선례

때로는 역사 속에 선례가 있지만 우리는 그것을 잊어버린다. CPM은 단지 현대의 현상만이 아니었다. 교회사 전체를 통틀어 CPM과 같은 운동들—제자훈련 혁명들—이 있어 왔다.

때로는 역사 속에 선례가 있지만 우리는 그것을 잊어버리고 있다. 그것이 다윗과 골리앗의 이야기와 같은 경우였다.

이보다 약 400년쯤 더 일찍이 갈렙은 85세의 나이에 하나님이 그에게 주시겠다고 약속하신 산지로부터 세 명의 거인들을 쫓아내었다(수 15:14). 고대 기록의 모든 증거들은 그가 패배시킨 거인족은 다윗과 그의 부하들이 패배시킨 거인족보다 더 큰 족속이었다는 것을 보여준다.

그러나 그보다 40년 전에 모세와 이스라엘 백성들은 바산 왕 옥Og을 패배시켰다(민 21:33-35). 성경에 의하면, 옥은 더욱 장대했던 것으로 나타난다. 그는 3m나 되는 침대에서 잠을 잤다(신 3:11, 골리앗의 키가 단지 2m 70cm였음을 기억하라). 옥은 보기에 너무나 무시무시해서, 주님은 모세에게 나타나셔서 개인적으로 그에게 구원에 대한 다음과 같은 약속을 주시기까지 했다.

그를 두려워하지 말라 내가 그와 그의 백성과 그의 땅을 네 손에 넘겼나니 너는 헤스본에 거주하던 아모리인의 왕 시혼에게 행한 것 같이 그에게도 행할 지니라(민 21:34).

모세는 하나님께서 주신 약속을 가지고 있었다. 그리고 그는 더 작은 규모에 대한 (시혼) 개인적인 선례도 가지고 있었다. 그것으로 충분했다.

엘라 골짜기에 주둔해 있었던 거인 골리앗에 의해 모욕당했던 이스라엘 군대는 400년 전부터 내려온 이 이야기들을 기억하고 있었을까?

만일 그들이 기억하고 있었는데도 위축되어 있었다면, 그들은 분명 그 기억을 무시하고 그들에게 적용하지 않고 그 선례를 내던졌을 것이다.

- 그런 일이 여기서는 일어날 수 없어. 우리의 상황은 달라.

- 그런 일이 우리를 통해서는 일어날 수 없어. 모세와 갈렙은 특별했어.

- 그런 일은 오늘날에는 일어날 수 없어. 그것은 고대의 역사일 뿐이야. 하나님은 더이상 그런 식으로 일하시지 않아.

만일 그들이 그 선례를 잊어버렸다면 그것은 그들의 손해였다. 그것은 그들을 구원하실 하나님을 신뢰하도록 그들을 격려해줄 수 있고, 그들이 용기를 내어 일전을 벌려 승리할 수 있는 선례였기 때문이다.

다윗은 그 이야기들을 알고 있었을까? 우리는 모른다. 만일 그랬다면, 아마도 그것들은 그가 전선을 향하여 달려나갈 때, 그에게 도움이 되었을 것이다. 그는 선례를 가지고 있었기 때문이다.

설사 그 이야기가 성막 안에 쌓여 있는 케케묵은 두루마리들 속에 들어있기에 평범한 양치기 소년에게는 접근 불가능한 숨겨진 이야기였다 하더라도 아무런 문제가 되지 않았다. 다윗은 그의 하나님을 알았다. 그는 하나님의 약속으로 충분했다.

듣기만 하지 말고 행하는 자가 되라!

하나님께서 당신에게 무엇이라 말씀하셨는지, 그리고 그 말씀에 순종하기 위해 당신에게 필요한 것은 무엇인지를 적어보라.

하나님의 말씀이 점점 왕성하여
예루살렘에 있는 제자의 수가 더 심히 많아지고
허다한 제사장의 무리도 이 도에 복종하니라

(행 6:7)

21C 교회성장과 축복의 통로

교회진흥원은 기독교한국침례회 총회의 교육, 문서선교 기관으로서 교회의 교육, 목회, 선교활동에 관한 실제적인 연구와 프로그램 개발, 기독교 정보를 제공하고, 자료 출판 및 보급사역을 하고 있습니다.

- 각 연령별 교회학교 공과, 구역공과, 제자훈련 교재, 음악도서를 기획, 출판하고 이와 관련된 각종 강습회를 실시합니다.
- 요단출판사를 운영하며 매년 70여 종의 각종 신앙도서와 제자훈련 교재를 기획, 출판합니다.
- 서울과 대전에 직영서점을 운영하고 있습니다.

 요단출판사 의 사역정신

그리스도인들의 올바른 신앙성장과 영성 개발에 필요한 신앙도서를 엄선하여 출판, 보급함으로써 이 땅에 하나님나라 확장을 위해 헌신하고 있습니다.

- **F**or God For Church
  하나님과 교회의 유익을 위하여 도서를 기획 출판합니다.
- **O**nly Prayer
  오직 기도뿐이라는 자세로 사역합니다.
- **W**ay To Church Growth & Blessings
  교회성장과 축복의 통로가 되기 위해 사명을 감당합니다.
- **G**ood Stewardship & Professionalism
  선한 청지기와 프로정신으로 사역합니다.
- **C**reating Christianity Culture & Developing Contents
  각종 문화 컨텐츠를 개발함으로 기독교 문화 창달에 기여합니다.

직영서점

요단기독교서적 교회용품센타	서울특별시 서초구 신반포로 205 반포쇼핑타운 6동 2층 TEL 02)593·8715~8 FAX 02)536·6266 / 537·8616(용품)
대전침례회서관	대전광역시 동구 태전로 16 TEL 042)255·5322, 256·2109 FAX 042)254·0356
요단인터넷서점	www.jordanbook.com

"그러므로 너희는 가서 모든 민족을 제자로 삼아 아버지와 아들과 성령의 이름으로 침(세)례를 베풀고 내가 너희에게 분부한 모든 것을 가르쳐 지키게 하라 볼지어다 내가 세상 끝날까지 너희와 항상 함께 있으리라 하시니라." _마 28:19~20